전통, 근대, 탈근대

탈주와 회귀 사이에서

KB192373

지은이 逍雲 이정우

1959년 충청북도 영동에서 태어났다. 서울대학교에서 공학, 미학, 철학을 공부했고, 아리스토텔레스 연구로 석사학위를, 미셸 푸코 연구로 박사학위를 받았다. 1995년 서강대학교 철학과 교수를 역임했으며, 이 시절 『담론의 공간』과 『가로지르기』에서 '객관적 선험철학'을 주창했다 (두 권을 합본한 것이 저작집 1권 『객관적 선험철학 시론』). 1998년 서강대학교 교수직을 사임한 이후 『시뮬라크르의 시대』와 『삶, 죽음, 운명』(두 권을 합본한 것이 저작집 2권 『사건의 철학』), 『인간의 얼굴』(저작집 3권 『전통, 근대, 탈근대』), 『접힘과 펼쳐짐』과 『주름, 갈래, 울림』(두 권을 합본한 것이 저작집 4권 『주름, 갈래, 울림』) 등의 저작들을 펴냈으며, 객관적 선험철학을 한편으로는 역사와 문화에 관한 이론으로 다른 한편으로는 자연과 존재에 관한 이론으로 확장했다. 2000년에는 최초의 대안철학학교인 철학아카데미를 창설해 철학 연구와 시민 강좌에 몰두했으며, 이 시기에 『기술과 운명』, 『개념-뿌리들』, 『탐독』, 『세계의 모든 얼굴』 등의 저작들을 펴냈다. 현재는 2008년에 문을 연 소운서원(逍雲書院)에서 집필과 후학 양성에 힘쓰고 있으며, 아울러 서울과학종합대학원 교수, PAIDEIA(시민철학대학) 학장으로도 활동하고 있다. 그 사이 『신족과 거인족의 투쟁』, 『천하나의 고원』, 『주체란 무엇인가』 등을 펴냈으며, 현재는 '세계철학사 3부작'(『지중해세계의 철학』, 『아시아세계의 철학』, 『근현대 세계의 철학』) 및 정치철학적 저작들 (『진보의 새로운 조건들』, 『소수자 정치학』, 『사건의 정치학』)을 집필하고 있다.

소운 이정우 저작집 3
전통, 근대, 탈근대 : 탈주와 회귀 사이에서

초판 1쇄 인쇄 _ 2011년 4월 20일
초판 1쇄 발행 _ 2011년 4월 30일

지은이 · 이정우

펴낸이 · 유재건 | 펴낸곳 · (주)그린비출판사 | 등록번호 · 제313-1990-32호
주소 · 서울시 마포구 동교동 201-18 달리빌딩 2층 | 전화 · 702-2717 | 팩스 · 703-0272

ISBN 978-89-7682-359-5 94100   978-89-7682-356-4 (세트)

이 도서의 국립중앙도서관 출판시도서목록(CIP)은 e-CIP 홈페이지(http://www.nl.go.kr/ecip)와 국가자료공동목록시스템(http://www.nl.go.kr/kolisnet)에서 이용하실 수 있습니다.
(CIP제어번호: CIP2011000888)

그린비출판사 나를 바꾸는 책, 세상을 바꾸는 책 www.greenbee.co.kr

전통, 근대, 탈근대

탈주와 회귀 사이에서

이정우 지음

ㄱㅎ B
그린비

개정판에 부처

시간은 우리 삶에 차이들을 싹틔우면서 그 생성이 만드는 흐름 위에 올려놓는다. 우리는 그 흐름을 가로질러 가면서 자신의 삶을 즉 동일성을 만들어 간다. 그러나 이 동일성은 절대적 동일성으로서의 논리적 동일성이 아님은 물론, 단순한 물리적 동일성도, 더 나아가 생물학적 동일성조차도 아니다. 그것은 주체적 – 인격적 동일성 즉 정체성이다. 그것은 시간이라는 선험적 지평에서 생성해 가는, 차이생성의 흐름 위에서만 구체적인 의미를 띨 수 있는 동일성이다.

그래서 인간의 삶이란 추상적인 법칙들이 아니라 구체적인 사건들로 구성되며, 인간이란 그 무엇보다 우선 역사적 존재라 해야 할 것이다. 인간에 관련해 다양한 과학들이 제시하는 개념들, 법칙들, 이론들, 원리들 등은 궁극적으로 역사적 검증을 받아야 하는 것이다. 역사의 지평을 망각할 때 우리는 추상적인 이론적 틀을 물화物化하게 되고, 그 성긴 그물 아래로 생생한 역사적 사건들은 빠져나가 버린다. 인간의 모든 지식은 결국 철학으로 종합되지만, 그 철학은 다시 역사의 검증을 받을 때에만 구체적 의미를 부여받을 수 있다고 할 수 있다. 물론 그 역도 마찬가지이다. 역사를 논한다는 것은 필히 어떤 철학적 관점을 요하며, 그런 관점이 없는 역사란 그저 사실들의 더미를 모아 놓은 맹목적이고 지루한 담론일 뿐이기 때문이다. 철학은 역사의 검증을 받아야 하며 역사는 뚜렷한 철학적 관점을 요한다. 그래서 사유란 결국 역사와 철학, 철학과 역사의 부단한 순환 과정을 통해서만 성숙해 갈 수 있을 것이다.

이전의 저작들(『객관적 선험철학 시론』, 『사건의 철학』)이 담론학 또는 객관적 선험철학의 얼개를 만들기 위해 노력했다면, 본 저작은 이 저작들을 보완하려는 시도에서 씌어졌으며, 앞의 저작들이 주로 공간적 논의를 전개한다면, 본 저작은 시간적 논의를 전개하고 있다. 본 저작은 객관적 선험의 '이 편'으로 나와 역사에 대한 철학적 논의를 시도한다. 오늘날 역사철학적 논의를 시도하는 데 '전통과 근대 그리고 탈근대'라는 틀이 일정 정도 유용한 문제-장을 제공해 준다고 볼 수 있다. 본 저작은 이런 구도하에서 탈근대로의 탈주와 전통으로의 회귀 사이에서 긴장감을 불러일으키는 몇 가지 문제들(특히 주체의 문제)을 논했다. 그러나 이 논의는 아마도 내가 또 우리 시대가 평생에 걸쳐 행해야 할 작업이라 할 수 있으며, 그래서 본 저작은 앞으로 이어질 논의를 위한 다소 긴 서론이라고 해야 할 것이다.

본 저작은 1999년 『인간의 얼굴』이라는 제목으로 출간되었다. 이번에 저작집 3권으로 출간하면서 전반적으로 글을 다듬었고, 또 지금까지 쓴 글들 중 본 저작의 보충이 될 만한 글들을 뒤에 보론으로 실었다. 글을 새로 손보고 있자니 1990년대 말, 2000년대 초에 있었던 사회적인 또 개인적인 갖가지 사건들이 주마등처럼 떠오른다.

2010년 겨울, 逍雲

:: 차례

보론

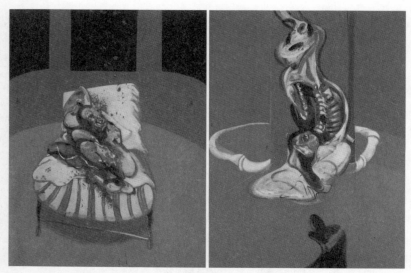

그림 1. 프랜시스 베이컨, 「십자가에 못 박힌 예수를 위한 세 습작」(1962) 중 일부

서론_정체성의 문제

문화적 정체성의 해체

베이컨의 그림과 더불어 화면이 열린다. 비스듬히 누워 있는 인물은 와해되고 있는 자신의 몸을 애써 추스르고 있는 듯이 보인다. 두번째 인물의 얼굴은 거의 뭉개져 가고 있다. 베이컨의 인물들은 '이다'와 '아니다' 사이에서 진동한다. 우리는 그림을 보고 저것은 '~이다/아니다'라고 말한다. 인물은 존재와 비존재 사이에서, 자기동일성과 타자화 사이에서 요동한다. 베이컨의 얼핏 지루하게 보이는 그림들은 이 '임'과 '아님' 사이에서의 방황을 둘러싼 고뇌를 담고 있다. 이 점에서 베이컨의 그림은 존재론적이다. 그렇다면 영화는 화면이 열리자마자 우리에게 무거운 존재론적 사유를 요청하고 있는 것이다. 베이컨의 그림으로 구성된 타이틀백은 벌써 이 영화의 절반을 드러내고 있다.

　「파리에서의 마지막 탱고」는 이름에 관한 영화이다. 이름을 숨기려는 사내와 이름을 드러내려는 소녀의 이야기이다. 이름을 둘러싼 갈등과 숨바꼭질은 인간의 역사만큼이나 오래되었다. 이름 지어질 때 우리는 타인들의 시선에 동여매어지고, 기호들의 체제 안에 흡수된다. 이름은 우리를 상상계의 달콤함에서 끄집어내 상징계의 차가움 속에 던진다. 그러나 이름이 그토록 꺼림칙하기만 할까? 이름은 우리를 회색의 익명성에서 구해내 사회의 손길로 인도한다. 이름은 벌거벗고서 떠는 우리를 가족이든 아니면 다른 어떤 공간이든 기댈 곳으로 인도한다. 결국 이름은 구속과 안락이라는 두 얼굴을 보여 준다. 그렇다면 이름을 거부하는 것, 그것은 타자성에 대한 적대적인 몸짓을 의미하리라. 그것은 안락함을 포기하면서까지 타인들의 눈빛이나 사회의 기호체계를 거부하는 것이다. 사내가 이름을 거부하는 것은 타자성의 공간을 거부하는 것이요, 소녀가 이름을 찾는 것은 동일자의 공간을 원하는 것이다.

그러나 사내는 소녀의 몸이라는 타자를 원한다. 그렇다면 그에게 소녀의 몸은 자신이 받아들일 수 있는 유일한 타자성일 것이다. 모든 것을 거부하고 싶지만 그럴 수 없는 한 인간의 유일한 탈출구. 소녀는 생활의 모든 것을 받아들이지만 하나의 여백을 원한다. 일탈의 공간을. 소녀에게는 뻬죽이 내민 욕망과 위반의 공간이 있다. 모든 것을 거부한 후에 남은 사내의 유일한 공간과 모든 것이 채워진 후에 남은 소녀의 공간은 임대를 위해 내놓은 아파트의 한 방이라는 공간에서 겹친다. 아직 누구의 것도 아닌 이름 없는 공간에서. 마지막까지 남은 플러스와 처음으로 파인 마이너스가 만나는 제로의 공간. 사내는 공간의 이름-없음을 취하고 소녀는 그 위반의 가능성을 취한다. 아파트의 빈 방, 전공電空 안에서 사내와 소녀는 그들의 만남이 가능한 유일한

한 경우境遇를 실현한다. 이 점에서 이 영화는 하나의 사건, 하나의 특이점에서 시작한다. 이 영화의 도입부를 충격적으로 만드는 것은 표면에 드러나는 난폭한 정사 장면이 아니다. 그것은 유일한 경우, 사건, 특이점이 빚어내는 존재론적 긴장감이다.

채워지지 않는 공간, 그렇기 때문에 위반의 가능성이 잠재해 있는 이 공간에 섹스가 놓인다. 말 없는 섹스. 대화는 로고스를 교환하고 섹스는 살을 교환한다. 말 없는 섹스는 로고스의 개입이 없는 행위, 상징계를 거부하는 상상계이다. 사내에게 섹스는, 비어 있는 아파트 방에서의 섹스는 그가 바라는 유일한 존재이고, 소녀에게는 그녀가 숨을 수 있는 유일한 무無이다. 때문에 섹스는 절대적 우발점에서 성립한다. 존재와 무가 접촉하는 절대 모순의 경계선에서 성립한다. 그들의 섹스는 모든 형태의 필연을 거부한다. 허무의 공간에서 갑작스럽게 솟아오른 사내의 우발성, 그리고 차 있는 공간에서 갑작스럽게 함몰해 생긴 소녀의 우발성. 이 우발점은 사내와 소녀의 만남이 유일하게 가능한 세계일 것이다. 그렇다면 그들의 헤어짐도 예정된 것이리라. 사내는 어떤 목적에의 구속도 없이 하나의 우발점을 만들어내고 소녀는 그 우발점에 몸을 던지지만, 그 유일한 경우로서의 우발점은 곧 와해된다.

이 특이점의 맞은편에는 정형화된 공간, 코드화된 공간이 있다. 할리우드 여배우들을 숭상하는 예쁘장한 청년이 기록영화를 찍기 위해 동분서주한다. 그는 소녀의 기록영화를 통해 그녀를 그녀이게끔 해주는 모든 규정성들을 포착하고자 한다. 대령의 딸, 위엄 있던 아버지에 대한 기억, 오래된 별장……. 그는 기억을 찍는다. 후진 기어를 넣은 자동차처럼 카메라는 시간을 거슬러 가면서 소녀의 회상을 찍고, 기억을 통해 그녀의 정체성을 확인해 간다. 완벽한 회상이 그녀의 그녀임을 드러내 주기라도 하는 것처럼. 그리고 결혼이 이 과정을 완성해 주기라도 할 것처럼. 소녀는 한쪽 발을 이 공간에 디디고 서 있다. 소녀는 아파트의 빈 방과 추억 어린 별장 사이에서 진동한다. 그 아슬아슬한 상황을 끝내고 싶어 소녀는 사내에게 이름을 묻는다. 그러나 그녀에게 "who are you?"는 "où are you?"이다. 소녀는 사내의 '누구'를 묻지만 어느새 그 물음은 '어디'로 바뀌어 있다.

소녀는 두 공간이 만나는 접점 위에서 불안하게 서성인다. 완전히 무너져 버린 허무의 공간과 빠듯이 차 있는 존재의 공간을 매개할 수 있는 유일한 가능성으로서의 접점 위에서. 그리고 접점은 무너져 내린다. 이 영화는 소녀를 통해 허무를 메우려다 결국 그녀의 총에 죽는 한 사내와 사내를 통해 위반의 선을 넘으려고 애쓰다가 결국 "이 남자가 나를 강간하려고 했어. 나는 이 남자를 몰라"라는 자기기만을 통해서 상징계로 복구하는 소녀의 이야기이다. 이 영화의 뛰어남은 결코 겹칠 수 없는 두 세계와 그 사이의 유일한 교차점, 그 점에서 발생한 두 남녀의 위험한 사랑이 형성하는 존재론적 긴박감을 형상화한 데 있다. 이 형상화는 곧 베이컨의 형상화, 허무와 존재, 걷잡을 수 없는 무화와 무너지지 않으려고 애쓰는 동일성 사이에서 진동하고 있는 그림과 포개진다.

사내의 허무는 어디로부터 오는가? 이 물음에서 이 영화의 존재론적 구도는 사회-역사적 맥락과 교차한다. 이 영화의 배면에서 우리는 68년 이후의 허무를 감지해낼 수 있다. 그것은 '로자'나 '피델' 같은 이름이 추억거리가 되는 시대의 이야기이다. 우리의 시대가 '박종철'이나 「님을 위한 행진곡」이 추억거리가 되는 시대이듯이. 그러나 사내가 60년대의 혁명에 관계한 흔적은 "남미에서는 혁명을 했고……", "쿠바에서는 손톱이 뽑혔었지"라는 대사 외에는 영화의 어디에도 보이지 않는다. 하나 영화는 작품 안의 내용과 바깥의 내용을 교차시키고 있는 듯하다. 사내의 대사는 영화 내부의 논리와 관계없이 영화 바깥의 현실을 지시한다. "68년이면 어떻고 ~년이면 어때." 아내의 죽음은 곧 혁명 정신의 죽음이며 마르크스의 죽음이기도 하다. 마치 축제와도 같았던 혁명의 열기가 사라진 뒤 시끄러운 전철 굉음만이 기술시대의 도래를 알린다. 적막한 무의미의 공간. 칙칙한 회색의 공간.

사내는 기행奇行을 통해 이 적막하고 칙칙한 공간 안에서 몸부림친다. 기행은 위반을 가져오고, 그에게 위반은 삶의 유일한 의미이다. 소녀는 그 의미/무의미에 끌린다. 사내와 소녀는 서로에게 길들여진다. 소녀는 사내에게 "어떤 더러운 짓도" 하겠다고 울먹인다. 사내는 막혔던 입을 조금씩 열기 시작한다. 허무를 벗어나려는 사내와 허무를 찾아가려는 소녀는 어느 순간 일치의 기쁨을 맛본다. 그러나 어차피 제로의 지점은 플러스와 마이너스가 갈라지는 지점일 뿐이다. 탱고 경연장에서의 기행 그리고 불확실한 미래에 직면해 소녀는 비로소 이전의 자신으로 되돌아간다. 위반의 쾌락이라는 안개가 걷히자 이제 나타난 것은 그저 괴팍한 중년 남성일 뿐이다. 사내는 뒤늦게 소녀를 갈구한다. 자신의 이름조차도 거부했던 사내는 소녀의 이름을 묻는다. 그런 파묻혔던 이름이 솟아오를 때 사내의 몸은 무너진다. 베란다에 껌을 붙이면서. 마치 그가 씹던 껌이 두 원환의 접점을 고정시켜 주기를 바라기라도 하는 듯이.

이 영화는 "수백 개의 이름"을 가진 사내와 하나의 이름을 알려 했던 소녀, 정체성을 거부한 사내와 정체성을 버리지 못한 소녀, 가난한 사내와 부르주아 소녀 사이의 "이루어질 수 없는 사랑"을 농밀하게 형상화했다. 오늘날의 우리는 갖가지 패러디들에 의해 이 주제에 식상해 있지만, 70년대 초에 이 영화가 보여 주었던 영상의 힘은 지금도 살아 있다. 그것은 이 영화가 인간의 정체성이라는 존재론적 주제를 선명하게 영상화하고 있기 때문일 것이다.

자연적 정체성의 해체

「블레이드 러너」는 정체성 해체의 또 다른 유형을 보여 준다. 영화의 도입부는 종말론적 세계상을 유감없이 보여 준다. 2019년 로스앤젤레스. 검붉은 하늘, 구름을 뚫고 높이 치솟아 있는 공장 굴뚝들, 그 굴뚝들에서 가끔씩 솟아오르는 불길, 칙칙한 대기, 끊임없이 내리는 비, 산처럼 서 있는 빌딩들, 어지러운 네온사인, 하늘로 운행하는 자동차들, 혼종混種 시대를 보여 주는 수많은 인파들, 온갖 인공적 변종들이 넘실대는 도시, 그러나 그 모든 것을 굽어보고 있는 타이렐 회사(=자본+기술)의 높은 건물. 화가 출신 감독이 빚어낸 영상이 인상적이다.

복제기술은 고도로 발달해 있다. "인간보다 더 인간답게!" 타이렐 회사의 모토이다. 눈과 같은 부품들은 따로 만들어져 '납품'된다. 유전자 설계사는 자신이 직접 인형 친구들을 만들어 고독과 싸운다. 사람에 무한히 근접하는 인형들. 그러나 퓌그말리온의 꿈이 이루어졌음에도 「블레이드 러너」에 등장하는 모든 인물들은 한결같이 불행하다. 어둡고 눅눅한 세상 속에서, 타이렐 회사가 만들어낸 체제 속에서 삶을 이어 갈 뿐이다. 떠날 사람들은 이미 다 지구를 떠나 버렸고, 낙오자들만이 배회한다. 가족을 이루고 살아가는 인물은 나오지 않는다. 모든 인간은 외롭다. 다만 이따금씩 피아노의 선율과 빛바랜 사진을 통해서 유니콘의 꿈을 꿀 뿐이다.

이 영화는 모방에 관한 영화이다. 인간은 모방하는 동물이다. 인간은 무엇인가를 끊임없이 흉내 낸다. 토끼를 보고 토끼 그림을 그리고, 소녀를 보고 소녀의 인형을 만든다. 새소리를 듣고 클라리넷 선율을 만들어내고, 거미를 보고 우주선을 만들어낸다. 존재의 끊임없는 증식. 유사성의 끊임없는 계열. 그러나 원본에 완전히 합치하는 복사본은 없고 모방은 늘 불완전한 상태로 머문다. 그러나 이카로스의 운명을 짊어진 인간은 완전한 모방에의 갈망을 끄지 않는다. 인간이 시도하는 모방들 중 가장 극적인 모방은 자기 자신의 모방이다. 모방하는 자의 모방. 이렇게 모방된 복제인간은 또다시 무엇인가를 모방한다(데커드를 통제하는 경시청의 복제인간은 줄곧 무엇인가를 모방한다). 이 영화는 '레플리컨트'라고 불리는 존재, 인간이 만들어낸 인간에 관한 이야기이다.

이 영화는 또한 시원에 관한, 그리고 죽음에 관한 영화이기도 하다. 복제인간들은 식민지 별에서 반란을 일으키고 인간들을 죽인다. 그리고 그들을 만들어낸 타이렐 회사에 침입한다. 그들은 자신들의 시원, 자신들이 만들어낸 '창조주'를 보고자 한다. 어떤 이유도 모른 채 이 세상에 "내던져진" 존재들의 부질없는 갈망. 복제인간은 인간의 비극을 되풀이한다. 시원에의 갈망은 죽음을 응시했을 때의 불안으로부터 나온다. 죽음의 미소, 무의 눈빛. 근원적 불안에 처한 인간은 자신의 '존재'를, 시원을 향한다. 죽음에의 응시와 시원에의 갈망을 통해 복제인간은 인간의 고뇌, 즉 정체성에의 갈망을 고스란히 물려받는다.

인간은 복제인간이 자신을 거스를 때 그를 "은퇴시킨다". 그렇게 함으로써 자신과 똑같아지려는 복제인간을 단죄한다. 이 점에서 모방은 역설적이다. 원본에 가까이 가지 못한 복사본은 실망스럽다. 그러나 원본에 너무 가까워진 복사본은 원본을 위협한다. 인간의 자기 복제는 비극적일 정도로 역설적이다. 인간은 자신을 똑같이 닮은 복제인간을 원하지만 또한 그와 자신을 구분하고자 한다.

이 구분은 세 가지 수준에서 이루어진다. 신체적 차원에서 눈은 중요한 준거점이다. 진화를 둘러싸고 전개된 기계론자들과 목적론자들의 끈질긴 싸움이 말해 주듯, 눈은 분명 가장 '인간적인' 기관이다. 두번째 규준은 의식의 수준에서, 기억의 수준에서 성립한다. 라이프니츠와 베르그송은 기억의 개념을 통해 물질과 생명을 구분하고자 했다. 기억의 유무와 수준은 곧 생명 진화의 수준을 말해 준다. 그래서 복제인간 제조 기술은 기억의 주입에서 절정에 달한다. 복제인간의 '완성도'는 기억 주입의 기술에 의해 판가름 난다. 마지막 규준은 언어의 수준에서 성립한다. 대화는 로고스의 교환을 실행한다. 대화는 인간의 인간다움을 드러낸다. 그러나 인간과 복제인간의 대화는 일방적이다. 인간은 묻고 복제인간은 대답한다(로이가 "묻겠다"고 말할 때, 그는 이 관계를 전복시킨다). 그러나 중요한 물음/대답은 알고리즘에 의해 통제되는 기계적 물음/대답이 아니라 우발성, 불규칙성, 예측 불가능성이 끼어드는 비논리적 물음/대답이다. 대화는 인간의 로고스를 드러내지만 역설적으로 비로고스적 대화야말로 인간적이다. 인간은 완벽한 기계를 희구하면서도 스스로를 끊임없이 기계와 구분하려고 애쓴다. 인간은 부조리한 존재가 됨으로써만 기계와 구분된다.

인간과 복제인간은 정체성을 둘러싸고 숨바꼭질한다. 사유작용을 하는 존재는 정체성을 찾는다. 프리스는 말한다. "나는 생각해. 그러니까 나는 존재하는 거야." 복제인간은 데카르트의 명제를 통해 자신이 엄연히 인간임을 확인한다. 그러나 코기토의 영광에는 정체성에의 고뇌가 동반된다. 정체성의 확인은 때로 얄궂게도 주체를 혼란에 빠트린다. 우리는 누구나 자기 이해가 가져다준 쓰라림의 기억을 가지고 있다. 인간은 스스로를 응시하면서 두려움에 떤다. 그 진실을 응시하지 않기 위해 우리는 삶의 표면에서 감각적인 쾌락을 찾는다. 복제인간은 인간의 이런 고뇌를 공유하지만 그 비극 외에 또 하나의 비극을 안고 산다. 자신이 복제인간이라는 비극, 인간과 유사하지만 인간이 아니라는 비극. 자신의 기억이 "이식된 것"임을 안 레이첼은 눈물을 흘린다. 시원의 확인은 서글픈 진실을 동반하는 것이다.

그러나 완벽에 가까운 복제인간과 인간의 차이는 도대체 어디에 있는 것일까? 인간의 정체성은 그의 행위 저편에 존재하는 미지의 실체인가? 인간은 그가 행하는 바 바로 그것이 아닐까? 만일 인간의 정체성이 그의 행위가 드러내는 모든 것의 합으로 정의된다면, 복제인간도 인간에 가깝다고 해야 하리라. 복제인간은 기계나 컴퓨터와 다르다. 그는 생각하고 판단하고 느낀다. 그러나 복제인간이 인간에 가장 가까이 근접하는 것은 사랑할 때이다. 사랑은 유기체에게 해롭다.

토끼에게 연민을 느끼는 호랑이는 굶어죽을 수밖에 없으며, 적군에게 동정을 느끼는 군인은 총알을 맞을 수밖에 없다. 역사가 늘 보여 주듯이, 강하고 독한 자가 선량하고 부드러운 자를 지배한다. 이것이 우주의 차가운 법칙이다. 사랑은 이 진화론적 법칙을 벗어난다. 사랑은 생명의 보존과 확장이라는 우주론적 법칙을 벗어나 새로운 차원을 연다. 복제인간이 누군가를 사랑할 때 그는 단순한 유기체임을 넘어 이 새로운 차원에 동참한다. 그것은 진정한 의미에서의 'élan'이다. 레이첼은 인간인가 아닌가? 그러나 데커드와의 사랑을 통해서 레이첼은 인간이 되는 것이다. 레이첼은 데커드와 합일함으로써 기계와 인간 사이에 그어진 선을 넘어선다. 퓌그말리온의 꿈이 실현된다. 그렇다면 데카르트와는 달리 우리는 인간을 이렇게 규정해야 하지 않을까: **"우리는 사랑한다, 고로 우리는 존재한다."**

그럼에도 인간과 복제인간이 구분된다면 그것은 발생적 맥락에서이다. 인간과 복제인간은 시원에 있어 구분된다. 그리고 시원의 문제는 죽음에 직면했을 때 솟아오른다. 로이는 이 죽음과 시원의 문제에 집착한다. 타이렐 회장을 만난 로이는 말한다. "창조주를 만나기란 쉽지 않군요." 그는 그 창조주에게 'fucker'라는 가장 얄궂은 욕을 던진다. 로이에게 건네는 타이렐의 충고("주어진 시간에 충실하라")는 신이 인간에게 건넨 충고를 반복한다. 이제 인간이 신을 죽였듯이 기계는 인간을 죽인다. 신을 죽인 인간은 무 위에서 스스로의 삶을 창조해야 한다. 로이는 타이렐을 죽임으로써 무를 받아들인다.

죽음이 다가왔음을 감지한 로이는 시원을 죽인 자답게 삶의 마지막 순간까지 충실하려 한다. 그에게 데커드를 죽이는 것은 의미가 없다. 그에게 데커드와의 싸움은 삶에서의 무엇인가를 위한 것이 아니라 삶의 순간들 자체를 위한 것이다. 그는 적에게 이 싸움에 끝까지 충실하라고 요구한다. 죽음 직전의 데커드를 구해 준 로이는 마지막 순간에 그의 체험들을 회상한다. 데커드가 시원에 있어 인간이라면, 로이는 체험에 있어 위대했다. 로이는 자신이 무엇인가가 아니라 무엇을 했는가를 확인하는 극대의 긍정 속에서 죽어 간다. 이제 죽은 자에게는 탈주의 자유가, 산 자에게는 생존의 무거움만이 남았다.

자기 이해를 위한 선험적 지평으로서의 정체성 개념

「파리에서의 마지막 탱고」와 「블레이드 러너」가 묘사하는 소외와 복제의 세계는 정체성(=자기동일성)이 와해된 세계이다. 그것은 결국 자기 이해의 뿌리가 뽑힌 세계이기도 하다. 자기의 가장 근본적인 자기-되기는 현존을 통해 확보된다. 현존은 있음에-뿌리-둠이다. 있음에-뿌리-둠은 무를-비켜감이다. 절대 무는 존재와의 절대 모순 위에서 근원적 불연속을 낳는다. 현존은 무가 야기시키는 불연속을 만나 소멸된다. 따라서 현존이란 무의 절대적 바깥에 있는 존재(파르메니데스)이거나 무를 계속해서 비켜가는 생성(헤라클레이토스)이다. 무를 허용하지 않는 절대 존재는 절대 고독의 세계이다. 그것은 영원하고 고독한 절대 현존이다. 그곳에는 다多도 운동도 없다. 반면 경험이 긍정해 주는 생성의 세계는 존재와 무의 경계선이 매순간 허물어지는 세계, 사물들과 관계들이 끊임없이 생성하는 세계이다. 그것은 기화氣化의 세계이다. 이곳에는 절대 무란 없다. 존재는 곧 생기生起이며 질들의 얽힘이다. 존재는 현존의 지속이다. 여기에는 절대적 의미에서의 죽음이란 없다. 그러나 또한 절대적 동일성도 없다. 현존의 세계는 시간이라는 선험적 지평에서 성립한다. 그래서 동일성들은 생성을 겪는 한에서만 성립한다. 그렇다면 동일성으로서의 정체성은 애초에 성립할 수 없는가? 그러나 동일성과 정체성을 구분하는 것이 중요하다.

현존은 상대적 무 즉 부재 또한 비켜간다. 부재는 결국 타자의 현존이다(『소피스테스』). 타자의 현존과 자기의 현존이 모순될 때 생사를 건 투쟁이 발생한다. 현존은 모순으로서의 타자를 배제함으로써 존재를 획득했을 때 성립한다. 때문에 타자와의 공존은 다多가 허용되는 공간 안에서 성립한다. 이 공간 안에서 자기의 현존은 타자의 현존과 관계 맺는다. 그러나 이 관계는 필연적으로 자기와 타자를 동시에 변형시킨다. 모든 관계는 동일성의 변화를 함축한다. 이 다多와 운동이 허용되는 세계에서, 현존의 선험적 지평은 시간이다. '현존'現存은 시간의 지평 위에서 이어진다. 인간은 의식을 통해 자기를 확인하며, 이 확인이 지속되는 한 현존한다. 물론 우리는 잠을 통해 매일 의식적인 자기의 부재를 겪지만, 보다 심층적인 존재로서의 자신自身을 통해 지속을 확인한다. 우리의 자신이 지속된다 함은 곧 우리가 생명의 흐름 속에 있음을 말하며, 기억을 통해 동일성 소멸의 위험과 싸운다는 것을 의미한다. (베르그송이 그의 노작 『물질과 기억』에서 증명했듯이) 우리의 지속은 기억을 통해 보장된다. 때문에 우리에게 자기 확인의 선험적 조건, 즉 동일성 확인은 논리적-형식적 동일성의 확인이 아니라 시간 속에서의 지속의 확인을 뜻한다. 인간의 자기동일성은 운동을 배척하지 못한다. 이것은 곧 타자와의 절대 단절을 이루지 못함을 뜻한다. 자기와 타자 사이를 가르는 절대 무는 있을 수 없다. 불연속은 매 순간 무너지며, 관계 맺음을 통해 운동이 끊임없이 생기한다. 때문에 우리의 생존은 그 자체로서 역설을 함축한다. 타자와의 경계선을 보존하지 못하면서도 자기동일성을 유지하려는 존재, 이 역설적 존재로서의 삶은 따라서 지속적인 긴장이다. 우리는 잠과 놀이, 사랑과 꿈, 몽상과 관조를 통해 이 긴장에서 탈출한다. 일과 놀이, 투쟁과 사랑의 교차배어법 속에서 인간은 시간 속에서의 동일성이라는 선험적 지평을 통해 자신의 존속을 확인한다. 이 시간 속에서의 **자기동일성**을 '정체성'이라 부를 수 있다.

그러나 현존에 기반한 존재 이해는 곧 특정한 인식주체를 전제한다. 현존이란 사실상 항상 특정한 주체에 대한 현존이기 때문이다. 때문에 현존은 그 자체 일종의 관계 속에서 성립한다. 그 자체로서의 현존이란 생각하기 어렵다. 과학철학의 맥락에서 본다면, 상대성이론과 양자역학 이후 우리는 이 점을 보다 분명히 보게 되었다. 우리는 주체 상관적이지 않은 존재를 말할 수는 있지만 경험할 수는 없는 것이다. 설사 경험한다 해도 그것은 소통의 차원을 넘어서 있으며(타인에게 현존시킬 수 없기에) 학문적 담론의 바깥에 있다. 물론 우리는 이로부터 '주어진 것'에 존재를 한정하려는 어떤 인식론적 독단도 이끌어내어서는 안 된다. 주체 상관적이지 않은 존재를 설정하는 것은 존재론의 남용이고, 비현존의 존재를 부정하는 것은 인식론적 오만이다. 때문에 우리의 자기동일성 추구는 우리 자신에게는 절대 과제이지만 존재론적으로는 상대적인 것에 불과하다("미꾸라지에게는 요통이 없다"). 우리는 현재 탐구의 성격상 사유를 주체 상관적인 현존의 층위에 놓는다. 본 저작은 세계(『객관적 선험철학 시론』 2부에서 이야기했던 '현실')에서의 정체성 추구라는 관점에 입각해 논의해 들어간다.

우리는 정체성 확보의 두 방향에 대해 생각할 수 있다. 인간의 정체성은 우선 자기 안에 있는 것으로 상상된다. 자기 안의 정체성은 시간의 침식으로부터 자신을 보존하는 응집력이다. 우리는 그것을 넓게는 생명, 좁게는 신체라고 부른다. 그러나 넓게 보면 생명/신체는 엔트로피의 법칙에 저항하면서 부단히 새로운 형상들을 창조한다. 때문에 자신을 자신으로 성립시키는 힘은 자신의 내부에 있지 않고 생명의 연속성에 있다. 자신의 자신-됨은 내부적 힘에 의해서이지만 이 내부적 힘은 우주의 한 얼굴로서만 존재할 수 있다. 다른 또 하나의 정체성은 자신의 마음, 즉 생각과 느낌에서 온다. 특히 사상과 정서는 일시적이고 변덕스러운 기분의 밑바탕에서 한 사람의 '사람됨'을 형성한다. 이 사람됨=인격은 사회의 가변적 분위기를 관통하면서 한 인간의 정체성을 형성한다. 그러나 이 사람됨은 오직 바깥으로 표현되어 타인들에 의해 승인되고 확인됨으로써만 사회적 인격으로서 성립한다. 이 점에서 사회적 인격으로서의 사람됨은 그때그때 인간을 바라보는 사회의 눈에 상관적으로 존재한다. 결국 자신의 자신-됨, 자신 내부의 힘과 정신은 넓게는 우주, 좁게는 인간사회와의 관계를 통해서만 성립한다. 정체성은 한편으로 내면의 문제이지만 외면과의 관계를 떠나서는 생각할 수 없는 것이다.

다자多者의 존재가 불가능하거나 다자를 형성하는 불연속이 존재/무의 절대 모순을 형성할 때 운동과 관계는 발생하지 않는다. 운동과 관계는 다자 각각의 안과 바깥을 가르는 불연속이 와해되고 연속성이 놓일 때 성립한다. 이 연속성의 성격은 다자가 공존하는 방식을 규정한다. 인간에게 이 공존이 성립하는 장은 자연과 문화이다. 따라서 각 개인의 내면은 자연 및 문화와의 관계를 통해서 존재한다. 그러나 자연과 문화는 그 자체 다시 다자로서 존재한다. 그래서 인간의 자기동일성은 자연의 다자(다양한 생명체들) 그리고 문화의 다자(타인들과 타문화들)에 상관적으로 존재한다. 다자를 가르는 불연속이 정복에 의해서나 통합에 의해서 메워질 때 일자화一者化가 성립한다. 따라서 다자의 공존은 그 자체 모순과 긴장을 내포한다. 그것은 일자화를 거부하는 불연속과 관계/운동을 통해 형성되는 연속성을 동시에 머금는다. 따라서 다자의 공존을 가능하게 하는 것은 그것들과는 변별되어 있는 층위이다. 표층적 불연속을 심층적 연속이 지탱해 줄 때 공존이 성립한다. 때문에 관계 속의 자신을 가능하게 하는 것은 자신도 타자도 아닌 제3자, 즉 기저의 장場이다. 삼각형과 사각형이라는 타자들은 에우클레이데스 공간(유클리드 공간)이라는 기저의 장에서 공존한다. 인간에게 자연과 문화는 이 기저의 장이라 할 수 있다. 때문에 인간의 정체성은 그의 바깥, 즉 기저의 장에 관련해 성립한다.

　이러한 생각은 얼핏 인간의 정체성은 그 자유에 있다는 생각과 모순된 것으로 보인다. 자유는 말 그대로 스스로에서 유래함이다. 그것은 자신의 생각과 말과 몸짓의 근거를 자신-스스로에-둠을 의미한다. 이 점에서 자유란 일종의 자발성이다. 그러나 '자발성'이라는 말은 자연발생적인 경우와 자율적인 경우를 동시에 의미할 수 있다(서구어의 'spontané'와 'volontaire'에 해당). 자유가 결정론에 대립하는 것이라 해서 비합리적인 결단이나 무인과론적인 우발성에만 호소하는 것은 잘못이다. 자유란 그 자체 하나의 결정성, 다만 그 결정의 요인이 스스로에게 존재하는 결정성이다. 이 점에서 자유는 두번째 의미에서 의 자발성이며, 나아가 이성적인 형태의 자발성이다. 그것은 자생성 또는 자율이다. 자율은 데모크리토스적인 의미에서의 "automaton"이 아니라 스스로의 내적인 판단에 따라 행위함을 말한다. 그러나 이 판단이 특정한 자연법칙이나 사회 규범을 거스를 때 판단의 주체는 일정한 형태의 상해를 입게 된다. 때문에 자유란 특정한 형태의 자연/문화라는 외재성과 내적 판단 사이에 평형을 보장해 주는 기저의 장을 요구한다. 개체/집합체의 자유는 자신의 안과 바깥을 공존할 수 있도록 해주는 일정한 기저의 장 속에 자신을 맡길 때 성립한다.

이러한 분석은 인간을 일정한 전체에 종속시키고 그 개체성을 박탈하는 것처럼 보이지 않는가? 그러나 우리는 모든 개체들이 완전히 동의하는 보편성이 존재하지 않는 이상 사실 이 기저-장은 곧 투쟁의 장이기도 하다는 점을 생각해야 한다. 다자는 이 기저-장의 형태를 놓고서 투쟁한다. 자연법칙의 파악과 문화규범의 수립을 놓고서 갈등하는 것이다. 자연 이해와 문화규범을 특정한 형태로 확립했을 때, 그런 체계는 어떤 사람들에게는 이익을 그러나 어떤 사람들에게는 불이익을 가져다준다. 동일자와 타자 사이의 가치론적 갈등을 야기시키는 것이다.[1] 따라서 각 개체/집합체는 공통의 기저공간이 어떤 것이 되어야 하는가의 문제로 긴장하게 된다. 이 점에서 정체성은 주어지는 것, 어떤 본질이 아니다. 그것은 만들어지는 것, 갈등 속에서 형성되는 것이다. 기저의 장이 스스로에게 불리하다고 판단할 때, 개체는 그 장을 바꾸려 애쓰게 된다. 때문에 인간에게 정체성은 일정한 기저-장에서 성립하는 것 못지않게 그 장을 둘러싼 투쟁 속에서 성립한다. 다시 말해 인간의 정체성은 언제나 기저-장과의 타협과 투쟁이라는 두 계기를 통해서 이루어진다. 정체성이란 주어진 하나의 본질이 아니라, 상반된 방향으로 운동하면서 갈등하는 두 힘 사이에서 생성해 간다. 나의 정체성은 내가 속해 있는 중층적 기저-장들(가족, 국가, 직장, 동호인 모임, 마을 등등)에로의 적응과 그것들에 대한 저항이라는 두 경향성 사이의 조절을 통해 생성해 가는 것이다. 이 운동이 멈추는 경우는 투쟁이 끝났을 때, 즉 기저-장에 완벽하게 적응했을 때이거나 그것에서 완벽하게 벗어났을 때이다. 전자는 나의 개체성을 완전히 포기할 때 이루어지고, 후자는 그것을 온전하게 획득했을 때 이루어진다. 물론 양자 모두는, 특히 후자는 불가능하다. 그러나 전자 역시 불가능하다는 사실이 특히 의미심장하다. 그것은 주체성의 문제와 직결되기 때문이다.

　한 인간은 어떤 형태로든 다양한 기저-장들이 교차하는 곳에서 생성하며, 이 기저-장들 사이에서도 힘의 위계가 성립한다. 그래서

---

1) 얼핏 자연의 이해는 이런 갈등과 무관한 것으로 보일 수 있다. 그러나 자연을 원자들의 집합으로 볼 때, 형상의 구현으로 볼 때, 기(氣)의 취산(聚散)으로 볼 때, 인간은 각각 다른 방식으로 이해된다. 그리고 특정한 세계관과 인간관에 입각해 문화세계가 형성된다. 모든 문화는 '자연' 또는 '사물'에 대한 암묵적인 이해 위에서 성립한다. 요컨대 명시적인 또는 암묵적인 자연 이해는 문화의 선험적 조건이다. 나아가 이 선험적 조건은 문화 안에서 벌어지는 욕망과 권력의 놀이에 큰 영향을 끼친다. 예컨대 인간의 신체가 세포의 집합인가 아니면 기의 집합인가는 자연철학의 범위를 넘어 양의학과 한의학의 갈등을 비롯한 여러 문화적 갈등에 연관된다. 유전에 대한 새로운 이해는 범죄 유무의 결정에 큰 영향을 끼친다. 이 저작에서는 다루지 못하지만, 이런 맥락에서 우리가 앞으로 해야 할 작업은 **자연과 문화가 교차하는** 지점들에서 생겨나는 문제들이다.

그 사회의 전체 기저-장의 형태는 (다양한 층위들로 분절되어 있는) 집합체들 사이의 역학관계를 통해서 형성된다. 세력勢力의 위계에서 위에 놓인 집단들일수록 자신들의 이해利害를 더욱 강하게 반영할 수 있다. 아래에 놓인 집단들은 기저-장의 수립에 보다 작은 힘만을 발휘할 수 있지만, 자신들에게 주어지는 불이익을 타파하기 위해 늘 저항의 몸짓을 표출한다. 기저-장은 대개 무의식의 층위에서 작동하기 때문에 그것을 인식하는 것 자체가 쉽지 않은 일이지만 말이다. 어쨌든 사회란 세력의 위계를 형성하는 집단들 사이의 갈등과 투쟁으로 구성된다. 이 점에서 인간사회는 독특한 형태의 '동물의 왕국'이다. 그러나 인간사회는 동물의 세계처럼 힘의 위계를 형성하는 것으로 그치지 않으며, 끊임없는 변동과 개선이 발생하는 곳이다.

　이런 욕망과 권력의 놀이를 넘어서서 집단과 집단 사이에 좀더 이성적인 기저-장이 가로놓이려면, 단순히 개인적-집단적 이해타산을 넘어서는 어떤 객관성이 확보되어야 한다. 그래서 문제는 다시 문화와 자연이라는 객관성이다. 문화의 경우, 언어와 생활양식, 정치체제에 따라 다채로운 문화들이 형성된다. 인간과 인간은 하나의 문화가 기저-장으로서 존속할 때 일정한 형태의 관계 맺음을 통해 공존한다. 이 기저-장이 존속하지 못할 때 다자는 흩어져 고립된다. 이것은 '소외'의 공간이다(「파리에서의 마지막 탱고」는 기저-장이 아니라 단지 두 공간의 접점만이 존재하는 세계를 다루었다). 문화에 대한 사유는 한편으로 한 문화의 기저-장 즉 그 문화의 가능조건을 드러내는 선험적 작업이지만, 다른 한편 한 문화가 가질 수 있는 기저-장을 만들어내는 실천적 작업이기도 하다. 더 나아가 문화에 대한 사유는 여러 문화들 사이에 어떤 소통의 다리가 놓일 수 있는가, 인류의 문화 전체를 포괄할 수 있는 기저-장은 존재할 수 있는가, 존재한다면 그것은 어떤 장인가를 탐구할 수 있다. 이 점에서 정체성 확보의 한 요건은 객관적인 문화적 기저-장의 수립이다.

자연세계에서의 정체성은 종의 변별과 존속이다(물론 다윈 이래 '종'은 '개체군'으로 이해되고 있다). 하나의 종은 다른 종들과의 차이를 통해 자기동일성을 확보하며, 자기를 복제함으로써 생명의 실타래를 이어 간다. 이런 복제는 시간 속에서 이루어지며, 따라서 시간 속에서의 자기동일성 즉 정체성은 복제를 통한 자기의 보존을 통해 이루어진다(물론 이 과정은 늘 차이의 생성을 동반하며, 시간을 흡수하는 동일화의 과정인 동시에 시간에 의해 지배되는 차이화의 과정이기도 한다). 그리고 각 종들 및 한 종 내의 각 개체들은 생명의 세계에서 각자 고유한 자리를 차지한다. 유전자 복제기술은 이 고유성을 인위적으로 파괴함으로써 생명의 질서를 근본적으로 뒤흔든다(「블레이드 러너」는 이 혼란스러운 세상을 그리고 있다). 인간은 복제기술을 발달시킴으로써 스스로 자신의 정체성에 위기를 불러왔다. 자연에 대한 사유는 자연을 총체적으로 인식하려 하는 동시에 (이미 인간과 공진화하기에 이른) 자연을 어떻게 만들어 갈 것인가라는 실천적 함축을 띤다. 현대에 이르러 '자연철학'이 다시 요청된다면, 그것은 이제 인간이 우주 안에서의 스스로의 위치를 근본적으로 재점검해 볼 시점에 다다랐기 때문이다.

결국 정체성이란 각종 기저-장들 및 시간에 따른 차이생성이라는 두 객관성을 떠나서는 파악하기 힘들다. 그러나 동시에 기저-장들 및 차이생성을 소화해내면서 일정한 정체성을 만들어 가는 존재 즉 주체성을 전제하지 않는다면, 정체성이란 허깨비 같은 것이 되어 버린다. 정체성이란 공간적 기저-장들 및 시간적 생성이라는 객체성과 어떤 객체성에도 온전하게 매몰되지 않는 주체성의 긴장 속에서 성립하는 것이다.

정체성에서의 중심축 이동: 근대성의 도래

잘 알려져 있듯이, 전통 사회에서 인간의 정체성은 인간 바깥에 존재했다. 인간의 생각과 말과 행위를 지배한 것은 인간 바깥의 것, '초월적인' 것이었다. 존재하는 모든 것들은 하늘로부터 품부稟賦받은 본연지성本然之性과 기질지성氣質之性에 따라 그 존재론적 위상을 부여받는다. 서구의 경우, 인간은 이 초월적인 것의 바깥에 서 있는 존재 즉 'ex-istence'였으며 그래서 우발적인contingent 존재였다. 그러나 이 초월적인 존재의 의지를 받아들여 관리하는 것은 특수한 계층의 인간들이다. 초월적 존재와 우발적 존재의 이분법은 결국 지배/피지배 이분법의 그림자이다. 초월적 존재의 바깥에 서 있음은 이제 지배계급의 바깥에 서 있음으로 변환된다. 그리고 그 바깥의 정도는 위계적이다. "신은 모든 인간을 사랑한다." 그러나 각자가 신으로부터 떨어져 있는 거리는 다르다. "본연지성에서의 인간은 모두 같다." 그러나 기질지성의 차이는 본연의 성性으로부터 다양한 거리에 분포되어 있는 인간들을 만들어낸다.

우리는 전통 사회를 떠받치던 존재론에서 어떤 독특한 성격을 읽어낼 수 있다. 전통 철학에서 존재론은 가치론과 분리되지 않았다. 현대인에게 무엇인가가 '있다' 또는 '없다'는 것과 어떤 것이 '가치 있다' 또는 '가치 없다'는 것은 별개의 문제이다. 어떤 사람은 있거나 없다. 그가 절반 정도 "있다"는 말은 성립하지 않는다. 있음/없음은 임/아님 이라는 택일의 문제이지 덜/더 빠름과 같은 정도의 문제가 아니다. 반면 전통 존재론은 존재함의 정도를 핵심으로 했다. 어떤 사물은 더 존재할 수도 있고 덜 존재할 수도 있다. 이것을 '가치-존재론'이라 부를 수 있을 것이다.

플라톤 철학은 가치-존재론의 전형을 보여 준다. 플라톤에게서 한 사물은 있거나 없기만 한 것이 아니라 일정한 정도로 있다. 그리고 있음의 정도 즉 존재도存在度/실재도實在度는 또한 가치의 정도이다. 그래서 있다와 없다는 곧 진짜와 가짜와 통한다. 그러므로 진짜/가짜 또한 택일로서가 아니라 정도로서 존재한다. 진짜로 존재한다고 인정할 수 있는 것들 중에서도 더 진짜로 존재하는 것들과 덜 진짜로 존재하는 것들이 있다. 가짜의 경우도 마찬가지이다. 마치 빨간색을 더 많이 부여받은 꽃이 "더" 빨갛듯이, 존재를 더 많이 부여받은 사물은 "더" 존재한다. 어떤 사물이 더 존재한다는 것은 그것이 존재의 형상을 더 많이 나누어-가지고 있음을 뜻한다. 그래서 플라톤적 사유는 이렇게 규정될 수 있다: 모든 사물은 존재와 무라는 양극단 사이에서 존재론적으로 그리고 동시에 가치론적으로 배열된다. 다시 말해, 한 끝에 존재가 다른 한 끝에 무가 배당된 선분상의 어느 지점에 놓여 있는가가 그 사물의 존재론적-가치론적 서열을 결정한다. 결국 플라톤 철학에서 모든 사물은 그것이 존재의 형상으로부터 얼마만큼 떨어져 있는가에 의해 평가된다. 형상들 중의 형상, 즉 선의 형상을 원점으로 본다면,

모든 사물은 그 원점으로부터 떨어진 거리에 따라 존재론적으로 배정되고 가치론적으로 평가된다.[2] 그런데 원점보다 더 나은 사물은 있을 수 없기에, 우리의 현실은 니체의 말대로 "빚"이요 베르그송의 말대로 "마이너스"이다. 이 (현대인이 보기에) 독특한 세계관이 전통 사회의 '에피스테메'를 형성했다.[3]

역사는 위상학적 구조를 띤다. 같은 시대 안의 긴 시간보다 다른 시대 사이의 짧은 시간이 더 큰 이질성을 함축한다. 시대가 바뀌었을 때, 즉 역사에서 불연속이 도래했을 때, 뒤의 시대는 앞의 시대를 타자로 간주한다. 만일 근대라는 시대가 전통을 타자로 간주하고 그로부터 벗어나고자 했던 시대라면, 그리고 인간이 영위하는 모든 문화가 일정한 무의식적 존재론-가치론에 기반하는 것이 사실이라면, 결국 근대의 근저에는 전통 존재론의 해체가 위치할 것이다. 우리가 근대를 특성화하기 위해 흔히 열거하는 것들(과학의 등장, 기술문명의 발

---

2) 중세 철학에서 선의 형상은 신(神)으로 탈바꿈된다. 그리고 모든 사물은 신으로부터 얼마의 거리로 떨어져 있는가에 의해 평가된다. "신의 형상에 따라 창조된" 인간은 신 바로 아래 군림한다. 서구 담론사에서 신중심주의와 인간중심주의는 얼핏 생각하는 것만큼 그렇게 멀리 떨어져 있지 않다. 서구 담론사에서 신중심주의와 인간중심주의는 은밀한 공모 관계를 유지했다.

3) 존재/무의 정도를 인정하는 것은 존재와 무의 절대 모순을 통해 운동의 불가능성을 주장한 파르메니데스에 대한 응답이기도 했다. 운동이란 현재 결여되어 있는 형상이 이전의 형상을 대체하는 과정, 즉 가능태로부터 현실태로의 이행이다. 질료는 일정한 층위에서 형상이 결여된 가능태이고, 형상은 이 결여를 채울 규정성이다. 이 형상들은 존재함의 정도에 따라 시간 속에서 목적론적 계열을 이루며, 가능태들은 사다리를 타고 올라가듯이 최고의 형상을 향해 가면서 현실태들로 변환된다("질료는 형상을 그리워한다"). 그 마지막에는 근원적 능동인이자 동시에 목적인인 신(神)이 놓인다. 전통 세계관의 무게중심은 결국 이 가치-존재론에 걸린다. 우리는 이 책 1부 2장에서 주희에게서 이 가치-존재론이 놀랍도록 유사한 형태로 반복되고 있음을 볼 것이다.

달, 종교와 형이상학의 전략, 민주정치의 성립, 자본주의의 도래, 근대 문화의 전개 등)은 결과이지 원인이 아니다. 결과의 서술에 만족하고자 하지 않는다면 이 모든 것들을 가능케 한 선험적 조건을 찾아야 할 것이다. 역사의 표면에서 드러나는 현상들이 아니라 그것들을 도래케 만든 가능근거를 사유해야 한다.

1) 존재론과 가치론의 분리, 즉 탈가치의 원리. 전통 존재론의 기본 원리가 가치-존재론에 있다면, 근대적 사유의 특징은 바로 이 구도의 붕괴에 있다. 무엇인가가 '있다'는 것과 그 있는 것이 어떤 것인가는 별개의 문제로 분리된다. 손톱 밑의 때와 아름다운 꽃은 똑같은 차원에서 '있는' 것이다. 사물들을 근거 짓던 가치론적 광휘光輝는 사라진다. 이제 존재함의 규준은 우리 눈앞에 나타날 수 있음, 즉 현존 가능성으로 축소된다. 존재하는 모든 것은 '사실'이며 존재론적으로 동등하다. 그리스적 사유를 간직했던 라이프니츠와 근대적 사유를 보여주는 칸트가 신 존재 증명을 놓고서 어떻게 대립했는가를 상기해 보자. 라이프니츠에게 무엇인가가 실존한다는 것은 곧 그것이 완전함의 보다 큰 정도를 함축함을 뜻한다. 거꾸로 말해 한 실체가 보다 완전할수록 그것이 실존할 가능성은 그만큼 커진다. 이로부터 가장 완전한 신이 실존하지 않는다는 것은 논리적 모순이라는 결론이 자연스럽게 따라 나온다. 반면 칸트에게 무엇인가가 실존한다는 것은 그것이 어떤 존재인가와 관계없이 성립한다. "존재(있음)는 술어(~임)가 아니다." $(x)(Fx)$에서(F : 완전하다) 존재함은 (x)의 문제이지 F의 문제가 아니다. 그러나 라이프니츠에서 F의 정도는 곧 (x)의 정도이다. 즉 존재함의 정도이다. 근대 사유는 가치-존재론을 벗어던짐으로써 새로

운 길로 나아갔다.

2) 초월적-내재적 중심의 상실, 즉 **탈중심의 원리**. 가치-존재론은 늘 가치의 정점, 즉 가장 근본적인 의미에서 존재하는 존재의 개념을 함축한다. 플라톤에서의 선의 형상, 아리스토텔레스에서의 신, 플로티노스에서의 일자, 성리학에서의 태극 등이 그렇다. 이 중심은 대개 초월적인 성격을 띠지만, 때로는 내재적인 방식으로 설정된다. 다자를 초월하는 일자가 아니라 다자 중 하나가 중심으로 군림하는 것이다. 유럽중심주의, 남성중심주의, 이성중심주의 등등. 근대적 사유는 가치-존재론을 벗어던졌으며, 따라서 최고의 존재도 상대화된다. 근대 물리학에서 이 점은 분명하게 드러난다. 갈릴레오의 상대성 원리는 여러 측면에서 아리스토텔레스의 중심주의를 파괴했다. 우선 갈릴레오는 망원경을 통한 관찰에 입각해 우주를 등질화했다. 신에게서 정점에 달하는 천계天界는 무너졌다. 운동의 상대성(에컨대 달리는 배 위에서의 운동)은 아리스토텔레스의 목적론적(일방향적) 운동 개념을 파괴했다. 데카르트는 좌표계 설정에서의 중심을 상대화함으로써 이런 경향을 완성했다. 이런 식의 과정들을 통해 우주 전체는 상대화되었으며, 좌표계의 설정에 따라 달리 파악될 수 있는 등질적 공간으로 화했다. 이 공간에서 모든 것은 상대적이다.

3) 위계적-연속적 세계관의 붕괴, 즉 **탈위계의 원리**. 전근대적 사유의 한 특성은 그 연속성에 있다. 아리스토텔레스의 질료-형상 위계로부터 고전 시대 계통학에 이르기까지 끈질기게 지속되어 온 '생명의 대연쇄'를 상기하라. 동아시아의 전통 사회를 지배해 온 주자학적 사유 또한 위계적 세계관의 전형을 보여 준다. 모든 존재는 리理(조직화

의 원리)에 따라 조직된 기氣(물질적 터)이며, 기의 청탁淸濁의 정도에 따라 가치론적인 위계를 형성한다. 왕수인, 정약용, 오규 소라이 등, 탈주자학적 사유의 토대를 마련한 사람들은 공통적으로 이러한 위계질서를 부정하고 자연과 인간 사이에 놓인 큰 거리를 강조했다. 마키아벨리에서도 그렇듯이, 이제 인간사는 형이상학적-자연철학적 배경을 벗어던진다. 즉 윤리/정치의 차원(작위作爲의 차원)과 형이상학/자연철학의 차원(본체本體의 차원)은 분리된다. 동시에, 예컨대 다산에게서 볼 수 있듯이, 자연은 탈신비화된다. 이제 인간사는 자연과 분리되어 논의되거나(예컨대 실존주의와 구조주의) 새로운 자연과학의 토대 위에서 논의된다(예컨대 베르그송, 사회생물학 등). 세계의 가치론적 위계라는 전통 사회의 형이상학적 토대를 벗어던짐으로써 비로소 '근대인'이 탄생한 것이다.

그렇다면 이렇게 탈가치, 탈중심, 탈위계의 논리를 통해 형성된 근대 사회는 진정 가치, 중심, 위계를 배제했는가? 우리는 근대 사유에서 이제 모든 가치의 선험적 근거이자 세계의 새로운 중심, 그리고 진화론적 위계의 정점에 놓인 새로운 존재를 발견한다. '선험적 주체'라 불린 이 존재를 통해 전통 사유의 논리적 구조는 생생하게 재현된다. 자리/위치는 잔존해 있다. 그 자리에 다른 어떤 것이 들어섰을 뿐이다. 인간은 가치-존재론의 근거로 자리 잡는다. 모든 것은 그것이 인간-주체에게 띠는 의미와 가치를 기준으로 배열된다. 인간중심적 가치-존재론은 실용주의에서 완성된다. 또한 인간은 우주의 중심, 그러나 이제 형이상학적 중심이기보다는 인식론적 중심이 된다. 인간의 의식, 경험, 신체 등이 가장 '확실한' 인식론적 공리로 자리 잡으며, 이제 이 중심으로부터 먼 곳은 어두컴컴한 물자체의 영역, 불가지不可知의 영역으로 화한다. 인간중심적 인식론은 칸트적 구성주의 및 현상학, 현상론에서 완성된다. 마지막으로 인간이야말로 우주에서 발생하는 각종 사건들이 혼돈의 바다로 녹아들어 가지 않고 의미연관성에 따라 이어질 수 있게 하는 매듭으로서 존재한다. 우주의 "진화"는 인간을 목적으로 한 것으로 이해되며, 인간은 이제 시간축에 따라 배열되는 진화론적 사건들/산물들의 정점에 놓이게 된다. 인간중심적 우주론/진화론은 헤겔에서 스펜서에 이르는 19세기의 거대서사들에서 완성된다. 이렇게 주체는 가치론적 위계의 기준이자 인식의 중심이자 우주 진화의 목적이다. 이 주체를 중심으로 각종 형태의 근대적 문화들이 형성, 변환되어 왔다.

그러나 물론 이렇게 전개된 근대 사상을 등질적인 방식으로 파악하는 것이 내포하는 한계는 명확하다. 현대는 근대를 타자화他者化한다. 그렇게 하는 한에서 현대는 근대를 등질화한다. 근대성에 공평하고자 한다면, 우리 논의의 계열들과 문턱들을 명료화할 필요가 있다. 근대를 단순화=등질화하지 않으려면 근대성을 구성하는 여러 계열들 및 각 계열들에서의 무수한 문턱들을 세심하게 가려내야 하는 것이다.

전통과 근대 그리고 탈근대/탈현대

왜 현대는 근대를 넘어서고자 하는가? "넘어선다"는 것은 무엇을 의미하는가? 우리가 넘어서고자 하는 근대는 어떤 근대인가? 정확히 말한다면, 넘어서야 할 것은 근대라기보다는 현대일 것이다. 이미 지나간 시간을 어떻게 넘어선다는 말인가. 모든 넘어섬은 현재의 넘어섬이다. '근대'를 넘어선다고 말한다면, 그것은 곧 **현재의 근대성**을 넘어선다는 것이다. 현재는 과거를 잇고 미래의 밑그림을 그린다. 과거의 넘어섬은 현재로 이어진 과거의 넘어섬이며, 미래를 준비함은 현재에 전조前兆를 던지고 있는 미래를 준비함이다. 모든 극복과 예비는 현재의 극복과 예비이다. 우리가 넘어서야 할 것은 현대적 얼굴을 띠고 있는 어떤 근대성(의 계열들)이다. 미숙한 상태를 벗어나 어른이 되고자 했으나 추한 어른이 되어 버린 그 계열들. 이 계열들의 묶음이 초超근대성 또는 극極근대성이며, 따라서 이런 근대성의 극복은 곧 현대성(의 현실)의 극복이다. 그래서 현대성은 현실적 현대성으로서의 초근대성/극근대성과 이념적 현대성으로서의 탈근대성이 격투를 벌이는 거대한 전장戰場인 것이다.

전통 사회는 초현실적인 진리의 규정을 통해 밑받침되었으며, 그 진리의 담지자들은 지배계급을 형성했다. 현대적 객관성의 문턱을 넘어서지 못한 전통 담론들을 '이데올로기'라 부르고 인간과 인간 사이에 성립하는 지배의 전략들을 '권력'이라고 부른다면, 전통 사회는 이 이데올로기와 권력의 상보성을 통해 통치되었다고 할 수 있을 것이다. 다시 말해 전통 사회는 '문사-관료들'에 의해 통치되었다.[4] 서구의

---

4) 에티엔 발라즈가 제창한 이 용어 자체가 이데올로기와 권력의 연계를 잘 드러낸다(バラーシュ,『中國文明と官僚制』, 村松祐次 譯, みすず書房, 1971). 그러나 관료-지주-선비 복합체를 뜻한 이 말에는 대지주-관료와 선비-관료 사이의 긴장 관계가 은폐되어 있다는 점을 염두에 두어야 한다. 이데올로기-권력 관계가 그 안에 기득권 세력과 저항 세력의 갈등을 함축하고 있다는 사실을 보지 못한다면 역사를 심각하게 단순화하게 될 것이다.

경우 검과 십자가가 대립함으로써 보다 복잡한 양태를 띠었다. 이데 올로기와 권력은 통합 대신 타협을 형성했다. 통합과 타협의 차이에 도 불구하고, 전통 사회 전반은 이데올로기-권력의 확고한 상보성을 통해 존립했다.

흔히 주체의 부재로 특징지어지는 전통 사회에서 역설적으로 우리는 커다란 주체를 발견할 수 있다. 전통 사회에서의 주체성은 개인 바깥에 존재했다고 했지만, 그 바깥에 존재하는 객관적 가치의 담지자擔持者들은 사회의 내부에 존재했다. 이 집단은 인간 바깥에 "객관적" 진리를 상정하고 자신들을 그 진리의 담지자로 내세움으로써 스스로를 지배적 주체로 정립했다. 반면 이 집단에 저항하는 세력은 이 집단이 내세운 "진리"에 맞서는 새로운 "진리"를 내세웠으며, 그로써 스스로를 저항적 주체로 정립했다. 이 점에서 전통 사회는 얼핏 보기보다 훨씬 역동적인 사회였다고 해야 할 것이다.

지배적 주체는 사람들이 서로 그것을 차지하기 위해 싸우는 무엇이다. 그 투쟁의 전략들이 '권력'이다. 그래서 주체화의 양태들은 권력의 배분을 통해서 형성된다. 앞에서 그 존재론적 핵심을 이야기했던 근대라는 시대는 권력 배분(궁극적으로는 욕망 배분)을 통한 주체 형성의 구도가 현저하게 바뀐 시대였다.

현대의 권력은 다원성을 보여 준다. 지배 권력은 이름 없는 다수의 욕망(하고 싶음)을 잠재우고 그들의 능력(할 수 있음)을 박탈해 왔다. 그러나 지배 권력의 밑에는 그에 무릎 꿇었으나 그 억누름을 뚫고 솟아오르려 했던 수많은 이름 없는 얼굴들이 존재해 왔다. 근현대는 이 익명의 얼굴들이 다양한 방식으로 역사의 표면에 등장해 온 과정들로 점철된다. 이러한 과정은 대중사회에 이르러 극에 달했으며, 이름 없던 욕망들은 문화의 표면을 다채롭게 수놓고 있다. 그러나 권력의 분산이 등질적 공간의 형성을 의미하지는 않는다. 차라리, 정부나 재벌 같은 큰 권력으로부터 사회 저변에 폭넓게 분산되어 있는 미세 권력들에 이르기까지 권력의 분포는 다질적多質的인 것이 되었다. 이는 오늘날 논의의 계열을 정확히 하지 않은 권력론은 추상적임을 면치 못한다는 사실을 뜻한다. 현대 권력론은 미세 권력들의 계열화를 명료화함으로써 비로소 그 계열들이 교차하고 이어지고 배분되고 절단되는 장/구조를 파악할 수 있다. 오늘날의 주체화는 이런 다질적 권력-장 속에서 이루어진다.

현대의 권력은 가시적이다. 전통 사회에서 권력의 작동은 가시적인 형태를 보였다. 다양한 형태의 잔인한 형벌들(화형, 십자가형, 묵형墨刑, 비도형鼻刀刑, 궁형宮刑, 능지처참 등등)이 대중들에게 현시顯示되어 권력에의 도전을 차단했다. 푸코가 잘 보여 주었듯이, 근대에 이르러 권력은 순화되고 비가시화되어 사람들의 내면을 지배하기 시작했다. 그러나 현대에 이르러 권력의 코드는 다시 조금씩 노출되어 오늘날에는 그 벌거벗은 모습을 드러냈다. 권력은 영상, 서적, 인터넷 등 다양한 매체들을 통해서 노출되고 담론화되고 있다. 그러나 또한 권력은 가시화된 대신 편재화되었고 삶의 모든 구석에서 작동하는 무엇이 되었다. 사회는 관리되고 있다. 오늘날의 주체화는 훈육이 아니라 관리를 통해서 이루어지고 있는 것이다. 이런 사회에서 삶의 기저-장은 현저하게 다원적이고 유동적이며, 그에 따라 주체화의 과정 역시 극히 역동적인 과정으로 화했다.

권력-장은 이름-자리의 장이며, 이름-자리는 한 주체에 술어로서 부착된다. 그러나 주체는 술어들로 소진되지 않는다. 주체는 술어들을 통해 자신의 정체성을 만들어 가지만, 이 만들어-'감'은 또한 기존의 술어들에 대한 저항이기도 하다. 주체는 자기차이화自己差異化하는 존재이다. 이 자기차이화의 힘을 욕망이라 부른다면, 주체화란 곧 권력-장 속에서의 구성-됨인 동시에 자기차이화하는 욕망을 통한 구성-함의 과정이기도 하다. 주체의 형성은 자기 이해를 동반하며, 자기 이해는 자신의 정체성에 대한 이해이다. 한 인간의 정체성은 내면의 욕망과 외면의 코드를 통해 형성된다. "나는 누구인가?"는 "나는 무엇을 바라는가?"와 "사람들은 나를 무엇으로 부르는가?"에 의해 구성된다. 전자는 '~을 위해'의 구조를 띠고 후자는 '~으로서'의 구조를 띤다.

현대에 이르러 기존의 인간 정체성들이 와해되었다면, 그것은 외면의 코드를 형성했던 자연적 기저-장과 사회적 기저-장이 붕괴했기 때문이다. 이러한 붕괴는 한편으로 구성되는 주체를 혼란으로 몰아붙이지만, 다른 한편으로 구성하는 주체에게 전에 없는 여백을 마련해 주고 있는 것도 사실이다. 사회적 기저-장만이 아니라 자연, 사물, 존재에서의 기저-장마저 허물어진 오늘날의 탈코드화 시대에 주체성/정체성은 해체와 재구성 사이에서 요동하고 있다.

논의의 구도

개인의 욕망과 (그가 그 욕망을 실현하기 위해 맞서야 할) 객관적 기저-장과의 투쟁은 '인생'人生의 항구적인 구도이다. 그리고 기저-장을 모양 짓는 핵심적인 동력은 각인이 (자신의 욕망을 실현하기 위해) 구성해내는 전략들의 종합적 얼개 즉 한 사회에서의 권력의 총체적인 구도이다. 개인은 이 구도의 바깥으로 나가려 하지만, 그 바깥은 어디까지나 내부의 바깥이다. 욕망의 주체성은 술어적 주체성을 넘어서려하지만, 그 넘어섬은 결국 다시 술어적인 무엇으로 표현되었을 때 비로소 구체성을 띠게 된다. 그래서 삶이란 근원적으로 욕망(더 넓게는 생명)의 '엘랑'élan이지만, 그 '엘랑'의 구체화는 결국 술어적 차원, 사회, 권력-장에서 이루어질 수밖에 없는 것이다.

그 역도 마찬가지이다. 술어적 차원, 사회, 권력-장에서의 변화는 반드시 주체들의 욕망, 더 넓게는 생명의 '엘랑'을 통해서만 이루어진다. 그렇지 않은 변화는 단순히 우발적이고 외적인 차이생성일 뿐이다. 주체성은 기저-장에서 형성되지만 자체의 차원에서 '엘랑'을 이루며, 다시 기저-장으로 귀환할 때 변화의 근본 동인일 수 있다. 때문에 주체성/정체성의 구체적인 모습, 더 정확히는 지향을 잡아낼 때에만 윤리와 정치도 가능하다. 그러나 이 모습/지향은 어떤 추상적 분석을 통해서가 아니라 역사 속에서 변해 가는 인간의 얼굴을 포착해 갈 때에만 드러난다.

이 저작에서 다루는 것은 전통과 근대 그리고 탈근대라는 거시적 구도에서의 정체성 문제이며, 한편으로 각 시대의 기저-장이 어떤 것인가에 다른 한편으로 그 기저-장에서 어떤 주체들이 등장했는가에 주목한다. 사실 이 작업은 끝도 없이 방대한 작업이며, 이 점에서 본 저작 전체가 (앞으로 지속적으로 전개할 작업을 위한) 하나의 긴 서론이라 해야 할 것이다.

근대성이 빚어낸 오늘날의 현실을 비판적으로 보는 한에서, 우리에게는 우선 탈주의 길과 회귀의 길이 가능하다. 탈주의 길은 근대성과 크게 다른 새로운 비전을 통해서 역사를 가속시키는 길이고, 회귀의 길은 근대성이 파기했던 전통의 의미를 새롭게 되살려 역사의 속도를 늦추는 길이다. 우리의 작업은 근대성에 대한 비판적 눈길을 유지하면서 탈주와 회귀 사이에서 사유하는 일일 것이다.

1부는 전통 사회 및 사유를 검토하면서 회귀의 길을 걸어 본다. 전통 사회와 사유의 성격을 더듬어 보면서 거기에서 오늘날 새롭게 재음미해 볼 것이 무엇인가를 생각해 본다. 1부 2장이 본격적인 논의라면, 1장은 방법론적 서론에 해당한다. 2부는 근현대 사회와 사유의 성격 및 그 문제점을 짚어 본다. 2부 1장이 현대인의 초상화를 인식론적 맥락에서 그리는 것이라면, 2장은 현대인을 그런 모습으로 만든 역사적 과정을 소묘한다. 마지막 결론에서는 1990년대에 등장한 탈근대 사상의 몇 가지 갈래들을 음미하면서 앞으로 갈 길들을 모색해 볼 것이다.

1부 도덕적 주체의 탄생

1장_하늘과 땅 사이에서 —동아시아 담론사 연구 서설

인간이 우주의 한 귀퉁이를 차지하고 있는 존재 그리고 또한 사회계열학적인 구조 안에서 살아갈 수밖에 없는 존재라 할 때, 사유는 어떤 장을 그 준거점으로 해서 전개되어야 하는가? 우주 전체인가 인간 자체 내의 차원인가? 전세계인가 아니면 일정한 사회 또는 다른 어떤 장인가? 하나의 장 안에서 성립하는 논의가 장을 달리할 때 설득력을 잃는다면, 극단적인 경우 하나의 장 안에서 그토록 절대적으로 군림했던 사유가 다른 장에서는 비웃음의 대상이 된다면, 사유의 설득력을 보장해 주는 준거점은 어디에 있는가? 하나의 패러다임이 강고하게 군림했던 사회(유교사회, 기독교사회, 이슬람사회, 스탈린 치하의 소련사회 등)에서는 이런 물음이 제기되기 힘들었다. 그러나 오늘날 이런 문제에 대한 명확한 입장이 서지 않은 사유를 전개한다면, 그것은 현대성의 문턱을 넘지 못한 것으로 머물 것이다.

　　이전의 저작에서 나는 사유의 보편적인 준거가 감성적 언표들의 장, 우리가 '현실'이라고 부르는 장이라는 점을 강조했다. 그러나 어떤 현실인가? 누구의 현실인가? 문文의 준거점 즉 문맥文脈이 극히 이질적인 장을 형성한다면, 문맥 자체를 강조하는 것만으로는 불충분할 것이다. 이전의 논의에서는 사유의 보편적인 장에 입각해 논의를 전개했거니와, 여기에서는 보다 좁은 층위 즉 넓게는 동북아 좁게는 한국이라는 층위를 잡아 논하고자 한다. 동북아 문화는 보다 표면적으로는 한문을 사용한 문화라는 점에서, 더 근본적으로는 공통의 담론화 양태를 구사했다는 점에서 독립적으로 논할 수 있다. 현재 우리에게 요청되는 것은 동북아 문화의 기저-장과 그 위에서의 인간 정체성의 개념을 파악하는 일이다.

그러나 우선 이 동북아 담론계를 분석하기 위한 방법론적 논의가 필요할 것이다. 담론사 연구를 위한 인식론적 토대로서 담론학을 제시한 바 있으나, 여기에서는 이미 몇 번 언급한 바 있는 '개념사'를 좀 더 명료히 하고자 한다.[1] 지금 우리에게 필요한 것은 동북아 담론사 연구를 위한 개념사이다.

개념사란 무엇인가

사유의 궁극 목적은 자신/자기를 이해하는 것이다. 세계를 이해하는

---

1) 개념사는 캉길렘, 푸코, 게루 등에 의해 개척되었다. 특히 다음 저작들을 보라. Georges Canguilhem, *Études d'histoire et de philosophie des sciences*, Vrin, 1968. Martial Guéroult, *Dianoématique II, philosophie de l'histoire de la philosophie*, Aubier Montaigne, 1979. 미셸 푸코, 『지식의 고고학』, 이정우 옮김, 민음사, 1992. 아울러 미셸 세르의 『헤르메스』 연작도 개념사 연구에 큰 도움을 준다. 또 다음을 보라. 서복관, 『중국 인성론사: 선진편』, 유일환 옮김, 을유문화사, 1995.

것도 그것이 우리의 자기 이해에 도움을 주는 한에서 단순한 지식이기를 그치고 사상사적인 의미를 가지게 된다. 자기 이해는 영원의 축과 시간의 축을 동시에 함축한다. 영원의 축에서의 자기 이해는 인간에 대한 궁극적이고 보편적인 파악을 요청한다. 사상가들은 영원의 축에서 인간을 파악하려고 하며, 세계 내에서 인간이 차지하는 궁극적인 위치를 규명하려고 한다. 그러나 동시에 그렇게 사유하는 각각의 사상가들은 유럽, 동북아, 인도 등등의 한 문화 안에서, 그리고 각각의 시대 안에서 사유할 수밖에 없다. 때문에 인간의 근원적 본성을 규명하는 것이 사유의 영원한 숙제라 해도, 인간이 각 문화, 각 시대에 어떻게 상이한 얼굴로 나타났는가를 또 어떤 존재 '들'인가를 역사적으로 탐구하는 것 또한 중요하다. 다시 말해, 인간이란 무엇'인가'를 탐구하는 것과 나란히 인간은 어떻게 '살아왔는가'를 그리고 '살 수 있는가'를 탐구해야 할 것이다.[2] 참된 사유는 추상적-보편적 축과 구체적-시공간적 축이 교차하는 지점에서 성립한다. 문화적-시대적 구체성을 그 안에 용해하고 있지 않은 보편의 추구나 보편적 안목이 결여된 시류적時流的 파악은 곧 일정한 한계를 노정한다.

인간이 살아온 과정을, 인간의 얼굴이 변형되어 온 과정을 어떤

---

2) 현상학은 "구체성을 향하여"라는 현대 철학의 요청에 답한 대표적인 사조들 중 하나이다. 그러나 현상학은 인간이 어떻게 살아왔는가라는 물음을 소홀히 함으로써 진실의 반쪽만을 생산했다('현상학적 환원'의 한계). 예컨대 '일상성'에 대한 분석이 현대의 대중문화나 자본주의, 권력체제 등에 대한 분석을 배제한 채 제시되었을 때 드러난 추상성이 그 하나의 예이다. 현상학적 접근은 얼핏 이론적으로 극히 구체적인 것처럼 보이지만 다른 한편 매우 추상적인 접근이라고 할 수 있다. 담론학은 감성적 언표에 기반하지만, 동시에 이런 추상성을 자연철학과 사회-역사철학이라는 매개 고리를 통해서 극복하고자 한다.

방식으로 포착해야 하는가? 여기에서 우리는 '담론사'라는 관점에서 이 문제에 접근한다. 인간의 모든 행위는 결국 담론적 형태로 보존되며, 때문에 담론사의 이해는 역사의 근거일 뿐만 아니라 인간존재론의 근거이기도 하다. 담론사의 이해를 통해서 우리는 인간이 어떻게 살아왔는가를 이해할 수 있고(역사), 이 이해 위에서 인간이란 무엇인가(인간존재론), 어떻게 살아야 하는가(윤리학/정치학)에 대한 의미 있는 대답을 구성할 수 있을 것이다. 그러나 왜 개념사인가? 담론사라는 넓은 장에서 왜 개념이라는 지평에 주목하는가?

우리의 생각, 말, 몸짓을 가능하게 해주는 객관적 선험은 곧 현실, 즉 감성적 언표들의 장이라는 점을 논한 바 있다. 감성적 언표들을 전통적으로 논의되어 온 '성질들'이나 그와 유사한 것들로 혼동하면 곤란하다. 성질, 예컨대 하나의 모양이나 색은 그 자체 이미 추상화된 것이며 양화된 것이다. 네모난 탁자를 미세하게 볼 때 그것은 네모나지 않으며, 녹색의 표면을 미세하게 볼 때 그것은 녹색이 아니다. 성질들이나 '현상들'은 사실상 순간적인 감성적 언표들을 일정하게 추상하고 양화한 것들이다. 감성적 언표들은 순간적이다. 바람에 의한 깃발의 흔들림, 누군가의 얼굴에 나타난 표정, 한 장소의 일정한 분위기, 순간적으로 생겨나 우리의 마음에 파문을 일으키고는 허공으로 사라지는 말, 빛의 각도에 따라 달라지는 색 등은 모두 순간적이다. 지금까지의 선험철학은 객관적 본질이나 실체로서의 주체, 사회-역사적 법칙성 등을 내세웠다. 그러나 우리의 모든 행위가 그에 상관적으로 발생하는 가능성의 조건에서 감성적 언표들을 빼놓을 수 있을까. 우리는 감성적 언표들의 선험철학을 생각할 수 있다.

그러나 그토록 불안정하고 순간적인 존재들이 선험적인 지평으로서의 역할을 할 수 있을까? 우리의 현실이 순간적으로 나타났다가 사라지는 감성적 언표들로 가득 차 있다는 것, 그리고 우리의 삶이란 곧 그 언표들을 통해서 이루어진다는 것을 인정한다 해도, 우리의 사유가 삶을 일정한 방식으로 이해할 수 있다는 사실 자체가 어떤 형태로든 안정화의 장이 존재함을 시사하고 있지 않은가? 사실 감성적 언표들이 순간적이기만 한 것은 아니다. 감성적 언표들은 반복된다. 타자가 공을 때릴 때 나는 딱! 소리는 순간적으로 나타났다가 사라지며, 어떤 사람들에게는 환희를 다른 사람들에게는 절망을 가져다준다. 그러나 루 게릭이 냈던 딱! 소리는 장종훈이 내는 딱! 소리로 반복되며 환희와 절망도 반복된다. 매미가 우는 소리는 헤아릴 수 없이 긴 시간 동안 반복되어 왔다. 수많은 사람들이 태어나 살다가 죽었지만, 안개 긴 부두에서, 호젓한 산길에서, 소란스러운 카페에서 수많은 사람들이 "너를 사랑해"라고 속삭였으며, 지금도 속삭이고 있고, 앞으로도 속삭일 것이다. 사랑하기만이 아니라 싸우기, 식사하기, 놀이하기, 회의하기…… 등도 무한히 반복될 것이다. 어떤 사람들이 말하듯이, 우주가 생성과 소멸을 거듭한다면 영겁의 시간이 지난 후 다시 이 속삭임은 반복될 것이다. 감성적 언표들은 한편으로 순간적이다. 그러나 다른 한편으로 영원하다. 이 순간적이면서도 영원한 감성적 언표들이 문화의 객관적 선험을 구성한다.

감성적 언표들이 덧없기만 한 존재가 아니라면, 그것들이 때로는 나타나고 때로는 숨으면서 존속存續하는 존재라면, 우리는 이 세계를 현실/감성적 언표들의 운동만으로는 이해하기 힘들다는 사실을,

즉 세계는 주름잡혀 있다는 사실을 인정해야 할 것 같다. 우리는 늘 세계世界의 어떤 한 얼굴을 보면서 살아간다. 이때 우리는 현실에서 실재로 나아간다. 특히 서구 학문은 실재 탐구를 지상 명제로 삼았으며, '형상', '법칙', '구조' 같은 개념들을 통해 실재를 포착해 왔다. 형상, 법칙, 구조 등은 감성적 언표들을 넘어서 실재를 파악하고자 한다. 여기에서 "파악한다"는 것은 일정한 현상을 이론적 장치를 매개해 이해함을 뜻한다. '이해理解한다'는 것은 문자 그대로 이성에 녹여 넣는 것을 말한다. 세계를 이성의 규준에 맞추어 넣는 것을 말한다. "녹여 넣는다"는 다소 은유적인 표현을 썼거니와, 이 말은 일정한 감성적 언표들이 이성의 생산물(형상, 법칙, 구조 등)의 한 경우로서 존재함을 뜻한다. 뽀삐가 뛰는 모습, 바둑이가 짖는 소리, 멍멍이의 털 빛깔 등은 '강아지'라는 형상이 구현되는 경우들이고, 지구가 태양을 도는 방식, 달이 지구를 도는 방식은 천문학 법칙이 구현되는 각 경우들이며, 고주몽이 아버지를 찾아간 방식과 파에톤이 찾아간 방식은 일정한 신화소의 구조가 구현되는 경우들이다. 이해란 감성적 언표들이 이론적 생산물에 그 한 '경우'로서 편입되는 과정을 뜻한다. 서구 학문은 이러한 이론적 생산물들을 꾸준히 제시해 왔다.

이런 과정을 가능케 하는 가장 원초적인 존재는 개념들이다. 일상 언어 자체가 원초적인 형태의 이론적 생산물이 아닐까. 호수를 채우고 있으며 바람에 살랑거리는 것, 하늘에서 내려와 땅을 적시는 것, 강을 이루면서 흘러가는 것, 목마를 때 마시는 것은 공통으로 '물'이라는 개념으로 포착된다. 중전(폐비 윤씨)의 소행을 듣고 성종의 얼굴에 나타난 표정, 정태수의 사기를 보고서 사람들의 얼굴에 나타난 표정,

브루투스의 칼을 보고서 카이사르의 얼굴에 나타난 표정은 '분노'라는 개념으로 포착된다. 개념con-cept은 사물과 사건의 무한히 미묘한 뉘앙스들을 정리해 하나의 동일성으로 파악할 수 있게 해준다는 점에서 그 자체 하나의 이론적 생산물이다. 역으로, 베르그송이 갈파했듯이, 지각과 언어의 한계는 감성적 언표의 뉘앙스들을 사상捨象시킨다. 우리는 이미 추상된, 평균화된, 양화된 지각과 언어를 통해 세계를 보는 것이다.

개념은 감성적 언표들의 미세한 차이를 소거하고 평균적인 언표로 만들어낸다. 개념적 언표는 감성적 언표의 무한한 떨림, 순간적인 나타남과 사라짐, 미세한 차이의 생성을 일반화하고 그것들에 평형을 부여한다. 감성적 언표는 몸의 차원, 느낌의 차원에서 파열破裂한다. 그것은 직접적이며 살아 있다. 그러나 바로 그렇기 때문에 감성적 언표는 주관적이고, 경우에 따라서는 자의적이다. 개념적 언표는 이 주관성과 자의성을 객관성과 보편성으로 변환시킨다. 개념적 언표는 정신적이고 사회적이다. 개념적 언표들은 그 추상화의 정도에 따라 누층적 위계를 형성한다(예컨대 뽀삐-개-동물-생명체의 계열). 우리가 관심을 가지는 개념들은 그 중에서도 감성적 언표에 보다 맞닿아 있는 개념들이며, 세계 속에서 우리 몸의 움직임을 통해 발생하는 감성적 언표들을 처음으로 포착한 개념들이다. 개념들의 누층적 위계에서 가장 아랫부분을 차지하는 이 개념들은 인식주체가 행한 체험을 가장 생생한 차원에서 포착하고 있다. 지금 맥락에서의 개념사는 이 차원에 주목한다.

담론사를 이런 개념들의 차원에서 이해한다 함은 바로 감성적 차원과 개념적 차원이 맞닿아 있는 지점까지 우리의 사유를 끌고 내려 감을 뜻한다. 하나의 담론이 나무라면, 그 줄기는 이론체계이고 열매/ 꽃은 사회적 영향력이다. 그러나 나무는 뿌리가 있음으로써만, 흙에 뿌리 둠으로써만 나무로서 성립한다. 담론은 현실-흙에 기반하고 있 고, 현실-흙에 직접 맞닿아 있는 개념-뿌리들 위에서만 존립할 수 있 다. 담론학은 꽃/열매나 줄기가 아니라 뿌리-흙과 뒤얽힌 개념-뿌리 들에 주목한다.[3] 담론의 하층부에 주목하는 것이다. 이 하층부란 곧 체험이 언표화되고, 감성적 언표들이 개념적 언표로 화하는 차원이 다. 세계와 인간이 만나 원초적으로 형성되는 감성적 언표들과 그것 들을 처음으로 개념화한 차원. 의미의 새벽, 인식의 일출.

그러나 이렇게 말한다면, 우리의 작업 대상은 결국 의성어나 의 태어, 몸짓이나 표정, 생생한 일상 언어, 욕이나 외침 같은 것들이 될 것이다. 이러한 차원은 지금 문제 삼고 있는 텍스트 분석에서는 불가 능한 것이 아닌가? 텍스트/담론을 다룬다는 것은 일정한 논리적 토대 와 경험적 기반을 갖춘 담론들을 다룬다는 것을 뜻한다. 때문에 일정

---

3) 데카르트가 학문체계를 나무에 비유했을 때, 그 뿌리에는 '형이상학'이 배정되었다. 의심 할 수 없는 제일 원리를 찾아서 그 위에 모든 담론을 세우려는 그의 생각과 담론학의 구도 는 대조적이다. 첫째, 우리의 뿌리는 제일 원리가 아니라 무수한 감성적 언표들 및 개념- 뿌리들로 이루어져 있다. 담론학은 '그 하나'에 대한 집착을 버리고 세계에 흩뿌려져 있 는 수많은 개념-뿌리들에 주목한다. 둘째, 개념-뿌리는 확고한 하나의 점이 아니라 무수 한 갈래들로 퍼져 있으며 서로 얽혀 있다. 때문에 개념-뿌리들은 명석하고 판명하기보다 는 애매하고 모호하다. 담론학은 개념-뿌리들의 이런 성격을 소거하기보다는 그 자체로 서 밝혀내고자 한다. 셋째, 개념-뿌리들은 흙과 뗄 수 없이 관련 맺고 있다. 개념-뿌리들 은 감성적 언표들을 모두 떨어버린 차원에서 성립하기보다는 감성적 언표들과 뒤섞여 있 다. 그래서 우리의 사유는 말과 사물이 처음으로 파열하는 지점들에 주목하게 된다.

한 담론화의 양태에 따라 이루어진 텍스트들을 다룰 경우, 위의 원초적 차원은 콘텍스트로서 다루어지게 된다. 그래서 전통 담론을 다룰 때 우리가 주목해야 할 층위는 한 담론체계가 경험에 맞닿아 만들어낸 또는 사용한 개념-뿌리들, 감성적 언표들과 비교적 정합적으로 관계 맺고 있는 개념들의 층위이다.[4] 예컨대 우리는 기체방정식보다는 '열'의 개념에, 잉여착취설보다는 '노동' 개념에, 『종의 기원』의 논리적 구조보다는 '종' 개념에 초점을 맞출 수 있다. 감성적 언표와 개념적 언표를 일정한 방식으로 연관시키는 거의 무의식적인 규칙성에 주목할 수 있는 것이다.

개념들은 단독으로 기능하지 못한다. 어떤 개념도 일정한 개념-계열의 요소가 됨으로써만 일정한 의미를 획득한다. '착취'는 '노동자', '자본가', '잉여가치', '확대 재생산', '노동 시간', '이윤' 등등의 개념들과 계열을 형성하며, '질량'은 '속도', '힘', '위치', '에네르기', '무게중심' 등등의 개념들과 계열을 형성한다. 하나의 담론은 개념들이 형성하는 여러 계열들의 장 위에서 형성된다. 한 담론체계는 개념-계열들의 다양체이다.[5] 때문에 각 개념이 감성적 언표들과 맺는 관계를 추

---

4) 이 점에서 우리의 작업은 언어에 모든 관심을 집중시키는 현대 철학의 일반적인 경향으로부터 멀리 떨어져 있다. 서구 철학은 메타이론 즉 선험철학을 수립함으로써 사유의 높은 경지를 개척했지만, 메타차원이 사물들의 차원과 유리될 때, 나아가 메타가 다시 메타를 낳는 추상화의 일로만을 걸을 때, 담론학적 원환 운동(인식론적 단절과 회귀)은 망각된다.
5) '구조', '총체', '체계' 같은 개념들은 유기체론적인 뉘앙스를 담고 있기 때문에, '장'의 개념 또는 '다양체'의 개념이 적절할 것이다. '다양체'는 계열들이 얼기설기 형성하는 다질적(多質的)이고 열린 장이다. 여기에서 다질적이라 함은 다양체의 요소들인 계열들이 이질적일 수 있음을, 열렸다 함은 계열들이 반드시 정합적인/유기적인 체계를 형성하는 것은 아님(그럼에도 어떤 '장'을 형성함)을 뜻한다.

적하는 것 못지않게 개념들의 구조화를 살펴보는 것도 중요하다. 이 구조를 파악하는 것은 결국 개념들의 계열화 양태, 각 계열들의 위상 구조를 파악하는 작업이다. 이런 작업을 통해서 계열의 형성과 변환, 이어짐과 끊어짐, 교차, 평행, 한 계열 안에서의 이웃관계 등을 드러낼 수 있다. 이런 계열적 구조를 드러내는 것은 한 담론이 명시적으로 말하는 바를 드러내는 것이 아니라 그 담론을 가능케 한 무의식적 담론화 양태를 드러내는 것이다. 나아가 보다 거시적인 층위에서 담론과 담론을 비교할 수 있다. 다음 장에서는 다산의 저작들, 다른 전통적 텍스트들, 그리고 서구의 텍스트들을 비교할 것이다.

개념들의 공간적 조직화 못지않게 그 시간적 변환도 중요하다. 바슐라르를 비롯한 현대 인식론자들이 강조했듯이, 하나의 개념은 그 개념이 속하게 된 담론 계열의 변환에 따라 의미를 달리한다. '질량'이라는 개념은 그 히브리 어원에 있어, 아리스토텔레스의 절대주의적 규정에 있어('무게'), 뉴턴 제2 법칙의 계수에 있어, 아인슈타인 방정식의 계수에 있어 각각 의미를 달리한다.[6] 나아가 하나의 담론 계열 자체도 시간 속에서 변환을 겪는다. 생명을 다루는 담론은 르네상스 의학에 있어, 고전 시대의 계통학에 있어, 19세기의 '생물학'에 있어, 오늘날의 생화학에 있어 그 내포를 달리한다(여기에서 "생명을 다

---

6) Gaston Bachelard, *La philosophie du non: essai d'une philosophie du nouvel esprit scientifique*, PUF, 1940. 그러나 불연속만을 강조하는 것은 일면적이다. 한 용어의 의미가 변환되었음에도 왜 그 말이 계속 쓰였는가를 생각할 필요가 있다. 각 시대에 따라 의미가 달라졌음에도 사람들이 그 말을 계속 사용할 수밖에 없도록 만든 조건들이 무엇인가를 드러내야 하는 것이다.

루는 담론"을 주어로 한 것 자체가 일정한 분절을 함축한다. 이것 자체가 대상을 통해 담론을 분절했음을 함축하기 때문이다. 대상을 통한 담론 분절은 가장 일반적인 형태의 분절이다. 그러나 다른 형태의 분절도 얼마든지 가능하다). 하나의 계열이 시간 속에서 갈라지거나(19세기 생물학에서, 의학이 생리학과 의학으로 갈라진 경우), 여러 계열이 합쳐질 수도 있다(열역학과 기체 이론이 통계역학으로 합쳐진 경우). 평행을 달리던 두 계열에서 상이하게 존재했던 개념이 두 계열의 교차를 통해 하나의 개념으로 고정되기도 하며(물리학적 열 개념과 생물학적 열 개념의 교차와 '에네르기' 개념의 형성), 하나의 계열(니체)에서 단일한 의미를 가지고 있던 개념이 갈라진 계열들(푸코와 들뢰즈)에서 상이한 개념으로 분화되기도 한다('Macht'로부터 'pouvoir'와 'puissance'로의 분화). 나아가 계열들의 총체적 변환은 시대의 변환을 가져오고, 시대의 변환은 시간의 계열학을 요구한다.

　　나아가 개념사는 한 개념이 그 안에서 사용되고 소유되고 적용된 공간, 그 결과 사용 주체의 사회적 활동에 영향을 끼친 공간을 다룬다. 다시 말해 개념사는 한 개념의 사용의 장, 현실적 맥락을 문제 삼는다. 예컨대 우리는 '도'道라는 하나의 말이 유가와 도가에서 어떻게 달리 사용되었는가, '예술가', '학자' 같은 말들이 어떤 소유 메커니즘의 장 안에서 형성되고 변환되어 왔는가, '법'이라는 말이 각 사회와 시대에 어떻게 삶의 장에 적용되어 왔는가를 생각해 볼 수 있다. 그리고 그러한 사용, 소유, 적용이 그 능동적 주체와 수동적 주체에게 어떤 영향을 끼쳤는가를 생각해 볼 수 있다. 다시 말해 개념사는 어떤 개념이든 그것이 사용, 소유, 적용된 맥락으로부터 추상되어 실행될 수는 없다. 개념을 논리공간에 놓고서 조작하기보다는 현실공간에 놓고서 그 현실적 선용과 악용, 영향, 굴곡을 탐사하는 것.

개념사는 감성적 언표가 개념적 언표로 포착되는 방식, 개념적 언표가 감성적 언표를 지시하는 방식, 개념들 사이의 시공간적 계열화, 개념의 사용의 맥락을 다룸으로써 한 담론의 선험적 조건을 드러낸다. 여기에서 개념사적 접근을 시도하는 것은 이런 의미에서이다. 이러한 접근은 또한 주체 형성을 파악하기 위한 토대를 제공한다. 세계 속에서 경험을 쌓고, 그 경험을 일정한 표상으로 전환시킴으로써 인식작용을 하고, 그 인식/표상을 매개해 다시 세계와 접촉할 수밖에 없는 존재가 인간이라면, 경험을 개념화하고 개념을 통해 경험으로 나갈 수 있는/수밖에 없는 존재가 주체라면, 개념-뿌리들의 층위에 주목하는 것은 곧 주체 형성의 층위에 주목하는 것이기도 하다(이 점에서 선험철학은 인간존재론과 교차한다). 동북아 담론사에서의 개념-뿌리들에 주목한다는 것은 곧 동북아인들(한자문명권에 속하는 사람들)에게 드러난 세계, 동북아인들이 행한 경험의 개념화, 세계에로의 경험의 적용, 담론화 양태의 형성과 변환, 담론공간의 계열학적 구조, 이 구조와 상관적으로 형성되고 변환되어 간 주체들의 얼굴, 정치적 공간에서의 개념들의 선용과 악용 등에 주목하는 것이다. 주체의 세계화와 세계의 주체화, 그리고 그 사이에 존재하는 담론의 공간을 추적하는 것이 개념사의 방법이다.[7]

---

7) 개념사적 연구의 한 예로서 이 책의 보론 「기(氣)란 무엇인가」를 보라.

시대의 계열학

지금까지 '시대'라는 말을 규정하지 않고 써 왔거니와, 이제 이 개념을 담론학적으로 정의해 보자. 하나의 담론이 세계를 개념화하는 방식, 담론을 통해 주체가 형성되는 방식, 개념들의 계열학을 지배하는 규칙성, 이런 것들이 안정성을 갖추고서 지속할 때, 우리는 이러한 요소들의 집합체를 '시대'라고 부를 수 있다. 이 점에서 담론학이 생각하는 시대 개념은 일반적인 역사학이 생각하는 시대 개념과 다소 다르다. 담론학에게 담론/문화란 정치사, 경제사, 사회사가 서술된 후 마치 부록처럼 뒤에 붙는 것이 아니다. 담론학에서 시대 구분의 규준은 삶과 앎 사이에 존재하는 무의식적인 담론화 양태의 변환이다. 역사를 형성하는 다른 심급들은 이 담론화 양태와의 관련하에서 형성되는 것으로 이해된다.

역사란 존재의 주름이 펼쳐져 감성적 언표로 드러난 모든 것이다. 시대란 존재의 주름이 특정한 방식으로 펼쳐짐으로써 드러난 얼굴이다. 각 시대의 인간은 이 감성적 언표들을 이해하기 위해 나름대로 개념화한다. 그리고 그 개념화를 매개해 행위한다. 역사를 담론학적으로 이해하기 위해서는 '사건' 개념의 정교화가 필수적이다. 사건이란 일반적으로 인간사를 채우고 있는 수많은 일들 중 두드러진 일, 사람들의 관심을 끄는 일을 뜻한다. 그러나 담론학은 사건을 다름 아닌 감성적 언표로서 파악한다. 이 우주에서 발생하는 모든 감성적 언표들은 그 말의 근원적인 의미에서 사건이다. 이 사건들이 우리가 흔히 말하는 "사건"이 되는 것은 일정한 계열화를 통해서이다. 역사의 계열들은 사건들로 채워져 있다. 인간사에서 발생하는 수많은 사건들은 일정한 담론 계열에 편입되어 이해될 때 '사건'들로 화한다. 이렇게 편입되지 못한 사건들은 '사건'들로 이해되지 못한 채 허공으로 사라진다(그러나 때로는 다시 반복된다). 그러나 이 또한 근원적 의미에서는 사건들(기화氣化의 결과들)인 것이다.

역사에 기록되어 있는 사건들은 일정한 담론 계열에 편입되어 의미를 부여받은 사건들이다. 이 점에서 역사적 사건은 계열화의 작업을 떠나서는 사건이 될 수 없다. 그리고 역사의 어느 계열에 편입되는가에 따라 다른 사건이 된다. 제갈량의 죽음은 박물학의 계열에 편입될 때, 정치사의 계열에 편입될 때, 문화사의 계열에 편입될 때, 각각 다른 사건으로서 존재한다. 사건이 일정한 계열에 편입되어 이해될 때, 우리는 '사건의 의미'에 대해 말할 수 있다. 제갈량의 죽음은 정치사의 계열에 편입될 때 촉蜀 멸망이라는 계열의 시발점을 형성하지만, 인구사의 계열에 편입될 때에는 숫자 1로서의 의미 이외의 의미를 가지지 못한다. 역사는 쿠르노적 계열들로 구성되며, 역사에서의 사건의 의미는 결국 계열화의 문제를 떠나서는 존재하지 않는다. 그리고 이 계열화의 방식은 역사가들에 의해 발견되고 또 일정 정도는 구성된다. 역사는 유기체의 섬유 조직들처럼 중층적으로 주름잡힌 계열들로 구성된다. 이 갈래들의 구조를 명료화하는 작업이 일차적이다.

나아가 하나의 갈래는 높고 낮은 지도리들을 포함한다. 역사의 갈래들은 수많은 지도리들로 굴곡이 잡혀 있다. 혁명이라는 갈래는 프랑스 대혁명, 러시아혁명 등의 큰 지도리들로부터 반도체 혁명, 세탁기 혁명, 필기구 혁명 등의 지도리에 이르기까지 수많은 지도리들을 포함한다. 각각의 지도리는 곧 큰 사건들과 상응한다. 하나의 역사 계열은 수많은 사건들로 구성되며, 한 계열에서의 문턱은 곧 그 계열을 채우고 있는 사건들의 의미의 크기를 통해 구성된다. 한 사건의 의미의 크기는 그것이 그 계열 자체의 성립에 기여한 정도를 통해 측정할 수 있다. 삼고초려三顧草廬는 촉의 역사에서 큰 의미를 띤다. 삼고초려가 없었다면 그후에 생겨난 여러 사건 계열들 자체가 성립할 수 없었기 때문이다. 또 의미의 크기는 한 사건에 얽혀 있는 계열들의 수에 의해서도 측정된다. 역사상 수많은 혁명들이 발생했지만, 우리는 예컨대 동학혁명에 큰 의미를 부여한다. 그것은 동학혁명이 구한말을 구성하고 있는 수많은 역사 계열들의 교차점에서 발생한 사건이기 때문이다. 요컨대 우리는 한 계열에서의 지도리들을 명료화하지 않고서는 그 계열을 이해할 수 없다.

역사 전체는 수많은 계열들로 주름잡혀 있고 수많은 지도리들로 굴곡을 이루고 있다. 역사라는 복잡계를 단순화시키지 않고자 한다면, 그것으로부터 상이한 **계열들=갈래들**과 **지도리들**을 구분해내야 할 것이다. 주름과 굴곡은 역사의 가장 핵심적인 구조를 형성한다. 그렇다면 시대를 가르는 규준은 무엇인가? 하나의 시대와 다른 시대 사이에서는 어떤 형태의 위상학이 작동하는가? 우리는 시대의 변환을 이렇게 정의할 수 있다: 충분히 작은 시간대에, 상이한 주요 역사 계열들이 일정한 크기 이상의 지도리를 동시에 넘어갈 때, 우리는 "시대가 바뀌었다"고 말할 수 있다. 하나의 시대가 이전 시대로부터 매끈하게 분절되는 경우는 물론 없다. 역사를 이루는 각 계열들에서의 지도리들이 모두 동시에 변환되는 경우는 생각하기 힘들기 때문이다. 또 과연 얼마나 큰 지도리가 시대의 변환을 함축하는가도 정도의 문제이기 때문에 불명확하다. 역사를 구성하는 수많은 계열들은 각각 상이한 시간위상학時間位相學을 드러낸다.

담론학의 이런 구도는 새로운 시간론을 요청한다. '담론학적 시간론' 또는 '계열학적 시간론'이라 부를 이 시간론을 간략하게나마 소묘해 보자. 우선 담론학적 시간론은 사건을 시간 속에서 발생하는 것으로 규정하기보다는 시간을 사건들의 계열화를 통해서 규정한다. 시간이란 사건들의 이웃관계voisinage가 형성하는 계열화를 통해 성립하며, 인간의 정신과 상관적인 존재이다. 달리 말해, 시간이란 사건들이 인식주체에게 각인됨으로써 주체의 정신에서 형성되는 형식이다. 이렇게 볼 때 담론학적 시간 개념은 시간을 선線에 대응시키는 상식적-물리학적 시간과도, 의식의 지속을 통해 규정하는 베르그송적 시간과도, 인간 실존의 특수성으로 해석하는 현상학적 시간과도 다르다. 담론학에서는 시간 속에서 사건들이 발생하는 것이 아니라 사건들의 각종 계열화가 주체/정신과 상관적으로 시간을 구성하는 것이다. 세계에서 감성적 언표들——사건들——이 끊임없이 생성한다는 점을 생각하면, 사건의 연속적인 생기生起가 시간의 존재를 가능케 한다고도 말할 수 있을 것이다. 우리의 의식이 "흐른다"는 것도 사실상 의식 그 자체의 자족적인 흐름이 아니라 그것이 감성적 언표들에 의해 일깨워지는 한에서, 그 일깨워짐[覺]이 조밀하게 계속되는 한에서 "흐른다"고 해야 할 것이다. 사건들의 계열화는 감성적 언표들의 생기를 통해 성립하는 이런 심층적 시간의 바탕 위에서 마름질된다. 이 심층의 시간은 기氣의 생성 즉 기화氣化가 가능케 하는 절대 시간이라고 할 수 있으며, 다양하게 계열화되는 각종 시간들은 이 절대 시간 위에서 마름질된다.

담론학적 시간론은 다원적/다방향적 시간론이다. 사건들의 계열화가 시간을 구성한다면, 그리고 그러한 계열화가 여러 갈래들로 또 여러 순서로 성립한다면, 시간 역시 여러 종류로 또 여러 방향으로 성립한다고 말해야 할 것이다. 동학혁명의 사건 계열이 형성하는 시간, 소크라테스의 죽음이라는 사건 계열이 형성하는 시간, 나폴레옹의 몰락이라는 사건 계열이 형성하는 시간은 각각 다르며, 또 다른 방향으로 전개된다. 사건들의 계열화 방식에 따라 여러 시간이 존재할 수 있다. 경우에 따라 하나의 사건 계열/시간이 끊어질 수도 있으며(촉의 재건은 강유의 죽음으로 끊어졌다), 상이한 사건 계열/시간들이 교차할 수도 있다(나폴레옹이라는 정치사적 계열은 라플라스라는 과학사적 계열과 교차했다). 이 점에서 담론학적 시간론은 계열학적 시간론이다. 이러한 담론학적 시간들 아래에는 우주의 모든 감성적 언표들의 흐름이 만들어내는 절대적 시간이 존재한다. 계열적 시간들은 이 절대 시간 위에서 마름질된다.

시대의 변환은 타자화를 동반한다. 80년대 사람들은 6~70년대를 타자화했으며, 90년대 사람들은 80년대를 타자화한다. 사람들은 "그때 그 사람"에 대해 말한다. 시대의 변환은 후시대 사람들이 전시대를 타자화할 때 발생한다. 시대의 변환이 발생했을 때, 사람들은 '그때'와 '지금'을 날카롭게 분절한다. 그리고 "세상이 변했다"고 말한다. 이러한 변환은 사건들의 조밀함과 희박함을 통해 이루어진다. 우리는 비교적 작은 시간대를 잡았을 때 그 안에 비교적 큰 사건들이 존재하는 정도를 시간대의 조밀함/희박함이라고 부를 수 있다. 아침에 일어났을 때, 7시에서 8시 사이는 조밀하다. 그 사이에서 발생하는 사건들(일어남, 세수, 식사, 차를 탐 등)의 양은 크다. 그러나 11시에서 12시까지의 시간대는 희박하다. 점심시간이 오기를 기다리면서 꾸벅꾸벅 조는 시간대에 마음의 시계는 달리의 그림에서처럼 축 늘어진다. 물론 이 시간대에 벌어지는 사건들의 크기에 따라 사태는 반대로 서술될 수도 있을 것이다. 성긴 사건들, 등질적인 시간이 시대의 연장을 가져온다면, 조밀한 사건들, 다질적인 시간은 시대의 변환을 가져온다. 시간은 베르그송적인 동시에 바슐라르적이다. 미세한 사건들(감성적 언표들의 생기)의 베르그송적 지속이라는 가로축은 비교적 큰 사건들의 바슐라르적 순간이라는 세로축과 교차한다. 70년대 말에 각종 사건들은 조밀하게 모이기 시작했으며, 조밀함이 일정한 문턱을 넘으면 카타스트로프(광주 사건)가 발생한다.[8] 카타스트로프는 시대의 변환을 낳는다.

우리는 조밀함/희박함을 통해 한 시간대의 속도를 생각할 수 있다. 사건들의 조밀함은 역사의 속도를 증폭시킨다. 그래서 담론학적 속도 개념은 물리학에서와 같은 양적인 속도(일정한 시간에 주파한 거리의 양)가 아니라 질적인 속도(일정한 시간대를 채우는 사건들의 조밀함)이다. 사건들이 조밀하게 모일 때 시대의 속도는 빨라지며, 속도가

---

8) 우리는 이런 형태의 급변을 계기적 단절과 결정적 단절의 개념을 통해 이해할 수 있다. 일정한 방향성을 갖춘 작은 사건들의 문턱들이 조밀하게 이어질 때, 우리는 캉길렘을 따라 그것을 '계기적(繼起的) 단절'이라 부를 수 있다. 그리고 일정 시간대에 발생한 계기적 단절의 끝에서 발생한 급변을 '결정적 단절'이라고 부를 수 있다. 인식론적 맥락에서 말하자면, 바슐라르에게서처럼 인식론적 단절이 갑작스럽게 이루어지는 경우도 있지만 많은 경우 계기적 단절의 끝에서 결정적 단절이 발생한다. 역사의 경우에는 대부분 그렇다.

일정한 문턱을 넘을 때 카타스트로프가 도래함으로써 새로운 시대가 도래한다. 시대의 변환은 시간 속에서의 이웃관계를 바꾸어 버린다. 공간적 맥락에서의 이웃관계가 역사를 형성하는 각 계열들 사이에서 성립한다면, 시간적 맥락에서 이웃관계는 한 계열을 형성하는 사건들의 순서를 뜻한다. 시간 속에서의 이웃관계와 문턱들의 높이는 시대의 변환을 파악할 수 있게 해주는 중요한 규준이다.

그러나 조밀함이 일상화되어 더 이상 급변이 급변으로 느껴지지 않는 상황도 가능하다. 그래프에 찍힌 점들이 너무나 조밀해져 그래프 자체가 검게 되었을 때, 우리는 그 검은 그래프를 원래의 흰 바탕을 보듯이 바라본다. 자본주의 사회에서의 기술 개혁에서 그 예를 볼 수 있듯이, 우리는 오늘날 매일 급변이 발생하는 세상 속에서 살아가고 있는 것인지도 모르겠다. 고속도로에서 과속할 때처럼, 이제 과속은 더 이상 과속으로 느껴지지 않는다. 이웃관계가 빠른 속도로 바뀔 때 시대는 미친 듯이 질주하며, 타자화되는 시간 간격은 그만큼 작아진다. 현대 사회에서의 세대차는 이 점을 극명하게 보여 준다. 시간의 타자화는 기억의 퇴락을 가져오며, 기억의 퇴락은 인간의 정체성을 와해시킨다. 우리는 자본과 기술의 광기가 시간의 얼굴을 끊임없이 절단함으로써 과거가 속절없이 타자화되는 시대를 살고 있다.

우리는 지금 참으로 개념화하기 힘든 시대를 맞이하고 있다. 그러나 철학/사유가 개념화하기 어려운 현실을 개념화하려는 노력이라면, 사유를 거부하는 오늘날이야말로 정말 절실하게 사유가 요청되는 시대가 아닐까? 우리의 삶을 이해하기 힘들다는 그 고통 속에서 사유의 열정도 태어나는 것이 아닐까?

오직 쓰라린 내면의 고통 속에서만

내가 사랑할 가장 아름다운 것 태어나네.

Und unter Schmerzen nur gedeiht

Das Liebste, was mein Herz genossen.

아래에서 우리는 다산 정약용을 만나게 될 것이다. 죽음을 마주 대했을 때 시원을 생각하게 되듯이, 우리는 미래의 불투명성을 맞이하게 되었을 때 과거를 돌아다본다. 시간 속에서의 이웃관계가 급속히 변하고 타자화의 느낌이 매일매일을 엄습하는 시대에, 과거를 일면 타자화했지만 일면 스스로의 내부에 껴안았던 한 선인의 저작을 검토해 보려는 것은 이런 맥락에서이다. 그러나 이것이 단순히 회귀의 노력을 뜻하는 것은 아니다. 그것은 오히려 탈근대에로의 탈주를 위한 한발 물러섬이다. 우리의 작업은 탈주와 회귀 사이의 긴장 속에서 진행된다. 서구와는 다른 방식의 탈근대화, 전통과의 대화를 매개한 탈근대화를 추구하는 것.

하늘과 땅 사이에서

그러나 전통 문헌들을 어떤 방식으로 다룰 것인가? 이미 담론학에 대해 몇 가지를 이야기한 바 있지만, 여기에서는 특히 동북아 연구를 위한 담론학적 기초를 제시해야 할 것 같다. 전통 문헌들을 어떻게 연구할 것인가의 문제이다. 우리가 탐구해야 할 문제는 이것이다: 전통 사회(넓게는 동북아사회, 좁게는 한국사회)에서 '담론의 공간'은 어떤 모양을 띠고 있었는가? 전통 사회에서 '세계'란 어떤 윤곽을 띠고서 드러났는가? 동북아 사람들은 스스로를 어떤 방식으로 '주체화'했는가?

우선 물어야 할 것은 '전통 사회'라는 표현이 성립하는가이다. '전통 사회'라는 말을 쓸 수 있으려면, 이 말이 지시하는 어느 정도 안정된 장의 존재가 전제되기 때문이다. 이 말은 동북아사회의 정체성停滯性을 전제했을 때 사용할 수 있는 말이다. 동북아사회의 분석은 대부분 중국을 중심으로 이루어졌거니와, 헤겔 이래 많은 사람들이 중국 사회를 '정체된 사회'로 묘사했다(예컨대 헤겔은 중국을 "지속의 왕국"으로 묘사했다). 이러한 묘사는 근대화가 이루어진 연후 과거를 근대의 타자로서 정립하려는 시각을 여실히 드러낸다. 전통 사회가 정체된 사회라면, 그것은 근대에 대해서 그렇다.[9] 그렇다면 정체의 규준은 무엇인가? 어떤 사회가 정체된 사회인가? 정체된 사회를 세 가지 측면에서 볼 수 있을 것 같다. 우선 정체된 사회는 순환하는 사회이다. 삶의 양태가 원환을 그리면서 순환하는 사회는 정체된 사회이다. 물론 갖가지 차이들을 만들어내지 않는 사회란 생각하기 곤란하다. 단지 원환의 지름에 급변점이 존재하지 않을 때, 우리는 그 사회를 정체된 사회라고 부를 수 있다. 순환적인 역사는 동심원들을 통해 표상할 수 있다. 각 동심원은 큰 사건들, 즉 특이점들로 구성된다(실제 동중서는 오행五行의 원을 가지고서 역사를 이해했다). 이 특이점들을 잇는 직선에 급변점이 없을 때, 이 동심원들의 역사는 순환적이었다고 말할

---

9) 니덤처럼(『중국의 과학과 문명』) 역사의 선형적 발전을 인정하고 "why not?"의 물음을 던지는 것은 베르그송이 강조했던 "추후적 사고의 오류"를 범하는 것이다.

그림 2. 급변이 없는 역사의 동심원들

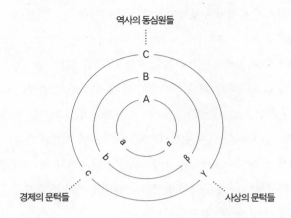

수 있다. 예컨대 동심원의 한 지름은 경제 발달(서주 시대의 농업 발달, 당 말기의 소맥 재배, 송대의 물대기 발달 등)의 특이점들을 잇는다. 그 특이점들은 농업혁명의 지도리들로 구성될 것이다. 그러나 그 지도리 들 중 산업혁명은 없었으며, 이 점에서 서구와 상대적으로 급변점은 없었다고 할 수 있다(그림 2 참조). 물론 특이점이나 급변점은 상대적 이다. 산업혁명과 비교하지 않을 경우, 위의 각 특이점들도 급변점들 이다.

동북아사회는 왕조의 수립→토지의 재분배→대지주의 형성→ 자영농(물론 넓은 의미)의 소작농으로의 전락→농민혁명→군벌의 등장→군벌에 의한 새 왕조의 수립이라는 순환 고리를 형성했다(물 론 이것은 전형적인 구조일 뿐이며, 이 구조를 동아시아사의 모든 국면에 적용하는 것은 무리일 것이다). 특이점들[10]이 상이한 이웃관계를 형성할 수도 있으며(군벌의 싸움이 발생한 후에 농민혁명이 일어날 수도 있다), 몇 가지의 특이점은 생략되거나 매우 미약할 수도 있으며(조선 왕조는 위화도 회군이라는 군사 쿠데타를 통해 단번에 성립했다), 작은 특이점들이 순환의 계열을 복잡화할 수도 있다(임꺽정의 난 등). 또 소맥 재배를 통한 당(唐) 균전제의 몰락에서 볼 수 있듯이, 일반적인 과정(자영농이 소작농으로 전락함으로써 야기되는 왕조의 붕괴)과는 반대의 과정을 겪기도 한다(노역이 현물세로 대체됨으로써 야기된 자영농 및 부농의 형성. 물론 이 과정에는 늘 자영농의 몰락이 동반된다). 그럼에도 동북아사회에서는 산업 문명의 발달이나 민주 정치의 등장 같은 급변은 서구의 충격 이전에는 본격화되지 못했다.

그러나 동북아사회가 순환적인, 따라서 정체된 사회였다는 것으로부터 그 사회가 레비-스트로스적인 의미에서의 "차가운 사회"였다고 생각하면 큰 오해이다. 예컨대 중국에서의 주기적인 농민혁명과 인구 감소라는 현상에서 볼 수 있듯이, 동북아사회는 차가운 사회가 아니었다. 물론 이로부터 동북아사회가 정체된 사회가 아니었다는 결론이 나오는 것은 아니다. 동북아사회는 결코 차가운 사회는 아니었지만, 근대성의 문턱을 넘지 않았던 사회라는 점은 분명하다. 요컨대

10) 특이점들은 여러 맥락에서 발생한다. 하나의 계열에서 큰 지도리에 의해 형성되기도 하며(예컨대 여러 군사 반란들 중 위화도 회군은 특이점을 형성한다), 하나의 계열이 두 계열로 갈라지는 지점(예컨대 조선의 철학이 성리학 일변도에서 실학과 성리학으로 갈라진 경우)이나 두 계열이 하나로 합쳐지는 지점(예컨대 정약용에게서 경학과 실학이 합쳐지는 경우)에 형성되기도 하며, 두 계열의 교차점에서 형성되기도 한다(조총의 전래라는 기술사계열의 사건과 임진왜란이라는 전쟁사 계열의 사건의 교차). 역사를 지표화하는 것은 결국 공간적-시간적 특이점들을 잡아내는 것이다.

동북아사회는 차가운 사회는 아니었지만 분명 정체된 사회였다고 할수 있다. 그러나 다시 말하지만 이것은 이미 역동적 사회인 근대가 도래한 이후에 그것과 비교해 추후적으로 판단한 것일 뿐이다. 오늘날의 의미에서의 근현대 사회가 도래하지 않았다면 지금 우리의 논의는 아예 성립하지도 않았을 것이다.

동북아사회의 정체성은 궁극적으로 감성적 언표들의 정체성을 통해 해명된다. 인간에게 세계가 드러나는 원초적인 방식은 감성적 언표의 파열이다. 모든 것이 '감'感의 '각'覺에서 출발한다. 동북아사회가 정체된 사회였다면, 그것은 곧 동북아 사람들에게 드러난 감성적 언표들이 일정했음을 뜻한다. 전통 존재론의 와해 위에서 새로운 존재 이해가 계속 증폭했던 서구와는 달리 동북아사회는 오랫동안 일정한 존재론에 입각해 세계를 이해했다.[11] 쟁기를 이고 밭을 가는 소의 모습, 우물과 두레박, 두건이나 갓을 쓴 사람들의 걸음걸이, 처마 밑에 매달린 고드름, 정자에서 풍기는 나무 타는 냄새, 솟대 위에 앉은 고추잠자리, 저녁노을을 등지고 퍼져 나가는 소리꾼의 노래, 가난한 농부의 햇빛에 그을린 얼굴 등, 전통 사회를 수놓았던 감성적 언표들, 바로 몇십 년 전까지만 해도 친숙하게 볼 수 있었던 이 감성적 언표들은 일

---

11) 감성적 언표들을 조직하는 보다 고급한 존재론은 음양오행설을 통해 주어졌다. 네이선 시빈은 중국 문화에서의 존재론의 결여를 지적했지만(Nathan Sivin, *Science and Technology in East Asia*, Science History Publications, 1977, "Introduction"), 우리는 사태를 반대로 보아야 한다. 동북아의 특성은 오히려 서구에서처럼 전통 존재론이 '우발성'에 기초한 실증 과학들로 변환되지 못하고 모든 현상들이 음양오행설에 따라 조직되었기 때문에 존재론적 불연속이 개입된 진정한 의미에서의 '개별 과학들'이 나올 수 없었다는 점에 있다.

정한 닫힌 집합을 형성했다. 그러나 감성적 언표들의 총화가 일정했다는 사실로부터 전통 사회의 감성적 언표들이 안정적이었다는 결론을 이끌어낸다면 심각한 잘못일 것이다. 때로 사건들의 조밀함이 감성적 언표들의 급박하고 복잡한 흐름을 만들어낸다. 죽창과 칼을 들고 싸우는 화적들의 몸짓, 소중한 쌀을 관가에 빼앗기고 울분에 떠는 얼굴들, 난을 평정하기 위해 달려가는 군사들의 말발굽 소리, 활에 맞아 피에 흥건히 젖은 몸뚱어리들, 전통 사회는 이런 감성적 언표들에 의해 "뜨거운 사회"로 돌변하곤 했다. 총합의 일정함과 내재적인 역동성은 별개의 것이다.

전통 사회는 이러한 감성적 언표들을 개념화하는 양태의 측면에서 역시 정체성을 드러낸다. 잘 알려져 있듯이, 서구 사회는 근대 이후 새로운 개념화의 폭발적인 증폭을 경험했다. 반면 동북아사회에서 개념적 언표들은 서구에 의해 큰 변화를 겪기 이전까지는 대체적으로 일정한 외연을 유지했다. 그러나 이런 외연적 정체성으로부터 동북아 사상사의 내용적 정체성을 이끌어낸다면, 이 또한 큰 오류이다. 동북아에서 개념적 언표의 변화는 새로운 개념의 등장에 의해서보다는 이미 존재하는 개념의 의미론적 증폭을 통해 이루어졌다. '도'道, '성'誠, '리'理, '정'情, '덕'德, '상'象, '중'中 등등의 말들은 시간의 누적을 통해 해석학적 두께를 획득해 갔다. 동북아 담론은 새로움의 외연적 확장이 아닌 전통의 점증하는 두께와 재해석을 통해 전개되었다.

나아가 전통 사회는 감성적 언표들과 개념적 언표들 사이에 존재하는 무의식적 규칙성, 즉 담론화 양태를 일정하게 보존했다. 텍스트를 구성하는 방식, 관용적인 표현들, 학자들 집단의 형성 방식, 지식과 권력의 관계 등이 상대적으로 일정한 평형을 유지했던 것이다. 이 과정에서 한자漢字는 양의적인 역할을 했다. 동북아의 담론계가 모두 한자를 사용했다는 점에서, 한자는 동북아 담론계의 평형을 가능하게했다. 반면 한자 특유의 종합성과 직관성, 심미성은 다양한 의미론적 어긋남(여러 사람이 하나의 말을 사용할 때 발생하는 의미론적 장들의 불일치)을 발생시켰다. 이 점에서 동북아 담론계는 전체적 평형이라는 틀 안에서 무한히 많은 미세한 어긋남들을 보존했던 담론계였다. 동북아 담론사 연구가 한편으로 지난한 노력을 요구하는 광활한 장에 맞닥뜨리면서도, 다른 한편 현대적인 맥락에서 볼 때 얻는 결과가 많지 않은 것은 이 때문이다.

사회경제사적 순환, 감성적 언표들과 개념적 언표들의 외연적 한계, 담론화 양태의 일정함을 통해 동북아사회가 정체성을 유지해 왔다면, 우리는 근대화 이전 동북아사회의 일정한 구조 또는 존재양식을 전반적으로 규정할 수 있는 근거를 확보한 셈이다. 역사의 (베르그송적 의미에서의) 지속을 접어놓고 '전통 사회'라는 공간적 규정을 쓸수 있게 된 것이다. 이제 이 전통 사회의 담론학적 구조가 무엇인지를 생각해 보자. 나는 전통 사회를 하늘과 땅 사이에서 존재했던 사회로 파악한다. 인식론적으로 말해, 전통 사회 연구는 **형이상학**과 **사회경제사**의 긴장을 통해 접근해야 할 사회이다. 하늘은 '天', '道', '理' 등으로 표현되는 형이상학적 실재요 도덕의 근원이다. 동북아의 지식인들은 하늘에 대한 원초적인 공감/직관을 토대로 논의를 전개했으며, 이 에피스테메를 무시하고서 역사학적으로만 접근해서는 동북아사회를 진정 동북아사회답게 보는 것은 아니다.[12] 반면 땅은 모든 부의 원천이요 인간의 모든 형이하학적 인생살이가 펼쳐지는 원초적인 장이다. 동북아사회는 땅의 소유, 그것을 둘러싼 투쟁, 재분배, 상실, 풍작과 흉작 등을 통해 존립했다. 이 사실을 무시하고 탈맥락적으로 연구하는 것 역시 치우친 작업이 될 수밖에 없다. "*形而上者謂之道 形而下者謂之器*"의 구도에 입각할 경우, 결국 동북아사회는 하늘이라는 형이상자와 땅이라는 형이하자, 인간이 따라야 할 근원적인 길과 인간이 그 위에서 살아갈 수밖에 없는 힘겨운 길 사이에서 존재했다. 앞으로 이 구도가 서구 근대성과 우리의 근대성 사이에 어떤 심대한 차이를 가져왔는가를 볼 것이다.

하늘과 땅 '사이'라는 표현을 음미해 보자. 우리의 연구가 존재론적으로 하늘과 땅 사이에서 성립한다 함은 곧 앎과 삶, 문과 문맥(텍스트와 콘텍스트), 철학과 역사 사이에서 이루어짐을 뜻한다. 콘텍스트 없이 텍스트를 연구하지 않는다는 것은 감성적 언표에의 지시 없이 개념적 언표를 논하지 않음을 뜻한다. 앞에서 말했듯이, 우리는 감성적 언표와 맞닿아 있는 개념적 언표 즉 개념-뿌리에 주목한다. 세계가 세계로서 열리고 그 열림이 개념화되는 방식, 역으로 말해 인간의 원초적 범주들이 세계를 인간화하는 방식에 주목하는 것이다. 마찬가지

---

12) 이 점은 마루야마 마사오와 모리모토 준이치로의 대립에서 선명하게 나타난다. 모리모토는 주자학에 대한 마루야마의 논리적 설명(마루야마 마사오, 『일본정치사상사연구』, 김석근 옮김, 통나무, 1995)을 역사적 설명으로 대체하면서 비판하고 있지만(모리모토 준이치로, 『동양정치사상사연구』, 김수길 옮김, 동녘, 1985), 오히려 그의 입장은 사회학적 환원주의에 가깝다고 해야 할 것이다. 특히 불교의 정치적 해석은 조야하기까지 하다. 마루야마는 주자학을 탈맥락적으로 추상화한 것이 아니라 맥락과 상관적으로 논했을 뿐이다. 역사와 철학 사이에서 균형을 잡는 것이 중요하다.

로 우리는 텍스트 없이 콘텍스트에 접근하지 않는다(이것은 애초에 불가능한 일이거니와). 우리가 포착하는 역사는 시대를 개념화한 텍스트들을 독파해냄으로써 이루어진다. 그래서 우리의 역사는 철학적 사유에 의해 인도되는 역사이다. 형이상학과 사회경제사 사이에 존재하는 긴장 속에서 우리의 작업은 이루어지는 것이다.

우리가 전통 사회를 연구하는 것은 거기에서 어떤 회귀의 길을 찾고자 함이다. 그러나 이 회귀는 탈주를 위해 매개되어야 할 회귀일 뿐 문자 그대로의 돌아감을 뜻하지는 않는다. 시간은 앞으로 흐르며 어떤 의미에서도 문자 그대로의 돌아감은 가능하지 않다. 게다가 그것은 바람직하지도 않다. 그러나 모든 탈주는 회귀에 의해 매개됨으로써만 그 **적실한 방향과 속도**를 얻을 수 있다. 이하에서 우리는 회귀의 길들 중 하나로서 다산 정약용의 인간존재론을 되돌아본다.

2장_도덕적 주체의 탄생 ─다산의 인간존재론

'현대인'은 누구인가? 현대인의 얼굴은 언제 그 윤곽을 드러냈는가?
자신의 정체성에 의문을 던지는 사람이라면, 누구나 이 물음을 피해
갈 수 없을 것이다. 그러나 이 물음은 순환적이다. 현대인의 출생증명
서를 참조해야 그를 명확히 규정할 수 있지만, 그 출생증명서는 바로
오늘날의 현대인을 기준으로 작성되기 때문이다. 시간의 실타래를 거
슬러 오르면서 현대인의 얼굴을 찾아갈 때, 우리는 이미 현대인을 그
린 그림을 가지고 간다. 그 그림이 그린 사람에 따라 조금씩 다르다 해
도, 그림과의 대조 없이 현대인이 태어난 요람을 찾을 수는 없다. 때문
에 우리는 역사와 현대를 논할 때 전통 사회를 산 선인들과 우리를 막
연하게나마 대조하고 있다. 이러한 선이해 속에서 19세기는 우리에게
자생적 근대성의 형성기로 나타난다. 20세기의 서구화는 이 자생적
근대성을 잘라내고 그 위에 서구적 근대성을 심었고, 오늘날 우리는
걷잡을 수 없이 팽창하는 이 괴물에 커다란 의구심을 품게 되었다. 때
문에 오늘날 우리의 탈근대성은 근대성/현대성으로부터의 탈주를 논

하기 이전에 우선 미처 크지 못한 우리의 자생적 근대성을 검토할 것을 요구한다.

그러나 여기에서 근대성modernity이란 무엇인가? 대부분의 경우 근대화와 서구화는 거의 동의어로 사용되어 왔으며, 따라서 근대성을 16세기 말 이후 서구의 역사가 띠어 온 일정한 경향으로 이해해 왔다. 따라서 한국에서의 근대성의 맹아를 언급한다면, 그것은 곧 서구적 근대성을 기준으로 놓고서 그에 상관적으로 초보적인 근대성의 출현을 가리키는 것이었다. 그러나 이것은 베르그송이 '추후적 사고'라고 부른 오류를 범하는 것이다. 현대인의 출현을 잡아내기 위해 현재에서 출발해 어떤 결정적인 차이를 드러내는 시점까지 거슬러 올라가는 것이 필요하다 해도(이 경우 서구를 참조하는 것은 필수적이다), 그에 못지않게 근대성은 전통 사회로부터 현대로 오는 벡터를 통해 이해되어야 한다(이 경우 우리 역사 자체의 위상학을 문제 삼아야 한다). 현재로부터 과거로 나아가는 방향과 과거로부터 현재로 나아가는 방향, 두 방향을 동시에 고려해 보아야 하는 것이다. 이 경우 서구화로서의 근대화가 처음 시작되는 지점과 전형적인 전통 사회로부터의 일탈이 시작되는 지점이 일치하지 않는다. 그 정확한 연대에 대해서는 물론 여러 논쟁이 있을 수 있다. 1920/30년대에 성립했던 서구적 근대화를 둘러싼 '식민지 근대화론' 논쟁이 현재로부터 과거로 나아갈 때 생기는 논쟁이라면, '실학'의 근대성을 둘러싼 논쟁은 과거로부터 현재로 나아갈 때 생기는 논쟁이다. 그러나 어쨌든 이 두 시기 사이에는 19세기를 중심으로 해서 전통 사회로부터 일탈했으나 서구화로서의 근대화로 나아가지는 않은 어떤 과도기가 존재한다고 할 수 있다. 나는 이 시기를 '자생적 근대성'의 시기로 부를 것이다. 이 시기는 다산 정약용의 시대로부터 서구와 일본에 의해 자생적 근대화가 좌절된 시기까지로 볼 수 있다.[1] 탈근대적인 미래에로의 탈주가 방향과 속도를 정확히 잡으려면, 우선 이 자생적 근대성에로 회귀해 볼 필요가 있다.

그렇다면 왜 "다산의 시대"인가? 다산을 자생적 근대성 형성의 중요한 지도리로 생각하는 근거는 무엇인가? 내가 던지는 가설은 이것이다. 인간이 이루어내는 모든 문화의 근저를 들여다볼 때 거기에서 자기 이해를 발견할 수 있다. 자본주의의 형성, 과학/기술의 발달, 대중사회의 등장 같은 현상들은 근대적 자기 이해의 바탕 위에서 나올 수 있었던 가시적 결과들이다. 그러므로 철학적 관점에서 볼 때 이 가시적 결과들 이전에 자기 이해의 변혁이 존재했다고 볼 수 있으며, 이 변혁이 근대성의 잠재적 형성이라고 보아야 한다. 그렇다면 인간 존재론적인 맥락에서 자생적 근대성이 등장한 시점은 결국 전통 사회의 인간 이해와는 다른 인간 이해, 전통 사회의 인간으로부터 분기分岐한 이해가 등장한 시점일 것이다. 이 시점이 현대인의 얼굴이 희미하게나마 그 윤곽을 드러낸 시점이다. 우리가 여기에서 다산의 경학經學을 검토하고 그의 인간존재론을 드러내려는 것은 이 담론이 현대인의 얼굴을 결정적으로 그려 주고 있다고 믿기 때문이다. 다산의 사유가

---

1) 조선 후기를 '근세'라 부르는 용법도 고려해 볼 만하다. 우리의 근대는 늘 이 자생적 근대와 서구화를 전제하는 근대라는 두 얼굴이 동시에 고려되어 논의되어야 한다. 마찬가지로 우리의 탈근대성 논의 또한 서구적 근대성의 초극이라는 맥락(이 맥락에서는 오늘날 서구의 탈근대 사유들을 읽어야 한다)과 탈서구화라는 맥락(이 맥락에서는 우리의 자생적 근대성의 사유들을 우선 읽어야 한다)을 동시에 고려해야 한다. 이러한 탐구가 우리에게 자생적 현대성을 기를 토양을 마련해 줄 것이다.

고독 속에서 이루어졌고 또 현실적 영향력이 거의 없었음에도 내가 다른 사람이 아닌 다산을, 그것도 그의 실학적 측면이 아닌 경학적 측면을 다루는 것은 바로 이 때문이다.[2] 만일 다산의 경학에서 점선으로 그려진 현대인의 얼굴—어디까지나 당위當爲로서의 현대인의 얼굴—을 발견할 수 있다면(현실로서의 현대인의 얼굴은 오히려 이와는 대극적이라는 사실을 뒤에서 논할 것이다), 우리는 그 얼굴이 우리 얼굴의 '초기 조건'이라고 말할 수 있다. 즉, 지금의 삶의 잠재적 윤곽이 드러난 것으로 볼 수 있다. 이 글은 다산의 인간존재론을 드러냄으로써 지금의 우리를 이해하고자 한다. 만일 오늘날을 서구의 주체철학이 뚜렷한 한계를 노정한 시대, 따라서 탈근대적 주체의 모색이 필요한 시대로 읽는다면, 서구적 주체와는 다른 형태의 주체를 모색했던 다산 경학의 검토는 곧 우리 자신의 탈근대성을 모색하기 위해 거쳐야 할 기초 작업일 것이다. 여기에서 현대성의 싹이 희미하게나마 움텄던 시점으로 돌아가려는 것은 이 때문이다. 우리의 작업은 푸코의 말처럼 "현재의 시대적 상황과 상관적으로 과거의 역사를 집필하는 것"이다.

　다산의 경학과 인간관에 대해서는 여러 좋은 연구들이 나와 있다.[3] 내가 여기에서 행할 작업은 비교 연구이다. 다산의 인간존재론과 다른 인간존재론의 비교이다. 방법론은 물론 비교담론학이다. 여기에

---

2) 18~9세기에 이루어진, 흔히 '실학'으로 총칭되는 여러 사상적 조류들, 문학이나 기술 등에서의 변혁, 동학사상의 특이성, 그리고 특히 혜강 최한기의 업적 등은 모두 자생적 근대성의 여러 얼굴들을 드러낸다. 그러나 경학이라는 동북아 학문의 핵을 가지고서, 또 인간존재론이라는 철학적 핵을 겨냥해 '도덕적 주체'를 드러낸 인물은 다산뿐이다.

3) 李乙浩, 『茶山經學思想研究』, 을유문화사, 1966. 李乙浩 외, 『丁茶山의 經學』, 민음사, 1989. 李箎衡, 『茶山經學硏究』, 태학사, 1996. 한형조, 『주희에서 정약용으로』, 세계사, 1996.

서의 비교는 이중적이다. 한편으로 우리는 다산의 인간존재론을 주희朱熹의 그것과 비교해야 하며, 다른 한편으로 서구의 그것과 비교해야 한다. 이러한 비교는 어떤 담론의 공간 속에서 이루어져야 하는가? 우선 이 문제로부터 논의를 시작하자.

분기의 공간

역사는 수많은 계열들로 이루어진다. 한 시대는 이 계열들의 일정한 방향성에 의해 특징지어진다. 물론 한 시대의 계열들이 서로 약속한 듯이 한 방향으로 달려가지는 않는다. 삶을 형성하는 계열들은 탈구되어 있다. 1980년 광주에서 큰 정치적 사건이 발생했을 때, 한 대학의 화학 실험실에서는 에틸렌 정제를 위한 실험이 이루어지고 있었고, 서울의 한 TV 방송국에서는 쇼가 방영되고 있었다. 역사의 계열들은 서로 다른 시간 벡터를 형성하는 것이다. 그러나 때로 이 벡터들은 수렴하며 일정한 시간대에서 급변을 겪는다. 이러한 급변이 시대의 변환을 형성한다.

　　그러나 역사의 모든 계열이 총체적 변환을 겪는 일은 없다. 바슐라르가 인식론적 단절을 제시한 것은 물리학이라는 등질적인 계열에서였다. 그러나 물리학사 이외의 대부분의 역사는 보다 복잡한 위상 구조를 띤다. 우리는 특히 캉길렘이 말한 "부분적 단절"과 "계기적 단절"이 생명과학의 역사만이 아니라 인류의 역사 전체에 적용될 수 있는 개념이라고 보아야 한다. 이 점에서 우리는 시대의 변환을 분기의 모델을 통해 개념화할 수 있다(현대 수학의 코보르디즘cobordism은 분기의 한 유형을 잘 보여 준다). 우리는 분기를 이렇게 정의할 수 있다: 한 역사 계열이 둘 이상의 상이한 계열로 발산할 때 그 계열에서 분기가 발생한 것이며, 그 분기의 점은 주요 특이점을 형성한다. 분기를 통해 발산하는 두 계열의 같은 시간대(일반적인 연대기적 시간대)를 잡아 이었을 때, 그것들은 더 이상 공통의 기저-장에 놓여 있지 않은 것으로 드러나며(예컨대 기계론적 라마르크주의와 형이상학적 라마르크주의는 라마르크주의라는 기저-장을 벗어나 서로 발산한다), 시간의 흐름에 따라 그 차이는 증폭된다. 우리가 다산의 사유를 검토하는 것은 그의 사유가 주자학이라는 기저-장 속에서 이루어지던 조선 철학으로부터 분기를 이룬 특이점이기 때문이다. 또 우리가 다산의 사유를 데카르트 등과 비교하려는 것도 이들이 가톨리시즘이라는 기저-장으로부터의 벗어남을 통해 형성된 특이점이기 때문이다. 우리는 이 분기의 상이한 양태를 비교함으로써 우리의 근대성과 서구적 근대성을 비교할 것이다.

인간의 모든 생각과 말과 몸짓은 그의 자기 이해에 뿌리를 두고 있다. 그래서 우리는 끊임없이 "나(/우리)는 도대체 누구인가?"라고 묻는다. 우리는 여기에서 "무엇인가?"라고 묻지 않고 "누구인가?"라고 물음으로써 인간존재론을 일반 존재론과 구분한다. 그런데 사회과학은 곧 인간존재론이라는 뿌리에서 나온다. 그래서 인간존재론은 일반 존재론과 사회-역사적 문제의 매듭에 존재하며, 모든 사유의 중핵에 위치한다. 자기 이해는 대개의 경우 무의식적으로 전제된다. 이 무의식적 차원을 개념화하는 것이 사유의 거장들에게 주어진 의무이자 특권이다. 다산은 '실학'이라는 테두리를 넘어서서 전통적 인간존재론에 정면으로 도전했으며, 이 점에서 그의 사유는 일반적인 실학사상과는 격을 달리한다. 다산에게 인간존재론은 곧 그의 경학을 통해서 성립한다. 일반적으로 다산의 경세학經世學을 많이 논하지만, 다산 사유의 철학적 핵심은 '육경사서학'六經四書學에 있다. 특히 주희가 새로운 인간과 도덕의 수립을 목적으로 정립한 '사서'를 재해석한 저작들이야말로 바로 우리의 근대성─이 경우 당위적 근대성, 도덕적 근대성─이 탄생한 요람이라고 할 수 있다.[4] 이 글은 이 저작들을 해명한다.

현대성(초근대성/극근대성과 탈근대성의 착종)이라는 문제-틀 아래에서 다산의 경학을 해명하는 것은 『객관적 선험철학 시론』의 문제의식을 잇는 것이다. 그래서 이 글은 결국 주체의 문제를 다룬다고 할 수 있다. 근대 이후 인간의 자기 이해는 결국 이 주체라는 개념을 둘러싸고 벌어졌기 때문이다. 이 우주에서 주체로서 존재하는 것은 생명체, 특히 동물의 특권이다. 인간은 자연적인 감응에 있어서만이 아니라 사회적 삶의 양태에서도 주체가 되려고 한다. 때문에 주체의 문제는 이중적 구조를 드러낸다. 그것은 세계 내에서 인간의 위치의 문제이자 한 사회 내에서 개인/집단의 위치의 문제이기도 하다. 따라서 주체의 형성을 근대성 형성의 핵심적 계기로 본다면, 근대성의 문턱을

---

4) 다산 자신은 '사서오경'을 '육경사서'로 내용과 순서를 바꾸었으며, 『자찬묘지명』(自撰墓誌銘, 壙中本)에서 "하늘의 총애를 업고 태어나 / 못난 충심(衷心)이나마 끄집어낼 수 있어 / 정밀하게 육경을 연구해 / 미묘한 이치 풀어 놓았다"고 했다. 이렇게 보면 다산 자신은 사서보다는 육경의 연구에 더 중점을 두었던 것으로 보인다. 그러나 그의 인간존재론은 역시 사서 연구에서 핵심적으로 드러나며, 주희와의 대립이 핵심적으로 드러나는 곳도 이곳이다.

이해하기 위해 우리는 세계에 맞선 인간의 주체화라는 문제와 제 신분/계급 사이의 새로운 권력 놀이의 등장이라는 두 계기를 동시에 다루어야 하는 것이다. 전자는 오늘날 인간 복제, 가상공간, 보철기술, 공진화 등의 문제와 관련해서, 후자는 후기자본주의 사회 내에서의 권력 놀이와 관련해서 제기된다. 다산에게 이 문제는 성性의 문제와 땅[田]의 문제로서 정립된다. 성性 개념의 새로운 정의는 우주 안에서의 인간의 위치에 대한 새로운 이해를 함축하며, 땅을 중심으로 하는 (넓은 의미의) 권력의 문제는 성리학에 기반한 기존 사대부들에 맞선 신흥 개혁 세력의 주체화/자기 이해를 함축한다. 위에서 지적했듯이, 후자의 문제는 전자의 문제에 뿌리 둔다. 이 점에서 우리가 우선 분석해야 할 핵심 개념은 성性이다.

인간의 자기 이해는 세계 이해와 맞물린다. 다산에게서 근대 서구적 주체와 비교되는 자기 이해가 나타났다면, 그것은 다산에게 세계가 그 이전과는 다른 새로운 방식으로 열렸다는 것, 때문에 그 세계와의 새로운 관계 맺음을 통해 자신을 정립했다는 것을 의미한다. 다산에게 '세계'는 이중적으로 열렸다. 한편으로 다산의 시대는 변환의 시대였으며 새로운 사유를 요청한 시대였다. 그것은 우리의 문제-틀로 볼 때 무엇보다도 새로운 자기의식/자기 이해가 싹튼 시대이다. 농민[佃戶] 세력의 새로운 형성과 지주들의 반동(물론 이는 동북아사의 특이점에서 늘 나타나는 현상이다), 전통 사회의 모순의 점증과 소작농, 유민의 증가, 새롭게 권리 청원을 낸 중인들과 서얼들, 대지주-특권 상인들과 중소 상인들의 대립(예컨대 금난전권과 신해통공의 대립), 지방 권력[鄕權]을 둘러싼 지방 권력층[在地土族], 지방 관료[鄕, 吏], 지방 유림[鄕儒], 중앙정부 등의 대립 등등, 이 모든 것이 새로운 시대의 도래, 새로운 자기의식/자기 이해의 도래를 의미했다. 다산은 이 변화를 사상적으로 포착했으며 개념화했다. 다른 한편 다산은 전통 사회의 완전한 폐지나 서구적인 형태의 근대성을 주창하기보다는 고대 사유에 기반해 전통 사회의 개혁을 꾀했으며(수사학洙泗學의 측면), 인간 본성의 혁신적 파악보다는 "천명지위성"天命之謂性이라는 전통의 입장을 재사유하려 했다. 이 점에서 다산의 사유는 재해석이라는 동북아적 사유 양태를 벗어나지 않았다. 그리고 이 점이 내게는 오히려 흥미로운 점이다(그러므로 다산을 주제로 선택한 것은 그가 동시대의 다른 사람들보다 더 '급진적'이기 때문이 아니다. 즉 서구적 근대성에 더 가까이 갔기 때문이 아니다). 요컨대 다산의 사유 역시 하늘과 땅 사이에서 성립했다. "천명지위성"이라는 전통적 형이상학과 땅을 둘러싼 형이하학적 싸움(욕망과 권력의 놀이)이라는 현실 사이에서 성립한 것이다.

다산의 담론이 띠고 있는 개념사적 성격은 어떤 것일까. 사상가들은 자신에게 주어지는 감성적 언표들을 개념화하려고 하며, 이때 자신의 시대에까지 내려온 담론사적 두께와 그 두께를 가로지르면서 살아남은 핵심 개념들을 가지고서 사유하게 된다. 이 핵심 개념들이 자신에게 주어진 감성적 언표들을 만족스럽게 개념화할 수 없다고 판단했을 때, 사상가는 그 감성적 언표들을 새롭게 개념화하거나 기존 개념들의 재규정을 통해 그 언표들을 이해하고자 한다. 전자의 경우는 한 사상가 고유의 용어들이며, 후자는 새로운 의미를 담게 된 개념-뿌리들이다.[5] 사실상 더 중요하고 어려운 것은 후자이다. 다산은 자신에게 주어진 감성적 언표들을 포착하기 위해 여러 개념-뿌리들을 검토했다. 우리가 논해야 할 것은 바로 이 개념-뿌리들이다.

이 개념-뿌리들은 어떻게 조직되었는가? 다시 말해 다산의 텍스트들은 어떤 담론화 양태를 통해 형성되었는가? 다산의 저작은 데카르트 등 서구 철학자들에서처럼 전통과의 대결을 통해 이루어졌다. 그러나 그가 사용한 담론화 양태는 서구의 그것과 다르다. 서구의 경우 르네상스 시대에 유행했던 박학의 전통은 17세기에 들어와 날카롭게 비판받았으며, 수학과 실험을 통한 새로운 담론화 양태가 형성되었다. 데카르트의 저작에서 우리는 박학의 전통과는 근본적으로 다른 담론화 양태를 확인할 수 있다. 수많은 문헌들의 축적은 의미가 없다. 확고한 기초를 제공하는 출발점과 지식들을 연역체계로 다듬을 수 있는 순서를 정립하지 못한다면. 반면 다산의 저작들은 전통 문헌들의 철저한 재검토를 통해 이루어졌다. 그는 전통 문헌에 대한 인증, 검토, 비교[考異] 논박, 검증 등 다채로운 방식의 담론화를 실행했다. 경학 관련 저작들에 보이는 '고금주'古今註, '요의'要義, '혹문'或問, '자잠'自箴, '공의'公義 등과 같은 말들도 이 점을 선명하게 드러낸다. 다산의 저작은 전통과의 대립을 통해 이루어졌지만, 그 대립은 전통의 완전한 타자화를 통해서가 아니라 재해석을 통해 이루어졌다.

전통과의 이러한 밀접한 관계에도 불구하고, 다산이 전통으로부

---

5) 나는 시대가 수없이 변환되어 왔음에도 끈질기게 담론공간을 장식하는 개념들을 '담론사적 개념-뿌리들'이라 부른다. 시간, 공간, 물질, 마음, 욕망 등등의 개념들이 이런 개념들이다. 이 개념들은 일상어이면서도 철학 용어들인 개념들, 다 아는 듯하면서도 캐기 시작하면 끝없는 문제들을 던지는 개념들, 철학의 역사에서 계속 새로운 의미를 부여받아 두터운 의미론적 두께를 담고 있는 개념들이다. 새로운 개념들의 창출보다는 기존 개념들의 재음미를 통해 전개되어 온 동북아 사상사 연구에서는 이 개념-뿌리들이 특히 중요하다.

터 중요한 분기를 이루어냈다는 것은 분명하다. 그 분기의 규준은 무엇인가? 서론에서 근대성 출현의 기본적인 규준으로서 탈가치, 탈중심, 탈위계의 논리를 제공했었다. 아래에서 본격적으로 논의하겠지만, 다산의 사유는 이 규준에 이중의 방식으로 대응한다. 다산은 성리학적 가치-존재론을 논파했지만 새로운 형태의 가치-존재론을 수립했으며, 리기理氣의 위계론을 거부했지만 동북아사회의 근본적 위계를 벗어나지는 못했으며, 중화중심주의와 태극중심주의를 와해시켰지만 보다 근본적인 의미에서의 중심주의를 유지했다. 이 점에서 다산의 사유는 우리에게 급진적인 근대성보다는 전통의 또 다른 의미를 제공해 주는 사상가로서 다가온다. 그리고 그 또 다른 의미는 탈근대 사유의 개진에 중요한 안목을 제공해 줄 수도 있을 것이다. 이하에서 다산 사유의 이런 이중성과 긴장을 논할 것이다.

　다산이 성리학으로부터의 분기를 이룩한 방식은 어떤 것이었을까. 다산은 전통적인 학문 방법, 즉 경험/관찰과 개념 분석/문헌 연구라는 두 방법의 결합을 통해서 사유했다. 이 점에서 다산의 방법은 전통적인 방법과 크게 다르지 않다. 한자는 극히 큰 의미론적 두께를 담고 있으며, 다산에게 중요한 것은 이 의미론적 두께를 해체적으로 독해하고 그 두께를 관통해서 내려온 개념들에 새로운 의미를 부여하는 일이었다. 따라서 다산에게서의 분기란 곧 개념-뿌리들에서의 분기라고 할 수 있다. 개념-뿌리들에서의 새로운 해석, 그리고 그 해석과 상관적으로 드러나는 새로운 현실/맥락을 이해하는 것이 다산 이해의 첩경이라고 할 수 있다. 이제 우리가 분석해 나갈 것은 이 개념-뿌리들이다.

인간이란 어떤 존재인가 : 성性

다산의 인간존재론을 이해하기 위해 집중적으로 분석해야 할 개념
은 '성'性이다. 이 개념이야말로 한자 문명권의 지식인들이 인간의 정
체성을 포착하기 위해 사용한 대표적인 개념이기 때문이다. 담론학
적 방법론에 입각해, 이 개념이 현실과 맞닿아 사용된 지점으로부터
형이상학적 핵심 개념으로 사용된 지점까지의 담론의 공간 전체를
조망해야 할 것이다. 그러나 여기에서 이 방대한 작업을 수행할 필요
는 없으며, 일단 이 개념이 겪은 몇 단계의 굵직한 담론학적 단절만
을 문제 삼고자 한다. 우선 이 개념이 인성론이라는 철학적 담론의 핵
심 개념으로 자리 잡게 되는 과정을 살펴본다. 다음으로 주자에 의해
이 개념이 어떻게 담론학적 단절을 겪게 되는지를 본다. 마지막으로
이 개념에 대한 다산의 생각을 분석하면서 서구적 성 개념 즉 'human
nature'와의 비교를 시도할 것이다.

　　우리가 검토할 수 있는 문헌을 놓고 볼 때 성性 개념은 비교적 후
대에 등장한 것이며, 또 그것이 '생'生과 동일한 의미로 사용된 경우를
제외한다면[6] 처음부터 어느 정도 추상적이고 이론적인 개념으로서
등장했음에 틀림없다. 우리는 이 개념이 인간이 뚜렷한 자기의식/자
기 이해를 추구하기 시작하면서 등장했으리라고 추측할 수 있을 것이

---

6) 전문(篆文)을 보면 왼편에 심장[心]이 있고 오른편에 생(生)이 있다. 생(生) 자체는 흙[土]
　위에 풀이 나 있는 형상이다. 모두 '살아 있다'는 것을 의미하며, '태어나다'를 의미할 수도
　있다(이 점에서 자연을 의미하는 서구어 어원들인 'es', 'bhū', 'wes' 등과 통한다). 이로부터
　'태어나면서 가지고 나오는 것'이라는 의미가 생겨났을 것이다.

다. 그것은 그리스에서 자기의식이 희미하게나마 등장하기 시작하는 시점에서 'psychê' 개념이 발전된 형태로 등장하는 것과 맥을 같이한다.[7] 이 개념은 결국 인간의 정체성에 대한 인식을 함축하며 특히 "우리는 어디에서 왔는가?"라는 물음을 함축한다. 동북아인들에게 이 물음에 대한 원초적인 대답은 '하늘'이다. 인간은 하늘에서 나왔다. 따라서 인간의 정체성도 하늘(과의 관계)에서 찾아야 한다.

『시경』의 한 시(「소아」小雅의 「소변」小弁)를 생각해 보자. 이 시는 1) 인간은 하늘에서 왔다는 것, 2) 때문에 인간의 삶은 하늘에 의해 좌우된다는 것, 3) 즉 착한 이에게는 하늘이 복을 내리며 나쁜 이에게는 화를 내린다는 것을 노래한다. "푸드득 갈가마귀가 떼 지어 날아 돌아가며 / 백성들 모두 잘 지내거늘 나 홀로 괴로워하네 / 무슨 죄를 하늘에 지었나? 내 죄가 무엇인가? / 마음의 시름이여! 어찌하면 좋은가?" 여기에서 "무슨 죄를 하늘에 지었나? 내 죄가 무엇인가?"(何辜于天, 我罪伊何)라는 구절에 위의 생각이 분명하게 나타나 있다. 사람의 정체성은 하늘에서 온 것이며('天性'), 때문에 사람은 하늘의 말씀에 따라 살아야 한다('天命').[8] 그러나 때로 하늘은 인간으로서는 이해할 수 없는 일을 한다. 그래서 시詩는 하늘에 대한 원망을 토로한다. "하늘이 나를 내셨건만, 내게는 때가 오지 않으려나?"(天之生我, 我辰安在) 이때의 명命은 곧 운명이다. 하늘과 사람의 완벽한 연속성은 부정되며, 이해하

---

7) 이 말은 호메로스 등 초기 문헌에서 '생명'이라는 뜻으로 사용되었다("ho peri tês psychês agôn"; 투쟁은 생사를 거는 것이다). 더구나 이 생명 개념은 막대기를 묶는 새끼줄 정도의 개념으로 이해되었다. 그러나 소크라테스 이후 이 말은 인간의 영혼을 가리키게 된다("ek tês psychês"; 영혼을 바쳐).

기 힘든 상황이 그 둘을 가른다. 이 시에는 하늘과 인간의 양면적인 관계가 핵심적으로 드러나 있다. 그러나 여기에서 이 정체성에의 갈구는 성性이라는 개념으로 포착되어 있지 않다.

『시경』에는 '성'性이라는 글자가 단 한 번 나온다. 「대아」大雅의 「권아」卷阿에는 다음 구절이 나온다. "받으신 명 영원하니 복록을 누리시리라. 점잖으신 군자님들이여 오래오래 사시어, 늘 큰 복 누리소서." (爾受命長矣, 茀祿爾康矣. 豈弟君子, 俾爾彌爾性, 純嘏爾常矣) 여기에서의 '성'性은 명백히 '살다'[生]를 뜻하며, 하늘이 내린 수명을 의미한다(물론 이 수명은 명命과 연계되며, 따라서 하늘이 부여한 것이라는 뜻을 함축적으로 내포하고 있다고는 말할 수 있다). 『서경』書經에 등장하는 "개나 말은 그 흙(풍토)에서 사는 것이 아니면 기르지 마시고"(犬馬非其土性不畜—「여오」旅獒. 위고문으로 추정됨)에서의 '성' 또한 '살다'의 뜻임이 분명하다. 또 "왕이 우선 은의 관리들을 복종시켜 우리 주의 관리들과 친하게 만들면, 그들은 삶을 조절해 날로 발전할 것이니"(王先服有殷御事, 比介于我有周御事, 節性惟日其邁—「소고」召誥)에서의 '성'性 또한 '생'生으로 보는 것이 자연스럽다(이 경우에는 '성질'이라는 해석

---

8) 하늘에 따라 사는 것은 곧 덕(德)을 쌓는 일이며, 덕을 쌓았느냐 아니냐의 여부에 따라 화와 복이 판가름난다. 우리는 이를 가치론적 인과론이라고 부를 수 있다. 때문에 동북아 문화에서의 천(天)은 뚜렷한 형태의 인격신은 아니다. 인간 자신의 노력에 따라 일정하게 복과 화가 결정되며, 결국 하늘은 인과응보를 주재하는 존재일 뿐 노하거나 기뻐하거나 변덕을 부리는 인격신은 아닌 것이다. 하늘의 의지에 따라 인간의 삶이 좌우되지만, 그 의지란 곧 제멋대로 움직이는 감정이기보다는 일정한 법칙성을 내포하는 이법(理法)인 것이다. 「대아」(大雅)의 「증민」(烝民)은 "하늘이 백성들을 낳으시고 모든 일에 법칙을 부여하셨네 / 하여 백성들은 법을 지키고 아름다운 덕을 사랑하네"(天生烝民 有物有則 / 民之秉彝 好是懿德)라고 노래한다.

도 가능하다).[9] 이렇게 보면, 결국 '성'은 본래 '생'과 통했으며 "하늘이 준 것"이라는 뜻을 지녔다고 볼 수 있다. 하늘이 준 것들 중 가장 원초적인 것은 삶과 죽음이다. 때문에 '성'이란 곧 수명과 통한다(이는 또한 명命의 원초적인 의미이기도 하다). 삶과 죽음 다음으로 원초적인 것은 행복과 불행이다. 때문에 하늘의 뜻, 즉 천명은 곧 사명使命과 운명運命——"어쩔 수 없는 것" 즉 '아낭케'로서 객관적 필연이자 주관적 운명——으로 이중화되어 이해된다. 이것이 '性=生'이라는 개념에 의해 행해진 동북아적 현실의 원초적인 개념화이다.

성 개념이 함축하는 이러한 맥락은 『주역』周易에서 보다 포괄적으로 다듬어진다. 잘 알려져 있듯이 『주역』의 「역경」易經과 「십익」十翼은 수많은 세월에 걸쳐 또 많은 사람들에 의해 작성된 것이다. 때문에 이 문헌에 나타나는 성性 개념은 위의 두 문헌에 비해 이미 상당 부분 철학적으로 정련된 개념으로 보아야 할 것이다. 역易이 점치는 것과 관련된다는 것은 무엇을 의미하는가? 이미 말했듯이 하늘은 인간에게 두 얼굴로 나타난다. 때문에 인간의 행위와 그 결과(행복과 불행)는 반드시 일치하지는 않는다. 이렇게 보면 미래는, 적어도 인간에게는, 비결정론적인 모습으로 다가온다. 점占은 이 비결정성에 대응하기 위한 차선책이다. 이 점에서 역은 주술이자 서툰 과학이다. 인간은 점을 통해 하늘의 뜻을 달갑게 받아들이고 자신에게 주어진 운명을 깨닫는다

---

9) 이 밖에 「탕고」(湯誥)에는 '恒性'이라는 말이, 「태갑」(太甲)에는 "習與性成"이라는 문구가, 그리고 특히 「서백감려」(西伯戡黎)에는 '天性'이라는 말이 나오지만, 현재 이들은 모두 위고문으로 간주되고 있다.

("樂天知命"). 그렇게 해야만 삶에 대한 근원적인 불안("우환의식")으로부터 벗어날 수 있는 것이다("故不憂"—「계사전」繫辭傳).[10] 그러나 역이 유가적 맥락에 편입되었을 때, 이제 역에는 새로운 요소가 첨가된다. 인간은 도덕적 행위를 수행함으로써 하늘의 뜻에 따르게 되며 인의仁義를 실천하게 된다. 역은 이제 불안으로부터 벗어나 행복을 추구하려는 소박한 주술적-종교적 바람과 서투른 과학기술('象數之學')에 그치지 않고, 윤리학의 형이상학적 기초를 제공해 주는 근본적 담론으로 자리 잡게 된다('義理之學').

　　이런 맥락에서 「계사전」의 다음 유명한 구절을 이해할 수 있다. "한번 음이 되고 한번 양이 되는 것을 일컬어 도道라 한다. 이 도를 잇는 것을 선善이라 하고, 이 선을 완성하는 것을 성性이라 한다"(一陰一陽謂之道. 繼之者善也, 成之者性也). 이 구절은 음양을 통해 도를 정의하고, 도를 통해 선을, 선을 통해 성을 규정하고 있다. 음양의 갈마듦이 도이며, 도를 따르는 것이 선이며, 선의 극치에 도달하는 것이 성이다. 적어도 이 구절만 보면, 인격신적인 요소는 등장하지 않는다. 우주의 근본 원리가 음양/도로 파악되며, 이 도를 따라 완성되는 것이 선과 성이다. 결국 성性이란 우주의 이법을 파악해 그에 따라 삶을 영위할 때 도달하는 경지이다. 성의 개념이 보다 철학적이고 합리주의적[11]으

---

10) 고대 중국인의 우환의식(憂患意識)에 대해서는 다음을 보라. 牟宗三, 『中國哲學的特質』, 臺灣學生書局, 民國 63年, 14~18頁.

11) 여기에서 '합리주의'라는 말은 세 가지를 함축한다. 1) 세계는 우발적 존재도 인격신의 변덕에 따라야 할 존재도 아니다. 그것은 일정한 이법[理]에 따라 생성하는 존재이다. 2) 인간은 이 이법을 파악할 능력[性]을 타고난다. 3) 도와 성이 일치할 때 올바른 행위의 가능근거가 성립한다.

로 다듬어졌음을 느낄 수 있다. 「설괘전」說卦傳에 등장하는 "이치를 훤히 파악해서 성을 남김없이 실현한다"(窮理盡性)는 구절도 같은 맥락이다. 그리고 이렇게 노력했을 때 우리는 비로소 하늘의 뜻을 알게 되는 것이다(以至於命).

이런 과정을 통해 '성명'性命이라는 개념이 성립했다. 이 말은 「설괘전」에 등장한다. "그 옛날 성인께서 역을 지으신 것은 장차 성명의 이치에 따르려 함이었다. 때문에 하늘의 길을 세워 음과 양이라 했으며, 땅의 길을 세워 강과 유라 했으며, 사람의 길을 세워 인과 의라 하셨다. [하늘, 땅, 사람] 삼재三才를 겸하여 [음양, 강유, 인의로] 그것을 곱하니, 역의 6획이 완성되었으며 괘가 이루어졌다." 이 구절은 형이상학적 원리로서의 음양/도, 자연철학적 원리로서의 강유, 인간존재론적 원리로서의 인의를 통해 괘를 구체적으로 규정하고 있다. 그리고 이러한 이치 전체가 '성명'이라는 개념으로 포착되고 있다. 성과 명을 구분한다면, 명이 하늘이 준 사명/운명을 말한다면(수명이라는 원초적인 운명에서 삶의 궁극 목적 같은 고차적 사명에 이르기까지) 성은 하늘이 각 인간(맥락에 따라서는 각 종種)에게 부여한 개별적인 특성(특히 善惡賢愚)을 뜻한다. 이 성명 개념은 이후 철학적 사유의 중핵에 위치하게 된다. 명 개념은 우주의 궁극 이유, 결정론과 비결정론, 인간과 우주의 관계, '하늘' 개념의 이해, 인간의 운명 등과 같은 문제들을 낳았으며, 성 개념은 인간에게서의 선천적 특성과 후천적 특성, 선악의 문제, 다른 동물들과 인간의 관계, 정신과 신체의 관계, 도덕의 기초 등의 문제들을 낳았다.

결국 동북아인들에게 세계는 우발적인 것이 아니라 하늘의 뜻에 따라 이루어진 것으로 이해되었으며, 이 점에서 세계는 근본적으로 형이상학적인 것이었다. 하늘은 '명'命을 통해 인간에게 그 뜻을 전달하며, 명의 원초적인 뜻은 삶과 죽음, 행복과 불행이다. 인간은 자신의 마음대로 삶을 영위해서는 안 되는/할 수 없는 존재이며, 하늘의 뜻에 따라 살아야 하는 존재이다. 이 점에서 한 인간의 주체성은 긍정되지 않았다. 하늘이 그어준 테두리를 넘는 것은 악으로 간주되었다. 한 인간이 얼마나 하늘의 뜻에 따라 살고 있는가는 그의 '덕'德을 통해 드러난다. 달리 말해 덕이란 한 인간의 도덕적 정체성을 가리킨다(덕의 판정은 선악을 통해 이루어졌지만, 이 선악은 현실 속에서의 좋고 나쁨을 의미했지 서구에서와 같은 실체적 존재는 아니었다). 계급적으로 볼 때, 지배계급은 스스로를 덕을 갖춘 존재로 파악하고 천명을 받은 주체로서 이해한 반면 피지배계급은 고통스러운 현실을 운명이라는 개념으로 이해했으며 스스로를 능동적 주체로서 정립하지 못했다. 『시경』의 여러 편에 서민의 자기 이해가 담겨 있다면, 『서경』은 주로 지배계급의 자기 정당화와 역사의식으로 구성되었다고 할 수 있다. 이런 맥락에서 성性 개념은 희미하게나마 인간의 자기의식을 개념화하게 된 것이다.

이렇게 형성된 성 개념은 유가, 도가 등의 학파에 의해 철학적 개념으로 다듬어졌다. 우선 이 개념에 대한 유가적 이해와 도가적 이해의 차이를 살펴본 후(이 문제는 자연과 인간의 관계를 이해하는 데 중요하다), 다음으로 유가 자체 내에서의 성을 둘러싼 상이한 이해들을 검토한다(이 문제는 인간의 심리학적, 윤리학적 이해에 중요하다).

공자의 성 개념을 파악하기는 쉽지 않다. "자공子貢이 이르기를 선생님의 문장은 얻어들을 수 있었으나 성性이나 천도天道에 대해 말씀

하시는 것은 얻어들을 수가 없었다"(『논어』, 「공야장」公冶長)라는 문단에서도 알 수 있듯이, 공자는 형이상학적 사변을 피했으며 철저히 실천적 지혜의 탐구에 몰두했다. "공자는 이익과 천명과 인에 대해서는 드물게 말씀하셨다"(「자한」子罕)라는 문단도 같은 맥락이다. 그러나 다른 문단을 살펴보면, 그가 전통적으로 내려온 세계관을 무의식적으로나마 수용하고 있는 듯이 보인다. "하늘이 나에게 덕을 부여하셨으니 한퇴가 나를 어찌하겠느냐"(「술이」述而), "도가 장차 이루어질 것도 천명에 의한 것이요 장차 파기될 것도 천명에 의한 것이니, 공백료가 천명에 어찌 도전할 수 있겠느냐"(「헌문」憲問), "천명을 알지 못하면 군자가 되지 못한다"(不知命, 無以爲君子也—「요왈」堯曰), "나이 오십이 되어 하늘의 뜻을 알았다"(五十而知天命—「위정」爲政) 같은 문단들이 그렇다. 이 언표들은 한편으로 하늘이 자신에게 준 사명을, 다른 한편으로 자신에게 주어진 운명을 암암리에 긍정하고 있는 것이다. 공자는 성性 개념을 발전시키지는 않았지만, 천天, 명命, 덕德 같은 개념들의 사용을 볼 때, 그 역시 전통적인 세계 안에서 살았다고 할 수 있다.

공자가 성 개념에 대해 명확하게 언표한 것은 다음 구절이다. "[인간에게 주어지는] 천성은 서로 가깝지만, [인간이 만들어내는] 관습/문화는 서로 멀다."(性相近也, 習相遠也—「양화」陽貨) 이 문장은 해석이 미묘하다. 만일 성을 인간이 타고나는 현실적인 본성으로 이해한다면, 이 말은 "인간이 태어나면서 가지고 나오는 성질들은 모두 같지만 교육이나 문화를 통해서 서로 달라진다"는 것을 의미한다. 즉 하늘/자연이 인간에게 준 잠재력은 모두 같지만, 교육이나 문화의 차이로 말미암아 각종 차이가 생겨난다는 뜻이다. 그러나 우리는 유교 경전에서 성이라는 말이 때로 좁은 의미로 사용된다는 점을 염두에 두어야 한다. 이때의 성이란 하늘이 인간에게 준 초월적인 본성을 뜻하기도 한다(여기에서 초월적이란 동물적 현실로부터의 초월을 말한다). 이렇게 보면 위의 언표는 "인간은 태어나면서 누구나 인의예지 같은 도덕적 본성을 가지고 나오지만, 살아가면서[현실 속에서 시달리면서] 서로 다른 존재로 갈라진다"는 것을 의미하게 된다. 『논어』가 나온 시대와 공자 사상 전체에 비추어 볼 때 전자의 해석이 더 높은 개연성을 가지지만, 후자의 해석도 배제할 수는 없다. 이 문제는 앞으로 보겠지만, 동북아 인성론사 전체를 관류하는 핵심적인 문제이다.

공자가 산발적으로 남긴 언행들 그리고 위의 두 해석 중 전자의 해석을 취할 때, 결국 공자는 전통 사유 속에 암암리에 포함되어 있던 성 개념을 막연하게나마 이어받고 있지만 스스로는 하늘로부터 주어진 선천적 조건들보다는 삶 속에서 적극적으로 만들어 나가는 후천적 차원들이 더 중요하다고 생각했다고 볼 수 있다. 공자의 사상을 '합리적'이라고 말하는 것은 이 때문이다. 보다 적절하게는 '이성주의적'이라고 해야 할 것이다(이때 '이성적'이란 1) 우리 이성으로 알기 힘든 차원에 대한 헛된 사변을 피하고, 2) 주어진 현실 속에서 이성에 가장 부합하는 삶을 이어 가려는 태도를 뜻한다). 그러나 인간에게 실제 주어지는 잠재력을 강조하는 경우에도, 그 주어진 삶을 교육과 문화를 통해 가꾸어 나갈 수 있는 능력으로서의 성(좁은 의미에서의 성)은 암암리에 전제된다. 다시 말해 성의 넓은 의미를 강조할 때에도 좁은 의미가 배제되는 것은 아니다(반면 성을 좁은 의미로 사용할 때는 인간의 부정적 본성을 가리키기 위한 또 다른 개념이 요구된다. 이 문제 역시 뒤에서 중요한 문제로서 다루어질 것이다).

"性相近也, 習相遠也"라는 말은 성性 개념을 둘러싼 두 문제-장, 즉 자연과 인간의 관계라는 문제-장과 성 자체의 성격이라는 문제-장을 모두 함축하고 있다(조선 철학에서 전자는 인물성동이론으로 후자는 사단칠정론으로 변환되어 전개된다). 이하에서는 전자의 문제를 유가와 도가를 비교함으로써 검토하고, 후자의 문제를 맹자와 순자를 비교함으로써 검토할 것이다. 우선 첫번째 문제-장을 다루기 위해서는 노자와 장자를 끌어들일 필요가 있다.

노자는 전통적으로 내려온, 그리고 유가에게로 이어진 자연-인간의 위상학(사명과 운명)을 거부한다. "하늘은 어질지 않다. 만물을 지푸라기 개로 여길 뿐이다."(天地不仁. 以萬物爲芻狗—『도덕경』, 왕필본, 5장) '천지'는 대부분의 문헌에서 현대적 의미의 '자연'을 가리키지만, 여기에서는 '세계'로 읽는 것이 좋다. 세계는 어질지 않다. 인간적-도덕적 마음을 가지고 있지 않다. 인간을 제사용 지푸라기 개로 삼을 뿐이다. 인간이 세계에 갖다가 붙이는 인위人爲는 허망한 것이다. "하늘의 길은 친함이 없다."(天道無親—79장) 종법체제나 유가적인 '친'親 개념 역시 부정된다. '명'命의 개념 역시 하늘의 '뜻'을 가리키기보다 만물의 뿌리, 형이상학적 근원을 가리킨다. "텅 빔으로 돌아감으로써 지극한 경지에 이르고, 고요함을 지킴으로써 돈독한 경지에 이른다. 만물은 다투어 이루어 가지만, 나는 그 돌아감을 볼 뿐이다. 온갖 사물은 쑥쑥 자라지만, 결국 모두 그 뿌리로 다시 돌아간다. 뿌리로 돌아감을 고요함이라 이르고, 그것을 명命으로 돌아감이라고 일컫는다."(歸根曰靜, 是謂復命) 노자는 하늘에 심리적-도덕적 성격을 부여하는 유가적 견해를 부정하고 인간이 갖다붙이는 온갖 해석과 인위를 버리고 자 했다("無爲自然").

장자에게 세계의 근원은 무無이다. 이 무는 플라톤이나 베르그송이 말하는 상대적 무, 타자로서의 무는 물론 아니다.[12] 그것은 개별 존재를 넘어선 근원적 무이다. 그러나 장자의 무無 역시 일종의 유有이다. 그것은 유를 유일 수 있도록 해주는 무이다.[13] 그러나 장자의 무는 바슐라르의 수직적 무보다는 오히려 수평적 무에 가깝다. 그것은 존재의 사이사이에 끼어들어 불연속을 낳기보다는 만물의 아래에서 제동齊同을 가능하게 한다. 무는 존재의 안감이다. 그것은 존재와 나란히 가면서 그것을 밑받침해 주는 무이다. 무는 유의 다른 얼굴이며 유의 이면일 뿐이다. 유의 세계에서 인간이 그토록 집착하는 차별들, 선과 악, 미와 추, 행과 불행은 결국 허망한 것이다. 운명까지도 슬픈 것이기보다는 오로지 '그런 것'일 뿐이다. 삶과 죽음의 문제에 있어서까지도 그렇다("生也死之徒 死也生之始 孰知其紀").

---

12) Platon, *Le Sophiste* 257b, par A. Diès: "우리가 비존재(to mê on)라고 말할 때, 이것은 얼핏 듣기와는 달리 존재와 대립되는 것을 말하는 것이 아니오. 단지 다른 어떤 것 (heteron monon)에 대해 말하는 것일 뿐이라오."
Bergson, *Oeuvres*, PUF, 1959, p. 737: "'존재하지 않는다'고 간주된 한 대상의 관념에는 '존재한다'고 간주된 똑같은 그 대상의 관념보다 더 많은 것이 존재하지 더 적은 것이 존재하는 것이 아니다(il y a plus et non pas moins). 왜냐하면 '존재하지 않는' 대상에 대한 관념은, 필연적으로, '존재하는' 대상에 대한 관념에 그 대상의 부재(不在)에 대한 표상이 덧붙여진 것이기 때문이다."

13) 이 점은 노자에서도 드러난다. "하늘과 땅 사이는 마치 풀무와도 같다. 비어 있기 때문에 다함이 없고, 움직임으로써 끊임없이 창조한다."(虛而不屈 動以愈出─5장) 무는 존재를 존재하게 만든다. 그것은 바퀴통의 비어-있음이 바퀴살들을 쓸모 있게 만드는 이치와도 같다.

「내편」에는 성性이라는 개념이 보이지 않는다. 이 점에서 장자의 성론을 명확하게 파악하기는 힘들다. 그러나 「외편」과 「잡편」의 논의들을 완전히 버리지 않는다면, 장자의 성론을 짐작할 수 있다. 장자에게서도 이 말의 일상적 어법은 나타난다. "성性이란 태어날 때 가지고 나오는 성질[質]이다. 성의 움직임을 일컬어 작위作爲라 한다. 그리고 작위의 거짓됨을 일컬어 잃어버림[失]이라고 한다."(「경상초」庚桑楚) 또 장자에게 명命이란 사물의 내면적 특성이다("形體保神 各有儀則 謂之性"—「천지」天地). 그러나 "爲之僞 謂之失"이라는 표현에 주목하자. 도덕적 행위의 가능근거로서의 성性은 인간이 가지고 나오는 것 자체, 자연 자체이다. 그런데 자연의 본성이 무無라면, 우리 성의 뿌리도 무일 수밖에 없다. 우리가 성性에 부여하는 각종 차별들은 허망한 것이다. 성의 뿌리는 무이며, 우리가 돌아가야 할 고향도 무이다. 결국 노자와 장자는 공히 유의 이면은 무라고 생각했으며, 우리가 유의 차원에서 집착하는 작위의 차원을 넘어 '무위자연'의 차원으로 회귀하고자 했다. 이러한 생각은 성에 대한 대중들의 생각이나 유가의 입장과 날카로운 대조를 이룬다.

자연-인간 위상학과 더불어 성론을 구성하는 또 하나의 문제-장은 인성의 성격에 관한 것이다. 전자가 유가와 도가의 대립에서 두드러지게 나타난다면, 후자는 유가 자체 내에서, 예컨대 맹자와 순자의 대립에서 선명하게 나타난다. 이들의 대립을 하늘과 사람의 관계, 성性, 심心, 정情의 성격, 인성론과 실천철학의 관계로 나누어 살펴보자.

맹자에게서 '명'命은 대부분 운명의 뜻으로만 사용된다. 그렇다고 맹자가 시서역詩書易 등에 나타난 사상을 거부하는 것은 아니다. 맹자는 전통적인 천명관을 이어받았지만, 그 천명관은 공자에게서와 마찬가지로 이성주의적/범신론적 천명관이다. 그는 말한다. "자신의 마음을 다하는 것은 자신의 본성을 깨닫는 것이요, 자신의 본성을 깨달으면 곧 하늘을 알게 된다. 마음을 세우고 본성을 보살피는 것은 하늘을 섬겨야 하기 때문이요, 주어진 수명에 따라 자신을 닦고 기다림은 천명을 받들기 위함이다."(「진심상」盡心上) 이 글에서 우리는 세 가지를 알 수 있다. 첫째, 마음과 본성은 구분된다. 마음의 핵, 그 궁극에 다다를 때 본성을 보게 된다. 이 점에서 성은 심의 본질적인 측면이다. 둘째, 성은 하늘에 이르기 위한 통로이다. 자신의 본성이 무엇인지를 깨달아야 비로소 하늘의 뜻을 알게 된다. 따라서 마음을 세우고 본성을 보살펴야만 하늘 섬김이라는 의무를 다할 수 있다(여기에서 하늘의 뜻/길은 곧 성誠이요, 이 길을 따르는 것이 인간의 길이다. 유한은 도덕적이 됨으로써 무한에 닿는다). 셋째, 생명 현상처럼 도덕적 범주에 속하지 않는 것은 전적으로 하늘의 뜻에 달린 것이다. 그러므로 할 수 있는 한 노력하되 내 힘으로 되지 않는 것은 하늘의 뜻을 기다릴 수밖에 없다("盡人事 待天命"). 즉 하늘의 명에 따를 수밖에 없다(맹자는 사명과 운명의 대립을 명료하게 인식했다). 결국 맹자는 우리 마음속의 핵을 성으로 보았으며, 성이야말로 인간이 하늘과 통할 수 있는 통로이고, 성 이외의 부분은 하늘의 명에 따를 수밖에 없다고 보았다.

반면 순자에게 하늘이란 그저 맹목의 자연이며 인간의 도덕적 행위와는 무관하다. 순자는 말한다. "하늘의 운행은 일정한 법칙을 따를 뿐이니, 요 임금이 좋은 세상을 만든 것도 걸 임금이 망한 것도 하늘 때문은 아니다. …… 따라서 하늘과 사람의 나누어짐/불연속[天人之

分을 분명히 하는 사람이야말로 진실을 깨달은 사람이라 할 수 있다." (「천론」天論) 따라서 순자에게서 하늘이 우리에게 준 것, 즉 성性이란 곧 인간이 태어나면서 가지고 나오는 현실 자체 외에 아무것도 아니다. 그에게서는 성과 심 그리고 정이 거의 동의어로 사용된다.[14] 이 모두는 생명 현상이 우리에게 준 인간의 현실이다. 그래서 그에게 천성이란 인위가 가해지기 이전의 상태, 더 정확히는 미분화의 경향을 가리킨다. 그래서 순자는 자연에 대해 근대적인 입장을 표명한다. 자연은 우리가 이용해 가공해야 할 재료인 것이다. 이 점은 특히 "만물이 생겨나는 이유를 알려고 하기보다 차라리 만물이 움직이는 이치를 탐구함이 어떤가"('왜?'가 아니라 '어떻게?')라는 구절에서 극명하게 나타난다. 맹자와 순자의 이러한 대립은 앞에서 논한 탈가치의 문제에 중요한 시사점을 던진다.

하늘과 인간의 관계에 관한 이런 차이는 성性의 성격을 어떻게 볼 것인가의 문제에서도 첨예한 차이를 드러낸다. 맹자의 성론은 무엇보다 고자와의 논쟁을 통해서 선명하게 드러난다. 고자는 순자와 마찬가지로 "태어나면서 가지고 나오는 것을 성이라 한다"고 말한다. 성은 마치 버들가지와도 같다. 그것은 가공하기에 따라 이렇게도 될 수 있고 저렇게도 될 수 있는 무규정자이다. 성은 하나의 가능성일 뿐이다

---

14) 때문에 순자는 '정성'(情性)이라는 용어를 사용한다. 배고플 때 먹고 싶고, 추울 때 따뜻하고 싶고, 피곤할 때 쉬고 싶은 것이 인간의 '정성'이다. 이런 용어법은 '성'을 마음 가운데에서 특히 도덕성의 부분을 가리키는 맹자의 용어법과 대조적이다. 그리고 위에서 '~싶다'라는 표현에 주목하자. 순자에게서 '정'은 희로애락 등 여러 가지를 포함하지만, 무엇보다도 욕(欲)을 핵심적으로 포함한다. 때문에 '정욕'(情欲)이라는 말도 자주 사용된다. 순자야말로 인간의 '욕'을 있는 그대로 파악한 인물이다.

(잠재성은 아니다).[15] 인의仁義가 성 안에 내재해 있다 함은 마치 버들가지를 (그것을 구부려 만든) 나무 술잔으로 여기는 것과도 같다. 인仁이 성에 내재한다는 것은 어느 면에서 사실이다. 그러나 인은 성이 처음부터 포함하고 있는 생리적 경향들 중 하나에 불과하다. 앞에서 성은 무규정이라 했거니와 이 무규정이란 도덕적 견지에서 그렇다는 것뿐이다. 성은 식색食色 등의 생리적 경향을 포함한다. 그리고 인은 그중 하나일 뿐이다. 이 점에서 고자가 생각하는 인은 루소나 흄이 말하는 동정同情, 칸트가 말하는 애욕愛慾에 가깝다. 반면 의義는 인간이 이 무규정의 성에 부과한 도덕적 가치이다. 성 자체가 의를 처음부터 내포하고 있는 것은 아니다. 고자에게 성이란 순자에게서처럼 심心, 정情, 욕慾 등과 크게 다르지 않다.

반면 맹자에게서는 심心과 성性이 명확하게 구분된다. 심은 고자가 말하는 경향들을 포함하며 성도 포함한다. 그러나 감각기관이 마음의 소체小體라면 성性은 대체大體이다. 맹자는 인간에게서 감각의 역할을 부정하지 않는다. 그러나 그것은 마음의 저급한 부분이다. 때문에 군자는 신체에서 유래하는 경향을 성이라 부르지 않는다. 다시 말해 감각기관의 욕구도 넓은 의미의 성의 일부이지만 좁은/고유한 의미에서의 성은 아니다. 물론 맹자가 말하는 성이 인간의 현실적 모습과 구분되는 신체인가는 분명하지 않다. 예컨대 맹자는 인仁에서 측은지심이 나온다고 말하지 않는다. 측은지심이 궁극적으로 발현되었

---

15) 가능성과 잠재성의 구분에 대해서는 『객관적 선험철학 시론』 1부 1장 3절에서 논한 바 있다.

을 때 인이 형성된다. 따라서 성이란 마음속의 실체이기보다는 우리의 마음이 도달하는 이상적인 한 상태라고 볼 수 있다. 우리 마음에 성이 있다는 것은 성이 완성된 형태로 들어 있다는 것을 의미하기보다는 성性으로 화할 수 있는 소질이 있다는 것을 의미한다. 그러므로 인간은 노력하면 누구나 선하게 될 수 있다. 인의의 소질은 내 안에 있기 때문에 내 의지에 의해 달성된다. 그러나 벼슬이나 재산 같은 것들은 내 바깥에 있는 것이고 명命에 의해 좌우되므로 내 의지를 떠난 문제이다(이 점에서 맹자에게서는 성과 명이 대립한다).

그렇다면 악惡은 어떻게 해서 생기는가? 인간의 마음 한가운데에 좁은 의미의 성이, 더 정확히 말해 성으로 화할 수 있는 가능성이 놓여 있다면, 악은 외부에서 생겨나는 것일 수밖에 없다. 악이란 결국 환경과 습관에서 발생한다. 악이란 성에 따르지 않고 심에 주어진 다른 경향들, 즉 소체에 따르기 때문에 발생한다. 결국 악이란 감각기관을 통해서 발생한다. 그러나 맹자가 감각기관을 강하게 부정하는 것은 아니다. 감각기관과 성의 관계는 상하 관계, 즉 저급/소체와 고급/대체의 관계이지 모순관계 즉 실체론적인 선악의 관계는 아니다. 악은 다만 소체가 대체를 누르고 지배할 때 발생한다. 따라서 맹자에게 중요한 것은 성을 이론적으로 발견하는 것이기보다는 호연지기浩然之氣를 통해 소체를 누르고 대체를 발현해내는 것이다. 맹자에게 중요한 것은 인식이기보다는 실천적 힘이다.

순자는 대조적인 성론을 전개한다. 만일 인간의 마음이 정성情性/정욕情欲이라면, 그 정욕을 가만히 놓아둘 경우 필연적으로 욕망의 무한한 팽창을 가져온다. 이 욕망의 무한 팽창은 다시 필연적으로 타자들 사이의 충돌을 야기시키며, 이 충돌이 악을 낳는다(그러므로 순자의 경우에도 악이 우리 마음에 실체로서 들어 있는 것은 아니다. 정욕의 무한 팽창이 낳는 어떤 상태일 뿐이다). 인간은 하늘로부터 도덕성을 받은 것이 아니다. 인간의 천성은 정욕이다. 때문에 도덕성은 문화의 세계를 통해 외부에서 주어져야 한다. 그러나 만일 인간이 도덕성을 받아들여 천성을 극복할 수 있다면, 그 가능성 자체는 내부에 주어져 있어야 하지 않을까? 이 지점에서 순자의 논리는 한계에 부딪힌다. 하늘과 인간을 분리하고 성性을 심心, 정情, 욕欲 등과 동일시함으로써 도덕성의 선험적 가능성을 인정하지 않은 순자는 인간의 도덕적 변화를 가능하게 하는 선험적 조건을 제시하지 못했다. 순자의 논리를 이렇게 볼 수 있을 것이다. 인간의 마음에는 정욕도 있고 예禮를 받아들일 수 있는 가능성도 있다. 그러나 예 없이 가만히 놓아두면 정욕이 무한히 팽창한다. 따라서 순자에게 정욕은 자연발생적으로 발달하는 경향이지만, 예의 수용 가능성은 그 터전만 있을 뿐 자연발생적으로 발달하지는 않는다. 때문에 외부적 주입이 필요한 것이다. "성이란 처음부터 주어지는 질료[材朴]이다. 작위란 문리文理의 융성을 뜻한다. 성이 없으면 작위가 가해질 터전이 없으며, 작위가 없이는 성은 스스로 다듬어질 수가 없다. 성과 작위가 합해져야만 천하가 다스려진다."(「예론」禮論) 따라서 순자의 심은 고자처럼 무규정의 질료이지만, 그 질료는 악을 향하는 자발성을 함축하고 있다고 볼 수 있다.

이렇게 말한다고 해서 순자가 마음의 역할을 원초적인 차원에만 한정하는 것은 아니다. 순자에게서 하늘이 내린 도덕성이라는 생각은 파기되지만, 인간의 마음이 다른 동물들과는 구분되는 고차적 기능을 행한다는 점은 부정되지 않는다. 순자는 지능의 차원에서 마음의 작용을 파악한다. 작위를 가능케 하는 마음의 작용으로서 순자는 '려'慮를 제시한다. 마음은 선택하고 판단하는 작용을 한다. 즉 마음은 판단을 하고, 기술적인 성취를 이루며, 또 정성/정욕을 통제한다. 이러한 기능으로부터 작위가 성립한다. 순자의 논리는 이 지점에서 위태로워진다. 마음이 이러한 작용을 한다면, 이미 문화/예가 존재하는 곳에서는 마음에 그 문화의 불을 지피면 된다. 그러나 문화가 아직 이루어지지 않은 초기 조건에서 마음의 작용은 어떻게 가능하게 되는가? 이 지점에서 순자도 하늘을 끌어들이지 않을 수가 없게 되며, 그의 저작에 종종 평소의 주장과 모순되게 보이는 구절들이 등장하는 것도 이러한 까닭이다.

이제 마지막으로 성론과 실천철학의 관계를 보자. 맹자의 경우 그의 성론은 한편으로 범신론적 세계관에 연결되지만, 다른 한편으로 왕도정치 즉 인의에 의한 통치와 연결된다. 왕도정치가 가능하려면 인간은 본래 선하다는 전제가 있어야 하기 때문이다. 하늘의 뜻이 성誠이라는 신념이 왕도정치설을 밑받침하고 있다. 순자의 경우에도 그의 성론은 (맹자와 대조적인 방식으로) 정치철학과 연결된다. 만일 인간을 다스리는 데 예가 필수적으로 요구된다면, 인간은 본래 예를 필요로 하는(예가 없어서는 안 되는) 존재라는 전제가 있어야 한다. 만일 가만히 놔둘 때 인간이 선의 방향으로 간다면, 예의 존립근거는 무너진다. 때문에 순자의 성악설은 그의 예론과 뗄 수 없이 연결된다. 결국 맹자와 순자는 형이상학-인간존재론-정치철학이라는 구도에서 매우 선명한 대조를 드러낸다. 이러한 대조는 전국 시대라는 맥락에서 형성될 수 있었던 두 담론을 대표한다. 두 사람은 유사한 담론의 공간에서, 특히 담론학적 위상 구조에서 작업했지만, 경험을 이론화하는 방향은 반대 방향에 가까운 발산을 형성했다. 맹자는 인간을 뒤덮고 있는 불순물들을 씻어내고 마음의 가장 고귀한 부분인 성性을 찾아내었으며, 그 성을 범신론적 천론과 왕도정치에 연결시켰다. 순자는 마음의 가장 현실적인 부분을 찾아내어 정욕/정성을 발견했으며, 이를 '천인지분'天人之分과 예론에 연결시켰다.

맹자도 순자도 전통 사회 안에서 살았으며 혁신적인 주체론을 제시하지는 않았다. 맹자에게 주체는 자신의 마음속에 주어져 있는 측은지심 등을 인仁 등으로 승화시키는 존재이다. 그렇게 함으로써 대체로써 소체를 누르고 호연지기를 통해 군자가 될 수 있는 것이다. 맹자의 논리는 도덕적 주체 개념의 원형을 제시하고 있다. 반면 순자에게 주체는 자신에게 주어진 현실을 냉철하게 인식하고 예를 통해서 도덕을 실현하는 존재이다. 때문에 주안점은 마음속에 있다기보다는 마음 바같의 문화 속에 있다. 순자의 사유는 사회적 주체 개념의 원형을 제시하고 있다. 순자의 성론은 도덕적 마음을 소극적으로 평가한다는 점에서 맹자에 비해 비주체적인 인간상으로 보일 수 있다. 그러나 예를 만들어 나간다는 것은 능동적인 인간의 행위에 의해서만 가능하다는 점에서, 그의 이론은 맹자보다 더 주체 긍정적이다. 다만 이 능동적 행위의 선험적 가능성을 예를 받아들이는 마음의 수동성에서 찾고 또 논리의 벽에 부딪혔을 때 하늘을 끌어들인 점에서 순자 역시 전통 사회에 속한 인물이다.

지금까지 선진先秦의 주요 문헌들을 검토함으로써 성론의 흐름을 정리했다. 지금까지의 논의로부터 우리는 뒤의 논의들(주자와 다산)을 이해하기 위한 일정한 문제-장을 드러내야 할 것이다. 이 문제-장을 우리는 세 가지로 정리할 수 있다.

우선 하늘과 인간의 관계, 자연-인간 위상학이 있다. 고대인들은 자신의 정체성이 하늘에서 유래한다고 보았으며, 하늘의 뜻에 따라 사는 것이 삶의 목표라고 보았다. 그러나 하늘은 자주 덕德과 복福의 불일치를 드러내었으며 따라서 하늘과 인간의 관계는 사명과 운명이라는 이중적 차원에서 이해되었다. 유가와 도가는 이 이중성을 특정한 방향으로 발전시켰다. 유가는 천명관을 받아들이면서도 그것을 이성주의적-범신론적 구도에서 재정립했으며, 도가는 인격적 존재로서의 하늘 개념을 완전히 파기하고 도와 자연의 철학을 펼쳤다. 유가 자체 내에서도 맹자가 유가 본연의 천론을 전개한 반면, 순자는 도가의 영향을 받아 상당히 근대적인 자연관을 제시했다. 현대적인 맥락에서 볼 때에도 자연-인간 위상학은 철학적 사유의 중핵에 위치한다. 우리 시대가 '자연철학'을 요청한다면 그것은 자연과학의 종합적 이해라는 맥락에서만이 아니라 전통 사유의 성과를 현대 자연철학을 매개시켜 다시 논함으로써 우주 안에서의 인간의 위상을 재검토하기 위해서이다. 물론 이때의 '자연'은 근원으로서의 자연이며 근대 과학적 자연은 아니다. 현대 자연철학을 수립함으로써 하늘, 땅, 사람의 관계를 근원적으로 재정립하는 것이 일차적인 문제-장이다.

다음으로 인간존재론이 있다. 무엇보다도 성性, 심心, 정情 등의 개념을 규정하고, 더불어 욕欲, 려慮, 의意 등과 같은 개념들을 명료화할 필요가 있다. 맹자는 심 속에서 성을 구별해내고 그것에 초월적 도덕성의 가능근거라는 역할을 부여했으며, 순자는 심과 정성을 동일시함으로써 욕으로서의 인간관을 펼쳤다. 이 문제는 그후에도 심 안에서의 성과 정의 대립(한대에 널리 퍼졌던 입장), 초월적 성과 현실적 심의 대립(주자), 현실적 성과 현실적 정의 대립(퇴계) 등등으로 전개되면서 동북아 특유의 인간존재론으로 전개되었다. 나아가 성의 선악 여부 또한 핵심적인 문제로서 존속했다. 이 문제는 윤리학의 인성론적 기초를 형성했다. 현대적인 맥락에서 볼 때, 인성의 문제는 반성철학의 핵심 주제를 형성한다. 멘 드 비랑 이래 서구 철학자들은 '의식', '무의식', '신체', '의지', '감정', '자유', '습관' 등등의 반성철학적 주제들을 발전시켜 왔다. 우리의 과제는 이 반성철학적 문제-장을 전통적 인성론과 융해시키는 것이다. 물론 이러한 작업은 위에서 말한 자연철학의 기초 위에서 이루어져야 한다. 서구 반성철학의 성과 위에서, 그리고 자연철학의 기초 위에서 전통적 인성론을 현대화하는 것, 현대적 주체론을 전개하는 것이 우리에게 주어진 또 하나의 과제이다.

　　마지막으로 실천적 과제가 있다. 실천적 사유는 자연철학과 인간존재론의 토대 위에서 건강한 사회의 개념적 구성을 목표로 삼는다. 하늘을 도덕성의 근거로 보고 하늘이 준 인의의 실천을 지상 과제로 삼았던 유가와 하늘을 인간의 작위를 걷어내었을 때 드러나는 순수 이법으로 파악하고 인간이 만들어낸 모든 인위를 초월할 것을 역설한 도가의 대립, 인간의 본래적 경향성을 좁은 의미의 성 즉 도덕성으로 보고 때문은 마음을 개혁해 왕도정치를 펴야 한다고 했던 맹자와 인간의 본래적 경향성을 욕망으로 보고 그 욕망을 통제하는 코드로서의 예를 역설한 순자의 대립 등은 실천적 사유에서의 대표적인 입장

대립들을 보여 준다. 현대적 맥락에서 볼 때, 우리가 살고 있는 시대는 곧 후기자본주의 사회이자 탈코드화의 시대이다. 욕망의 상품화와 고도의 판매 전략을 전제한 기술 개발, 상품을 팔기 위해 구사하는 다양한 상징적 전략들(대중문화), 그리고 욕망을 적절히 배분, 통제하는 힘으로서의 정치권력이 사각의 링을 형성하는 시대이다. 그리고 우리가 살고 있는 사회는 전통의 강한 존속과 서투른 근대화 그리고 너무 빨리 찾아온 포스트모던의 물결이 중층적으로 혼재하는 사회이다. 이 사회적-시대적 맥락 안에서 전통, 근대, 탈근대를 사유하는 것이 우리에게 주어진 실천적 과제이다. 이하 다산을 읽는 것도 이러한 맥락에서이다.

이 세 가지 문제-장으로 이루어진 문제-장 전체는 갖가지 철학소哲學素들로 구성되며, 이 철학소들이 형성하는 담론의 공간은 우리 앞에 끝없이 펼쳐져 있다. 자연-인간 위상학, 인성론, 실천적 사유로 구성되는 사유의 삼각형은 이제부터 전개되는 우리 논의의 기본 틀을 형성한다. 우리는 주체의 개념을 논의의 중핵에 놓고서 이제 주자와 다산을 비교하기로 한다.

도덕성의 형이상학적 정초 : 성즉리性卽理

선진 문헌들을 검토함으로써 성론의 문제-장을 정리한 후 곧바로 주자에 관한 논의로 넘어가는 것은 심각한 비약으로 보일지 모르겠다. 그러나 성론의 역사를 전개하는 것이 이 글의 목적은 아니다. 이 글의 목적은 다산에게서 나타난 도덕적 주체의 모습을 추적하는 것이며,

그 목적을 위해 성 개념을 둘러싼 철학적 문제-장의 정리와 다산의 논적인 주자의 성론을 정리하고자 할 뿐이다. 선진 문헌들의 검토는 성론의 문제-장을 정리하기 위한 과정이었으며, 이 절에서는 주자의 성론을 위에서 제시한 문제-장에 맞추어 정리할 것이다.

우선 하늘과 사람의 관계를 문제 삼아야 할 것이다. 주자에게서 이전 문헌들에 등장하는 '천'天이라는 말이 독립적으로 사용되는 경우, 즉 형이상학적인 하늘의 뜻으로 사용되는 경우는 많지 않다. 그에게서 자주 등장하는 말은 '천지'天地이며, 이 말은 현대적인 의미에서의 자연 또는 보다 넓게는 세계이다. 주자에게서 천天 개념을 대신해 등장하는 것은 리理이다. 미리 말한다면, 이 점에서 그는 이성주의적-범신론적 유가의 전통에 서 있다. 리理는 구슬에 나 있는 결을 의미한다. 동물의 뼈대, 뇌의 망상조직, 나뭇결의 조직화, 한 사회적 집단의 조직화 등이 리에 상응하는 이미지를 제공해 준다. 갑골문이나 금문에는 없는 것으로 보아서 비교적 후대에 발명된 것으로 보인다. 이 개념은 자연의 질서를 추상적인 수준에서 포착하는 데 도움을 주었다. 주자에게서는 천天보다는 리理가 제일 원리로 제시된다. 리 = 태극太極은 세계를 우리가 지금 보는 바와 같은 것으로 존재하게 하는 근본 원리이다. 그것은 사물의 존재 근거이다. 그렇다면 주자에게서의 자연-인간 위상학을 이해하는 것은 곧 인간과 리의 관계를 이해하는 것이리라.

그러나 리와 인간을 직접 연결시키는 것은 좋은 구도가 아니다. 주자에게서 현실적 인간은 다른 존재들과 마찬가지로 기氣를 통해 이해되기 때문이다. 그러므로 우선 밟아야 할 단계는 리와 기의 비교이다.[16] 발견의 맥락에서 기는 리에 선행한다. 경험을 통해 우리에게 드러나는 것은 기이다. 리는 기의 움직임을 가능하게 하는 선험적 조건을 생각했을 때 드러나는 원리이다. 때문에 주자는 리의 파악은 상당한 수준의 사유에 의해서만 가능하다고 말한다. 인식의 기초적인 수준, 즉 경험의 수준에서 우주의 모든 것은 기로서 드러난다. 하늘과 땅 사이에 기 아닌 것이 없다("天地間無非氣").[17] 그러나 정당화의 맥락에서 즉 원리의 편에서 말하면, "[천지가 존재하는 현재는 물론이요] 아직 천지가 생겨나기 이전에도 틀림없이 이 리가 먼저 있었다. 움직여서 양陽을 낳는 것도 단지 이 리요, 머물러 음陰을 낳는 것도 단지 이 리이다."(「리기상」理氣上)[18] 그러나 이 구절은 리의 선험적 성격을 말하는 데 그치고 있지 않다. 그것은 리의 초월적 성격도 말하고 있다. 이 점에서 이 구절은 이전의 전통에 비추어 놀라움을 자아낸다. 논리적 맥락에서든 발생적 맥락에서든, 구체적 사물의 상태/운동[所當然]보다 그 사물의 초월적 존재근거[所以然]가 선재先在한다는 사고는 동북아 사유에서는 낯선 사유이다. 우리는 그리스적-히브리적 사유에서 이러한 특징을 발견할 수 있다.

---

16) 기 개념의 비교담론학적 이해를 위해서는 보론 「기(氣)란 무엇인가」를 보라.

17) 말할 필요도 없이, 이 기는 물질이 아니다. 'matter-energy'라는 번역은 좋지만, 이 또한 자연철학적 맥락에 국한된다. 주자가 말하는 기는 자연철학적 범위를 넘어선다. 예컨대 그에게는 역사의 변화도 곧 기운(氣運)의 일종이다. 나아가 마음이나 귀신조차도 일종의 기이다. 그에게 기란 물질이 아니라 경험적으로 드러나는 세계 전체이다. 때문에 그에게 중요한 것은 리라는 선험적 차원과 기라는 경험적 차원의 구분이지, 경험세계 자체 내에서의 존재론적 구분은 아니다. 경험세계 자체 내에서의 구분은 예컨대 기의 청탁(淸濁) 등과 같은 개념들을 통해서 서술된다.

18) 특별한 언급이 없는 모든 인용은 『주자어류』(朱子語類)에서의 인용이다.

그러나 주자 사유의 놀라움은 이 리理가 무無임을 천명할 때 다시 급격히 증폭된다. 만물의 존재근거 즉 이법理法이 만물보다 먼저 존재했으며 더욱이 그 이법이 곧 무라는 주장은 주자 사유가 유가의 전통과는 매우 이질적인 어떤 사유의 영향하에서 형성된 것임을 강하게 암시한다. 그 사유란 물론 도가와 불가의 사유이다. 우리는 앞에서 노자와 장자에서 무가 어떤 의미를 지니고 있는가를 보았다. 주자는 자신이 말하는 리, 즉 『주역』에서의 태극이 즉물적으로 이해되는 것을 방지하기 위해 그것의 공간적−실체적 성격을 부정했다(「계사전」에서의 "神無方易無體"와 비교). 리란 어디엔가 있는 어떤 실체가 아니다. 무는 존재의 안감이다. 그것은 유교형이상학이 불교의 공空에 대항해 제시한 새로운 전략적 개념이었다.[19] 그러나 "태극은 리이다. 동정動靜은 기이다. 기가 행하면 리도 행한다. 두 가지는 항상 서로 의지해 분리되는 적이 없다. 태극은 사람과 같고, 동정은 말과 같다. 말은 사람을 태우고, 사람은 말에 탄다. 말이 한번 나가고 한번 들어올 때, 사람도 또한 한번 나가고 한번 들어온다"(「周子之書太極圖」)라는 문단은 역설적으로 주자가 추상적 사유에 익숙지 않았음을 보여 준다(형상철학의 맥락에서 종종 논의되었듯이, 뽀삐는 짖지만 '뽀삐'라는 형상이 어떻게 짖을 수 있겠는가? 백합은 아름답지만 '백합'이라는 개념이 어떻게 아름다

---

19) 잘 알려져 있듯이, 주자는 "無極而太極"을 무극으로부터 태극이 유출된 것이 아니라 무극이 곧 태극이라고 해석했다. 여기에서 무극이란 태극의 즉물적 해석을 방지하기 위해서, 태극이란 무극을 불교적 공으로 해석함을 방지하기 위해서 사용된 말이다. 뒤에서 논하겠지만 이 무는 불교적 무 또는 장자의 제동이 아니라 오히려 꽉 찬 위계질서[分]를 가능하게 하는 무이다.

울 수 있겠는가?) 그렇다면 어색함을 동반하면서까지 제시된 이 리 개념이 기 개념과 맺는 관계는 무엇인가를 밝히는 일은 무척 흥미진진한 일이 될 것이다.

우리가 경험적으로 포착하는 것은 엄밀히 말해 리도 아니고 기도 아니다. 그것은 리기의 복합체이다. 그 복합체를 개념적으로 분석할 때 리와 기가 도출된다. 기는 보다 직접적으로 우리의 감각기관에 부딪치는 측면이고, 리는 사유를 통해 얻을 수 있는 사물의 존재근거이다. 주자는 리기의 관계를 체용體用의 관계로 이해한다. 체용은 인식론적으로 선험적인 것과 경험적인 것을 가리키며, 존재론-가치론적으로 본체적인 것과 현상적인 것을 가리킨다. 이들의 관계는 이렇게 정리된다:리가 없다면 기는 따라야 할 이법이 없어 단순한 질료 더미(물론 이때의 질료는 자연철학적 외연을 넘어서는 넓은 의미의 질료이다)에 그친다. 그리고 기가 없다면 리는 그 현실화의 장(리가 터 잡을[掛搭] 곳)을 찾지 못해 허깨비 같은 존재로 머문다. 이런 식의 표현을 우리는 다른 사유 전통에서도 볼 수 있다. 주자의 이런 사유 틀은 아리스토텔레스적인 실체-성질 구도와 통한다. 그렇다면 토마스 아퀴나스로 대변되는 서구 중세적 사유체계로부터 로크 등에 의한 근세 사유로의 변환을 주자에 뿌리 두는 조선조 사유체계로부터 다산으로의 변환과 비교하는 것은 유의미한 작업이 될 것이다.

이제 리기 관계의 몇 가지 세부 사항을 짚어 보자. 1) 한 사물은 리의 정도를 띤다. 그러나 이것은 리 자체가 늘고 주는 것은 아니다. 그것은 한 사물의 기가 리를 받아들일 수 있는 잠재력의 정도에서 차이를 가진다는 사실에서 유래한다. 강물을 국자로 떠낼 때와 사발로 떠낼 때 강물의 양은 달라진다. 그러나 그것은 강물 자체[理]가 달라서라기보다는 국자와 사발의 용량[氣]이 다르기 때문이다. 그러므로 기로 되어 있는 현실세계는 본래의 리의 차원에서 보면 늘 마이너스이다(리를 완전히 담을 수 있는 기는 없으므로). 여기에서 어떻게 플라톤적 가치-존재론을 떠올리지 않을 수 있겠는가. 2) 리는 동시에 하나로도 또 여럿으로도 드러난다. 3이 하나일 수도 있고 1+1+1처럼 셋의 합일 수도 있다. 나무라는 리는 하나로도 볼 수 있고 자작나무, 상수리나무, 자두나무 등등의 합으로도 볼 수 있다. 이 또한 아리스토텔레스적 존재론과 통한다. 3) 나아가 리는 그 자체가 운동하지는 않지만 현실차원에서의 운동의 계기들을 내포한다(매우 애매한 부분. 퇴계가 주자를 창조적으로 왜곡한 것이 근거가 없는 것은 아니다). 동정動靜은 태극=리의 기機이다. 기機란 관려자關捩者이다. 다시 말해 리는 그 안에 현실적 사물들이 따라야 할 분절들을 포함한다. 4) 그러나 리가 부분들로 파편화되는 것은 아니다. "무릇 만물은 각기 하나의 리를 내포하지만, 모든 리는 하나의 근원에서 함께 나온다. 그래서 [하나의 사물에서] 유추해 나가면 [궁극의 리에] 통하지 않을 수 없는 것이다."(『대학혹문』大學或問) 세계는 리의 집합론적 조직화를 통해 존재한다. 이 점에서 주자의 세계관은 유기체론적이고(세계가 이법의 완전한 조직화로 이루어져 있다는 점에서) 범신론적이다(존재론과 가치론이 중첩되어 있다는 점에서). 5) 나아가 작은 리들과 큰 리들은 질서정연한 위계를 형성한다. 근원적 리는 하나(태극)이다. 그러나 기와의 결합을 통해 리는 나누어지며, 나누어진 리들은 꽉 찬 위계를 형성한다. 이것이 분分의 세계관이다. 그것은 묵자적인 평등의 세계도 아니고 양주적인 개별화의 세계도 아니다. 그것은 부분들과 전체의 누층적 위계의 세계이다.

주자의 세계는 무와 유, 제동과 분별, 개체와 전체, 동과 정이 하나의 사유체계 안에서 위대한 화해를 달성하고 있는 세계이다. 한편으로 그것은 노불적老佛的인 무의 철학과 유가적인 유의 철학을 화해시키고 있다. 세계의 선험적 조건은 무이지만 그 무는 절대 무가 아니라 오히려 존재를 가능케 하는 무, 존재의 안감이다. 그것은 삶의 형이상학적 초탈과 구체적 체험을 화해시키고 있다. 주자의 세계는 또한 모든 사물들의 궁극적 동일성을 꽉 찬 위계질서 속에서 결코 범할 수 없는 각자의 자리와 화해시키고 있다. 그것은 개체들과 전체를 화해시키고 있다. 그것은 또한 세계의 영원한 질서와 시간 속에서의 운동을 화해시키고 있다. 영원한 리는 세계의 빗장에 작용해 운동과 분절을 낳는다. 결국 주자의 세계는 유가적 실천철학과 노불적 형이상학의 빼어난 조화로 요약된다. 그것은 당대의 형이상학적 요청과 실천적 요청을 조화시키고 있다. 그의 철학이 오랫동안 동북아 사상계를 지배한 것은 그 체계의 이러한 포괄성과 역동성에 있을 것이다.

리기론의 이런 바탕 위에서 주자의 인성론을 논할 수 있다. 우선 살펴볼 것은 심心, 성性, 정情의 변별화이다. 이를 위해 『대학혹문』의 한 구절을 보자. "천도天道의 움직임을 통해 만물이 생성한다. 무릇 소리, 색깔, 모양, 조리를 지니고서 하늘과 땅 사이에 가득 차 있는 것이 모두 사물이다. …… 또 이들 중 핵심적이고 친밀한 것은 마음으로서, 이 마음이 곧 우리 몸을 주관한다." 천지에 가득 차 있는 것이 기라면, 그중 존재론적으로 가장 핵심적이며 또 인식론적으로 친밀한(직관할 수 있는) 것이 마음이다.[20] 두 가지 사실에 주목할 수 있다. 마음은 세계에서 매우 특이한 위상을 차지하지만("心者, 氣之精爽"), 궁극적으로는 세계의 한 부분이다. 반성철학적 용어를 사용한다면, 주자에게서의 심이란 곧 경험적-생물학적 자아이다. 달리 말해, 심으로서의 인간은 세계에서 특이한 위치를 차지하지만 그렇다고 초월적 위치를 차지하는 것은 아니다.[21] 심과 다른 사물의 차이는 곧 기의 성질 즉 기질氣質에서의 차이이다. 기질에서의 바르고 열린[正通] 것을 얻으면 사람이 되고 치우치고 막힌[偏塞] 것을 얻으면 기타 사물이 된다. 따라서 심의 작용은 기 일반과 근본적으로 같지만 그 중에서 가장 고도의 기능을 보유한다.

주자가 제시한 심心의 성격을 살펴보자. 심은 끊임없는 생성이다("天地之心, 生生不息"). 생명은 끊임없는 창조이다. 특히 인간의 마음은 우주 안에서 새로운 것을 끊임없이 낳는 창조의 근원이다. 심은 생명이며 따라서 주체이다. 모든 일은 심이 행한다. 특히 인간의 마음은 그렇다. 심은 신身을 주관한다(그렇다고 주자가 강한 심신 이원론을 제시하는 것은 아니다. 심이 기를 완전히 떨어버린 존재는 아니기 때문이다. 루크레티우스에서 전형적인 예를 볼 수 있듯이, 마음 역시 기이지만 물

---

20) 이 구절은 『창조적 진화』의 도입부를 상기시킨다. "우리로서는 가장 확신할 수 있고 또 가장 잘 인식할 수 있는 존재는 의심할 바 없이 우리의 존재이다. 왜냐하면 우리는 다른 모든 사물들에 대해서는 외적이고 표피적이라고 할 수 있는 개념들만을 가지고 있지만, 우리가 우리 자신을 지각하는 것은 내부적인 것이며 심층적인 것이기 때문이다." (Bergson, *Oeuvres*, p. 495)

21) 나아가 다른 사물들도 나름대로의 심을 지닌다("天地以此心普及萬物"). 이 점에서 주자의 심은 그리스 철학에서의 '프쉬케'와 유사하다. 심과 이하 논할 성의 차이는, 일정한 의미론적 어긋남이 있긴 하지만, '프쉬케'와 '로고스(또는 누스)'와의 차이와 상응한다.

질성을 극한적으로 떨어버린 기이다).[22] 나아가 심 = 마음은 텅 비어 있고 맑다('虛明'). 기 중에서 가장 투명하고 섬세한 것으로 구성되어 있기 때문이다. 그만큼 물질성을 많이 떨어버리고 있다. 때문에 그만큼 자유롭다. 심은 사고작용[知], 의지작용[意], 지각작용[知覺], 기억작용[藏往], 예측작용[知來] 등을 한다. 그리고 무엇보다도 선악을 판단할 수 있는 도덕적 판단능력을 구비하고 있다. 심은 동물 일반과 유사한 측면 즉 귀나 눈으로 좋은 것을 듣고 보려는 측면[人心]과 도덕적 판단을 내릴 수 있는 측면[道心]을 동시에 포함한다. 이 점은 성론과 연결된다.

주자가 제시한 심론은 여러 면에서 현대 반성철학자들의 생각과 비교된다. 의식이 생명의 극한이며 끊임없는 생성이라는 것은 베르그송을 연상시킨다. 주자는 생명현상과 의식현상을 날카롭게 구분하는 이원론과는 거리가 멀다. 그러나 주자는 심과 성을 구분해 성을 도덕성의 선험적 근거로 파악함으로써 베르그송류의 탈합리주의와 결정적으로 변별된다. 마음이 텅 비어 있으며 창조의 근원이라는 생각은 오히려 사르트르를 연상시킨다. 그러나 말할 필요도 없이 주자는 사르트르적 이원론과 거리가 멀다. 주자에게서의 이원론은 마음과 물질의 이원이 아니라 경험적 물질-마음과 선험적 리의 이원이다. 나아가 그의 세계는 메를로-퐁티의 교차배어법적인 세계[23]와도 구분된다. 그의 세계는 리가 기보다, 성이 심보다 우위에 서는 위계적 세계이기

---

22) "우선 정신(animum =esprit)은 매우 미세하며, 극히 가는 물체로 이루어져 있으리니. ⋯⋯ 그토록 동적인 실체[정신]는 극히 동그랗고 또 극히 가는 요소들로 구성되어야 하리라."(Lucretius, *De rerum natura*, III, texte établit et traduit par A. Ernout, Les Belles Lettres, 1993, pp. 179~180, 186~187)

때문이다. 의식의 각종 작용에 대한 생각은 상식적인 생각이나 반성철학적인 관찰과 대부분 일치한다. 그러나 성의 개념을 따로 끄집어내고 그것을 도덕성의 원천으로 보는 점에 주자 사유의 특질이 있다. 이제 이 점을 보자.

주자는 심心과 성性에 관해 "하나인 듯하면서 두 개이고, 두 개인 듯하면서 하나"라고 말한다. 둘을 구분하기가 그만큼 미묘하다는 뜻이다. 심과 성을 동일시할 경우, 주자는 고자나 순자의 생각을 따르게 된다. 그러나 주자는 심과 성을 명확히 구분한다. 심이 경험을 통해 드러나는 생명(그리고 생명의 극한치인 의식)이라면, 성은 특정한 생명체를 바로 그것이도록 해주는 선험적 조건이다. 인간의 경우, 인간을 인간이도록 해주는 선험적 조건은 도덕('仁義禮智')이다. 그래서 주자는 "天命之謂性"이라는 『중용』의 도입부를 "性卽理"라는 말을 통해 해명한다. 하늘의 명이 인간에게 주어진 것이 성이다. 때문에 성은 심의 형이상학적 알맹이라고 할 수 있다. 그러나 리와 기의 일반적인 관계에서 미루어 알 수 있듯이, 성이 리라면 거기에는 반드시 기가 동반된다. 리로서의 성('本然之性')과 기로서의 성('氣質之性')의 복합체가 현실적으로 존재하는 성이다. 때문에 본래의 성은 리처럼 완전하고 영원하

---

23) "우리 앞 저기에 있는 질, 빛, 색깔, 깊이 등은 바로 이들이 우리 몸 속에 메아리를 자아내기 때문에, [그리고 동시에] 우리 몸이 그것들을 마중하기 때문에 거기에 존재하는 것이다."(Merleau-Ponty, *L'Oeil et l'esprit*, Gallimard, 1964, p. 22) "주체성의 본질은 신체의 본질에 그리고 세계의 본질에 연결되어 있다. 주체성으로서의 나의 실존은 신체로서의 내 실존과 그리고 세계의 실존과 하나를 이루고 있기 때문이다. 그리고 결국 구체적으로 파악된 나-주체(le sujet que je suis)는 바로 이 신체와 이 세계로부터 분리될 수 없다." (Merleau-Ponty, *Phénoménologie de la perception*, Gallimard, 1945, p. 467)

지만, 기질을 통해 드러나는 성은 불완전하고 일시적이다. 이로부터 악惡이 형성된다. 운동하는 성, 즉 기질지성을 통해 현실적으로 드러나는 성이 정情이다. 성이 아직 움직이지 않은 것('未發')이 본연의 성이고 움직인 것('已發')이 정이다.[24] 다음 구절은 심, 성, 정의 관계를 핵심적으로 드러낸다. "심心의 체體는 곧 인의예지의 성性이고, 그 용用은 곧 측은, 수오, 공경, 시비의 정情이다."(『대학혹문』)

　　맹자에게서 도덕의 근원은 측은, 수오, 공경, 시비의 마음이다. 이 마음이 완성될 때 인의예지라는 성이 성립한다. 맹자에게서 인이나 의는 리가 아니다. 그것은 현실을 가능하게 하는 선험적 조건이 아니라 현실적인 사랑이요 옳음이다. 반면 주자에게 성은 곧 리이다. "인仁은 사랑의 리이고, 예禮는 공경의 리이고, 의義는 마땅함의 리이고, 지智는 분별의 리이고, 신信은 믿을 수 있음의 리이다."(『논어혹문』) 다시 말해 주자는 도덕성을 형이상학적으로 정초하고 있다고 볼 수 있다. 주자는 경험과 선험의 이분법이라는, 동북아 사유에서는 비교적 낯선 사유를 통해 성즉리의 철학을 전개했다. 주자는 맹자가 악을 충분히 논하지 않았다고 논박했지만, 사실 주자의 사유체계에서는 오히려 악이 충분히 논의될 수 없다. 악의 가능근거인 기질지성이나 정情도 결국 본연지성이나 성性의 부족한 상태일 뿐 그것들과 대립하는 상태는 아니기 때문이다. 마치 악이란 실재하지 않으며 단지 선의 결여태일 뿐이라는 부정신학의 논리에서처럼, 주자의 경우 인간과 만물은 결국

---

24) 성은 'esprit'로 정은 'sentiment'으로 번역할 수 있으나, 원칙적으로 번역은 불가능하다. 특히 성의 경우가 그렇다.

천명, 리, 성 등의 테두리 내에 있으며, 악은 기질지성이나 정 등에 의해 야기되는 불완전한 리, 성일 뿐이기 때문이다. 리와 성을 먼저 전제하고 기와 정을 논하는 한, 주자철학은 형상철학과 같은 구도 위에서 움직였다고 할 수 있다.

주자는 인간의 이성을 '지성'intelligence에 국한시키지 않는다는 점에서 베르그송과 일치한다. 베르그송에게 지성은 심心의 지적 측면에 해당한다. 그러나 베르그송이 지성을 넘어서는 존재를 지성이 매개된 본능 즉 직관에서 찾는다면, 주자는 인의예지를 갖춘 성에서 찾는다. 직관이 공간 축에서 사유하는 지성을 넘어 시간 축을 도입하는 사유라면, 성은 시간 속에서의 흐트러짐을 넘어선 참 자아이다. 이 점에서 주자의 주지주의는 베르그송적 탈합리주의에 대립한다. 나아가 주자에게 성은 곧 리이다. 다시 말해 도덕의 근원은 형이상학적 이법이다. 베르그송에 따르면, 이러한 사고는 닫힌 종교/도덕의 전형적인 형태이다. 실체화된 도덕과 위계화된 인간관계야말로 베르그송이 비판하고자 했던 사유이다. 베르그송이 『도덕과 종교의 두 원천』에서 유교 문화를 비판했을 때, 그는 아마 주자를 염두에 두었을 것이다.

주자 사유의 이런 특질은 그의 실천철학에서도 분명하게 드러난다. 전체가 부분을 포괄한다는 것, 하나에서 여럿이 나온다는 것은 곧 통합된 사회의 구성에 필수적인 이념이다. 이 점에서 '리일분수'理一分殊의 사유는 늘 통일국가를 지향한 중국 민족의 직관에 부합한다. 이러한 형이상학은 곧 종래의 종법제도나 공자의 "친친"親親 사상과 부합한다. "건乾으로 아버지를 삼고 곤坤으로 어머니를 삼는 것은 생명체들에 공통적인 것이며, 이를 '리일'理一이라 한다. 그러나 사람과 사물이 생길 때 종('血脈')의 차이에 따라 아버지와 자식의 계열이 형성되니, 어찌 그것들[종들] 사이에 분分이 없을 수 있겠는가?"[25] 따라서 만물은 체의 용이다. "지극히 참되어 쉼이 없는 것이 도의 체이니, 만 가지 다른 것들이 하나의 뿌리에 속하기 때문이다. 만물이 자기 자리에 속하는 것이 도의 용이니, 하나의 뿌리가 만물로 분화되기 때문이다."(『논어집주』, 「이인」里仁) 하나는 여럿으로 표현된다. 여럿은 하나의 상이한 얼굴들이다. 맹자는 "老吾老 以及人之老, 幼吾幼 以及人之幼"라고 말했거니와, 주자는 이러한 논리를 형이상학적 사유를 통해 변환시키고 있는 것이다(인仁의 형이상학적 정초). 파편화된 부분들을 잇는 논리로 이보다 더 강력한 것이 어디에 있겠는가?

　　이 위계적 사회는 모든 사람이 평등한 묵자의 세계도 아니고 모든 사람이 개인적으로 살아가는 양주의 세계도 아니다. 그것은 모든 인간이 가까움과 멂의 위계 안에서 조직되는 사회이다. "임금은 임금답게, 신하는 신하답게, 아버지는 아버지답게, 자식은 자식답게, 형은 형답게, 동생은 동생답게, 더 나아가 부부, 붕우에 이르기까지 각자가 그 자리를 지킴으로써 자연스럽게 화합한다."(各得其位 自然和—『논어』, 「학이」) 따라서 만인이 자기 자리를 지키고 각자의 의무를 다한다면, 그런 사회야말로 이상적인 사회일 것이다("有以別其貴賤之等 而使之各盡其分 則義之爲敎 行矣"—『중용혹문』). 그렇다면 리에 의해 보장되는 이 위계적 사회에서 현실적인 중심은 무엇인가? 말할 필요도 없이 군주이다. 군주의 마음은 곧 하늘과 사람을 이어주는 매듭이다. 군주

---

25) 오하마 아키라, 『범주로 보는 주자학』, 이형성 옮김, 예문서원, 1997, 148쪽.

를 중심으로 사회의 모든 것이 배열된다. 주자 사유의 이론체계 내에서 주체와 자유에 대한 논의가 많이 등장하지만, 그러한 이론은 어디까지나 분分과 위계의 사유 테두리 내에서 등장한다. 이 점에서 주자 사유는 주체와 자유라는 근대성의 문턱을 결코 넘어갈 수 없었으며 (그 체계 자체 내에서는) 넘어갈 필요도 없었다.

주자의 사유에서 특기할 것은 그것이 동북아 사유에서는 낯선 선험적 차원을 도입한 데 있다. '초월적'이라는 표현이 더 어울릴지 모르겠으나, 주자의 사유는 어디까지나 내재적 사유이기 때문에 '선험적'이라는 용어를 썼다. 나아가 주자의 사유는 본래의 것, 완전한 것을 먼저 생각하고, 그 존재가 완전히 구현되는 것을 방해하는 요소들을 생각했다는 점에서, 또 존재론과 가치론이 맞물리는 가치-존재론적 사유를 펼친다는 점에서 플라톤적 사유와 유사한 점이 있다. 주자가 구사하는 철학소는 이 밖에도 많다. 그의 사유는 연속/위계의 사유이자, 상응의 사유이자, 합리의 사유이다. 그에게 급진적인 불연속은 없다. 고전 시대의 자연사에서처럼 우주의 모든 것은 연속적이며 위계적이다. 그 위계의 조직 원리는 물론 리와 기이다. 나아가 그의 사유는 상응의 사유이다. 수많은 거울들이 서로를 비쳐주는 것과도 같이, 그의 철학에서는 모든 항목들이 서로 상응한다. "인仁은 목木, 의義는 금金, 예禮는 화火, 지智는 수水, 신信은 토土이다" 같은 말에서 이 점이 선명하게 드러난다(이 점에서 라이프니츠의 상호 표현 = 'entr'expression'과 비교해 볼 필요가 있다). 나아가 그의 사유는 합리合離의 사유이다. 그의 사유는 "분리해서 보면~, 합해서 보면~"이라는 구조를 띤다. 분리해서 보면 리는 기에 선행한다. 합해서 보면 리와 기는 동시적이다. 분리해서 보면 성은 완전하다. 정과 합해서 보면 성은 불완전하다. 주자 사유의 복잡성은 이 '합리'의 사유에서 발생한다. 주자철학은 모든 것을 이어 붙여 위계적 질서를 만들어내고, 모든 것을 상응시켜 짝 지음으로써 거대한 거울상을 만들어낸 동시에, 모든 것을 이어 붙이고 또 떼어냄으로써 논리적 가능성을 무한히 증폭시킨 사유이다. 만일 이 세상이 불연속적/탈위계적이라면, 세계 내의 우연을 부정할 수 없다면, '합리'가 동시에 성립하지 않는 경우를 수없이 포함하는 것이라면, 주자 체계의 붕괴는 필연적인 것이리라.

다산의 인성론

다산 정약용의 인성론을 분석하기 위해 그의 담론이 속해 있던 인식론적 장을 그리는 것이 순서일 것이다. 그러나 여기에서는 우선 다산의 텍스트 자체를 분석한 후, 보다 넓은 논의로 나아갈 것이다. 1) 우선 다산의 인성론이 폭넓게 개진되어 있는 『맹자요의』孟子要義(특히 「고자」告子)를 주자와 비교하면서 분석하고, 2) 다산 철학의 다른 측면(실천철학)으로 논의를 넓힌 후, 3) 마지막으로 다산의 담론공간을 서구의 그것과 비교하고자 한다. 그래서 논의의 초점은 주자와 다산 그리고 서구 근대 철학자들을 인간존재론(과 실천철학)의 측면에서 비교하는 데에 있다. 보다 만족스러운 비교를 위해서는 자연철학적 논의와 역사적 논의가 보완되어야 하겠지만, 여기에서는 우선 인간존재론에 초점을 맞춘다.

　　우선 우리의 논의를 「고자상」의 「고자왈성유기유야장」告子曰性猶

杞柳也章으로부터 시작해 보자. 이미 논했듯이, 이 장에서 고자는 1)성은 무규정자라는 것, 가공하기에 따라 이렇게도 될 수 있고 저렇게도 될 수 있다는 것, 2)의義와 달리 인仁이 내재하는 것은 사실이지만, 그 것은 생리적으로 타고나오는 애욕이라는 것을 논했다. 이에 반해 맹자는 1)심과 성은 구분되며, 성은 단순한 애욕이 아니라 보편적인 박애라는 것, 2)우리 마음속에 완성된 형태의 성이 있는 것은 아니지만 성으로 나아갈 수 있는 측은지심 등의 소질이 확고하게 자리 잡고 있다는 것을 논했다. 이에 관련해 주자는 『집주』에서 고자가 "인성에는 본래 인의가 없다"고 말한 것으로 보았으며, 그러나 "성이란 사람의 삶에 부여된 하늘의 리"人生所稟之天理라고 했다. 이 말은 『중용집주』의 "성즉리"性卽理와 통한다. 이 말은 다음 말을 통해 부연되고 있다. "하늘은 음양오행[氣]을 통해서 만물을 낳아 기르니[化生], 기가 형태를 이룰 때 리가 그에 부여된다." 인간의 성이 천, 리, 기 같은 형이상학적 개념들을 통해 정초되고 있다. 성이란 하늘이 인간의 마음에 넣어 준 실체라는 뜻이다.

이에 관련해 다산은 이렇게 말한다. "고자는 '인성을 인의仁義로 파악하는 것은 곧 [버들가지를 나무 잔으로 파악하는 것과도 같다]' 하고 말했다. [이에 대해] 맹자는 '[인의가 사람에게 내재해 있거늘, 버들가지를 비틀고 자르듯이] 사람을 해침으로써 인의를 행해야 한다는 말인가'라고 말했다. 여기에서 문제가 되는 것은 두 개의 '위'爲자이니, 인을 위爲한다는 것은 곧 인을 행한다는 것이요 의를 위한다는 것은 곧 의를 행한다는 것이다. 즉 행함＝위爲 이후에 인의라는 말이 성립하는 것이다." 여기에서 두 위가 "以人性爲仁義"와 "戕賊人以爲仁義與"에서의 두 위라면, 다산의 논지에는 혼란스러운 면이 있다. 앞의 위爲는 분명 *"以~ 爲~ "*(~을 ~로 보다)의 위爲이기 때문이다. 물론 *"以人性爲 仁義"*를 "인성을 가지고서 인의를 행하다"로 번역할 수도 있다. 그러나 그렇게 할 경우 뒤의 문장 *"猶以杞柳爲桮棬"*에 들어가야 할 "~라고 하는 것과 마찬가지이므로 틀렸다"는 뜻이 빠지게 된다. 그러나 다산은 두 위爲를 모두 "행하다"로 읽고서, 이어서 "만일 사람의 성 가운데 본래 인의가 있다면 두 위자를 어떻게 해석할 것인가?"라고 묻고 있는 것이다. 그럼에도 우리는 다산이 이 논의에서 무엇을 말하려고 했는지는 분명하게 알 수 있다. 다산은 인의가 하나의 완성태로서 우리 마음속에 들어 있지 않다는 것, 우리가 일정한 행위를 했을 때 그 결과가 인의로서 개념화된다는 것을 역설하고 있는 것이다. 인의는 발견되는 것이 아니라 실현되는 것이다(물론 이때의 실현을 형상철학적 '구현'으로 이해하면 곤란하다). 인간은 그가 행하는 바로 그것이다. 행함으로써 개념이 성립하는 것이지, 개념이 있어 행위가 성립하는 것은 아니다. 우리는 여기에서 현대 철학자들이 역설해 온 핵심적인 한 논제를 발견한다.

이어 다산은 자신의 성 개념을 규정한다. "성이란 우리의 마음이 무엇인가에로 기울어지는 경향[吾心之所好]이다. 고자는 '인성은 인의를 좋아하지 않으니, 외부적인 강압이 있어야 비로소 행한다'고 했거니와, 만일 [성이] 우리가 부여받은 천리라면 그것을 강요에 의해 생기는 것으로 볼 수 있겠는가?" 성이란 우리 마음이 좋아하는 것이라는 규정은 다산의 저작에서 자주 반복된다. 다른 곳에서는 '기호'嗜好라는 용어가 사용된다. 좋아함이란 끌림을 말하고, 끌림이란 우리의 마음이 일정한 방향에로 향함을 뜻한다. 이는 1) 우리의 마음은 자체 충족적인 상태로 갇혀 있기보다는 타자를 향해 열려 있다는 것, 2) 그러한 열림은 늘 일정한 방향을 띤다는 것(위에서 말한 "호"好가 그때그때 변덕스럽게 바뀌는 감성을 뜻하지 않음은 분명하다). 3) 위의 문장에는 나타나 있지 않지만 그러한 향함은 곧 인의를 지향한다는 것을 의미한다. 이는 말을 바꾸면 1) 우리의 성은 실체로서 주어져 있기보다는 일정한 운동성으로서 열려 있다는 것, 2) 현실 속에서의 변덕스러운 마음가짐에도 불구하고 우리 마음의 근본은 일정한 방향성을 가진다는 것, 3) 인의란 우리에게 실체로서 주어진 것도 또 외부의 강압에 따른 것도 아니며, 다만 우리의 마음이 자발적으로 향하는 곳이라는 점을 뜻한다.[26] 다산은 이런 논지를 가지고서 고자를 논박한다. 만일 성이 하늘이 우리에게 일정한 경향성으로서 준 것[天理]이라면(물론 이때의 리를 주희적 맥락에서 이해하면 곤란하다), 그것이 강압한다고 해서 생기고 강압하지 않는다고 해서 생기지 않을 것인가? 요컨대 우리의 마음은 무규정자가 아니라(또 그렇다고 일정하게 주어진 실체로서 차 있는 것이 아니라) 일정한 방향을 향해 열린 잠재적 운동성인 것이다.

이 논의는 선악 개념과 관련해 다음 장으로 이어진다. 고자는 성

---

26) 뒤에서 다시 논하게 되겠지만, 여기에서 "자발적으로"라는 말은 미묘하다. 이 말은 "spontanément"과 "volontairement"을 동시에 함축한다. 인간의 마음은 본래 인의를 향한다는 점에서 "spontanément"이지만, 저절로 향하는 것이 아니라 끊임없는 노력이 요구된다는 점에서 "volontairement"이기도 하다. 잠재적으로 주어진 것이지만 노력하지 않으면 실현되지 않는다는 이 구도가 다산 철학을 이해하는 데 중요하다. 다산의 사유는 자연발생성의 사유가 아니라 노력/의지의 사유이다.

이란 소용돌이치는 물과 같다고 본다. 동으로 터주면 동으로 흐를 것이요, 서로 터주면 서로 흐를 것이다. 이는 앞의 논지와 같다. 그러나 이번에는 "그러므로 인성에 선善과 불선不善의 나뉨이 없는 것은 물에 동서의 나뉨이 없는 것과 같다"는 말이 이어진다. 그러므로 이 장은 앞 장의 선악 개념을 보완하고 있다고 할 수 있다. 맹자는 물이란 위에서 아래로 흐르기 마련이라는 말로써 인성은 자연발생적으로 선으로 흐른다는 논지를 편다. 이는 앞 장의 논지를 강화해 준다. 주자는 이 부분에 관련해 다음과 같이 말한다. "성 즉 천리는 선하지 않을 수 없는 존재이다." 여기에서 성이 천리로 파악되고 있으며(물론 다산의 용법과는 내용적으로 다르다), 또 성이란 필연적으로 선일 수밖에 없음이 강조되고 있다. 리 위주의 가치-존재론을 펴는 주자에게 악이란 그 자체로서는 존재할 수 없다. 그것은 결국 선이 일정 정도 결여된 것이다. "악"이라는 말을 쓰지 않고 "불선"이라는 말을 쓰는 것도 이런 이유 때문이다(이 장에서 맹자 역시 "불선"이라는 표현을 썼다).

그렇다면 악은 어째서 발생하는가? 선으로 향함이 자연발생적인 경향이라면, 악은 결국 인위적으로 생기는 것일 수밖에 없다. 마치 물을 쳐서 이마 위로 넘어가게 하는 경우처럼, 악이란 외부의 힘[勢]에 기인한다. "사람이 나쁜 짓을 하게 되는 것 또한 그 성이 그와 같기[외부의 힘에 영향받기] 때문이다." 선은 내적인 경향이고 악은 외적인 영향이다. 그렇다면 선을 찾는 것은 없는 것을 만들어내는 것이 아니라 이미 존재하고 있었던 것(그러나 외부의 영향으로 가려지고 빛바랜 것)을 되찾는 것이리라. 이런 표현이 너무 주자적이라면, 더 정확히 말해 선을 찾는 것이 아니라 외부의 영향으로 구부러지고 끊긴 본래의 경향성을 되찾는 것이다.[27] 주자는 이 구절에 대해 다음과 같이 해설한다. "이 장은 성은 본래 선하다는 것, 따라서 그것을 따르면 선하지 않을 수 없고 (악이란 본래 없기에) 그것을 거스를 때에야 비로소 악이 생긴다는 것을 말하고 있다." 악 자체는 존재하지 않는다. 악이란 선의 결여태이다. 따라서 본성에 충실하면 자연스럽게 선으로 흐를 것이요, 악은 단지 선에 반反할 때 생성되는 것이다. 존재하는 것은 선의 정도에 의한 위계일 뿐이다.

이 장에 관해 다산은 다음과 같이 말한다. "무릇 사람이 한 가지 선한 일을 행할 때마다 그 마음이 뿌듯하고 넓고 넉넉하여 막힘이 없어 마치 물이 잔잔히 흘러가는 것 같지만, 한 가지 악한 일을 행할 때마다 그 마음이 부끄럽고 오그라들고 싸늘해져 마치 물이 막혀 흐르지 못하는 것처럼 된다. 이로부터 성이 무엇인가를 알 수 있지 않겠는가. 울면서 남의 물건을 훔치는 자들, 울면서 간통하는 자들은 스스로를 위로하고 변명하면서 한다는 말이 '사정이 절박해 어쩔 수 없었다'는 것이다. 사정이 부득이했다는 것은 마치 어쩌다가 물이 튕겨 이마를 넘어가는 경우와 같으니, 물이 이마를 넘어가는 것 또한 부득이한 일이 아닌가. 맹자가 '박약搏躍'을 논한 것이 추호도 어긋난 점이 없거늘, 요새 사람들은 이 말이 억지스럽다고 하니 이는 결코 그렇지 않다." 다산에 따르면, 악한 행위와 선한 마음은 가치론적으로 대립하지

---

27) 이 점은 유명한 우산(牛山)의 예에서도 잘 나타난다. "孟子曰 牛山之山 嘗美矣. 以其郊於大國也 斧斤伐之 可以爲美乎. …… 人見其濯濯也 以爲未嘗有材焉, 此豈山之性也哉. …… 故苟得其養 無物不長, 苟失其養 無物不消.……"(「牛山之木章」)

만 존재론적으로 배타적인 것은 아니다. 악한 행위를 하면서도 선한 마음을 못 버릴 수 있는 것이다. 악한 행위를 하면 선한 마음은 사라지고 선한 마음을 가지면 악한 행위를 할 수 없다면, 마음의 갈등은 사라질 것이다. 악한 행위를 하면서도 양심의 가책을 느낀다는 것은 성의 본래 경향성이 선이라는 것을 의미한다. 다시 말해 자신의 행위에 관해 변명을 늘어놓는 것, 외부의 힘 때문에 그렇다고 말하는 것은 역설적으로 마음의 본래 경향성은 악이 아닌 선을 향해 있음을 말해 주는 것이다. 다산은 분分을 통한 세계의 질서를 관조한 주자에 비해 세상의 갈등과 모순을 많이 강조했지만, 양심을 강조함으로써 결코 현대적인 의미에서의 냉소주의에 빠지지 않았다. 냉소주의는 결국 차가운 가슴으로 악한 행위를 할 수 있는 잠재력을 내포한다. 다산은 냉소주의가 얼마나 섬뜩한 것인가를 깊이 느끼고 양심의 본래성本來性을 강조했을 것이다.

이어지는 「고자왈생지위성견우인지성장」告子曰生之謂性犬牛人之性章에서는 다산의 성론이 본격적으로 전개된다. 우선 『맹자』의 원문을 보자. "告子曰 生之謂性. 孟子曰 生之謂性也 猶白之謂白與. 曰 然. 白羽之白也 猶白雪之白, 白雪之白 猶白玉之白與. 曰 然. 然則犬之性 猶牛之性 牛之性 猶人之性與." 고자가 "태어날 때 가지고 나오는 것을 성이라 한다"고 했음은 앞에서 말했다. 여기에서 고자가 "태어날 때 가지고 나오는 것"이라고 한 데에는 인의 등은 포함되지 않는다. 그것은 인간과 동물이 같이 가지고 나오는 자연적 경향들만을 뜻한다. 이는 다음 장에 나오는 "食色性也"와 같은 맥락이다. 맹자는 이에 대해 생生과 성性을 동일시한 것은 곧 백색을 백색과 동일시한 것 즉 동어반복인가 묻고 있다. 고자는 그렇다고 대답했지만, 물론 "生＝性"과 "白＝白"은 같지 않다. 후자는 순수한 동어반복이지만, 전자는 표면상의 차이를 심층적 동일성으로 환원시키고 있는 경우, 또는 다른 이름으로 불리는 것이 사실은 같은 것이라는 것을 지적하는 경우이기 때문이다. 맹자는 고자의 논리적 허점을 지적하기 위해 단순한 같음의 경우와 표면적 같음과 심층적 차이를 구분해야 하는 경우를 대비시킨다. 흰 날개, 흰 눈, 흰 옥이 모두 희다는 것은 당연하다. 그러나 그렇다고 해서 날개와 눈과 옥이 같다는 결론은 나오지 않는다. 즉 고자는 표면적인 성질의 동일성을 말하면서, 실재상의 차이를 은폐시키고 있다. 성과 생 사이에 같은 면, 공통되는 면도 있을 것이다. 그러나 그 면은 표층적인 것이다. 하얀 것이 하얀 것과 같은 것과 동일한 방식으로 성과 생이 같다고 할 수는 없는 것이다. 맹자는 표층과 심층을 구분하면서 인물성동이人物性同異를 논하고 있는 것이다.

주자는 '생'生에 관하여 "생이란 사람과 사물이 지각하고 운동할 수 있게 해주는 것을 가리켜 말한다"고 했다. 또 "최근에 불가에서는 이른바 작용이 곧 성이라고 했는데 대략 [고자의 설과] 유사하다"고 했다.[28] 그리고 마지막 문장에 관해 "맹자는 또 '만일 그렇다면 개, 소, 말이 모두 지각하고 운동할 수 있으니 그 성에 차이가 없단 말인가'라

---

28) "작용이 곧 성"이라 하는 것은 고자처럼 심층적 본질상의 차이를 인정하지 않고 표면적인 성질들의 유사성만을 인정한다는 것을 뜻한다. 현대적으로 말해 경험주의 입장을 가리킨다. 그러나 불가 역시 작용[用] 즉 경험적 차원에서의 구분들을 피상적인 것으로 본다. 이 점에서 주자의 지적은 정확하지 않다. 불가도 성리학도 고자적인 현상주의/경험주의를 넘어선다. 넘어서 찾아낸 실재가 각자에 있어 전혀 다른 것이지만.

했다. 그러자 고자가 스스로 잘못을 깨달아 대답하지 못했다"고 해설한다. 이어서 그는 이 논의를 자신의 입장에서 재개념화한다. "성이란 사람이 하늘의 리로부터 얻은 바요, 생이란 하늘의 기로부터 얻은 바이다. 성은 형이상의 것이요, 생은 형이하의 것이다." 주자는 성과 생을 자신의 리기설의 구도에서 해명하고 있다. 앞에서 "性卽理"라 했거니와 여기에서 "生卽氣"를 지적함으로써, 성과 생은 각각 리와 기에 뿌리 두고 있으며 따라서 형이상의 것과 형이하의 것으로 분명히 구분됨을 말하고 있다. 나아가 주자는 "사람과 사물의 삶에는 리, 성 아닌 것이 없고 리, 기 아닌 것이 없으니, 기로 말하면 지각과 운동이 사람과 사물 각각에게 다를 바 없으나 리로 말하면 인의예지의 부여받음이 사물에게 어떻게 완전할 수가 있겠는가. 인성이 이렇게 선하지 않을 수가 없기 때문에 만물의 영장으로 군림하는 것"이라고 말한다. 다시 말해 1) 사람과 사물 모두가 리와 기에 입각해 성과 생을 타고나지만, 2) 사물은 리 즉 성을 불완전하게 부여받았으며, 3) 때문에 리 즉 성을 완전하게 부여받은 인간이 만물의 영장이 됨을 말하고 있다. 그러나 고자는 "성이 리라는 것을 모르고 단지 기로 파악했으며, ······ 또 사람과 사물을 구분하지 못해 양자 사이에 인의예지의 순수함에 있어 정도차가 있음을 몰랐다."

　이제 다산의 경우를 논해 보자. 다산은 이 장을 논하면서 경술년 시월 각과閣課에서 정조가 내렸던 질문과 자신이 했던 대답을 회상하고 있다. 우선 이 부분을 검토해 보자. 정조의 질문 자체가 복잡해 분석할 필요가 있다.

　정조는 묻는다. "개, 소, 사람의 성은 본연지성인가 기질지성인가? '솔성'率性의 성에 입각해 논하건대, 개는 개의 성을 따르고 소는 소의 성을 따르고 사람은 사람의 성을 따른다. 결국 각자가 그 성의 본래 그러함을 따르는 것이다. 이렇게 보면 개, 소, 사람의 성은 곧 본연지성을 말하는 것 같다." "본연지성인가 기질지성인가?"라는 물음은 물론 주자학적인 물음이다. 앞에서 생을 기에, 성을 리에 상응시키는 주자의 논법을 보았거니와, 주자에게 본연지성이란 기에 떨어지기 이전의 선험적 영역 자체에서 성립하는 성이며 기질지성은 본연지성이 현실적으로 존재하기 위해 띠어야 하는 필연적인 측면이다. 정조는 개, 소, 사람의 성이 본연의 성인가 아니면 현실 속의 성인가를 묻고 있는 것이다(미리 말한다면, 논의의 맥락에 따라 두 가지 대답이 모두 가능하다). 만일 성 개념을 기질에 떨어지기 이전의 선험적 차원에서 규정한다면, 개, 소, 사람의 성은 본연지성이다. 반대로 현실 속에 드러나는 성을 가지고 논한다면, 개, 소, 사람의 성은 기질지성이다. 정조의 물음은 이러한 내용을 함축하고 있다. "'솔성'에 입각해 논하건대"라는 말은 『중용』의 맥락을 함축한다("天命之謂性 率性之謂道 修道之謂教"). 천명에는 사명과 운명이 있거니와, 맥락에 따라서는 사명은 리에, 운명은 기에 상응시킬 수 있다. 정조는 여기에서 천명을 사명의 뜻으로 읽고 있으며, 때문에 성에 따르는 것을 곧 본연지성에 따르는 것으로 이해하고 있음이 분명하다. "각자가 그 성의 본래 그러함을 따른다"는 구절이 이 점을 분명하게 드러낸다.

그러나 "'유'猶자와 '여'與자로 미루어 보건대, 사정이 다르다. 개는 소의 성에 따라 행할 수 없고, 소는 개의 성에 따라 행할 수 없고, 또 개와 소는 사람의 성에 따라 행할 수 없다. 다시 말해 개, 소, 사람의 성은 기질지성인 것도 같다. 어느 쪽을 따라야 할 것인가?" 이 문단의 첫 머리는 맹자가 "개와 소와 사람의 성이 같단 말인가?"라고 한 구절을 가리킨다. 위에서 이 물음은 반문이라는 점을 지적했다. 다시 말해 맹자는 개, 소의 성과 사람의 성이 다르다는 것을 말한 것이다. 개가 꼬리로 파리를 쫓지는 않으며, 소가 주인을 보고 꼬리를 흔들지는 않는다. 그리고 개나 소는 『맹자』를 읽을 수 없다. 이렇게 보면 개, 소, 사람의 성은 현실 속의 성 즉 기질지성을 가리키는 것이 아닌가? 앞에서 맹자의 말을 이중 구도에서 읽어야 한다는 점을 지적했거니와, 정조의 물음도 이러한 혼란에서 기인한다. 경험적 차원에서 읽을 경우, 개, 소와 사람은 그 현실적 행위에 있어 다르다. 선험적 차원에서 읽을 경우, 개, 소와 사람은 그 부여받은 성 자체가 다르다. 두 가지 해석이 모두 가능하거니와, 이 구조는 특히 주자에 있어 그렇다. 정조는 이 이중 구조 앞에서 의문을 느꼈음에 틀림없다.

그러므로 정조가 이어서 주자적인 논법을 끌어들이는 것은 자연스럽다. "혹자는 말하기를 맹자는 성을 논했을 뿐 기를 논하지 않았다 한다. [맹자가] 일찍이 기질지성을 논한 바 없다면, 어째서 유독 여기에서만 기질지성을 논할 수 있겠는가? 그렇지는 않을 것이다. 맹자가 성의 선함을 논하면서 기에 관한 논의를 포함시키지 않은 것은 사실이지만, '動心忍性'이나 '四肢之於安佚也性也' 같은 어구들로 미루어 볼 때 어떻게 기질지성을 논하지 않았다고 말할 수 있는가?" 여기에서 혹자란 말할 필요도 없이 주자이다. 주자는 "맹자는 기질지성을 논하지 않았다"고 말했다. 이것은 어찌 보면 얄궂다. 차라리 "맹자는 리= 본연지성을 말하지 않았다"고 했다면 더 이해하기 쉬웠을 것이다. 맹자는 식색食色 같은 본능을 부정한 바 없다. 다만 개, 소와 마찬가지인 본능과 측은지심 등의 마음이 대립한다고 보았을 뿐이다. 그런데 주자가 맹자가 기질지성을 논하지 않았다고 본 것은 자신이 생각하는 본능 즉 본연지성을 전제하고 그 대립 쌍으로서 제시되는 본능을 논하지 않았다는 것을 의미한다. 즉 맹자가 현실적인 기질을 논했음에도, 주자는 자신이 생각하는 체계 안에서 기질을 논하지 않았다고 생각했을 뿐이다. 그러므로 주자가 맹자를 문제 삼고자 했다면 차라리 그에게 리라는 선험적 구도가 없었음을 지적해야 할 것이다. 이미 말했듯이 맹자에게도 선험적 차원은 있지만, 아래에서 논하겠지만 그것은 주자적인 형태의 존재론은 아니다. 그에게서는 선험적 리와 현실적 기가 대립하는 것이 아니라 현실적 마음과 현실적 기질이 대립하고 있을 뿐이다. 주자는 리의 존재론을 이미 수립한 상태에서 기질지성의 개념을 수립했으며, 그런 맥락에서 맹자에서의 기질지성 개념의 부재를 비판한 것이다. 정조의 혼란스러움은 바로 이 점에서 유래했다. 그는 맹자가 분명히 현실적인 본능을 논했다고 정당하게 판단했으나, 그 논의를 주자의 언어인 '기질지성'을 통해 포착했다. 그리고 왜 주자는 맹자가 기질지성을 논의하지 않았다고 말했는가 하고 의아해한 것이다.

정조의 물음은 이어진다. "혹자는 이렇게 말한다. '맹자는 오로지 성의 선함만을 말하였다. 더욱이 성을 기로 본 고자의 입장을 논박하지 않았는가. 그러니 당연히 [맹자는] 본연지성을 가지고서 [성을] 논해야지 기질지성을 가지고서 논해서는 안 될 것이다. 그러니 개, 소, 사람에 관련해 맹자가 말한 성이 본연지성이지 기질지성이 아님을 알 수 있다.' 이 설은 어떠한가?" 여기에서 혹자가 누구를 가리키는지는 나와 있지 않으나, 위에서 말했듯이 주자가 맹자를 논박한다면 오히려 이 입장이 더 어울린다. 그러나 이 입장 역시 맹자와 주자의 차이를 읽지 못하고 맹자를 주자의 구도로 환원시켜 이해하고 있다. 맹자는 측은지심 등이 결정화되어 인仁 등이 된다고 말했지, 인의예지라는 본연지성을 먼저 설정하고 그 본연지성을 자체로서 드러나지 못하게 하는 기질지성을 설정한 것이 아니다. 맹자가 개, 소와 사람의 차이를 논한 것은 현실적인 차이를 논한 것이지 선험-경험의 구도에서 논한 것이 아니다. 우리는 정조의 물음에서 조선 유학의 개념 틀이 얼마나 주자적이었는가를 알 수 있다.

정조의 물음에 대한 다산의 대답은 이렇게 요약될 수 있다. 1)사람의 성은 다른 동물들의 성과 다르다. 그렇다고 사람의 성과 동물의 성이 공통부분을 가지지 않는 것은 아니다. 다만 사람은 도의와 기질 양자를 가지는 데 비해 다른 동물들은 기질을 가질 뿐이다. 주자에게서 분절선은 선험적인 성/리와 경험적인 기질 사이에서 그어진다. 모든 존재는 리와 기를 같이 가지고 있으며, 단지 그 정도만이 다를 뿐이다. 만물은 리기의 배분 정도에 따라 위계적으로 배열된다. 반면 다산에게서 분절선은 선험과 경험 사이가 아니라 인간과 다른 동물들 사이에 그어진다. 모든 존재는 기질을 가지고 있지만, 인간은 기질 외에 도의를 지니고 있다. 다른 동물들에게 도의가 존재한다는 것은 무리한 생각이다. 2)따라서 인간의 마음속에서는 늘 도의와 기질이 갈등을 일으킨다. 인간의 실존은 갈등 속에 있다("人恒有二志相反而竝發者"). "누가 선물을 줄 때, 그 선물이 의롭지 않으면 받고 싶은 마음과

받기 싫은 마음이 함께 일어납니다. 어려운 일에 처해 인(仁)을 실천해야 할 경우, 피해 버리고 싶은 마음과 실천하려는 마음이 같이 일어납니다." 3) 그 다음 말은 중요하다. "또 사람은 선악에 관련해 언제라도 능히 스스로 선택할 수 있어 스스로를 주장할 수 있지만, 금수는 선악에 관련해 스스로 선택할 수 없으며 일정하게 행동할 수밖에 없습니다." 인간은 갈등하는 존재이며 늘 선택해야 하는 존재이다. 그리고 그 선택은 선험적 리에 의거하는 것이 아니라 어디까지나 인간 자신의 내면에서 이루어질 수밖에 없다. 동물은 결정론적 법칙에 따라 삶을 영위하지만, 인간은 자유를 부여받았으며 때문에 자신의 삶을 스스로 만들어 나갈 수밖에 없는 것이다. 그럼에도 고자는 사람의 성과 금수의 성이 같다고 말했으며, 다산에게 이는 인간을 폄하하는 것인 동시에 금수를 떠받치는 것이다. 우리는 여기에서 서구 근대 철학에서 솟아올랐던 주체, 자유, 의지 같은 개념들을 읽어낼 수 있다. 이는 주자철학에 대한 반정립일 뿐만 아니라 동북아사회에 면면히 내려온 숙명론적 사고와도 대립한다. 4) 다산은 마지막으로 다음의 말을 덧붙인다. "인성은 인성이고 금수의 성은 금수의 성입니다. 굳이 본연지성을 논한다면, 사람에게 도의와 기질이 합쳐져 하나의 성이 된 것이 본연이요, 금수가 단순히 기질지성만을 가지는 것 또한 본연입니다. 굳이 [본연지성을 주자처럼 규정해 놓고서] 다시 기질지성을 가지고서 논할 이유가 어디 있겠습니까?" 다산은 본연지성과 기질지성을 나눈 주자를 논박하면서, '본연'이라는 말을 사용한다면 인간과 금수가 현실적으로 가지고 있는 성이 바로 그것이라고 말하고 있다.[29] 선험적 차원을 설정하고서 다시 현실을 설명하기 위해 기질지성을 논할 필요는 없는 것이다. 이렇게 다산은 주자철학의 구도 전체를 해체시키고 있다.

그러나 다산은 경술년의 논의를 이렇게 정리한 후 자신의 대답이 미흡했음을 통탄하고 있다. 그것은 학문적 통탄이자 또 쓰라린 과거의 회상이 불러온 통탄이기도 하다. "경술년에 과강課講이 있은 지 이제 20년 하고도 5년이 더 흘렀으니, 물음과 답변을 주고받았던 일이 멀리서 반짝이는 새벽별처럼 떠오르는구나. 그때의 일을 다시 회상해 보면 하문下問하신 뜻을 제대로 헤아리지 못했으니, 책을 어루만지면서 눈물을 흘려 봐야 무슨 소용이 있으리. …… 아! 성인이 위에 계셔서 임금이 되고 스승이 되어, 아래 선비들과 성과 도의 본질을 논했는데도 대답을 제대로 해드리지 못했으니 어찌 한스럽지 않으리오." 그렇다면 다산은 25년 전의 미흡했던 논의를 이제 어떻게 보강하고 있는가.

다산은 주자가 제시한 본연-기질이라는 구도 자체를 물리친다. 이 설은 고대에 없던 것으로서 주자가 『중용』을 주해하면서 "天以陰陽五行 化生萬物 氣以成形 理亦賦焉"이라고 말한 데서 유래한다. 그러나 다산은 "본연의 성은 본래 같지 않다"는 점을 강조한다. 달리 말해 본연이라는 말을 선험적 구도가 아닌 경험적 구도에서 파악해야 하며, 그럴 경우 사람과 다른 동물들 나아가 다른 동물들의 각 종들도 같지

---

29) 다산은 다른 곳에서 '본연'이라는 말이 불교에서 유래했음을 말하면서 비판하고 있다. 앞에서 주자의 리가 불교의 공에 대응하는 개념이라는 점을 지적했거니와, 다산 역시 이 점을 분명하게 인식했다(그러나 다산이 본연 개념과 윤회설을 대응시킨 것은 검토할 여지가 있는 이해이다). "本然之義 世多不曉. 據佛書 本然者 無始自在之意也. 儒家謂吾人稟命於天, 佛氏謂 本然之性 無所稟命 無所始生 自在天地之間 輪轉不窮. 人死爲牛 牛死爲犬 犬死爲人 而其本然之體 澄澈自在. 此所謂本然之性也."

않다는 것이다(이리와 개, 꿩과 닭도 같지 않다). 그렇다고 다산이 형이상학적 뿌리를 거부하고 순수한 경험주의만을 내세우는 것은 아니다. 사람이 인의예지를 지니고, 개가 도둑을 쫓고, 소가 멍에를 지는 것은 '천명'이기 때문이다. 다산에게는 이렇게 근대적인 얼굴과 전근대적인 얼굴이 공존한다. 뒤에서 "사람의 본능적인 마음은 기질이 발한 것이고, 도덕적인 마음은 도의가 발한 것"이라고 한 점을 보아도, 주자와 다산의 차이는 생각만큼 크지 않다. 주자가 본연과 기질이라는 선험적 구도에서 사유한다면, 다산은 도의와 기질이라는 경험적 구도에서 사유한다. 그러나 도의-기질 구도가 결국 천명이라는 전통 개념에 입각해 있다는 점에서 그 차이는 미묘하다고 할 수 있다. 그러나 다산이 주자에게 깃들어 있는, 불교의 영향 아래에서 형성된 선험적 구도를 물리치고 경험적-실천적 구도의 사유를 제시한 것은 동북아 사상사에서 혁신적인 것이다. 그것은 우주 전체의 위계적 질서를 관조하는 성리학의 구도, 객관적 질서를 도외시하고 마음에 매달리는 양명학의 구도, 문헌의 분석에 치중하는 고증학의 구도 모두를 넘어서는 구도이다.

다산은 또한 조선 선유先儒들의 저작에 나타나는 생각을 논박한다. 이 생각은 다음과 같다. "리에는 대소가 없지만 기에는 청탁이 있다. 본연지성이 기질에 떨어지는 것은 물이 그릇에 담기는 것과 같다. 그릇이 둥글면 물도 둥글게 되고, 그릇이 네모나면 물도 네모나게 된다." 이 비유는 특히 율곡에게서 등장하거니와, 요컨대 "물은 그릇에 따라 모나기도 하고 둥글기도 하며, 공기는 병 모양에 따라 작기도 하고 크기도 하다." 다산은 『중용강의』에서 일찍이 이이의 설을 지지한 바 있다. 다산은 "일설[이황의 설]에 따르면 사단을 리발에 칠정을 기발에 배속시키고 있는데 어째서인가?"라는 정조의 물음에 다음과 같이 답했다. "무릇 기는 독립적인[스스로 존재하는] 존재('自有之物')이고 리는 의존하는 존재('依附之品')입니다. 의존하는 존재는 결국 독립적인 존재에 의존할 수밖에 없습니다. 그러므로 기가 일어날 때 리가 있게 되는 것입니다. 그래서 '기가 일어날 때 리가 이에 동반된다'(氣發而理乘之)는 성립하지만, '리가 발하면 기가 리에 수반된다'(理發而氣隨之)는 성립하지 않습니다. 리는 독립적인 존재가 못 되기 때문에, 먼저 일어날 수가 없기 때문입니다[강아지의 기가 짖는 것이지 '강아지'라는 리가 짖는 것이 아닙니다. 새의 기가 나는 것이지 '새'라는 리가 나는 것이 아닙니다. 강아지의 기가 짖을 때 '강아지'라는 리가 성립합니다. 새의 기가 날 때 '새'라는 리가 성립합니다]. 발하기 이전에 리가 존재한다는 것은 사실이지만, 발할 때는 반드시 기가 앞섭니다[논리적-선험적으로는 리가 앞서지만, 현실적으로 운동함에 있어서는 기가 앞섭니다]. '운동하는 것은 기이고 그 운동을 가능하게 하는 것은 리'(發之者氣也所以發者理也)라는 동유東儒[율곡]의 말이 한 치도 틀림이 없으니 누가 이를 뒤집을 수 있겠습니까?" 그러나 우리의 텍스트에서는 "내가 잘 이해할 수 없는 점이 바로 이 점"이라 했으니, 『맹자요의』孟子要義에 이르러 다산의 생각이 바뀌었음을 뜻한다.

다산은 네모난 그릇의 물과 둥근 그릇의 물이 같듯이 성이 만물에 공통된 것이라면, 왜 개, 소와 사람은 그렇게 다른지 반문한다. 사실이 논박이 충분한 것은 아니다. 리기론의 체계에서 보면, 개, 소, 사람의 기는 그릇이고 그들의 성은 물이다. 그들이 다른 것은 기질지성에 기인하는 것이다. 리기론의 구도에서는 이런 식의 설명이 가능하다. 사실 다산이 거부하는 것은 바로 리기론이라는 구도 자체이다. 그는 선험적 차원을 거부하고 경험적 차원에 논의를 국한하고자 한다. 그래서 문제가 되는 것은 본연지성이 아니라 도의인 것이다. 만일 본연지성의 설을 유지한다면 리가 움직이지 않는다는 것은 논박할 수 없는 사실이다. 위의 물-그릇의 비유 또한 정확한 비유이다. 그래서 다산은 리기설의 구도 내에서 리가 운동한다고 말하는 것이 아니라(그렇게 말한 것은 퇴계이다), 리=본연지성이라는 개념 자체를 도심=도의로 대체하고 있는 것이다. 그러나 이렇게 되면 성과 심을 동일시한 고자나 순자와 같게 되지 않는가? 물론 아니다. 다산은 도道의 개념에 입각해 개, 소와 사람을 단적으로 구분한다. 결국 다산은 경험적-현실적 차원에서의 도의를 강조하고 있는 것이다. 선험적 구도를 취할 경우 리는 만물에 보편적으로 부여되며 기의 차이에 따라 사물들의 차이가 형성되지만, 경험적 구도를 취할 경우 기가 만물에 보편적인 것이 되고 인간만이 도의를 지니게 된다. 다산이 "기질지성은 사람과 사물에 동등하게 있는 것인데 선유들은 각 사물에 있어 다르다 하고, 도의지성은 오직 인간만이 가진 것이 분명한데 선유들은 만물이 같이 가졌다 하니, 제가 당혹스러운 부분이 이 부분입니다"라고 말하는 것이 이 때문이다. 리기 구도에서는 기질지성이 개별화의 원리가 되지만, 도의-기질 구도에서는 도의가 인간을 특수하게 만드는 조건인 것이다.

　　그런데 이미 인용했거니와 주자는 『맹자집주』에서 "以氣言之則 知覺運動 人與物若不異也, 以理言之則仁義禮智 豈物之所得而全哉"라 했다. 이는 위의 논의에 미루어 볼 때 혼란스럽다. 그러나 다산이 인용한 호병문胡炳文은 이를 다음과 같이 해명한다. "리는 같지만 기가 다르다는 것은 사람과 사물이 태어나게 되는 단초[선험적 차원]를 두고 말하는 것이고, 기는 같지만 리가 다르다는 것은 사람과 사물이 태어난 이후[경험적 차원]를 두고 말하는 것이다." 이 설명은 매우 정확한 설명이다. 우리는 이를 리기의 '합리'合離를 가지고서 해명할 수도 있다. 리와 기가 떨어져 있을 때 즉 선험적인 차원에서 볼 때, 리는 만물이 평등하게 부여받는 천명이고 기는 만물에게 부여된 각각의 특수성이다. 반면 현실적 차원 즉 리와 기가 합해 있는 차원에서는, 기가 만물에게 부여된 보편적인 본능이지만 리 즉 인의예지가 인간과 다른 동물을 구분해 주는 요소이다. 다산은 이 논의에 대한 비판에서도 역시 주자의 선험적 구도를 거부하고 현실적이고 경험적인 도의/도심을 강조한다.

지금까지 「고자상」의 앞 세 장에 관련한 논의를 분석했거니와, 이상의 논의만으로도 다산 성론의 기본 성격을 알 수 있다. 다산의 논의에서 핵심적인 것은 리와 기 또는 본연지성과 기질지성이라는 주자의 선험적 구도를 물리치고 도의와 기질이라는 경험적 구도를 취한 인식론적 전환에 있다. 이 전환은 몇 가지의 핵심적인 결과를 가져왔다. 1)선험적 구도를 물리칠 경우 인의예지는 경험적 결과를 통해 파악되어야지 선험적 논리를 통해 파악되어서는 안 된다. 그 결과 성은 심의 결정체이지 심 이전의 선험적 조건은 아닌 것으로 이해된다. 2)리는 운동하지 않으므로 기에 운동성을 부여한 주자의 생각과 리 자체에 운동성을 부여한 퇴계의 생각이 동시에 거부된다. 그리고 도덕적 운동성의 근거는 도심道心에 두어지게 된다. 인간의 마음은 도심과 인심의 격전장으로서 파악된다. 3) 마음은 일정하게 고정된 실체이기보다는 일정한 방향으로 열려 있는 경향성 또는 '기호'嗜好로 파악된다. 물론 이때의 기호란 현대적인 의미보다 더 무거운 뜻을 함축한다. 이점에서 현대 철학에서 중요시되는 '욕망' 개념의 실마리가 엿보인다. 4) 인간은 세계의 정연한 위계질서에 편입된(물론 특권적인 위치에 편입된) 존재이기를 그치고 스스로의 의지와 선택을 통해 삶을 영위해야 하는 존재로 이해된다. 다시 말해 인간은 주체로서 파악되기 시작한다(그러나 다산은 이 주체의 최종 근거를 하늘에 둠으로써 전통 사회로부터 벗어나지 않았다). 만일 우리가 과학기술의 발달이나 산업혁명, 대중사회, 근대 문화 같은 구체적인 결과보다는 인간의 자기 이해라는 철학적 토대에 초점을 맞춘다면, 다산에게서 현대인의 잠재적 모습을 볼 수 있다고 말할 수 있을 것이다.

지금까지 다산 성론의 기본 골격을 이해했다. 논의를 좀더 보충하기 위해서, 이제 다산 성론의 다른 측면들을 몇 가지로 나누어 정리해 보자.

우선 정情의 문제가 있다. 「공도자왈고자왈성무선무불선장」公都子曰告子曰性無善無不善章에서 공도자는 맹자의 성선설을 논박하는 사람들을 인용한다. 이들에 따르면 본성은 선도 아니고 악도 아닌 무규정자이다(따라서 본성을 선으로 규정할 수 없다). 또는 사람들 중에는 선한 사람도 있고 악한 사람도 있다(따라서 본성을 선하다 악하다 할 수 없다). 이에 대해 맹자는 "결국 그[인간의] 정이 선하게 될 수 있으니, 이것이 이른바 선"이라고 했다. 여기에서 공도자는 성에 관련한 물음을 제기했는데 맹자는 정을 사용해 대답한 점을 주목해야 한다. 이에 관런해 주자는 "정이란 성의 움직임"이라 했다. "성즉리"라면 성과 리는 운동할 수 없다. 그러므로 위의 말은 현실 속 인간은 기를 통해 성의 움직임을 실현하며, 이 움직임을 정이라고 할 수 있음을 의미한다. 이는 달리 말해 성 즉 인의예지가 측은, 수오, 공경, 시비의 마음으로 일어남을 뜻한다. 결국 성은 정의 선험적 조건이고 정은 성의 현실화이다.

다산은 이 점을 논박한다. 다산에게 선악이란 마음속에 내재해 있는 것이 아니다. 희로애락의 감정이 발했을 때, 선으로 갈 수도 있고 악으로 갈 수도 있다. "아직 현실화되지 않은[未發] 것을 결코 선이라고 말할 수는 없다." 이렇게 보면 다산은 고자의 입장에 가까운 것처럼 보이기도 한다. 그러나 이 말은 주자를 의식한 말이다. 현실화되지 않은 실체로서의 인의예지는 없다는 뜻이다. 이미 말했듯이 맹자와 다산이 말하는 성선性善은 마음을 말하지 실체로서의 성을 말하는 것이 아니다. 인간이 본래 선한 마음을 가지고 있다면, 그것은 측은, 수오, 사양, 시비의 마음이라는 현실적 존재를 뜻하지 선험적 조건으로서의 인의예지를 뜻하지 않는다. 그러므로 성과 정의 관계 역시 선험-경험의 구도에서 이해해서는 안 된다. 인간의 마음은 정이다. 성이란 정 이전의 실체가 아니라 정이 운동하는 일정한 경향성이다. 그러므로 정은 선할 수도 있고 악할 수도 있지만, 하늘이 인간에게 준 본래의 경향성은 선으로 흐르는 것이다. 다산이 정은 진실이라고("情者眞也實也") 말한 것은 이 때문이다.

이런 맥락에서 지금까지 언급해 온 측은수오사양시비지심과 인의예지 즉 '사단'과 '사덕'의 위상을 검토해 보아야 한다. 『맹자』에서 "인의예지는 바깥으로부터 내 안으로 스며들어 오는 것이 아니라('비유외삭아非由外鑠我') 내가 본래 가지고 있는 것"이라 했다. 이 구절에 대해 주자는 "전편[「공손추」公孫丑]에서 [측은지심 등] 네 가지 마음이 인의예지의 실마리[端]라 했는데 여기에서는 실마리라는 말을 하지 않았다. 이는 전편이 인의예지를 확장해 측은지심 등을 채움을 뜻한 데 반해 여기에서는 용用으로서[측은지심 등으로서] 그 본체를[인의예지를] 드러냈기 때문"이라 했다. 그 한 예를 앞에 나온 구절에서 찾을 수가 있다. 공경지심에 대해 "공恭이란 경敬이 바깥으로 발한 것이요, 경이란 중심에서 공을 주관하는 것"이라고 말하고 있는 부분이다. 이 부분은 혼란스럽다. 차라리 "공경지심은 예가 바깥으로 발한 것이요, 예란 중심에서 그것을 주관하는 것"이라고 했으면, 주자의 평소 논지와 맞아떨어졌을 것이다. 그러나 주자는 공경 자체를 다시 체용론적 구도에서 해명하고 있는 것이다. 한 가지 분명한 것이 있다면, 이러한 해석에서 주자의 체용론적 구도가 일관되게 관철되고 있다는 점이다.

이에 대해 다산은 말한다. "'비유외삭아'란 내 안의 네 가지 마음을 이끌어내어 바깥의 네 가지 덕을 이룩하는 것이다. 바깥의 네 덕을 끌어당겨서 안의 네 마음을 발하는 것이 아니다." 여기에서 '단'端자는 결정적인 역할을 하고 있다. 주자는 "측은수오사양시비는 정이다. 인의예지는 성이다. 심은 성정을 총괄한다. 단이란 실마리이다. 정이 발함으로써 성의 본연을 볼 수 있게 되니, 그것은 마치 사물이 안에 있고 그 꼬투리가 바깥으로 나와 있는 것과도 같다"고 했다. 단은 실마리/꼬투리이다. 우리가 그것을 붙잡고 마음의 핵으로 다가서면, 우리는 거기에서 인의예지라는 빛을 본다. 우리는 여기에서 선험적 철학의 전형적인 유형을 본다. 우리에게 주어진 것은 경험이요 현상이다.

우리는 이 경험/현상을 실마리로 보다 심층의 본체로 다가선다. 다산은 이 선험철학적 구도에 다음과 같이 응답한다. "인의예지라는 말은 실천이 이루어진 이후에 성립한다. 따라서 사람을 사랑한 이후에 인이 성립하며, 사람을 사랑하기 전에는 인이라는 이름은 성립하지 않는다.…… 어찌 인의예지가 복숭아 씨, 살구 씨처럼 네 개의 씨로서 마음 한가운데에 들어 있겠는가?" 실천이 이루어진 연후에 인의예지가 실재로서 정립된다. 그런데 실천을 이룰 수 있게 하는 힘은 도심=사단이다. 주자는 단/실마리로부터 내면으로 들어가 인의예지라는 실체를 찾아낸다. 이 점에서 단은 끝[尾]이다. 꼬리를 잡고서 실체를 찾아가는 것이다. 반면 다산에게서 단은 시작[首]이다. 사단이라는 실마리/가능성을 현실화함으로써 인의예지가 성립한다. 주자와 다산은 '단'을 똑같이 실마리로 해석하면서도 반대의 방향으로 나아간다. 내면의 실체로 향하는 방향과 현실화된 도덕으로 향하는 방향.

따라서 다산에게 사단과 사덕은 체용의 관계가 아니라 잠재성과 현실성의 관계이다.[30] 주자에게서는 사단이 사덕의 표현이지만, 다산에게는 사덕이 사단의 현실화이다. 표현은 존재론적 지위가 다른 두 차원을 전제한다. 고마운 마음과 고마움을 표현하는 선물은 존재론적 지위를 달리한다. 현실화는 서로 다른 실체가 아니라 한 실체의 변

---

30) 다산의 '잠재성'은 땅에 묻혀 있는 금부처럼 이미 완성되어 있으나 가시적 표면에 드러나 있지 않을 뿐인 것을 가리키지 않는다. 또 라이프니츠에게서처럼 (한 모나드 안에) 이미 주름잡혀 있는 'in-esse'들이나 구조주의에서처럼 내용이 채워져야 할 심층적인 구조를 뜻하지도 않는다. 그것은 베르그송과 들뢰즈에게서처럼 역량, 경향성, 잠재력으로서 존재하는 잠재성이다. 희랍어 'dynamis'나 프랑스어 'puissance'에 가깝다.

화를 의미한다. 어린아이 철수가 자라 어른이 되지만(철수의 가능태가 어른으로 현실화되지만) 여전히 철수이다. 결국 다산에게 실체로서의 인의예지는 파기된다. 사덕은 사단의 완성태일 뿐이다. 그런데 철수가 자연발생적으로 어른이 되는 것은 아니다. 현실화란 많은 노력이 필요하다. 다산은 19세기 이후 서구 철학자들이 흔히 그랬듯이 노력과 실천을 역설한다. "인이 마음속에 본래부터 들어 있는 리라면, 왜 '위인'爲仁이라고 말하는가? 위爲란 작作이다. 힘을 써서 실천하는 것이 위이다. 손을 써서 일을 도모하는 것도 위이다. [인이] 마음속의 리라면 무엇 때문에 손을 쓰고 힘을 쓰겠는가?" 다산은 리를 기반으로 하는 철학이 진정한 실천철학을 제시할 수 없다고 본 것이다.

그렇다면 이제 다산이 리기론의 구도를 어떻게 논박하는가를 보아야 할 것이다. 우선 다산은 리 개념을 분석한다. 다른 곳에서 언급한 바 있지만,[31] 다산은 어떤 말의 경우에도 그것을 감성적 언표와 관계 맺는 지점까지 끌고 내려가 사고해야 한다고 생각한다. 한 단어가 지시하는 의미론적 장이 없이 그 단어는 충분한 의미를 획득할 수 없다. 다산은 리라는 말의 본래 쓰임새를 상세하게 추적한다. 리理는 본래 "옥석의 결"이다. 그것은 사물의 조직망이다. 이로부터 '주리'腠理, '문리'文理 같은 말이 나왔으며, 더 추상화되어 '윤리'倫理, '지리'地理, '조리'條理 같은 말로 발전되었다.[32] 다산은 리라는 말은 본래 이렇게 구체적인 의미에서 점차 추상되어 왔음을 보이면서, 주자의 리 개념이 이

---

31) 이정우, 『객관적 선험철학 시론』(저작집 1권), 2부 3장을 보라.
32) 각각 『황제내경』, 『중용』, 『예기』, 『역전』, 『맹자』에 나오는 말들이다.

런 뿌리를 잃어버린 채 공소空疎한 개념이 되어 버렸다고 본다. 그러나 개념이란 추상화되면서 다른 지평으로 옮겨 가기 마련이라는 점에서 다산의 비판에는 다소 무리가 있다. 예컨대 "어찌 무형의 것을 리라 하고 유형의 것을 기라 하는가?" 같은 반문의 경우가 그렇다. 조직화의 원리 자체는 당연히 무형일 수밖에 없기 때문이다. 다산의 주자 비판은 근대 경험론자들이 아리스토텔레스를 다소 무리하게 비판했던 장면을 떠올린다. 그러나 전체적으로 볼 때 다산의 경험주의는 분명 동북아 사상사의 흐름에서 중요한 의미를 띤다.

특히 주목해 보아야 할 부분은 "성즉리"에 대해 비판하는 부분이다. "어찌 천명지성天命之性을 리라 하고 칠정지발七情之發을 기라 하는가?" 성정을 리기 구도에 상응시키는 것에 대한 논박이다. 다산에게 리라는 말은 곧 '천리'天理 또는 '도의'를 뜻한다. 이것은 선험적 실체가 아니라 우리 마음의 경향성이다. 다산은 입과 혀, 눈과 귀가 좋아하는 것과 마음이 좋아하는 것을 날카롭게 구분하지 않는다. 중요한 것은 본연지성과 기질지성의 양분법이 아니라 선한 경향성과 악한 경향성의 이분법일 뿐이다. 그러나 주자학자들은 기질지"성"이라고 말하면서 악을 실체화했다. 그렇게 된다면 선악을 혼재하는 것으로 보는 양웅揚雄의 설과 같아질 것이다.

사실 주자의 선험철학적 구도가 다산 철학에 비해 일정한 매력을 띠고 있다는 사실은 분명하다. 인간의 선성善性을 밑받침해 주는 선험적 근거가 없이 과연 만족스러운 논의가 이루어지겠는가? 이 점은 문산文山 이재의가 다산에게 집요하게 제기한 반론이다. 예컨대 문산은 이렇게 묻는다. "당신은 '불이 처음 타오르고 샘이 처음 흘러나온다'

는 구절에서 두 번 나오는 '처음'[始]이라는 글자는 단본端本의 명백한 근거라고 말씀하셨지만, 이 또한 보기 나름입니다. 근거[원천] 없는 불이 어떻게 타오를 수 있으며, 근거 없는 물이 어떻게 흘러나올 수 있겠습니까?" 꼬리와 머리를 둘러싼 대립을 이미 논했거니와, 문산은 인간의 선한 마음을 가능하게 해주는 선험적 근거가 없이 어떻게 선성을 논할 수 있는가를 따지고 있다.

이 문제 제기에 대한 다산의 대답에 주목할 필요가 있다. "허령虛靈한[비물질적인] 본체의 본성은 선을 좋아하고 악을 부끄러워하는 것이며, 이것이 바로 불의 뿌리요 물의 뿌리가 아닐까요?" 즉 체용론적 구도에서 좋아하고 부끄러워하는 실체와 좋아하고 부끄러워하는 행위를 구분하는 것이 아니라 마음("허령한 본체")의 본성 자체가 좋아하고 부끄러워하는 것이라는 점을 말하고 있다. 그러나 이러한 대답이 만족스러운 것은 아니다. 역시 좋아하고 부끄러워하는 것은 그 좋아하고 부끄러워하는 주체의 상정을 요구하기 때문이다. 다산의 논거를 더 보자. "인의예지의 뿌리는 사단에 있고, 사단의 뿌리는 영명한 존재이면서 신묘하게 대응하는 존재('靈明妙應之體')입니다. 그리고 이것의 본성은 선을 좋아하고 악을 부끄러워하는('樂善恥惡') 것입니다."[33] 다시 말해 측은지심 등의 뿌리가 인의예지가 아니라 인의예지의 뿌리가 측은지심 등인 것이다. 이 점은 이미 여러 차례 논의되었다. 중요한 것은 측은지심 등의 뿌리는 마음이라는 것이다. 측은지심 등의 뿌리가 마음이라는 것은 "야구, 축구, 배구 등의 뿌리는 구"라는 논

---

33) 실시학사경학연구회 편역, 『다산과 문산의 인성논쟁』, 한길사, 1996, 62쪽.

의와 같다. 다른 말로 하면 측은지심 등은 곧 심의 여러 가지 양태라는 것이다(다산은 이 양태가 꼭 네 가지일 필요가 없다는 점도 역설한다). 여기에서 중요한 하나의 사실이 드러난다. 주자의 선험철학은 선험적인 것이 경험적인 것으로 **표현된**다는 생각을 함축한다. 지금까지 논한 다산의 경험주의에는 표현이라는 개념이 나타나지 않았다. 그러나 다산의 경우 마음은 여러 가지 얼굴로 **표현된다.** 주자의 이원 구도가 파기되고 일원론적 표현 개념으로 나아가고 있는 것이다. 마음은 하나이자 여럿이다. 그것은 하나이지만 여러 얼굴로 드러난다. 그것은 라이프니츠나 베르그송 식으로 말해 '내적 복수성'multiplicité interne이다. 적어도 이 부분에 있어, 주자와 다산의 관계는 아리스토텔레스와 스피노자의 관계와 유비적이다. 이어지는 말에서 이 점이 분명하게 드러나 있다. "마음과 인의예지의 관계는 의학에서 말하는 '선천연'先天然과 통합니다." 여기에서 '선천연'이란 곧 체질을 의미한다. 중간에 측은지심 등을 삽입시켜 해명한다면, 체질은 몸을 통해 여러 가지로 표현되며 그 표현의 완성태가 일정한 몸의 상태이다. 다시 말해, 마음은 여러 가지 얼굴들로 표현되고 그 **표현의 결정체**가 인의예지인 것이다(여기에서 마음과 체질의 관계는 흥미로운 문제이지만, 이에 대한 논의는 접어놓는다).

리기론의 이런 해체는 실천철학적으로 어떤 함의를 띠는가? 다산의 실천철학을 악의 문제를 출발점으로 해서 생각해 보자. 실천철학이란 결국 악의 문제를 이론적으로 개념화하고 그것과 싸우는 것이기 때문이다. 선악의 문제를 논할 때 선악의 선천성과 후천성이 문제가 되며, 현대적으로 말해 결정론과 자유의 문제가 발생한다. 결론부터 말하면, 주자가 결정론적 구도에서 실천철학을 제시했다면 다산은 자유를 강조함으로써 근대적 인간관을 제시했다고 할 수 있다. 주자가 결정론적이라는 것은 악의 문제와 어떤 연관을 가지는가? 리기론의 구도에서 볼 때, 현실적인 인간의 선악은 결국 기질에서 유래한다. 여기에서 기질이란 정신적인 것과 대립하는 물질적인 것을 말하지 않는다. 거듭되는 말이지만, 주자의 구도는 선험적-경험적 구도이지 정신-물질의 구도가 아니기 때문이다. 한 인간이 태어날 때 하늘로부터 부여받은 정신과 물질은 모두 기질이다. 그리고 이 기질은 악을 필수적인 한 요소로 내포한다. 기가 맑은가 탁한가, 뚫려 있는가 막혀 있는가에 따라 한 존재의 성격이 결정되는 것이다. "맑은 기를 타고난 자는 현명한 인간이 되고, 탁한 기를 타고난 자는 우둔한 인간이 된다"는 것이 성리학의 기본 입장이다.

이러한 입장은 '품'品이라는 개념으로 정립된다. 품이란 범주이다. 그러나 이 범주는 아리스토텔레스의 그것처럼 존재론적으로 분류된 범주가 아니다. 그것은 가치론적으로 분류된 범주이다. 이 범주를 통해 우리는 한 인간의 존재론적 위상을 확인하는 것이 아니라 그 가치론적 위상을 확인한다. 성리학은 인간을 가치론적으로 분류해 품의 위계에 배치한다. 이런 생각은 한유의 성삼품설性三品說에서 유래하며, 주자도 그 연장선상에 있다. 우리가 위에서 존재론적으로 해명한 분分의 세계관(물론 이 단계에 이미 가치론이 함축되어 있다)은 품이라는 이 가치론적 위계에 의해 보완된다. 이 논리가 전통 사회의 신분 구조를 정당화하는 역할을 했다는 것은 말할 필요도 없다. 다산은 이 생각의 폐단을 통박한다. "하늘의 내림이 원래 불공평해 어떤 사람에게는 아름답고 맑은 기질을 주어 요·순 같은 사람으로 만들고 어떤 사람에게는 악하고 탁한 기질을 주어 걸·도척 같은 사람으로 만든다면, 하늘의 불공정함이 참으로 심하다고 해야 하지 않겠는가? 요·순이라 일컫는 사람들이 선을 행한 것이 과연 맑은 기를 받았기 때문인가? 걸·도척이라 일컫는 사람들이 악을 행한 것이 과연 탁한 기를 받았기 때문인가? 요·순처럼 이미 청기를 받은[어차피 성인이 되도록 결정된] 사람들을 칭송하는 것은 얼마나 후한 것인가! 걸·도척처럼 이미 탁기를 받은[어차피 악인이 되도록 결정된] 사람들을 악인이라고 욕하는 것은 얼마나 야박한 것인가! 걸·도척이 죽은 후 이 사실을 알았다면 얼마나 하늘을 우러러 저주했을 것인가!" 다산은 선악은 주어진 것이 아니라 노력과 실천을 통해 달성되는 것이라는 점을 역설하고 있다. 다산은 성품에 대한 성리학적 이해가 전통 사회의 질곡을 밑받침하고 있다고 보았으며, 때문에 그것을 "천하에 독을 퍼붓고 만세에 화를 끼치는" 생각으로 질타하고 있다.

　이러한 다산의 입장은 주자의 실천철학인 '거경궁리'居敬窮理에 대한 비판에서도 분명하게 드러난다. 주자의 학문 방법은 궁리窮理 즉 격물치지格物致知이다. 격물이란 사물의 리를 파악하는 것이다. 무릇 하나의 사물이 있으면 반드시 하나의 리가 있다. 격물은 이 리를 규명하는 것이며, 치지는 이러한 과정을 통해 도달하는 지적 완성을 뜻한다. 이렇게 리를 완전히 파악할 경우, 우리는 모든 현실적 기를 초월한 순수 이법의 세계를 볼 것이다. 이 세계는 곧 정靜의 세계이다. 인성론적인 맥락에서 말해 이 정의 세계는 또한 아직 희로애락이 발하지 않은 중中의 세계, "미발"未發의 세계이다. 욕망과 권력이 판치는 현실세계에서 똑바로 살아가려면 이 중의 세계를 잃지 말아야 한다. 늘 중의 세계를 상실하지 않으려는 태도가 곧 경敬이다. 진실되게 사는 것은 곧 경에 머무는 것[居敬]이다. "경을 보존할 수만 있다면, 내 마음은 맑고 하늘의 이치는 찬란할 것"이라는 말은 주자의 실천이 불교의 그것과 매우 가까이 있음을 알 수 있게 한다.

이러한 측면은 예컨대 『대학』의 해석에서 분명하게 나타난다. 주자에 의하면 "명덕明德이란 사람이 하늘로부터 부여받은 것으로서 순수하고[비물질적이고] 밝은 것이며, 따라서 많은 리를 갖추어 만사에 올바로 대처할 수 있는 존재이다. 다만 부여받은 기에 구속되고 욕심에 가리어져 어두울 때가 있다. 그럼에도 그 본체의 밝음은 일찍이 꺼진 적이 없다." 지금까지 논한 주자철학의 선험적 구도가 잘 드러나 있다. 만일 인간이 본래 성=리의 차원을 부여받은 존재였으나 기를 받아 타락한 존재라면, 학문한다는 것은 곧 때 긴 거울을 닦아 밝음을 회복하듯이 본연의 모습을 되찾는 것이리라. "그러므로 배우는 자는 마땅히 그 [기가] 발한 것에서 출발해 본체의 밝음을 회복하고, 그래서 최초의 것[태극]을 복구시켜야 한다"는 말은 바로 이 점을 뜻한다. 주자는 바로 이 때문에 '친민'親民을 '신민'新民으로 읽어야 한다고 본다. "신"新이란 옛것을 개혁하는 것이다. 그것은 "스스로 명덕을 밝히고[明其明德], 또 마땅히 다른 사람들에게까지 확장해 그들로 하여금 오래된 때를 벗게 만드는 것이다." 이러한 경지에 도달할 경우, 실천의 핵심은 어디엔가로 나아가는 것이기보다는 오히려 그 명덕에 머무는 것이다. 머물지 못하고 발하면 때가 묻으므로 끝없이 중심으로 회귀해야 한다. "명덕을 밝히는 것과 백성을 새롭게 하는 것은 모두 지극한 선에 도달해 움직이지 않는 것이다."

다산은 그의 『대학공의』大學公議에서 주자의 해명을 논박한다. 그에 따르면 "명덕"이란 결코 심리적-형이상학적 존재가 아니다. 그것은 그가 많은 문헌들을 통해 인증하고 있듯이 현실적으로 실천적인 덕일 뿐이다. 그것은 결국 효도, 우애, 자애일 뿐이다. "심성의 혼명昏明이라는 설과는 아무런 관계가 없는 것이다." 이미 여러 번 논했듯이, 덕=인의예지가 마음속에 있는 것이 아니다. "오로지 내 곧은 마음을 행할 수 있는 것이 덕이라 불리는 것이다." 그래서 다산은 주자의 해명이 곧 불교적인 것이라고 보았다(물론 어떤 논의가 불교적이기 "때문에" 틀렸다는 논증은 성립하지 않는다. 다산은 철저하게 유교라는 '인식론적 장' 속에서만 사유한다). "불가에서는 마음의 법을 다스리는 것을 곧 실천으로 생각하지만, 우리에게 마음의 법이란 곧 실천함으로써 마음을 다스리는 것이다." 요컨대 다산은 "명덕"이라는 말을 심리적-형이상학적 맥락에서 현실적-실천적 맥락으로 바꾸어 해석했으며, "밝힘" 또한 마음의 밝힘이 아니라 실천을 통한 덕의 형성으로 보았다.

"친민"親民의 경우 다산은 "친"親을 "신"新으로 바꾸어 읽어야 한다는 주자의 입장을 논박한다. 다산은 그러한 바꿈이 가능하기는 하지만 많은 경우 부적절함을 여러 고전을 인용하면서 지적한다. "신"新의 개념은 선험적 구도 즉 본연의 성이라는 개념을 전제한다. 그러나 "친"親은 백성과 친해지는 행위 자체를 가리킨다. 여기에서도 주자와 다산의 대립이 다시 드러난다. 주자의 "신"은 본연의 성을 회복하는 것이지만, 다산의 "친"은 한 인간을 어릴 때부터 선한 인간으로 교육하는 실질적 행위를 가리킨다. 따라서 "오염됨"도 기질지성에 의한 선험적인 것의 오염이 아니라 현실 속에서 실제 오염되는 과정을 가리키게 된다. "오염되는 데에는 두 가지 길이 있으니, 악한 사람과 가까이 지내면 오염되는 것이며 또 악한 풍속에 익숙해지면 젖게 되는 것이다. 그래서 공자는 '性相近 習相遠'이라 하셨던 것이다." 그래서 악은 사람의 마음속에 있다기보다는 사회/문화 속에 있다. 악한 본성으로부터 악한 행위와 사회가 형성되는 것이 아니라 악한 사회 속에서의 삶이 악한 마음을 만드는 것이다. 따라서 "지어지선"止於至善의 의미도 달라진다. 주자에게서 이것은 본연지성에 도달한 정적靜寂한 경지를 말하지만, 다산에게서는 이상적인 사회가 도래한 상태를 뜻한다. "지극한 선이란 인륜이 덕에 도달한 것을 뜻한다." "단"端자에서도 그랬듯이 "지선"至善의 해석 또한 반대 방향으로 나아가는 것이다. 결국 다산은 주자적인 숙명론을 거부한다. 중요한 것은 본연지성을 되찾는 것이 아니라 능동적 실천을 통해 사회를 선하게 만드는 것이다. 이 점을 깊이 음미할 필요가 있다.

다산의 사유는 결국 어떤 모양새를 하고 있는가? 다산의 세계는 어떤 세계인가? 다산의 담론화 양태는 어떤 구조를 띠고 있는가? 다산의 인간은 어떤 얼굴을 하고 있는가? 다산의 사유는 과연 "근대적"인가? 오늘날 다산은 우리에게 어떤 모습으로 다가오는가? 서구 철학자들과의 비교로 들어가기 전에 지금까지의 논의를 바탕으로 이런 점들을 정리해 보자.

우선 다산 경학의 성격을 가늠해 보자. 다산의 경학은 고독 속에서 이루어졌고 당대에 별다른 영향력을 행사하지 못했다. 우암 송시열을 비롯한 노론 주류 학자들은 주자학 강화에 여념이 없었고, 정치에서 배제된 남인들은 실학적 작업에 몰두했다. 그러나 다산은 주자학을 비켜가 잡학에 몰두하기보다는 주자학의 심장부를 정면으로 돌파했다. 다산만큼 방대한 경학 작업에 착수해 담론사를 뿌리로부터 재사유한 인물은 찾기 힘들다. 그러한 작업은 성, 심, 정, 인의예지, 사단, 예 등과 같은 동북아 담론사의 개념-뿌리들을 근본적으로 재검토하는 작업으로 나타났다. 한 철학자의 담론사적 무게를 개념-뿌리들을 새로운 맥락 위에서 포괄적으로 재규정한 점에 둔다면, 다산은 의심할 여지없이 주자 이래 최대의 철학자이다. 그의 작업은 주자학적 전통은 물론이고 실학이나 오규 소라이의 국학, 청의 고증학 같은 민족주의적 학문도, 양명학 같은 내면의 성찰도 모두 넘어선다. 그것은 동북아의 역사 전체를 대상으로 한 방대한 작업이었다(오늘날 우리의 작업은 이제 한편으로 19, 20세기의 복잡한 역사를, 다른 한편으로 서구의 방대한 사유체계들을 포괄해야 한다). 이 점에서 다산은 (혜강 최한기, 동학 등과 더불어) 전통으로부터 근현대로 넘어오는 결정적인 문턱에 위치해 있다고 볼 수 있다.

다산의 사유에서 세계는 어떤 모습으로 드러났는가? 그에게 세계란 선험-경험의 이중 구도로 된 이지적인 것이 아니라 좋음과 싫음, 선과 악, 사랑과 미움이 갈등하는 역동적인 장이었다. 주자에게 존재의 심층은 무無이다. 그러나 그 무는 절대 무가 아니라 존재를 일정한 방식으로 조직해 주는 무이다. 따라서 현실세계는 분分을 통해서 드러났고 이 분이 무에 의해 뒷받침되는 것으로 이해되었다. 다산에게 세계는 전적인 유有이다. 유 뒤의 무 같은 것은 없다. 다만 "하늘" 또는 "상제"가 설정되어 학문적 탐구로는 소진되지 않는 존재의 궁극을 떠맡을 뿐이다. 나아가 이 존재는 평등하다. 존재는 힘이고 중요한 것은 힘의 방향성이다. 분分 같은 것은 없다. 있다 해도 역할상의 차이가 있을 뿐이다. 소를 잡는 백정도 선성을 발하면 훌륭한 인간이다. 벽을 보고 본연지성을 깨달은 선비가 훌륭한 인간이 아닌 것이다. 세계는 힘이고 이념은 그 힘의 완성태로서만 존재한다.

　이 때문에 다산에게서 모든 개념은 현실적 맥락으로 소급되어 이해된다. 다산에게는 선험적 구도가 없다. 모든 개념들은 감성적 언표들(상식적 의미에서의 현실)과의 지시관계를 통해서 의미를 가진다. 주자에게 담론학적 단절이 문제가 되었다면, 다산의 경우는 담론학적 회귀가 문제가 된다. 인仁은 두 사람 사이의 사랑이요, 의義는 스스로에게 떳떳함이요, 예禮는 생활 속에서 지켜야 할 것을 지키는 것이요, 지智는 분별이 있는 것이다. 仁은 人과 人이 합해 이루어진 말이고, 義는 善과 我가 합해 이루어진 말이고, 禮는 示(제사의 대상)와 曲(대나무로 만든 제기), 묘(나무로 만든 제기)가 합해 만들어진 말이고, 智는 知와 白이 합해 만들어진 말이다. 문산도 지적한 바 있듯이, 다산은 자주 모든 말을 즉물적으로 해석하곤 한다. 철저한 경험주의적 태도를 견지한 것이다. 다산의 사유는 언어와 그것이 지시하는 대상이 최소한의 거리를 취하고 있는 차원, 우리가 "현실"이라고 부르는 차원에서 이루어진다. 분명 이는 언어의 역동성을 제대로 파악하지 못한 면도 있지만, 궁극적으로는 현실에 바탕을 두는 사유를 펴려는 노력의 일환이라 해야 한다. 오늘날 우리는 다산을 잇되 현실에서의 경험과 그에 대한 담론화의 다층 구조를 동시에 문제로 삼아야 할 것이며, 또 언어가 지니는 이위성異位性이나 다층 구조를 염두에 두어야 할 것이다.

다산의 사유에서 주체는 어떤 모습으로 드러나는가? 인간은 더이상 분分의 위계 안에 일정한 자리를 잡는 존재이기를 그친다. 인간은 일정한 경향성이며, 그 경향성을 실현하려는 노력이자 행위이다. 만일 주체라는 개념을 일정한 상황에서 스스로 판단하고 선택해 일정한 방향으로 행위하려고 노력하는 존재로 이해한다면, 다산이야말로 주체의 개념을 뚜렷이 제시한 인물로서 손색이 없다. 그의 주체는 분分의 위계에서 일정한 자리를 잡는 주체도 아니요, 내면으로 들어가 자아를 깨닫는 주체도 아니다. 그것은 일정한 사회 조직 안에서 특정한 태도(현대어로 말해 특정한 입장)를 취하는 주체이다.[34] 만일 우리가 주체의 등장을 근대성 등장의 핵심 실마리로 생각한다면, 다산이야말로 근대성의 핵심적인 단초를 놓았다고 할 수 있다. 이 점에서 그를 서구에서 근대성의 단초를 놓은 인물들과 비교해 볼 수 있다.

초기 조건에서의 갈라짐

오늘날 우리가 영위하고 있는 현대 문화가 서구에서 가시적으로 등장한 것은 19세기 중엽부터이다. 한국의 20세기는 전통 문화가 서구에

---

34) 분(分)의 세계관을 벗어나서 주체적 존재로서 살아가는 인간이 취하는 정치적 실천은 곧 스스로의 손으로 왕을 뽑는 행위일 것이다. 다산에게서 이러한 생각의 실마리를 볼 수 있다. 이 부분이 다산의 실천철학에서 가장 급진적인 부분일 것이다. 이 문제에 관련해 다음을 보라. 임형택, 「다산의 '민' 주체 정치사상의 이론적·현실적 근저」, 강만길 외, 『다산의 정치경제사상』, 창작과비평사, 1994, 52~78쪽. 또 경제적 측면에서의 주체적 인간이란 자신의 땅을 책임지고 경작하여 그 수확의 일정한 양을 세로 바치는 농민이다. 이 점에 대해서는 김태영, 「다산 국가개혁론 서설」(같은 책), 79~108쪽을 보라.

서 형성된 이 현대 문화로 대체되는 과정이었다. 그러나 이 현대성의 가능근거 즉 이론적 기초들은 서구의 경우 "고전 시대"에, 우리의 경우 다산의 시대에 이루어졌다. 이 시대는 한편으로 현대 사회로 나아가는 사상의 기초가 전통 사회의 그늘 아래에서 형성된 시대였다. 이 점에서 이 시대는 현대성의 초기 조건을 구성한다. 따라서 다산의 사유와 근세 서구 철학자들의 사유를 비교하는 것은 곧 서구와 동북아에 있어 초기 조건에서의 갈라짐을 검토하는 것이다. 만일 서구와 동북아가 각각에게서 형성되었던 초기 조건을 나란히 발전시켰다면, 우리는 오늘날 흥미로운 문화적 대조를 목격할 수 있었을 것이다. 그러나 서구가 근세의 잠재성을 현실화했을 때 동북아는 자체의 현실화를 이루지 못하고 저 그림자 속으로 들어갔다. 이런 허리 잘림을 넘어 자생적 근대성에 주목하는 것은 서구화의 한계에 봉착한 오늘날 서구와는 다른 형태의 근대성을 마련했던 시대를 반추해 봄으로써 미래를 밝혀 나가기 위해서이다.

근대성 형성의 인식론적 기초는 어디에 있는가? 근대에 많은 인식론이 담론사를 수놓았지만, 근대인의 태도를 대변하는 것은 무엇보다도 경험론, 나아가 실증주의이다. 경험론은 전통 사회를 받치고 있던 세 가지 철학적 토대를 무너뜨린다. 우선 그것은 초월적 차원을 비판함으로써 전통 사회를 밑받침하던 형이상학을 파기한다. 다음으로 그것은 선험철학을 논박한다. 그렇게 함으로써 경험적인 것에 논의의 차원을 국한한다. 마지막으로 경험주의는 선천적인/본유적인 인식을 부정한다. 그렇게 함으로써 후천적인 인식, 즉 다름 아닌 경험을 강조한다. 근대 인식론에는 수많은 형태들이 있지만, 이렇게 초월적, 선험적, 선천적 차원을 비판하고 경험적 차원을 확보하려는 것이 주요 흐름을 이룬다. 이 흐름은 보다 과학적 형태로 다듬어져 실증주의로 화함으로써 현대 사회의 초석을 놓았다.[35] 우리는 다산에게서 이러한 인식론적 정향의 싹을 발견한다.

다산의 담론화 양태를 논할 때, 종종 "합리적"이라는 용어가 사용된다. 이 개념은 검토의 여지가 있다. '합리적'이라는 말을 일상어에서처럼 '이성적'이라는 뜻으로 사용한다면, 이 말은 다산의 입장을 적절히 나타내지 못한다. 이성적인 것은 학자가 되기 위한 최소 요건이다. 비이성적인 것은 권력을 휘두르거나 돈으로 사태를 해결하려 하거나 감각적 쾌락에 휘둘리는 것을 의미하기 때문이다. 다산만이 아니라 모든 학자들은 (적어도 이론상) 이성적이다. 또 '합리적'이라는 말을 엄밀한 인식론적 의미에서 즉 '합리주의적'이라는 의미로 사용한다면, 다산은 결코 합리주의자가 아니다. 합리적인 것은 오히려 주자의 사유이다. 마지막으로 이 말을 '봉건적'이라는 개념과 대조시켜 사용하는 경우가 있다. 이 또한 부정확한 용법이다. '봉건적'이라는 개념 자체가 다의적이거니와, 그것을 단순히 '전통적'이라는 말과 동일시하는 경우에도 전통적 사유가 근대적 사유보다 오히려 더 합리주의적인 경우가 많기 때문이다. 그래서 다산의 인식론적 입장을 가리키기

---

35) 엄밀한 의미에서의 인식론이라는 관점에서 볼 때, 바슐라르 이래 실증주의는 날카로운 비판을 받았으며 낡은 인식론으로 화했다. 그러나 우리는 수학이나 물리학 등, 엄밀 과학을 대상으로 하는 좁은 맥락에서의 인식론이 아니라 현대 사회 전체를 정초해 주고 있는 넓은 의미에서의 인식론을 다루고 있다. 현대 사회는 어디까지나 실증주의에 바탕을 두고 있는 사회이다.

위해 이 말을 넓게 사용할 경우 싱거운 말이 되고, 좁게 사용할 경우 적절하지 못한 말이 된다.

인식론적 맥락에서 합리론과 경험론의 차이는 감각적 경험에 대한 태도에서 비롯된다. 합리론은 우리가 감각적 경험을 통해 발견하는 '감성적인 것'을 비실재적인 것으로 이해한다. 플라톤에게 이 감성적인 것은 일시적인 것이며 존재와 무의 중간에서 표류하고 있는 것이다. 때문에 진정한 실재는 자기동일적이고 영원하고 순수한 형상이다. 이 형상의 파악이 고대적 합리론의 중추를 형성했다. 데카르트에 있어 감성적인 것은 의심스러운 것이다. 『성찰』에서 그는 가장 의심스러운 것인 감성적인 것으로부터 조금씩 덜 의심스러운 차원으로 나아가 마침내 결코 의심할 수 없는 원리에까지 다다르는 오뒤세우스적 여정을 보여 준다. 그에게 확실한 것은 곧 명료하고 분명한 본유관념들이다. 감성적인 것은 불명료하고=애매하고 불분명하다=모호하다. 이 감성적인 것을 벗어 버리고 확실성을 되찾아 가는 것이 데카르트적 합리론이다. 바슐라르의 경우, 감성적인 것은 우리를 객관적 인식으로 나아가지 못하게 붙드는 "인식론적 장애물"이다. 우리는 감성의 세계에서 사물에 대해 가졌던 이미지들을 떨쳐 버리지 못함으로써 세계 인식에 있어 오류를 범한다. 진정한 인식은 이 원초적 경험의 수준으로부터 벗어나 세계를 이론적 존재의 매개를 통해 바라보았을 때 성립한다. 이렇게 플라톤, 데카르트, 바슐라르로 대변되는 서구 합리주의의 근본 특성들 중 하나는 경험적인 것과 합리적인 것의 불연속이다. 진정한 인식은 감성적인 것을 떨어내고 합리적인 것, 비가시적인 실재에 도달할 때이다.

그래서 합리주의 인식론은 다음과 같은 세 가지 측면으로 형성된다. 첫째, 실재는 우리가 보고 있는 이 세계가 아니다. 실재를 찾으려면 감각적 현실을 넘어서 심층적 존재(형상, 법칙, 구조 등)를 찾아야 한다. 둘째, 그래서 우리의 감각은 믿을 수 없다. 감각보다는 우리의 이성을 믿어야 한다. 내 몸보다는 이성을 믿어야 한다. 특히 명료하고 분명한 관념의 대표적 예인 수학을 매개로 사유를 전개해야 한다. 셋째, 진리의 인식이란 세계의 심층과 우리 이성의 대응을 통해 발생한다(존재와 사유의 일치). 우리 몸과 감성적인 것이 대응한다면, 우리의 이성과 심층적 실재가 대응한다. 그래서, 현대에 이르러 달라지긴 했지만, 전통적인 합리주의 인식론은 대개 전통 형이상학과 맞물린다. 감성적인 것을 넘어서는 초월적 존재에 대한 믿음, 몸보다는 이성을 중시하는 유심론적 경향, 그리고 세계와 인간을 꿰뚫는 자연의 빛 등에 대한 믿음 같은 형이상학적 토대와 맞물린다. 우리는 19세기에 형성된 현대성에서 이 세 가지 믿음이 동시에 붕괴됨을 확인할 수 있다(탈가치, 탈중심, 탈위계의 세계관). 다산이나 17세기 유럽 철학자들의 경험주의 인식론은 아직 이러한 방향으로까지 나아가지는 않았지만 그 잠재적 밑그림을 그리고 있었다.

경험주의 인식론은 감성적인 것에 관해 합리론과는 다른 태도를 취한다. 경험주의에서 감성적인 것은 모든 인식의 뿌리이다(이 감성적인 것이 곧 '실재'인가의 물음은 별도의 물음이다). 모든 인식은 감성적인 것에서 출발해 보다 고차적으로 다듬어진다. 때문에 경험주의에서는 감성적인 것과 고차적인 인식이 어디까지나 연속적으로 다루어진다. 홉스가 『리바이어던』의 도입부에서 "모든 인식의 시초를 이루는 것은 이른바 '감각작용'이다. 전체적으로든 부분적으로든 감각기관을 거치지 않고서는 우리 마음속에 아무런 개념도 생기지 않기 때문이다"라고 말한 후, 상상력과 기억, 경험, 사고, 언어, 학문의 순서를 따라 인식론적 논의를 펼친 것은 경험론적 논의의 전형적인 모습이다. 경험주의 인식론에서 비가시적인 개념의 차원은 가시적인 현실의 차원과 연속적이다. 이러한 인식론적 입장은 합리론이 전통 형이상학과 맺었던 관계와 대조적인 관계를 맺는다. 우선 모든 인식은 감각적 경험을 토대로 이루어지므로 감각을 초월한 존재는 ①경험으로부터 추상된 단순한 기호이거나 ②상상의 산물이거나 ③일반적인 의미에서의 인식작용을 초월하는 그 무엇이다. 그리고 ③의 입장을 취하지 않는 한, 비경험적 존재들은 빈약한 존재론적 위상을 띠게 된다. 그리고 우리의 몸은 모든 인식의 가능근거이므로 더 이상 폄하되어서는 안 된다. 감각적인 것이 폄하되어서도 안 된다. 마지막으로 객관의 심층과 우리의 이성을 잇는 연결선, '존재와 사유의 일치'를 보장해 주는 자연의 빛도 꺼진다. 우리 경험의 빛 속에 들어오지 않는 부분은 컴컴한 어두움에 휩싸인다. 푸코가 인상 깊게 밝혔듯이(『말과 사물』, 9장) 무한과의 교류가 차단되고 '유한성'이라는 근대 특유의 정서가 도래한다. 17세기 경험론에서는 이 모든 측면들이 선명하게 드러나지 않았다. 그러기 위해서는 19세기의 실증주의를 기다려야 했다. 그러나 경험주의 인식론은 이미 현대성의 형성에 없어서는 안 될 주춧돌을 마련한 것이다.

이미 말했듯이 다산의 사유는 합리주의적이기보다는 경험주의적이다. 그러나 어떤 경험주의인가? 이 점은 미묘한 검토를 요한다. 첫째, 그의 경험주의는 17세기 경험론처럼 좁은 인식론적 맥락에 국한되지 않는다. 근세 경험론은 기존의 각종 종교적-형이상학적 전제들을 버리고 감각경험을 토대로 모든 인식을 정초하고자 했다. 때문에 근세 경험론은 우리의 경험에 묻어 있는 각종 관습적, 정서적, 행위적 측면들도 (설사 뒤에 다시 복구할 수는 있을지라도) 일단 표백해내고 처음부터 사고실험을 통해 경험을 재구성해낸다. 콩디야크의 입상立 象이 대표적인 예이다. 다산의 사유는 이와 다르다. 그는 경험을 이론적으로 재구성해내기보다 친숙한 일상생활의 장으로 회귀하고자 했다. 그는 일상생활 속에서 각종 요소들이 묻어 있는 그대로의 경험으로 회귀한다.[36] 이렇게 볼 때 그의 경험주의는 좁은 의미에서의 경험주의와 성격을 달리하며, 19세기적인 형태의 실증주의와는 더욱 거리가 멀다.

다산의 경험주의는 현상학이나 해석학의 경우와도 다르다. 다산의 학문 방법은 문헌의 분석, 비교에 의거한 방법이다. 그러나 다산은 문헌 속에서 "숨겨진 의미"를 찾고자 하지 않는다. 동북아 사유에서 "숨겨진 것"은 많지 않다. 모든 것은 표면에 드러나 있다. 다산은 끊임없이 이 삶의 표면으로 회귀하고자 한다. 다산의 해석학은 서구 해석

---

36) 예컨대 다산이 상(相)을 설명하는 과정에서 이 점이 잘 드러난다. 다산이 어떤 아이의 눈동자가 빛나 공부를 잘하는 것이 아니라 타인들이 그의 눈동자를 보고 공부를 시키기 때문에 학문에 성공한 것이라 말할 때, 그는 실체로부터 현상을 설명하려는 합리론(이 경우는 주술화한 합리론)의 구도를 논파한 것이며, 이러한 태도는 경험주의 인식론과 통한다. 그러나 다산은 상(相)을 인식론적으로 재구성하기보다는 실제 삶에서 상이 어떻게 이루어지는가를 서술한다. "거처는 기질을 변화시키고, 양육 방식은 신체를 변화시키며, 부귀는 마음을 음란하게 만들고, 우환은 마음을 슬프게 하니 …… 그 상이 어찌 일정할 것인가?"(「상론」)라는 말에서도 알 수 있듯이, 그의 경험주의는 이론적으로 재구성된 경험주의가 아니라 일상적인 생활세계로의 회귀를 통해 이루어지는 경험주의이다.

학, 원래 기독교 성서의 숨은 의미를 드러내려는 노력에서 생겨난 해석학과 성격을 달리한다. 그의 사유는 생활세계로의 회귀를 주축으로 한다는 점에서 리쾨르가 말한 '현상학적 해석학'과 통한다. 나아가 메를로-퐁티의 현상학과 통한다. 그러나 그의 경험주의는 이미 데카르트적인 이원론, 칸트적인 불가지론을 거친 서구적 형태의 현상학과도 성격을 달리한다. 그렇다고 그가 일차적 의미에서의 감성적 언표로까지 내려와 사유한 것도 아니다. 그는 시공간적으로 익숙하게 조직된 삶의 현장으로 회귀할 뿐이다. 그러나 이 노력은 중요하다. 다산이 준거한 세계가 극히 상식적인 세계였다 해도, 그의 사유가 주자 선험철학의 거부였다는 점에서 그러한 회귀는 큰 의미를 띠기 때문이다. 다산의 인식론은 결국 불교와 도교에 의해 **탈현존화**脫現存化된 **사유를 다시 현존화시키고**, 그 탈현존화를 통해 변질된 개념-뿌리들의 의미를 다시 생활세계-상관적인 차원으로 복귀시키는 것이었다

그러나 이렇게 현존화된 사유는 형이상학을 거부하지 않는가? 급진적 경험주의에서 논의의 대상은 현존의 차원에 국한되고 형이상학의 세계는 잘려 나간다. 그러나 다산은 '전통 사회' 내에서의 경험적 인식을 강조했을 뿐 전통 사회 자체의 초극을 꿈꾸지는 않았다. 이 점에서 그의 사유는 형이상학적 요소를 던져 버릴 수 없었다. 그에게서 선험철학적 인식론과 위계적 세계관은 파기되지만, 초월적 존재에 의한 삶의 정초는 유지된다. 그렇다면 이제 다산과 서구 철학자들에게서 하늘/신, 땅/자연, 사람/인간의 관계가 어떻게 나타나는지를 보자.

데카르트의 『성찰』은 근세 초 서구인들의 형이상학을 대변한다. 데카르트는 이 저작에서 영혼, 신, 세계의 존재를 논증하고 형이상학

의 체계를 재건하고자 했다. 데카르트는 파리 신학대학 학장 및 박사제위에게 보낸 서문에서 이 책의 목적은 지금까지 존재하지 않았던 새로운 진리를 제시하려는 데 있지 않다는 점을 언급한다. 이 저작에서 다루는 내용들은 모두 고전적인 철학자들에 의해 다루어진 것이다.[37] 그러나 데카르트는 두 가지를 지적한다. 그 하나는 도대체 이 많은 논증들을 결정적으로 근거 지어 줄 출발점이 무엇인가 하는 것이다. 제일 원리가 무엇인가를 분명히 해야 한다는 것이다. 다음으로 이 논증들을 논리적으로 필연적인 순서에 따라 배열하는 것이 필요하다. 그렇지 않으면 너저분한 나열이 될 것이기 때문이다.[38] 그래서 데카르트는, 수학에서의 공리 수립과 연역이라는 방법에 따라, 제일 원리의 직관과 그로부터의 (논리적 필연의 연쇄를 따른) 연역이라는 방법을 통해 형이상학의 논제들을 정리하고자 한다. 그래서 『성찰』은 수학적 논증 양식을 따라 재정립된 전통 형이상학을 보여 준다.

『성찰』은 표층적 경험을 회의함으로써 심층적 진리를 추구한다. 이 점에서 다산과 대조적이다. 다산은 주자의 심층적 담론을 현존화했다. 서구 근대성은 전통을 부정하고 완전히 새로운 원리를 찾아 처음부터 다시 시작하려는 태도로 점철되었다. 철학자들의 저작들은 늘 "지금까지의 철학사는 ……, 그러나 ……" 같은 문구로 시작되곤 했다. 데카르트는 그 선두에 선다. 데카르트의 철학은 이전의 철학들을

---

37) "…… 또 이와[신 존재 증명 및 영혼과 신체의 상이성이라는 문제와] 관련해서 제시될 수 있는 근거들은 다른 사람들이 이미 모두 제시했다고 믿고 있습니다."
38) "이 근거들 가운데에서 가장 좋은 것을 면밀히 찾아내어 …… 정확한 순서에 따라 설명하고……"

불확실한 것으로 간주함으로써 출발한 '확실성'의 철학이다. 확실한 것은 명석하고 판명한 것이며, 따라서 어떤 물질성도 띠지 않은 순수한 개념성이다. 세계의 즉물적 이해로부터 가능한 멀어지려는 시도는, 이미 주자에서 태극이 무극이라는 점을 논했거니와, 결국 물질성을 극한으로 떨어낸 개념의 차원으로 귀착한다. 반면 삶의 표면으로 회귀하려는 다산에게 가장 확실한 것은 물질적인 것, 더 정확히 말해 구-체적具-體的인 것이다. 이 점에서 데카르트와 다산은 상이한 정향 위에 선다.

데카르트가 회의의 끝에서 찾아낸 제일 원리는 코기토이다. 회의의 끝에서 찾아낸 제일 원리가 신이 아니라 코기토라는 사실은 중요하다. 순서에 있어 코기토가 앞서는 것이다.[39] 그러나 데카르트의 텍스트들은 "나는 존재한다"와 "나는 사유한다" 사이에서 성립하는 관계에 있어 미묘한 떨림을 드러낸다. 『성찰』의 2부에서 내가 가장 의심할 수 없는 것은 "나는 존재한다"는 것이다(『정신의 인도를 위한 규칙들』, 규칙 3에서도 "나는 존재한다"가 앞에 나온다). 그리고 이 존재하는 나의 본성은 무엇인가라는 물음이 제기되고 그에 대한 답으로서 "나는 사유하는 존재"라는 답이 나온다(여기에서 '사유'란 매우 넓은 의미이다).[40] 그렇다면 논증은 "나는 존재한다, 그리고 나는 사유한다"이지

---

39) 데카르트 철학에서 '순서'가 지니는 중요성은 세르에 의해 누누이 강조되었다. Michel Serres, *Hermès ou la communication*, Minuit, 1968, pp. 133~153을 볼 것.
40) "이렇게 이 모든 것을 세심히 고찰해 본 결과, 나는 있다, 나는 현존한다는 명제는 내가 이것을 발언할 때마다 혹은 마음속에 품을 때마다 필연적으로 참이라는 결론에 이르게 된다. 그렇지만 나는 필연적으로 존재하는 내가 무엇인지를 아직 자세히 모르고 있다."

"나는 사유한다, 그러므로 나는 존재한다"가 아니다. 그러나 다른 여러 곳에서 데카르트는 내가 나의 존재를 확신하는 것은 곧 내가 이것 저것을 사유함으로써라는 사실을 강조한다.[41] 이렇게 보면 나의 사유는 내 존재의 바탕 위에서만 가능하고, 내 존재는 나의 사유를 통해서만 확인된다. 이러한 순환관계를 통해 나의 존재와 사유는 상보적으로 나의 정체성을 형성한다. 나아가 이렇게 찾아낸 코기토는, 이 말이 의심하거나 이해하고, 긍정하거나 부정하고, 원하거나 원하지 않으며, 상상하거나 느끼는 것 등등을 포괄한다 해도(2부), "cogito"라는 단어의 선택 자체가 말해 주듯이 지능적인 작용을 나타낸다. 그래서 『성찰』은 가장 확실한 것은 존재하는 나라는 것, 나는 무엇보다도 사유작용을 행하는 존재라는 것을 확립했다고 볼 수 있다.

다산에게 제일 원리는 없다. 그는 예컨대 주자처럼 리=태극을 제일 원리로서 내세우지 않는다. 그가 최상급 표현을 쓰지 않은 것은 아니지만, 그런 경우에도 뚜렷한 인식론적 의도를 가지고 쓴 것은 아니다. 다산의 사유는 주자의 사유처럼 논리적이고 필연적이지 않다. 그는 삶의 장으로 회귀하고자 하며, 그 장을 설명하는 개념들은 각 맥락에 따라 달라진다. 그러나 다산 역시 그의 담론에서 인간의 마음에 핵심적인 위상을 부여한다. 그리고 그 마음에 강한 주체성을 부여한다. 이 점에서 데카르트와 통하며, 근대성의 문턱을 넘어서고 있다. 그러

---

41) "그러므로 나는 정확히 말해 단지 하나의 사유하는 것, 즉 정신, 영혼, 지성 혹은 이성이며, …… 그런데 [앞에서 말했듯이] 나는 참된 것이며, 참으로 현존하는 것이다. 그러나 나는 어떤 존재일까? 나는 말했다. 사유하는 존재라고."

나 다산의 마음은 데카르트의 코기토와 현저하게 다르다. 근대성의 문턱이 주체성의 정립에 있다면, 주체 개념에서의 이 차이는 우리의 비교에서 핵심적이다.

우선 마음의 존재론적 위상은 무엇인가? 데카르트의 코기토는 '실체'이다. 데카르트는 이 실체를 물질적 실체와 구분하는 데 상당한 노력을 들이고 있다. 코기토는 자존적인 존재이며 어떤 면에서 물질적 실체보다 더 확실하고 본래적인 것이다. 그래서 데카르트에게서 마음과 심장은 두 실체로서 절대적 불연속을 이룬다. 다산에게서도 마음은 물질성을 초월하는 실체로서 정립된다. 그러나 그 과정은 다르다. 고대에 '심'心은 심장을 가리켰으며 심장은 혈기를 주관하는 장기였다. 따라서 심은 본래 물질적인 차원을 가리킨다. 한 인간을 전체로서 지시할 때면 '신'身이나 '기'己 같은 말을 썼다. 그후 인간의 정신적 차원을 강조하기 위해 '심'心, '신'神, '영'靈, '혼'魂 같은 말들이 사용되었다. 때문에 다산에게 정신성과 물질성은 연속의 계기와 불연속의 계기를 동시에 포함한다. 그 매듭이 마음=心이다. 다산에게 마음이란 물질(정련된 형태의 기)도 또 물질성과 절연된 실체도 아니다. 그것은 두 측면을 동시에 포함한다. 김희金熹와의 대화가 이를 잘 드러낸다. 문: 마음은 어떤 존재인가? 답: 유형의 마음은 우리 내장[들 중 심장]이고, 무형의 마음은 나의 본체로서 이른바 허령불매자虛靈不昧者이다. 문: 허령불매자란 어떤 존재인가? 답: 무형의 본체로서 신체의 질서('血肉')에 속하지 않으며, 모든 현상을 포괄할 뿐만 아니라 모든 이치를 신기하게 깨달으며, 사랑하고 미워할 줄 아는 존재이다. 이는 내가 태어날 때 하늘이 나에게 부여해 준 것이다(『대학강의』). 이로부터 우리는 다산이 물질성으로부터 마음을 분리해내려고 노력한 것은 사실이지만 결코 데카르트적 이원론으로 나아가지는 않았음을 확인할 수 있다(유형의 마음이 곧 몸이다). 굳이 말한다면, 적어도 이 부분에서 다산의 구도는 스피노자의 그것과 통한다.

마음의 본질적 기능은 무엇인가? 위에서 말했듯이 데카르트의 코기토가 여러 가지 내용을 담고 있음은 사실이지만, 그것의 본래적 기능은 사유작용이다. 사유의 극한은 회의이다. 사유는 회의할 수 있고 그 회의를 딛고서 새로운 지식을 구축할 수 있다. 이것이 코기토의 적극적 내용이다. 다산의 마음 역시 지능으로서의 기능을 한다. 그러나 인간의 마음이 고유하게 지니고 있는 성격은 도덕적 힘이다. 다산의 마음은 순수 개념으로 차 있기보다는 힘, 경향, 의지의 성격을 띤다. 도덕의 실천은 순수 개념의 차원이 아니라 힘의 차원이다. 그래서 마음은 물질성도 아니지만 순수 개념, 성의 차원도 아니다. 이 점에 다산 사유의 중요한 특징이 있다. "선을 쌓고 의를 모으는 사람이 있을 때……그 쌓음이 지속되며, 마음이 넓어지고 몸은 넉넉해지며("心廣體胖"), 밝은 빛이 얼굴에서 피어나 등줄기를 타고 내려가, 마침내 가득 찬 호연지기가 극히 크고 굳센 경지에 다다라 천지를 가득 메우게 된다."(『맹자요의』, 「공손추상」) 마음의 위대함은 사고에 있다기보다는 바로 이렇게 도덕의 실현을 통해 타인과는 물론 천지와 합일할 수 있는 경지에 다다를 수 있는 가능성에 있는 것이다. 다산에게 '확실한 것'은 바로 이 도덕적 경향이다(때문에 다산에게서 마음이 물질성과 대립하기만 하는 것은 아니다. 힘은 물질성 없이는 기능하지 못하기 때문이다).

데카르트에서 인간은 별도의 두 실체가 결합된 묘한 존재이다.

인간의 신체는 다른 자연과 하등 다를 바 없는 하나의 물체이다. 반면 정신은 물체와 완전히 구분되는 실체로서 신과 연결된다. 내 정신 속에는 무한/완전성의 관념이 있으며 이 관념을 통해 신과 나는 연결된다.[42] 인간은 신과 통하는 반쪽과 물질과 통하는 반쪽이 합해져 이루어져 있다. 다산에게서도 몸과 마음은 신묘하게 결합되어 있다("神形妙合 乃成爲人"). 그러나 위에서 말했듯이, 그에게 몸과 마음은 두 실체이기보다 한 실체의 두 측면이다. 한 측면은 비가시적 활동[神]의 측면이고 다른 한 측면은 가시화된 사물[形]의 측면이다.[43] 그러나 이 두 측면이 하늘/신 및 땅/자연과 관계 맺는 양태는 데카르트와 유비적이다. 도덕적 마음은 하늘에서 유래한 것이지만, 유형의 마음은 부모 및 자연 일반에서 부여받는 것이다. "天命之謂性"도 이런 맥락에서 해명된다. "하늘이 생명을 주셨을 때 이 성性[도덕성]을 함께 내리셨으니, 이를 따르고 실천하게 하셨다. 이 성이 없다면 평생이 다 간들 어찌 티끌만 한 선이라도 이루기를 바라겠는가? 하늘이 이 성을 내려주셨기에

---

42) "유한한 존재인 나로부터 무한한 실체[神]의 관념을 이끌어낼 수가 없으며, ⋯⋯ 결국 진정 무한한 어떤 실체가 [무한한 실체의 관념을] 내게 준 것이라고밖에는 달리 생각할 수 없다."(3부) "⋯⋯ 나 자신이 실체인 한 나는 실체의 관념을 갖고 있지만, 나는 유한하기 때문에 그 관념은 무한 실체의 관념일 수 없으며, 따라서 무한 실체의 관념은 실제로 무한한 실체로부터 유래해야 하기 때문이다."

43) 이는 얼핏 다산이 마음을 음양 구조에 입각해 해명한 듯이 보인다. 즉 양(陽)-신(神)과 음(陰)-형(形)의 결합에 의해 마음이라는 기(氣)를 설명한 듯이 보인다. 그러나 다산은 마음의 도덕성("靈明之心")에 기와는 다른 존재론적 위상을 부여하고자 했다. 때문에 평소 다산이 주자의 선험철학적 구도를 거부하고 있음에도, 적어도 이 부분에서는 선험-경험, 정신-물질의 이분법이 발생한다. 그러나 거듭 말하거니와, 이 이분법은 데카르트적 이분법이 아니다.

우리는 매 순간 깨닫고 뉘우칠 수 있는 것이다." 이렇게 보면 데카르트와 다산의 구도는 유사하며, 다산이 한때 천주교를 받아들인 것도 이 때문일 것이다. 그러나 몸과 마음의 관계에서 둘은 결정적으로 갈라진다. 다산에게서 인간은 데카르트에서처럼 양분되기보다는 입체적으로 이중화된다. 무형의 "허령불매자"는 하늘로 이어지고 유형의 몸은 땅으로 이어지는 것이다. 이 부분에서 다산의 사유도 선험적 구도를 띠게 되지만, 주자적인 주지주의는 거부되고 힘, 경향성으로서의 마음이 인격적인 하늘로 이어진다.

데카르트의 신과 다산의 하늘은 논의의 맥락을 달리한다. 데카르트의 신은 인식론적 맥락에서 요청된다. 데카르트는 도덕과 정치의 문제는 교회와 국가에 떠맡겼으며, 의지, 감정, 판단이라는 마음의 요소들 중에서도 판단에 관심을 집중한다. 신 존재 증명도 논증의 성격을 띤다. 그의 논증은 본유관념의 긍정, 실체 관념의 수립, 유한한 인간과 무한의 관념, 완전성 관념과 실존 관념의 필연적인 연결, 가능적 완전성과 현실적 완전성의 차이 등과 같은 논의들을 통해 진행된다. 그러나 다산의 하늘은 단순소박한 고대의 하늘 즉 상제上帝이다. 다산이 상제를 요청하는 것은 전적으로 도덕적 맥락에서이다. "군자가 어두운 방 안에 있으면서도 두려움에 떨면서 감히 악한 짓을 못하는 것은 거기에 상제께서 임해 계시기를 알기 때문이다." "무릇 어두운 방 안에서 온갖 나쁜 짓을 꾸민다 해도 결국 발각되지 않는다면, 누가 괜스레 두려워할 것인가?[상제가 계시기 때문에 두려운 것이다]" 이렇게 보면 다산의 하늘은 거의 민간 신앙 수준에서의 상제라고 할 수 있다. 다산은 성리학이 상제 개념에서 인격적인 요소를 탈색시키고 리 개념을 통해 주지주의적으로 나아간 것을 비난하고, "옛사람들이 하늘을 말할 때는 진실하고도 분명했는데, 오늘날 사람들이 하늘을 말할 때면 왜 이렇게 아득하고 황홀恍惚한가"라고 말했다. 나아가 그는 귀신의 존재와 제사의 의미를 문자 그대로 긍정했으며, 상제가 귀신들 중 가장 존귀한 존재로 보았다(귀신-상제 관계는 천주교에서의 천사-신 관계와 유사하지만, 두 존재는 다산의 사유에서 더 연속적이다). 이렇게 보면 다산의 신은 데카르트나 주자에서처럼 합리주의화된 신이라기보다 고대 신앙 그대로의 신이라고 볼 수 있다.

사람과 하늘을 논했거니와, 이제 땅(자연, 천지, 세계)의 문제를 짚어 볼 차례이다. 데카르트가 세계를 기하학화해서 보았다는 것, 물체를 연장을 가진 실체로 보았다는 것, 물체를 기계론적으로 설명하려 했다는 것 등은 잘 알려져 있다. 그러나 우리가 여기에서 문제 삼는 것은 물질과 정신, 그리고 신의 관계이다. 데카르트에게 자연이란 신의 실존을 확인하는 한 통로이다. 데카르트는 자연에서 크기, 모양, 위치, 운동, 지속, 수 등을 명료하고 분명하게 인식할 수 있다는 점을 논증한 후, 신의 실존을 논증한다. "내가 나의 내부에서 어떤 모양이나 수의 관념 못지않게 신의 관념을, 지극히 완전한 존재의 관념을 발견한다는 것은 확실하다."(5부) 마치 플라톤이 수학적 존재들을 매개로 형상의 차원을 논증한 것과 같다. 물질성이 제거되는 구체적 예로서 수학이 제시되고, 그 과정과 유비적으로 신이 논증된다. 역으로 자연은 신의 피조물로 파악된다. 자연의 본질적 측면을 수학적 차원으로 이해한다는 것은 역의 방향에서 말해 신이 수학적 도안에 따라 자연을 설계했음을 의미한다. 그리고 인간은 이 수학적 차원을 인식할 수 있는 도구 즉 본유관념을 신에게서 부여받았으며, 자연 속에서 신의 섭리를 파악하고 그것을 이용해 "자연의 소유자요 주인"(『방법서설』, 6부)이 될 수 있다. 자연은 'physis'이기를 그치고 운동하는 물질로 환원되었으며, 인류의 복지를 위해 이용해야 할 재료로 화했다.

그러나 신의 피조물 가운데에서 영혼만이 물질과는 별도의 실체로서 존재한다. 이미 논했거니와, 데카르트에게 사고하는 영혼과 연장을 띤 물질은 전혀 다른 두 실체이다. 인간은 완전히 구분되는 이 두 실체의 상응을 통해 존립하는 기묘한 존재이다. "위胃의 움직임과 먹고 싶어 하는 욕구 사이에, 그리고 고통을 일으키는 것에 대한 감각과 이 감각으로부터 생기는 슬픔이라는 생각 사이에는 분명 어떠한 유사성도 관계도 없다."(6부) 다산의 경우, 그는 우주에 존재하는 모든 것을 기로 파악하는 전통에 충실하다. 그러나 다산에게도 초월의 영역은 있다. 기의 차원을 벗어나는 이 영역은 귀신들의 영역이다. 그리고 귀신들 중의 귀신이 곧 상제이다. "하늘과 땅 사이에 귀신들이 밝고 삼엄하게 늘어서 있는바, 그 가운데 지극히 존귀하고 위대한 존재가 바로 상제입니다."(『중용강의』) 그리고 인간에게서 상제와 상응하는 초월적 부분은 바로 도덕적 마음이다. 상제는 이 세계를 주관하지만, 특히 인간의 도덕적 마음은 상제에 의해 뒷받침된다.

데카르트의 사유는 서구 근대성의 초기 조건을 형성했다. 그것은 곧 경험주의 인식론과 유물론적 자연철학을 통해 논박되었다. 신과 코기토는 부정되고 기계론만 일부 살아남았다. 이런 과정은 19세기에 이르러 실증주의 인식론과 유물론적 세계관으로 이어졌으며, 개인주의적 정치철학과 결합해 서구 근대성의 패러다임을 형성했다. 그러나 19세기 이래 실증주의를 벗어나려는 낭만주의, 합리주의 등의 인식론이 이어졌으며, 기계론의 조야한 자연관도 무너졌고, 개인주의가 야기한 소외도 비판받았다. 현대 사유가 늘 데카르트에 대한 공격으로 시작하는 것은 이러한 맥락에서이다. 한국 사회 또한 서구화 일변도의 과정을 겪은 끝에 오늘날 탈근대성을 논하기에 이르렀다. 이렇게 볼 때 다산의 사유가 우리 현대사의 초기 조건으로 자리 잡았더라면 하는 생각을 금할 수가 없다. 데카르트와 다산이 상이한 초기 조건을 제시했음에도, 우리는 다산이 제시한 길을 걸어가지 못했던 것이다. 그러나 데카르트의 길이 분명한 한계를 드러낸 오늘날 다산의 가지 못한 길은 새로운 의미를 띠고서 우리에게 다가온다. 이는 경험주의의 전통과 비교할 때에도 마찬가지이다.

합리주의와 경험주의를 날카롭게 대립시키는 것은 인식론사의 상식이 되어 있다. 그러나 신, 영혼/마음, 자연의 관계를 규명하는 거시적인 안목에서 이 두 사조가 큰 차이를 드러내지는 않는다. 인식론에서 본유관념을 날카롭게 비판했던 로크도 정치철학을 위해 자연법을 필요로 했고, 그 자연법이란 말할 필요도 없이 신에게서 유래하는 것이었다. "자연법은 자연의 빛을 통해 알 수 있는 신의 의지의 명령"(『자연법론』)이라는 로크의 생각은 데카르트 형이상학의 구도를 정치철학적인 맥락으로 옮겨 놓고 있다. 이성으로서의 영혼, 우리의 영혼에 진리의 씨앗을 각인해 준 신, 인간보다 아래에 놓이는 자연, 자연의 법칙을 발견함으로써 신의 영광을 드높이는 인간, 인간이 개척해야 할 질료로서의 자연 등과 같은 생각은 합리론과 경험론이라는 좁은 지평을 넘어 17세기 서구 사상 전체를 보았을 때 드러나는 기본 구도이다. 이 구도는 도심道心으로서의 영혼, 우리의 허령불매자에 도덕적 능력을 심어 준 상제, 인간과 불연속상에 놓이는 자연, 도덕적 행위를 통해 상제와 닿는 인간 등과 같은 다산의 생각과 비교된다. 이 초기 조건에서의 갈라짐이 그후 서구적 근대성과 우리의 근대성을 달라지게 했다. 그러나 그 두 계열은 나란히 발전하지 못했다. 오늘날 우리는 이 불균형의 연장선상에서 살고 있다. 만일 우리 현대성의 초기 조건으로 돌아가 점선으로 그려진 현대인의 얼굴을 발견하고, 그 얼굴을 보면서 현실을 바꾸어 나가고자 한다면, 다산에의 참조는 필수적이다. 서구의 근대성과는 다른 형태의 근대성을 제시한 것은 바로 그였기 때문이다.[44]

이 장에서 우리는 다산이 그린 주체는 어떤 형태의 주체였으며 그것이 주자로 대변되는 전통 사상 및 데카르트로 대변되는 서구 근대성과 어떤 차이를 보이는가를 짚어 보았다. 우리가 후기 산업자본주의 사회에서 서구화되어 살아가는 현대인의 얼굴을 그릴 때, 멀리에서 이 얼굴을 굽어보는 또 하나의 얼굴은 다산이 그렸던 얼굴이다. 오늘날 우리의 사유는 이 두 얼굴 사이에서 이루어져야 할 것이다.

---

44) 다산의 사유와 근대성에 대한 보완적 논의로 보론 「다산의 사유와 근대성」을 보라.

2부 대중자본주의의 시대

1장_ '대중'의 얼굴—대중사회의 담론학

현대 사회는 어떤 사회인가? 후기산업사회, 첨단기술사회, 후기자본
주의 사회, 포스트모던 사회 등과 같은 말들은 무엇을 의미하는가? 포
스트모던 사회에서 살아가는 인간은 어떤 인간인가? 현대인은 어떤
삶을 살고 있는가? 요컨대 현대인은 누구인가? 이 물음에 대해 나는
현대인은 '대중'이라고 답한다. 그러나 이 대중이란 누구인가? 대중은
어떤 얼굴을 하고 있는가? 대중은 민중/인민과 어떻게 다른가? 대중
사회는 어떤 사회인가? 이제 아래에서 전개할 이야기는 대중이란 무
엇인가, 현대인은 어떤 얼굴을 하고 있는가를 서술한다. 여기에서는
특히 앞에서 논했던 다산의 도덕적 주체와 대비되는 주체들을 논할
것이다. 그러한 대비를 통해 지금 우리가 살고 있는 현실을 돌아다볼
수 있을 것이다.

　대중이란 누구인가? 이 "누구인가?"라는 물음에 대해 이러이러
한 사람들이라고 답해서는, 즉 외연적으로 답해서는 안 될 것이다. 인
간을 양분해 대중과 비대중으로 나누는 것은 적절치 않다. 현대인은

누구나 대중이며, 여기에서 '대중'이란 '무엇'이 아니라 오히려 '어떻게'를 뜻하기 때문이다. 그래서 "누구인가?"라는 물음에 우리는 현대인은 이러이러한 얼굴을 가진 존재라고 답해야 한다. 요컨대 대중이란 특정한 사람들의 집합이 아니라 모든 사람이 일정 측면 띠고 있는 특성으로 파악해야 한다. 그것은 존재가 아니라 존재양식이다. 그래서 우리가 논하는 것은 정확히 말하면 '대중'이라기보다는 '대중적 존재양식'이다. 다시 말해, **대중성**이란 특정 인간의 내면적 속성이 아니라 모든 인간을 대중으로 만드는 **객관적 장**이다. 대중이란 인간이기보다는 차라리 시대이다.

물론 어느 시대에나 어느 문화에나 대중적 존재양식은 있었으며 또 있을 것이다. 이 존재양식은 **일상성**이라는 상황에서 비롯된다. 일상성이란 언제 어디서나 존재하는 인간의 필수적인 존재양식이다. 물론 시대와 문화에 따라 일상성의 구체적인 모습은 똑같지 않다. 여기에서 문제 삼는 일상성은 바로 후기자본주의 사회 내에서의 일상성이다. 현대인이 누구나 대중으로서 존재한다는 것은 일상성을 지배하는 코드가 그만큼 강화되었음을 말하며, 자본주의와 대중문화에 의한 생각, 말, 몸짓의 코드가 확고하게 자리 잡았음을 뜻한다. 우리가 분석할 것은 바로 현대 사회에서의 일상성 및 그것이 가져온 '대중'이라는 존재양식이다. 그것은 곧 현대인의 얼굴이다.

현대인＝대중의 얼굴을 그리는 것은 매우 방대한 작업을 요한다. 우리는 이 작업을 신체나 욕망의 관점에서 논할 수도, 또 권력과 인정 투쟁의 관점에서 논할 수도 있다. 다른 관점들도 가능하다. 그러나 여기에서는 대중을 인식론적 관점에서 논한다. 이 말은 아마 낯설게 들릴 것이다. 전통적으로 인식론이란 대중적/상식적 차원을 벗어나는 담론들의 내적인 논리를, 그리고 최근에는 그 역사적 맥락을 분석하는 것이었기 때문이다. 우리는 인식론이라는 과목에서 상대성이론이나 진화론의 문제 또는 정신분석학의 인식론적 위상 등에 대한 논의를 기대한다. 그러나 내가 전개하려고 하는 인식론(더 정확히는 담론학)은 우리의 일상생활 속에 스며들어 있는 인식을 문제 삼는다. 더 정확히는 우리의 삶 속에서 작동하고 있는 편견과 무지, 오류, 착각, 고정관념, 상징 조작 등등을 드러내고자 하는 것이다. 요컨대 우리는 대중사회의 담론학적 "기초"를 정립하고자 한다. 그것은 **거꾸로 뒤집혀진 인식론이다.**[1] 정치적 모순이나 경제적 모순 등은 눈에 잘 띄고 뜨거운 논란이 된다. 최근에는 환경 문제 역시 그렇다. 그러나 문화적 모순들, 그 중에서도 특히 **인식론적 공해**公害는 쉽게 관찰의 대상이 되지 않는다. 여기에서는 바로 이 인식론적 공해를 관찰한다.

감각인: 기질, 분위기, 기분

현대인이 어떤 존재인가에 대한 물음은 일의적인 답을 허용하지 않는다. 대중사회의 담론학이라는 맥락에서 우선 '감각인'感覺人을 들 수 있을 것이다. 현대인은 감각하는 존재이다. 물론 어느 시대에나 존재해

---

1) 아리스토텔레스의 '오류추리론'으로부터 (칸트의 선험적 변증론, 바슐라르의 '인식론적 장애물' 등등을 거쳐) 들뢰즈의 '사유의 이미지'론에 이르기까지, 철학자들은 진리의 논리학 못지않게 가상의 논리학도 전개해 왔다. 여기에서의 나의 시도는 말하자면 이런 시도들의 담론학적 버전이라고 할 수 있다.

온 자연적 감각을 뜻하는 것이 아니다. 어지러운 네온사인, 영화, 비디오, TV, 높은 건물 위에서 명멸하는 이미지들, 나아가 각종 사진, 형형색색의 옷 색깔과 머리 모양, 질주하는 자동차들, 현대인의 눈에는 현란한 시각 이미지들이 시시각각으로 쏟아져 들어온다. 그리고 그의 귀에는 자동차 경적 소리, 전화벨 소리, 각종 음악 소리 등이 끊임없이 흘러 들어온다. 거기에 숱한 촉각적, 미각적, 후각적 이미지들이 뒤섞여 들어온다. 오감五感을 통해 흘러 들어와 우리를 자극하는 모든 것들이 삶의 환경 — 우리를 둘러싼 주변이 아니라 우리의 내면에까지 들어와 있는 환경 — 을 형성한다. 전통 사회를 채웠던 감성적 언표들은 일정한 한계를 가지고 있었다. 오늘날 우리는 폭발적으로 증폭한 새로운 감성적 언표들 속에서 살아간다. 현대인은 무한한 감성적 언표들 속에서 부유浮遊한다. 현대인은 무엇보다 우선 감각인이다.

감각은 몸의 표면과 세계의 표면이 혼효混淆함으로써 발생한다. 우리의 몸은 기氣-의미의 덩어리이며, 세계를 기-의미의 복합체로서 받아들인다.[2] 내 눈의 기가 한 여성의 화려한 옷 색깔과 부딪치고, 내 마음에는 '사치스러움'이라는 의미가 발생한다. 감각의 차원에서 의미는 깊은 반성이나 판단을 통해서가 아니라, 이미 코드화된 의미로서 기의 운동과 거의 동시에 발생했다가 소멸한다. 감각인에게 시간이란 계속 명멸하는 기-의미의 운동이다. 감각인의 장소는 기호들로

---

2) 여기에서의 기는 앞에서의 기와 맥락을 달리한다. 1부 2장에서의 기는 주로 철학적인 맥락에서의 기라면, 여기에서의 기는 인간의 주관에 연관되는 기이다. 일본어에서 흔히 등장하는 '気'에 해당한다.

코드화되어 있는 감각적 성질들의 총체이며, 거기에서 그는 코드화된 의미에 따라 움직인다.

감각인은 주관적 기의 흐름을 통해 살아간다. 일상어를 유심히 살펴보면 우리의 일상이 기의 운동을 통해서 이루어짐을 확인할 수 있다. 감각인은 축구 경기에서 골을 넣고서 기가 살기도 하고, 애인에게 절교 선언을 듣고서 기가 죽기도 한다. 그는 직장에서 자신을 쫓아내려는 사람을 보고 독기毒氣를 품기도 하지만, 집에 돌아와 아내와 아이의 따스한 온기溫氣를 느끼기도 한다. 거듭되는 성공에 기세氣勢 좋게 나가지만, 치명적인 실수를 하고 기가 꺾이기도 한다. 자신의 차를 들이받고 오히려 성을 내는 사람 앞에서 기가 차고, 오히려 그런 사람을 유리하게 대하는 경찰관 앞에서 기가 막힌다. 직장 상사의 기색氣色을 살피기도 하고, 회의실에서 기염氣焰을 토하기도 하고, 찬 기후氣候 때문에 일찍 귀가하기도 한다. 공연히 화가 나서 객기客氣를 부려보기도 하고, 좋지 않은 경기景氣 때문에 기운氣運을 상실하기도 한다. 차가운 공기空氣 때문에 감기感氣에 걸려 경기驚氣를 하는 아들을 함부로 취급하는 소아과 의사에게 노기怒氣를 느끼기도 한다. 연예인들은 인기人氣를 얻으려고 광분하고, 기 싸움을 하는 대선 주자들의 추태는 연말의 공기空氣를 탁하게 만든다. 기관지氣管支가 나쁜 사람은 생기生氣를 잃고서 기진맥진해 살아간다. 힘센 자의 기력氣力, 아들의 죽음을 들은 어머니의 기절氣絶, 젊은이들 특유의 혈기血氣, 싸늘한 살기殺氣, 편했다가 불편했다가 하는 심기心氣, 용감한 사람의 의기義氣, 기쁜 소식을 전해 주는 아내의 태기胎氣 등등, 우리의 일상어를 살펴보면 삶이란 결국 기의 흐름인 듯하다. 이런 숱한 일상어로 표현되는, 개념적 반성 이전의 세계, 기의 흐름이 지배하는 세계가 감각인이 살아가는 세계이다.

감각의 세계에서 살아간다는 것, 반성 이전의 기의 흐름의 세계에서 살아간다는 것은 기본적으로 기질, 분위기, 기분의 흐름 속에서 살아감을 뜻한다. 한 인간에게 주어진 기질은 그의 **원초적 주체성**을 형성한다. 그 원초성을 극복해 나가면서 보다 원숙한 주체성이 형성되어 간다. 그러한 성숙을 이루지 못할 때 기질은 한 인간을 집요하게 지배한다. 과학자들은 이 기질을 '욕동'(프로이트), '유전자'(분자생물학)를 비롯한 여러 개념들로 설명하지만, 이 개념들이 항상 일면적이라는 사실보다 더 중요한 것은 이런 '주어진 것'들을 어떻게 넘어서면서 스스로를 만들어 갈 것인가, 창조해 갈 것인가가 삶의 핵심이라는 사실이다. 과학자들이 주체를 환원시키고 싶어 하는 이런 차원들은 물론 의미를 가진다. 주체가 그것들에 대한 '인식'을 통해서 좀더 탄탄한 자신을 창조할 수 있게 되기 때문이다. 그러나 기질에 대한 이런 인식과 동시에 그것의 초극이 부단히 시도되지 않을 때, 우리의 삶은 기질에 의해 헤어날 길 없이 지배당한다. 학생 시절의 친구가 당시의 기질에서 거의 벗어나지 못한 채 다시 나타났을 때, 우리는 삶이라는 것이 끔찍할 정도로 단순한 것이라는 진실 앞에 서게 된다.

주관적 기질의 맞은편에는 객관적 분위기가 있다. 분위기는 사물도 성질도 사건도 아니다. 이 모든 것이 하나의 장소를 채우고 있을 때, 분위기는 그 장소가 띠는 기의 특질特質로서 존재한다. 그것은 어느 순간 존재하다가 사라지지만 특정한 상황에서 다시 출현하는 특이한 성질이다. 그것은 실존하기보다는 존속한다. 장소가 추상적 공간이 아닌 이유에는 여러 가지가 있다. 그 중에서도 뺄 수 없는 것인 분위기는 장소의 기화氣化를 단적으로 표현하는 어떤 것이다. 장소의 최종적인 표현은 분위기이다. 우리의 삶은 수없이 많은 장소들의 계열로 구성된다. 각각의 장소들은 분위기의 변동을 통해 기화를 겪으며, 감각인에게 '산다'는 것은 그런 '기의 흐름'을 겪는 것이다. 분위기는 감각인의 주체성을 단적으로 지배한다. 감각인-주체의 주체성은 숱한 분위기-장을 겪으면서 희박화稀薄化된다. 그렇게 희박화된 주체를 지배하는 것은 원초적 주체성으로서의 기질이다. 현대인의 일상적 삶이펼쳐지는 세계는 상이한 기질에 의해 분화된 개인들과 각종의 장을형성하는 분위기들의 얽힘으로 이루어진다.

이 얽힘으로부터 생성하는 것은 곧 기분氣分이다. 특정한 상황이빚어내는 분위기와 그 상황에 처한 감각인의 기질이 만들어내는 것은어떤 특정한 기분이다. 기질에 입각해 분위기를 겪어 나가는 한, 감각인의 내면은 부침하는 기분을 벗어나지 않는다. 기분이란 내적인 감성적 언표들로 이해할 수도 있을 것이다. 오감을 통해 확인하는 외적인 감성적 언표들은 마음에 영향을 끼치고 거기에 내적인 감성적 언표들을 새긴다. 이 감성적 언표들이 기분을 생성시키고, 희박화된 주체는 이 생성에 좌우된다. 감각인이 사물을 보는 것은 기분을 통해서이다. 객관적 분위기와 그것과 맞물려 있는 주관적 기질, 그리고 이 교차를 통해 생성하는 기분이 ('인식론적 장'에 대비되는) **감성학적 장**을형성한다. 이 감성학적 장은 문화와 시대에 따라 상이한 얼굴로 나타난다. 현대라는 시대와 도시라는 문화공간은 감각인이 살아가는 감각-장을 형성하며, 여기에서 기질, 분위기, 기분의 기화가 이어진다.

기분을 가지고서 사물을 본다는 것은 사물을 그 자체에 있어서가 아니라 자신에게 있어 봄을 뜻한다. 주체의 기와 사물의 기가 분리되어 있지 않기 때문에 객관적 인식은 불가능하다. 이 장은 개념적 장이 아니라 이미지의 장이다. 감각자료와 개념으로 양극화하기 이전에 이미지들 속에서 주객이 뒤범벅된 차원이 존재한다. 감각인은 이 차원에서 이미지로서 인식한다.[3] 이미지는 사물의 원초적 의미, 비의미적 의미이다. 그러나 다른 한편 이 이미지들은 이미 기호들로서 코드화되어 있다. 현대 문명이 쏟아내는 각종 이미지들은 이미 대중문화에 의해 코드화되어 있으며, 감각인은 **즉물적으로** 그것을 받아들인다.[4] 사물과 주체가 만나 생성하는 이미지작용은 개념적 언표와 사물 사이에서 이루어지는 지시작용, 개념적 반성/해석을 통해 이루어지는 나의 언표행위, 나아가 그런 언표행위를 지배하는 코드 이전에 존재한다. 최초의 의미작용은 이미지를 통해서 이루어진다. 결국 기분을 통해 사물을 본다는 것은 한편으로 우리의 기질을 투영해서 다른 한편으로 그때그때의 분위기에 의해 지배되어 봄을 뜻하며, 이런 이미지작용으로서의 인식은 즉물성을 그 핵심적인 특성으로 하는 것이다.

---

3) 여기에서의 'imagination'은 바슐라르가 물리학적 맥락에서 또는 시학적 맥락에서 논한 상상을 뜻하는 것이 아니다. 여기에서 문제가 되는 'imagination'=이미지작용은 삶의 표면에서 떠돌아다니는 이미지들의 작용, 특히 대중문화에 의해 코드화되어 사람들을 지배하는 이미지작용이다.

4) 나는 '대중'이라는 말을 특정한 사람들을 가리키는 말로 사용하지 않는 것과 마찬가지로, '대중문화'라는 개념을 특정한 문화적 장르를 가리키는 말로 사용하지 않는다. 그것은 어떤 문화가 아니라 문화의 어떤 존재방식이다. 대중문화란 대중에 의해, 대중매체를 통해서 명멸하는 문화이다. 따라서 실험영화는 대중문화가 아니지만, 기사화된 철학서는 대중문화이다. 똑같은 한 대상이 그것이 전유되는 방식에 따라 대중문화일 수도 아닐 수도 있다. 고급한 실험음악이 TV 광고의 배경음악으로 사용될 때 그것은 대중문화로 화한다.

이런 식의 이미지작용은 시공간적으로 확장된다. 공간적인 맥락에서, 이미지작용은 집단화된다. 검은색에 대한 이미지작용은 흑인들과 백인들에 의해 집단적으로 변별화된다. 이렇게 변별된 이미지작용은 쉽사리 변화하지 않는다. 이렇게 형성된 **집단 이미지작용**은 하나의 장을 형성하며, 이 장 안에서 상이한 각종 기질들은 등질화되며, 일정한 평균적인 분위기가 형성되고, 그 안에서 주체들은 일정한 기분에 잠겨 살아가게 된다. 이런 과정을 통해 **집단 주체**가 형성되고, 이 집단 주체는 자기도 모르게 집단 이미지작용을 통해서 사물을 즉물적으로 보게 된다. 이미지작용은 또한 시간적으로도 누적된다. 고착된 이미지를 통해 사물을 즉물적으로 대하는 방식은 한동안 지속되다가 어떤 계기를 통해서 큰 변화를 겪는다. 그때 사람들은 "시대가 변했다"고 말한다. 하나의 시대 속에서 살아가는 사람들은 그 시대의 집단 이미지작용을 통해서 집단 주체가 된다. 시대를 벗어날 수 있는 사람은 드물다.

　　이미지작용은 그것이 개념작용의 장에서 작동할 때 얄궂은 위력을 발휘한다. 개념의 차원이 이미지의 차원으로 받아들여져 즉물적으로 '해석'될 때 어이없는 말들이 지면을 채우게 된다. 하나의 개념은 그 개념의 정확한 이해를 가능케 하는 과정을 거쳐 파악된다. 예컨대 '해체주의'라는 말은 데리다의 특정 텍스트에 대한 독해를 전제한다. '계보학'이라는 말은 니체와 푸코의 특정 텍스트들에 대한 독해를 전제한다. '소수자'라는 말은 들뢰즈·가타리나 네그리·하트의 특정 텍스트들에 대한 독해를 전제한다. 그러나 이런 과정 없이 즉물적인 이미지작용을 통해서 개념들이 '해석'될 때, 해체주의는 해체공법의 이미지를 통해서, 계보학은 족보의 이미지를 통해서, 소수자는 소집단의 이미지를 통해서 받아들여진다. 개념의 이미지로의 전락은 학문적/사상적 성과물들을 속화시켜vulgarize 대중문화의 장 속을 떠다니게 만든다. 이런 속화와 희화화는 1990년대 이래 한국 사회에서 유난히 두드러졌다. 그것은 현대적인 감각인과 (그것을 가능케 하는) 대중문화의 출현이 이 시대에 한국 사회라는 즉물적인 공간에서 조우遭遇했기 때문일 것이다. 개념이 이미지로 전락할 때 사유는 흉측하게 일그러진다.

현대 문명이라는 장 속에서, 특히 대중문화라는 장 속에서 태어난 대중/현대인은 기질, 분위기, 기분이라는 기의 흐름을 살아가는 감각인이며, 이 감각인의 본질은 즉물성에 있다.

정보인 : 골방-속의-세계

대중은 감각인인 동시에 정보인情報人이기도 하다. 대중은 한편으로 격변한 지각 환경 속에서 살아가지만, 다른 한편으로 새롭게 도래한 기호 환경 속에서 살아간다. 새로운 지각 환경 속에서 대중은 감각인이 되며, 새로운 기호 환경 속에서는 정보인이 된다. 정보는 사유가 고갈된 기호들의 집합으로서 신문, 잡지, 영상이미지, 컴퓨터…… 등 각종 대중매체들을 통해서 정보인의 뇌리로 쏟아져 들어온다. 현대에 들어와 정보인으로서의 대중을 창출한 대표적인 매체는 인터넷이다.

인터넷문화에서의 기질을 논하기 전에 먼저 인터넷문화라는 장을 선택하는 것 자체가 일정한 기질에서 연유한다는 사실이 전제되어야 한다. 컴퓨터로 대변되는 고도의 전자기술을 사용하는 것은 한편으로 사용자의 기질에서 연유하며, 다른 한편 컴퓨터를 사용하지 않을 때 받아야 하는 불이익의 분위기에서 연유한다. 기질상 컴퓨터를 선호하는 사람들은 적극적으로 컴퓨터문화의 장 속으로 뛰어든다. 반면 기질상 선호하지 않는 사람들은 컴퓨터를 사용하지 않았을 때 받는 불이익을 최소화하는 한에서 컴퓨터문화에 들어간다. 때문에 컴퓨터산업에 종사하는 사람들은 컴퓨터 사용이 보편적으로 요청되는 환경을 구축하기 위해 애쓴다. 이런 과정을 통해서 현대 사회는 점차 거대한 컴퓨터-장으로 화하고 있다.

컴퓨터문화는 기질에 의해 선택되지만, 역으로 일단 그 장 안에 들어온 사람들의 기질은 그 장의 분위기에 동화된다. 그리고 컴퓨터를 작동시키는 사람들의 기분은 일정한 양태로 수렴한다. 이 장을 만드는 사람들은 일차적으로 미국의 컴퓨터산업 주도자들이며, 이차적으로는 그들을 모방하고 변형해 새로운 프로그램을 만들어내는 사람들이다. 그래서 컴퓨터-장 안에 들어가 그 분위기에 동화된다는 것은 결국 미국이 만들어내는 기술문명에 동화됨을 뜻한다. 오늘날 컴퓨터문화를 창출해내는 주체는 미국과 그 모방자들이며, 컴퓨터-장 안에서 일정한 분위기로 흡수된다는 것은 바로 이 주체들의 의도대로 객체화됨을 뜻한다. 이러한 과정은 할리우드영화와 팝송의 득세, 영어라는 언어의 헤게모니, 세계 각국에 포진해 있는 영문학과, 미국의 경제력 등과 그물망 같은 연계를 이루고 있다. 오늘날의 컴퓨터문화는 단지 기술만의 문제는 아니다. 그것은 미국의 세계경영 프로그램의 가장 강력한 무기인 것이다.

이 장 안에서 사람들을 둘러싸는 것은 바로 '정보'이다. 컴퓨터는 인간에게서 사유를 앗아 간다. 거기에 존재하는 것은 정보이고 이미지이고 유희이다. 그 속에서 사람들은 사유의 내용을 잃어버리는 대신 그것을 포장하는 갖가지 형식들에 익숙해진다. 모든 의미는 정보로 환원된다. 어떤 작곡가가 어떤 곡을 몇 년에 썼다든가 그때 그가 살던 도시가 어떠했다든가 하는 등등의 정보를 얻는 것과 그 음악 자체를 체험하는 것은 전혀 다른 것이다. 마찬가지로 **정보를 얻는 것과 사유하는 것은 전혀 다른 것이다.** 인터넷공간에서 사람들은 정보를 얻는 대신 사유를 잃는다. 정보는 이미 생성되어 일정한 장소에 저장된 의미이다. 한 음악가의 음악을 직접 들어보지 못한 사람도 그에 대한 정보는 얼마든지 얻을 수 있다. 마찬가지로 사유하지 않는 인간도 정보는 얼마든지 얻을 수 있다. 그러나 정보를 얻었다고 그 찾아낸 정보의 의미를 얻는 것은 아니다. 의미는 일정한 상황과 그 상황 안에서의 주체의 체험, 그리고 그 체험에 주체가 부여하는 가치이기 때문이다. 의미는 체험하는 주체에 의해 생성된다. 그렇게 체험을 통해 얻은 몸의 의미가 반성을 통해 보다 개념적인 의미로 확립된다. 몸의 의미는 기질-분위기-기분에 의해 형성되는 주관적 의미이지만, 모든 의미는 궁극적으로 이 의미로 맞닿아 형성된다. 안도색기安圖索驥 고사가 말해 주듯이,[5] 의미는 체험을 통해 형성되며 정보는 이렇게 형성된 의미를 바

---

5) 진(秦)나라의 손양이란 사람은 좋은 말을 식별해내는 재주가 있었다. 그는 어떤 대로(大路)에서 마차를 끌고 가던 말이 갑자기 구슬프게 우는 것을 보고 곧 그 말이 천리마임을 눈치챈 적도 있다. 작은 마차를 끌기에는 그 말이 너무 뛰어났던 것이다. 손양이 죽기 전에 자신이 평생 관찰한 말들에 대한 정보를 『상마경』(相馬經)이라는 책에 기록해 후손에게 남겼다. 후손은 이 책을 지니고서 천리마를 찾아 전국을 헤맸지만 결국 찾지 못했다. 책에 담겨 있는 정보를 참조했을 뿐, 아버지가 체험한 의미를 발견하지는 못했기 때문이다.

같에서 기록하고 저장할 뿐이다.

　일상적/대중적 생활에서 정보의 위력이 점차 강력해진다면, 정보가 권력으로 화하고 정보를 얻기 위한 전쟁이 지속된다면, 그것은 우리가 점차 사물의 내적인 의미보다는 외적인 정보에 집착하고 있다는 것을 뜻한다. 사람을 바라보는 눈길도 정보에 의해 좌우된다. 이런 정보들은 '파일'에 저장되고, 그 파일은 한 인간을 판단하는 척도가 된다. 과거나 오늘날이나 한 인간에게 투사되는 타인의 눈길에는 큰 변화가 없다. 다만 정보량이 보다 많아지고 복잡해졌을 뿐이다. 오늘날 사물이 나아가 인간이 철저히 정보에 의해 규정되는 상황에서, 주체성은 그러한 규정들에 의해 온전히 정복되지 않는 측면으로서만 성립한다. 더 정확히 말해 정보들을 통해 성립하는 사회적 (예속)주체성을 넘어서는 주체성을 통해서만 성립한다. 주체성은 정보=위位에 의해 철저하게 규정된 저편의 무에서 즉 무위無位에서 성립하는 것이다. 그러나 다른 한편 주체성은 이 무위를 거쳐 현실적 위의 체계를 바꿀 수 있을 때만 현실적 의미를 갖게 된다. 무위라는 소요의 길과 위의 체계를 바꾸어 나가는 투쟁의 길을 오감으로써만 창조적 주체성이 가능하다.

　정보의 추구는 "보다 많이"와 "보다 빨리"를 기본 목표로 삼는다. 정보는 외적인 확인에 의해 주어질 뿐 내적인 체험을 요구하지는 않는다. 그것은 일회용 밴드와도 같다. 때문에 정보에서 문제가 되는 것은 "보다 많이"이다. 그리고 주어진 시간 안에 보다 많은 정보를 제공하는 것은 곧 속도를 "보다 빨리" 해서 제공하는 것을 뜻한다. 그래서 컴퓨터 생산 경쟁은 속도 경쟁이기도 하다. 정보는 마치 영화에서 빠른 속도로 스쳐 지나가는 이미지와도 유사하다. 그러나 감각인이 체험하는 속도가 이미지의 속도라면, 정보인이 체험하는 속도는 엄청나게 빨리 진행되는 알고리즘의 속도이다. 사유는 'méditation'의 어원인 'meditari'의 본뜻에 가까워진다(이 말은 원래 "교차로에서 망설이다"를 뜻한다). 이제 사유와 의미는 가지치기처럼 진행되는 알고리즘에서의 연산으로 환원된다. 정보 시대의 일상성은 이 무한 질주하는 연산을 통해 이루어진다. 대중은 알고리즘의 연산자로 환원된다.

이런 식의 환원이 완벽하게 이루어진 경우를 사고실험을 통해 상상해 보자. 개인은 타인과 거의 완벽한 단절을 이룬다. 삶에 필요한 정보가 모두 담겨 있으므로 타인과 대화할 필요가 없다. 인간은 타인과 관계 맺는 것이 아니라 인터넷과 관계 맺을 뿐이다. 직접 관계 맺기보다는 인터넷을 경유해서 관계 맺는 것이다. 마치 신을 경유해서만 관계 맺을 수 있는 라이프니츠의 모나드들처럼. 각 개인의 실제는 자신의 골방에 들어박혀서 컴퓨터 자판을 두들기는 것이지만, 그의 가상은 인터넷을 통해 전 세계를 돌아다닌다(우리는 이런 상황을 **골방-속의-세계**라고 부를 수 있을 것이다). 이 모나드들 사이에는 창이 있을 필요가 없다. 그들은 오직 "윈도우"의 창을 통해 세계를 본다. 모든 인간은 각자 인터넷이라는 총체를 자신의 '관점'에서 반영한다. 그렇게 함으로써 서로를 '표현'한다. 그러나 그들 사이에 진정한 소통은 없다. 정보인의 세계는 라이프니츠적 세계와 놀랍도록 닮았다. 그러나 인터넷은 초월적인 신이 아니라 내재적인 발명품이다. 누군가가 그것을 만들고 조작하고 변환한다. 더 나아가 이 누구 역시 또 다른 누구에 의해 조작되고 변환된다. 그 누구도 인터넷을 총체적으로 지배하지는 못한다. 인터넷을 매개로 주인과 노예의 영원한 싸움이 반복될 뿐이다. 고립된 개인들과 이 개인들을 총체적으로 지배하는 거대 컴퓨터만이 존재하는 사회, 이것이 극단적으로 정보화된 사회의 모습이다.

대중매체와 원초적 왜곡

감각인과 정보인은 현대의 지각체계와 기호체계의 장 속에서 그것들에 대한 반성/사유 없이 살아가는 대중이다. 이 지각체계와 기호체계를 만들어낸 것이 대중문화이며, 대중의 존재양식은 곧 대중문화에 의해 만들어진다. 앞에서도 말했듯이, 어떤 사람들이 대중이 아니라 사람들의 어떤 측면이 대중이다. 마찬가지로 어떤 문화가 대중문화가 아니라 문화의 어떤 측면이 대중문화이다. 대중문화란 어떤 특정한 부류의 문화가 아니라 문화가 생산되고 소비되고 유통되는 방식을 가리킨다.

대중문화에 관한 여러 가지 논의가 가능하지만 여기에서는 대중문화가 대중의 사물 인식에 어떤 영향을 끼치는가라는 문제에 초점을 맞추어 논할 것이다. 우리의 논의는 대중문화의 인식론적 맥락에 관한 것이다. 우선 주목할 점은 대중문화란 우리가 어느 정도 자란 후 영향을 미치는 한 요소가 아니라는 것이다. 현대인은 대중문화와 더불어 자라며, 대중문화가 그의 주체성 형성에 막강한 영향을 끼친다. 현대인에게 대중문화는 공기나 물과도 같은 매질이다. 대중문화는 단지 우리의 의식을 왜곡시키고 사물에 대한 그릇된 인식으로 이끌기만 하는 것은 아니다. 사람들로 하여금 그런 사실 자체를 되돌아보지 못하도록 만들기까지 하는 것이다. 대중문화는 단지 이미 형성된 인식을 왜곡시키는 것만이 아니다. 현대인은 대중문화와 더불어 처음부터 왜곡된 의식구조로 형성되는 것이다. 비판적 의식을 통해 스스로의 대중성을 돌아보고 의식의 전향을 꾀하지 않는 이상, 현대의 대중은 대중문화를 통해 처음부터 대중으로 길러진다. 80년대의 대중문화는 우리가 학교에서 받는 교육과 대립하는 특정한 문화였다. 90년대의 대중문화는 대중의 의식을 원초적으로 형성하는 장이다. 일간 신문에서 대중문화가 차지하는 양의 변화가 이를 단적으로 보여 준다. 한국인들의 세대차는 이러한 변환을 통해 결정적으로 형성되었다.

대중문화는 희화화와 속화를 그 본질로 한다. 희화화와 속화를 통해 과학, 예술, 사상의 일그러진 모습은 현대인의 어린 시절을 장악한다. 이런 과정을 통해 현대인은 사물에 대한 원초적인 왜곡과 더불어 자라난다. 어떤 결정적인 사유의 계기가 주어지지 않는 한, 이런 시선은 대중의 삶을 평생 따라다닌다. 이 점에서 대중문화는 현대인의 원초적 의식을 지배한다.

문학작품이 만화에 의해 왜곡되는 경우, 작품을 정식으로 읽기도 전에 만화에 의해 축약되고 이미지화된 결과를 봄으로써 본래의 작품에 대한 오해를 품게 된다. 영화의 경우도 마찬가지이다. 문학작품들은 영화화됨으로써 형편없이 축소되고 희화화/속화된 이미지로 전락한다. 다른 한편 소설 등은 학문적/사상적 내용들을 희화화하고 속화해서 대중들에게 팔아먹는다. TV나 인터넷, 신문, 잡지 등의 대중매체도 이런 일그러진 이미지들을 만들어낸다. 고전 음악은 영화의 주제가나 TV 선전의 배경음악으로 사용됨으로써 비로소 대중의 주목을 받는다. 미술작품 역시 그렇다. TV 사극은 역사를 흥미 위주의 스토리로 각색함으로써 대중들의 역사 지식을 처음부터 일그러뜨린다. 철학의 경우는 더 심하다. 과학은 그 본연의 내용을 통해서가 아니라 주로 할리우드 액션영화들을 통해서 대중에게 주입된다. 대중들은 학문이나 사상, 예술, 역사 등등을 그 본연의 형태로 배우게 되는 것이 아니다. 오히려 (학교에서의 주입식 교육을 포함해서) 각종 형태의 대중매체들을 통해 그 일그러진 이미지로서 접하게 되는 것이다.

우리는 진리/진실을 그 자체로서 접하지 못한다. 현대인의 삶은 이미 대중문화라는 매질 속에서 탄생해 전개되며, 따라서 진리/진실을 알게 되는 것은 오히려 그렇게 일그러진 이미지들을 걷어냄으로써 가능하게 된다. 진리/진실의 발견은 항상 그 자체로서 이루어지는 것이 아니라 애초에서부터 왜곡되고 일그러진 희화화와 속화를 깨트림으로써 비로소 가능하게 되는 것이다. 혼탁한 공기나 경제적 어려움, 정치적 부패…… 등은 사람들에 의해 쉽게 인지된다. 그러나 인식론적 공해는 좀체 인지되지 못한다. 왜일까? 인식론적 공해 그 자체가 바로 인식/인지에 관련된 것이기 때문이다. 현대의 소피스트들은 다름 아닌 대중매체이고, 현대에 있어 사유한다는 것은 바로 대중매체의 왜곡과 싸우는 것을 뜻한다.

대중문화는 모든 것을 감각화한다. 그렇게 일정하게 제시되는 이미지가 사물들에 대한 고정관념을 형성한다. 특히 시각화는 핵심적이다. 영상문화는 현대인에게 추상적 차원을 시각화해 보여 줌으로써 이미지를 고착화시킨다. 어릴 때부터 늘 보아 온 이미지들은 사람들의 마음속에 강렬하게 각인되어 그들의 사고와 행위에 알게 모르게 작용한다. 고착화된 이미지는 봄과 앎 사이의 논리적 거리를 무화시킨다. 영상문화나 컴퓨터문화를 빈번히 접하는 계층일수록 이런 의식 구조가 발달해 있다. 연예인에 열광하는 중학생·고등학생이나 TV 드라마를 벗 삼아 사는 여성들에게 시각의 논리가 얼마나 발달해 있는가를 보라. 이런 과정을 통해 대중문화는 현대인의 분위기를 넘어 어떤 면에서는 기질로까지 자리 잡는다.

이러한 과정을 통해 가치가 송두리째 전도된다. 천박하기 짝이 없는 것이 떼돈을 벌고 떵떵거리며, 진실되고 알맹이 있는 것은 백안시당한다. 유치하기 그지없는 것이 만인의 사랑을 받고, 고도의 경지를 이룬 것은 외면당한다. 연예인과 스포츠 선수가 국민의 영웅으로 군림한다. 고전 음악 연주장에는 친척들만이 와 자리를 채우지만, 유행가 가수의 콘서트는 사람들로 메워진다. 「사랑과 영혼」은 "공전의 히트"를 기록하지만 「파리 텍사스」는 열흘 만에 막을 내린다. 경영학과, 법학과에는 수재들이 몰리지만 수학과, 철학과에는 둔재들이 몰린다. 평범하기 그지없는 그림들은 여기저기 걸리지만 실험적인 작품들은 욕을 먹는다. 모든 가치가 거꾸로 서는 사회, 저질이 찬양받고 진짜는 외면당하는 사회, 이 가치 전도의 사회가 현대의 대중사회이다. 저질이고 유치할수록 대중들이 몰리고, 대중들이 몰리면 돈이 모인다. 자본 있는 자들은 대중이 몰릴 만한 사건을 만들고 개미떼처럼 모인 대중들로부터 돈을 긁어모은다. 자본가와 대중, 그리고 이들을 묶어 주는 대중문화가 모든 분위기를 장악한다. 대중문화는 대중의 무지를 사고 판다.

그래서 대중문화는 "더 빨리, 더 강렬하게"를 추구한다. 선정성을 그 본질로 하는 대중문화는 점점 더 큰 속도와 강도를 표현한다. 그래야만 대중이 모이고, 대중의 머릿수는 곧 돈을 뜻한다. 자본의 막강한 힘, 동원되는 대중의 엄청난 양, 압도하는 대중문화에 눌려 진정한 가치들은 한쪽으로 밀려나 썰렁한 자리를 지켜야 한다. 그러한 가치들이 조금이라도 대중적으로 화할 조짐이 보이면 그것은 곧 자본과 희화화/속화의 그물 안으로 빨려 들어간다. 학문도 예술도 지식인도 또 다른 어떤 것도 대중문화의 장 안에 들어가면 모두 똑같이 일그러진다. 대중문화는 자신의 형상에 따라 모든 것을 개조한다. 거기에서 사물들/작품들은 원초적으로 왜곡되고, 가짜는 진짜를 짓밟고, 모든 가치는 거꾸로 선다.

대중의 논리학

대중문화의 장 속에서 살아가는 감각인과 정보인에 대해 논했지만, 이야기를 좀더 넓은 지평으로 넓혔을 때 시대와 문화를 불문하고 발견되는 대중의 대중성—여기서는 지금까지와 마찬가지로 인식론적 맥락에서·이야기하고 있다—을 발견할 수 있다. 이것은 곧 '인식'의 그림자, 그 어두운 면이다.

대중적인 인식은 대중매체가 던져 주는 이미지들을 비롯해 소문, 얼핏 본 내용, 누군가에게서 들은 이야기, 개론적 책의 한두 쪽에서 읽은 것 등등을 통해서 이루어진다. 대중들의 인식은 **주워들은** 이야기들에 의한 인식이기 십상이다. 일상적으로 현대인을 둘러싸고 있는 것은 대중매체이며, 각종의 인식들은 대중매체에 의해 굴절된 형태로 대중에게 주입된다. 이 주워들은 이야기들은 봄날에 꽃씨가 떠다니듯이 사회의 표면을 떠다닌다. 그리고 누군가의 눈과 귀에 내려앉는다. 그리고 "~다더라"라는 형식을 통해 대중들의 웅성거림을 자아낸다. 이런 이야기들의 가장 오래된 형태는 주술이고(4층이 F라고 씌어져 있는 고층 건물들), 그 가장 현대적인 형태는 첨단 매체들을 떠다니는 '정보'들이다. 이런 식의 이야기들은 인간관계에서도 두드러진다. 사람들은 늘 뒤에서 웅성댄다. 그 웅성거림을 통해 "누구는 ~다더라"라는 형식의 이야기들은 떠돌아다니고, 인식론적 훈련이 되어 있지 않은 대중은 그런 언표들을 가지고서 자신이 만나 본 적도 없고 진지하게 이야기를 나누어 본 적도 없는 사람에 대해 아주 **쉽게** 판단한다. 오해와 왜곡, 폄하, 질시, 비방 등이 공기처럼 사람들을 휘감는다.

대중적 인식은 쉽게 내리는 판단을 통해 형성되지만, 동시에 좀체로 교정되지 않는 관성을 통해 존속한다. 인식은 그 자체 일종의 집착으로서 존재하게 된다. 참된 인식은 자기부정自己否定을 통해 형성되어 나간다. 인식이란 자신이 이전에 가지고 있던 지식을 더 참된 지식으로 계속 변환해 나가는 과정이다. 이미 가지고 있는 지식을 확인하기 위해서만 책을 읽는다면 이런 과정을 겪어 나갈 수 없다. 현대인은 대부분의 경우 진리보다는 오류를 먼저 만난다. 따라서 인식이란 오류의 수정 과정이다. 그런 수정의 과정을 겪어 나가지 못할 때 오류/거짓은 완고하게 존속하게 되고 주체는 사물처럼 굳어진다. 이런 식의 "인식"의 극한치는 종교이다. 어떤 인식이든 그것이 종교적이 될 때 자기부정을 멈추게 되기 때문이다. 한국만큼 인식론적 공해가 넘쳐 나는 곳도 드물다는 사실과 한국이야말로 "종교천국"이라는 사실 사이에는 밀접한 관련성이 있지 않을까.

　이렇게 쉽게 판단되고 또 인식론적 고집을 통해서 존속하는 것들 중 하나는 '일반화의 오류'의 형태를 띠곤 한다. 일반화의 오류는 일상성 속에 가장 널리 퍼져 있는 오류들 중 하나이다. 고유명사를 가진 개인의 행위는 걸핏하면 그의 직업, 출신 도, 출신 학교,…… 라는 일반명사의 행위로서 일반화된다. 주어의 행위가 술어/범주의 행위로 전가됨으로써, 같은 술어/범주로 서술되는 주어들로 전이된다. 이 일반화의 오류를 통해 일반화된 호감/적대의 느낌이 사회를 떠다닌다. 사회 안에서 각 개인은 고유한 인격체로서보다는 술어화된 존재로서 탈persona을 쓰고서 살아가게 된다. 술어와 주어='자신'自身 사이에 간극이 있을 경우에도 얼마간 시간이 흐르면 주어는 술어에 그럭저럭 적응한다. 타인이 자신을 바라보는 시선은 **주어가 아니라 술어에 맞추어지기 때문이다.** 이렇게 술어는 곧 자신의 이해利害이기에, 마침내 주어는 간극이 있었다는 사실을 망각하기에까지 이른다. 페르소나에 자신을 끼워 맞추기. 일상성의 사회란 이렇게 규정된 술어에만 초점을 맞추는 시선들과 껍데기같이 규격화된 얼굴들이 흘러 다니는 곳이다.

　같은 논리가 담론공간에서도 성립한다. 담론공간에서의 정당한 평가 방식은 아래에서 위로 올라가야만 한다. 누군가의 저작을 충분히 읽고, 여러 저작들을 통해서 그 저자를 이해한 후, 같은 계열의 여러 저자들을 연구해서 그 계열을 이해하고, 여러 계열들을 비교 연구함으로써 비로소 한 시대, 한 문화의 사상을 이해할 수 있다. 그러나 실제 이루어지고 있는 과정은 거꾸로이다. "총평"이 먼저 존재한다. 어떤 대상에 대해 얼핏 느낀 인상, 여기저기에서 **주워들은** 이야기들,

남이 해설해 놓은 책 일부,…… 이런 것들을 가지고서 내리는 "총평". 부분들로부터 나아가 전체에 이르는 것은 힘겨운 과정이지만, 전체에 대해 몇 마디로 "평가"하는 것은 얼마나 달콤한가. 그래서 사상들은 그 형해화形骸化되고 속화되고 희화화된 형태로 사회를 떠다니고, 어이가 없는 이야기들이 여기저기에서, 심지어 "학술 논문"들에서까지 횡행한다. 이런 모습은 예컨대 1987년 이래 한국 사회에서, 이른바 "포스트모더니즘"으로 일그러진 "후기구조주의" 사상가들에 관련해 만연해 왔다.

대중의 논리학을 특징짓는 또 하나의 핵심적인 항은 **주관과 객관의 전도**의 논리이다. 대중은 자신의 인식의 한계를 넘어서는 존재를 만났을 때 자기부정을 통해 자신의 한계를 극복하기보다는 그 대상을 비난한다. 자기부정을 거부하고 더 이상의 정신적 고양을 거부하는 이 영혼은 언제까지나 유아적幼兒的이다.[6] 이런 고착적인 영혼은 자신의 인식론적 동일성을 불편하게 만드는 타자를 만났을 때 그것을 "주관적인" 것으로 매도한다. 그런 영혼은 자신의 부정보다는 타자의 부정을 요구하며, 이런 주체성이 사회적으로 집단화되어 나타날 때 가치의 전도가 발생한다. 깊이 있는 저작은 "딱딱한" 것으로 매도당하고, 얄팍한 저작은 베스트셀러가 된다. 할리우드 대중문화로 채색된 소설이 신선한 것으로 상찬받고, 삶의 고뇌를 진중하게 물어 들어간

---

6) 몇 년 전에 알랭 소칼이라는 사기꾼이 나타나 현대 프랑스 사상가들에게 무차별로 욕설을 퍼부은 사건이 있었다(소칼 외, 『지적 사기』, 이희재 옮김, 민음사, 2000). 이 사건만큼 대중의 논리학을 단적으로 보여 준 경우도 드물다 하겠다. 이 사건은 "지식인들"과 대중들을 외연적으로 구분하는 것은 아무런 의미도 없다는 것을 증명해 주었다.

소설은 "솔직하지 못한" 것으로, 심지어는 "위선적인" 것으로 매도당한다. 상투적인 작품들은 대중문화를 통해 전파되고, 실험적인 작품들은 욕을 먹는다. 대중적 의식은 타자의 객관성을 주관성으로써 부정하고 자신의 주관성을 객관화해 모든 것의 잣대로 삼는다. 주관과 객관은 철저하게 전도된다.

마지막으로 빼놓을 수 없는 대중논리학은 진실의 논리를 압도하는 이해利害의 논리이다. 여기에서 인식의 문제는 이해관계의 문제로 채색된다. 진리/진실인가를 논하지만 그 배면에서는 이해타산이 부지런히 움직이고 있다. 인식은 이해관계의 관철을 위한 들러리로 전락한다. 오히려 그렇지 않은 인식이 희귀하다 하겠다. 이런 논리의 절정은 내용 자체보다 "전공" 등을 앞세우는 학문적 토론의 경우에 드러난다. 학문이란 이런 논리의 반대편에 놓여 있다고 흔히 이야기되기에 말이다. 그러나 과연 학문의 세계는 이해관계를 넘어서는 논리를 구사할까? 몇 시간에 걸친 논의가 결국 자신의 전공이나 "출신 학교", 연구비 책정, 자존심 싸움 등 비학문적인 속셈의 표출에 불과한 경우가 허다하지 않은가. 대중의 이런 이해의 논리는 결국 논의의 대상에 자신의 이해타산을 투사해서 주장하는 것이며, 결국 객관적 내용이 아니라 "나"를 앞세우는 유아적 태도에 다름 아니다.

주워들은 이야기를 통한 엉뚱한 인식, 성실하게 인식해 본 적이 없는 대상에 대한 무책임한 판단, 이미 가지고 있는 믿음에의 고착, 빈약한 근거로부터의 비약/일반화, 아무런 근거도 없이 내리는 "총평", 자신의 주관을 객관화하고 타자의 객관성을 주관적인 것으로 매도하는 전도, 이해타산의 투사, 이런 식의 '대중의 논리학'은 오늘날의 오염된 환경처럼 삶의 인식론적 환경을 형성하고 있다. 인식론의 역사는 진리의 논리학 못지않게 오류의 논리학, 가상의 논리학을 논해 왔지만, 그것은 대부분의 경우 학문적 맥락에서의 논의에 국한되었다. 그러나 피해 갈 수 없는 오류론은 인간의 대중적 삶 자체, 일상성 자체에서 반복적으로 나타나는 오류들, 대중의 논리들이다. 이런 논의는 철학에서도 사회학에서도 다루지 않는 사각지대를 형성하고 있다. 그러나 우리의 삶이 좀더 이성적이고 윤리적인 것이 되려면, 고급한 지식들에서의 오류론만이 아니라 일상성 자체에서의 오류론이 필수적이다. 대중의 논리 — 논리가 아니라 거의 '심리'인 전도된 논리 — 에 대한 파악은 논리를 넘어 윤리의 문제에 직결되기 때문이다.

소통의 장애물들

우리는 늘 타인과의 소통을 통해 살아간다. 그러나 당연한 것처럼 보이는 소통이 그렇게 간단하지는 않다. 고전적인 철학들, 즉 일정한 문화권 내에서 등장했던 철학들에서는 소통의 개념이 굵직한 문제로서 등장하지 않았다. 근대에 이르러서도 '오성', '양식', '의식 일반' 같은 개념들은 소통의 문제가 논의의 전면으로 솟아오르지 못하게 했다. 그러나 오늘날 소통의 문제는 현대 사유의 가장 굵직한 논의거리들 중 하나가 된 듯하다. 소통은 다多를 통한 불연속과 그 다多 사이에 놓이는 연속성을 동시에 전제한다. 현대인들은 이 다와 소통의 문제를 피해 가지 못한다. 여러 사상가들이 소통의 '가능조건'을 논해 왔다. 그러나 내가 여기에서 논하고자 하는 것은 **소통 불가능의 조건**이다. 나는 도대체 무엇이 사람과 사람의 소통을 가로막는가라고 묻는다. 염색을 하기 전에 표백을 해야 하듯이, 소통의 가능조건을 제시하기 전에 우선 '소통의 장애물'들을 제시해야 할 것이다. 바슐라르가 과학철학의 영역에서 그렇게 했듯이, 소통하는 이성에 대한 '정신분석'이 필요하다.

앞에서 논했듯이, 우리의 일상을 지배하는 것은 기질, 분위기, 기분이다. 개인마다 모두 다른 기질, 삶을 구성하는 시공간적 분절에 따라 형성되는 다양한 분위기, 시시각각으로 변하는 변덕스러운 기분이 우리의 일상을 지배한다. 대화는 서구어 'dia-logos'가 말해 주듯이 이성을 통한 마주침이다. 그러나 실제 사람들의 만남은 일차적으로 감성을 통해 이루어진다. 기에 의해 지배되는 일상에서 투명하고 만족스러운 소통은 극히 어렵다. 물론 때로 감성과 직관이 소통을 쉽게 만들어 주기도 한다. 어렵게 설명하지 않아도 눈빛 하나로 상대방의 마음을 읽을 때도 있다. 그러나 이런 감성과 직관은 많은 경우 우리를 속이며 상대방에 대한 돌이킬 수 없는 오해를 야기하기도 한다. 기의 차원은 직관적 합일의 차원이기도 하지만 위험한 오해와 왜곡의 차원이기도 하다.

소통의 어려움은 단지 기의 변덕스러움에서 유래하는 것만은 아니다. 그것은 어떤 적극적인 아집과 왜곡을 통해서 형성된다. 자신을 비판할 능력이 없는 주체는 자신에 대한 긍정과 타자에 대한 부정으로 차 있다. 때문에 소통이란 자신을 내세우는 것으로 귀결한다. 진정한 대화란 일종의 창조 행위이다. 빵을 다른 사람과 나누어 먹으면 절반을 먹어야 한다. 그러나 지식이나 사상은 대화를 통해 줄어들기는 커녕 더 풍부해진다. 진정한 대화란 그 자체 일종의 창조인 것이다. 그러나 아집과 선입견/편견, 자존심, 열등의식/자격지심, 승부욕,…… 등은 늘 대화를 일그러뜨린다(자기 관심사만 내세우기, 지지 않으려 고집부리기, 권위를 내세우기, 무례하게 도발하기……). 모든 소통은 처음부터 굴곡을 겪기 마련이다. 진정으로 소통한다는 것은 이런 소통의 장애물들을 제거함으로써 이루어진다. 소통의 철학에서 중요한 것은 이상적인 소통의 모델을 제공하는 것이 아니라 소통의 장애물을 제거하는 방식의 탐구이다. 소통의 가능근거는 우선 소통의 장애물들에 대한 논의를 요청하는 것이다.

　　사람과 사람을 갈라서게 만들고 소통을 일그러뜨리는 근본 동인은 콤플렉스(그 중에서도 특히 열등의식)이다. 심리적인 차원, 특히 어두운 차원에서의 인간의 내면은 콤플렉스의 다발이다. 이 콤플렉스는 다양한 방식으로 표출되지만("억압된 것의 회귀") 소통의 경우에도 힘을 발휘한다. 그러나 현실적으로 소통은 그럭저럭 진행된다. 왜냐하면 콤플렉스는 직설적으로 표출되기보다는 프로이트 식으로 말해서 "검열"[7]을 거쳐 표현되기 때문이다. 그래서 콤플렉스는 이상하게 비틀린 모양새로 나타나며 소통의 형태를 기묘하게 망가뜨린다. 현대 사회란 이렇게 일그러진 소통들이 일상을 지배하는 사회이다. 때로 열등의식은 집단열등의식으로 나타나며, 이것이 단지 자존심의 문제(예컨대 "전공"을 둘러싼 자존심)라면 심리적인 갈등에 그치겠지만 정치/경제/외교에서 나타난 집단열등의식 ─ 또는 우월감(우월감은

---

7) 프로이트, 『정신분석학 강의』(상), 임홍빈·홍혜경 옮김, 열린책들, 1997, 193~210쪽.

열등의식의 또 다른 표현이다) — 은 자칫 큰 비극을 낳기도 한다. 어리석은 종교분쟁이 그 한 예이다.

소통의 장애물이 심리적인 차원에만 있는 것은 아니다. 심리적 차원에서 건강한 소통이라 할지라도 충분히 투명한 소통이 쉬운 것은 아니다. 가장 기본적으로, 소통의 당사자들이 얼마나 상이한 '코드' 속에서 살아가고 있는가가 관건이다. 우리는 코드를 하나의 장, 즉 그 안에서 한 개인/집단이 자신의 생각, 감정, 욕구 등을 일정한 언표화 양태에 따라 표현하게 되는 장으로 규정할 수 있다. 소통이 간단하지 않은 것은 상이한 코드 속에서 살아가는 사람들의 경우이다. 가장 기본적인 것들 중 하나는 물론 언어권이 다른 경우이다. 몸짓이나 다른 여러 방식도 있지만 인간과 인간 사이의 가장 기본적인 소통 방식은 언어이기 때문이다. 그러나 같은 언어권에 속해 있다고 해서 소통이 그리 쉬운 것은 아니다.

우선 생각이나 의지, 감정을 언표화하는 물질적 조건을 생각할 수 있다. 한 사람의 음성이나 발음, 사투리 등이 장애물로서 등장한다. 큰 공간의 경우 음향장치가 문제가 되기도 하고, 감각기관의 건강 상태가 오해를 불러일으키기도 한다. 그 외에도 각종 물질적 장애물들이 존재한다. 하지만 핵심적인 것은 역시 소통 당사자들이 속해 있는 담론공간에서의 차이이다. 소통의 문제는 대개 사회계열학적인 맥락에서 발생한다. 핵심적인 분절은 계界의 분절이다. 정치철학이나 사회과학에서는 가족, 국가, 계급,…… 등 다양한 분절 단위들을 논하지만, 계 역시 빼놓을 수 없이 중요한 분절이다. 예술가들의 언어, 종교인들의 언어, 연예인들의 언어, 법조인들의 언어,……는 모두 다르다. 하나의 계 안에서 특히 큰 분화가 형성되는 경우도 있는데 학계가 대표적이다. '이공계' 학자들의 언어와 '인문사회계' 학자들의 언어는 너무나 판이해서 소통이 거의 불가능할 정도이다. 인문사회학계의 경우 인문학과 사회과학이 크게 다르고, 또 언어권에 따라 크게 다르다. 하나의 용어도 각 계, 각 전공, 각 언어권에 따라 판이한 방식으로 사용된다. 이들 사이의 소통은 쉽지 않다.

'계'界만이 아니라 또한 '세'世도 문제가 된다. '새로움'에의 집착이 근현대 문명의 특징이라면, 시간은 그만큼 더 많은 '사건'들로 채워지고, 그에 따라 역사도 그만큼 빨리 흘러간다. 그 결과는 도저히 극복하기 힘든 세대차의 등장이다. 오늘날 세대차는 어쩌면 계급차보다도 더 근본적이고 극복 불가능한 것일지도 모르겠다. 세대차는 대학에서 가장 극명하게 드러난다. 교수들은 학문을 업으로 하는 사람들이지만, 학생들 중 공부를 하고 싶어서 대학에 오는 경우는 많지 않다. 그래서 교양과목 수업은 특히 환멸스럽다. 출석을 부르지 않으면 절반도 차지 않는 수업, 초등학생들처럼 떠드는 아이들, 교수가 한참 강의한 후 "질문 있습니까?" 하면 손을 번쩍 들고서 시험에 대해 물어보는 학생(대학에서 교수와 학생의 유일한 접점은 학점이다), 최소한의 예의도 지키지 않는 "싸가지 없는" 행동들. 교수도 어느새 월급을 타기 위해 강의하고 있는 자신을 발견한다. 학생들의 무례함의 압권은 선생과 함께 있는데도 선생은 안중에도 없이 자신들끼리 자신들의 화제(수업시간에 다뤘던 주제와 하등의 상관도 없는 화제)를 신나게 떠드는 경우일 것이다. 이 광경만큼 오늘날의 세대차를 단적으로 보여 주는 것도 없을 것이다.

소통의 어려움은 인간들이 만들어내는 코드들의 차이에서도 유래하지만 언어 자체의 성격에서 유래하는 측면도 있다. 소통의 어려움이 본질적인 것은 이 때문이다. 하나의 말에 대한 어감語感이 완벽하게 같은 경우는 없다. 어감에서의 차이는 때로 인간관계를 망가뜨리는 데에까지 이른다. 감성적인 차원을 접어 둔다 해도, 하나의 말이 정확히 하나의 동일한 지시대상/의미론적 장을 지시하는 경우는 많지 않다. 같은 대상을 지시하는 경우에도 그 외연이 정확히 일치하는 경우란 드물다. '과일', '동물', '어린이' 등등 대부분의 말들이 그렇다. 의미론적 일치가 비교적 잘 이루어지는 경우는 '전문 용어'의 경우이다. 반면 일상 언어는 극히 다채로운 맥락 속에서 생겨나고 사용되고 변형되고 소멸된다. 일상 언어인 동시에 끝도 없는 깊이를 담고 있는 철학적 언어들, 개념-뿌리들의 경우는 특히 그렇다. 철학적 개념들은 소진되지 않는 의미론적 풍요로움을 담고 있는 개념들이며, 특히 섬세하게 사용되지 않으면 소통을 쉽지 않게 만든다. 사람과 사람 사이에는 숱한 소통의 장애물들이 놓여 있다.

다산이 기존의 병폐를 넘어선 새로운 근대적 인간을 제시한 후 2세기가 지난 오늘날 인간의 얼굴은 어떤 표정을 짓고 있을까. 이 장에서 주로 인식론(뒤집힌 인식론)의 측면에서 바라본 현대인의 얼굴은 다산이 그렸던 얼굴과는 너무나도 현격한 차이가 있는 듯하다. 이 얼

---

8) 이와 관련해 근대적 주체의 탄생을 다룬 이 책의 보론 「근대적 주체의 탄생」과 민족주의 문제를 다룬 보론 「한국 민족주의의 두 얼굴」을 보라.

굴은 대중문화 속의 감각에 휘둘리고 정보에 휘둘리는 천박하고 아둔한 얼굴, 비틀리고 왜곡된 사고와 소통의 갖가지 장애물들 속에서 잔뜩 찌푸린 채 차갑게 살아가는 얼굴이 아닌가. 강진의 고독 속에서 다산이 꿈꾸었던 근대인은 얼마나 요원해 보이는가.

그러나 이런 상황을 인간의 **본성으로** 처리하는 것은 적절치 않다. 그것은 비관주의나 냉소주의 이상의 것이 될 수 없기 때문이다. 진실을 냉정하게 직시하는 것과 삶 자체를 냉소하는 것은 전혀 다른 것이다. 진실은 아프다. 그러나 달콤한 거짓은 더 아프다. 대중으로서의 인간을 직시하는 것은 건강한 미래를 꿈꾸기 위한 것일 때만 냉소가 아닐 수 있다. 우리가 해야 할 것은 '본성'의 실체화가 아니라 무엇이 현대인을 이렇게 만들었는가를, 그 객관적 원인을 해명하는 일이다. 이를 위해서는 다산의 시대로부터 오늘날에 이르기까지의 역사 전반을 파악해야 할 것이다.[8] 그러나 이것은 거의 끝도 없는 작업이리라. 이제 여기에서 시도하는 것은 앞으로 긴긴 시간을 거치면서 행할 작업을 위한 매우 거친 밑그림일 뿐이다.

2장_욕망의 세계사 —대중자본주의란 무엇인가

현대인=대중을 만들어낸 객관적 여건을 해명하기 위해 다산 이후의
역사를 해명하는 것은 극히 많은 갈래의 논의들을 요청한다. 여기에
서는 '욕망'과 '자본주의'에 초점을 맞추어서 단지 거친 밑그림만을
그릴 수 있다. 그렇게 함으로써 내가 '대중자본주의'(또는 '문화자본주
의')라 부를 현실을 제시할 수 있는 곳까지만 나아가 보자. 여기에서
하려는 작업은 앞으로 행할 작업의 기본적인 정향定向을 제시하는 것
이다.

　인간은 다층적多層的인 존재이고 그래서 다각도의 접근이 요청된
다. 가장 기본적으로 생명체로서의 층위, 사회적/정치경제적 존재로
서의 층위, 문화적/정신적 존재로서의 층위를 구분할 수 있을 것이다.
여기에서 우리가 초점을 맞출 인간은 두번째 층위에서 살아가는 인
간이다. 다른 측면(생명의 측면과 문화의 측면)도 여기에서는 이 두번
째 층위에 관련해 다룰 것이다. 이렇게 현실의 인간을 다룰 때 인간이
란 무엇보다 우선 '욕'慾으로서 나타난다. 존재론적인 '욕동'欲動, 생물

학적 '욕구'慾求, 이성에 대한 '욕정'欲情, 사회적인 '욕망'慾望 등. 그리고 '욕'慾은 다양한 대상들로 분화되어 나타난다(식욕, 성욕, 수면욕, 인정욕, 창조욕, 유희욕 등등). 지금의 맥락에서 우리가 다루는 인간은 무엇보다도 욕망하는 인간이다.

그러나 욕망이란 그것이 구체적으로 표현된 것들을 통해서만 그 존재를 확인할 수 있는 이론적 개념이다. 적어도 타인의 욕망은 그렇다. 그리고 욕망이란 언제나 어떤 특정한 장, 사회적 장 안에서 표현된다. 사회적/현실적 맥락에서 욕망의 구체적 표현은 권력으로 나타난다. 사회 속에 구조화되어 있는 권력의 체계를 통해서만 욕망이 표현될 수 있기 때문이다. 이 권력의 체계를 한 사회의 '코드'라고 부를 수 있다(그래서 여기에서의 '코드'는 어디까지나 좁은 의미, 정치학적 의미에서의 코드이다). 욕망은 코드를 통해 구체화되고, 코드는 욕망을 표현한다. 그래서 우리가 그려야 할 것은 바로 욕망이 코드화되어 온 과정이다. 이런 관점에서의 인간사의 해명을 욕망의 세계사 또는 욕망의 사회존재론이라 부를 수 있을 것이다. 이 장에서는 욕망과 권력의 세계사를 기반으로 현대인의 얼굴을, 즉 그 주체화 과정과 정체성의 문제를 다룰 것이다. 다시 말해, 보편사를 기반으로 현대 — 소외와 복제의 시대 — 를 이해하고, 그 위에서 탈주와 회귀를 사유할 것이다.

욕망이란 무엇인가? 욕망이란 일차적으로 몸과 마음의 경향성, 기울어짐을 뜻한다. 주체는 자체로서 충족적이지 않다. 주체는 자신의 바깥을, 타자를 지향한다. 몸과 마음은 늘 특정한 대상에로 기울어지며 무엇인가에 관심을 가진다. 이런 경향성은 주체를 항상 열린 존재, 불안정한 존재, 생성해 가는 존재로 만든다. 또 욕망이란 가능의 차

원, 상상의 차원에서 각종 차이를 만들어내는 힘이다. 주체는 무無를
내장하고 있으며 그것을 경유해서 각종 차이들을 배출한다(헤겔, 베르
그송, 사르트르 등은 이 점을 심오하게 분석했다). 이런 차이들은 늘 미
래를 지향한다. 과거에 대한 욕망조차도 미래적이다. 욕망은 가능적
차이를 증식시킨다. 욕망은 차이의 발생을 통해 우리의 삶을 이끌어
가는 가장 기본적인 원동력이다. 나아가 욕망은 늘 그 현실화의 성공
과 실패를 통해 정동情動/감정感情을 가져다준다. 욕망이 발하는 순간
마음에는 정이 동한다.

　　욕망은 **가능적** 차이의 **생성**이기에 그 현실화를 갈구한다. 가능적
차이는 일종의 무이다. 대상에게서 부정을 발견한 주체는 그것을 무
로서 받아들이고, 무는 욕망을 발發하도록 만든다. 이 욕망은 이중적
이다. 새롭게 생겨난 가능적 차이인 한에서 존재이고, 그것이 동시에
현실적 부재인 한에서 무이다. 욕망은 존재와 무를 동시에 불러낸다.
욕망은 상상적 존재요 현실적 무이다. 때문에 욕망은 무에서 존재로
나아가도록 우리를 움직인다. 이때 상상적 존재는 둘로 쪼개진다. 주
체는 마음속의 상상적 존재가 관념적 가능성인지 현실화 가능한 잠재
성인지 가늠한다. 후자일 경우 주체는 행위에 옮긴다. 많은 경우 단순
한 가능성과 잠재성이 분명하게 가려지지 않는다. 이때 주체는 자신
의 행위를 여러 단계로 분절한다. 분절할 때마다 가능성과 잠재성을
가르는 선이 보다 뚜렷해진다. 주체는 객관적으로 주어진 것과 자신
의 욕망을 동시에 고려할 수밖에 없으며, 때문에 가능성-잠재성의 실
타래 위에서 계속 움직이게 된다.

　　한 존재의 삶의 방식과 범위는 곧 그 존재가 내포하고 있는 능력

에 따라 잠재적으로 결정된다. 그래서 모든 존재는 자신의 능력을 확장하려는 욕망, 욕망의 현실화 가능성을 확장하려는 욕망을 내포한다. 각 개인이 모두 이런 능력에의 의지를 발한다면, 결국 그들은 충돌할 수밖에 없다. 모든 개인들/집단들은 타자(들)에게 영향을 주고받는다. 이 과정에서 능력은 객관화된 방식으로 행사되며, 이 객관화된 능력을 '권력'이라고 할 수 있다. 권력은 이름-자리를 통해서 표현된다. 이 점에서 권력은 본성상 담론적이며, 인간의 모든 권력은 결국 담론의 형태로 나타난다. 그래서 우리는 이름-자리에 휘둘리면서 평생을 허비한다. 사회는 권력장치들의 총체이며, 사회존재론적 맥락에서의 인간의 삶은 결국 욕망과 권력의 놀이라는 형태를 띤다. 이 놀이로부터의 탈주는 욕망과 권력 자체로부터의 탈주인 '소요'의 길과 욕망과 권력을 통한 탈주인 '투쟁'의 길이다. 후자는 내재적인 탈주이고 전자는 초월적인 탈주이다. 그러나 초월적 길은 다시 내재화됨으로써만 단순한 도피가 아니라 사회적 의미를 띠게 되고,[1] 내재적 길은 초월의 길을 거침으로써만 단순한 동물적 싸움이 아니라 윤리적 성격을 띨 수 있다. 욕망과 권력의 놀이 그리고 소요와 투쟁의 길항拮抗, 여기에 사회적 삶의 모든 것이 있다.

한 사회의 권력의 체계를 코드라 할 때, 이 코드의 성패는 사람들의 욕망을 충족시켜 주는가의 여부에 있다.[2] 사회란 **욕망충족체계**이다.

---

1) 물론 소요의 길은 그 자체 정신적/형이상학적 의미를 가진다. 우리는 지금 어디까지나 사회존재론의 맥락에서 논하고 있다. 사회존재론의 맥락에서 볼 때 소요는 반드시 현실로 귀환함으로써만 현실 변혁의 에너지가 될 수 있다.

욕망은 고정된 총화가 아니라 (베르그송적 의미에서) 계속 약동하면서 진화하는 힘이다. 그렇기 때문에 코드도 바뀌어 나갈 수밖에 없다. 욕망은 생성하고 코드는 제어한다. 사회는 일정한 코드와 그 코드 밑바닥에서 꿈틀대는 욕망, 반대로 말해 욕망이라는 원초적 사실과 그것을 일정하게 통제하고 충족시키는 코드의 두 측면으로 구성된다. 세 가지 굵직한 코드를 구분할 수 있다. 유기체로서의 인간은 생명체로서의 욕망을 가지며, 이에 상응해 **생체권력-코드**들이 작동한다(군대 징집, 의학적 진단서, 인구 조절, 위생 검사 등등). 그리고 사회적 존재로서의 인간은 사회적 욕망을 가지며, 이에 상응해 각종 **사회적 코드**들이 고안된다(화폐 관리, 주거 관리, 치안 등등. 그리고 각종 경제적 코드들은 생물적 차원과 사회적 차원의 중간에서 작동한다). 마지막으로 문화적/

---

2) 욕망과 권력의 우선순위를 둘러싼 푸코와 들뢰즈의 대립이 있었다. 들뢰즈가 푸코의 권력 우선의 입장을 비판한다면, 그것은 "탈주선들이 일차적 규정들이기 때문이고, 욕망이 사회적 장을 배치하기 때문이다. 그리고 권력장치들은 이러한 배치들에 의한 산물이자, 동시에 욕망 배치들을 분쇄하고 구멍을 메우는 것들로 나타나기 때문"이다(들뢰즈, 「욕망과 쾌락」, 양운덕 옮김, 『세계사상』, 1997년 창간호, 137쪽). 그러나 푸코에게서 생산적인 것은 바로 권력이다. "이제 '권력은 배제한다, 억압한다, 검열한다, ……라고 말함으로써 권력의 효과들을 부정적인 용어들을 통해 서술하는 것을 끝내야 한다. 권력은 생산한다. 그것은 현실적인 것을 생산한다. 그것은 대상들의 영역과 진리의 의식들을 생산한다."(푸코, 『감시와 처벌』, 박홍규 옮김, 강원대학교출판부, 1996, 253~254쪽) 그러나 우리는 욕망과 권력을 이원적으로 생각할 필요가 없다. 권력이란 구체화된─시간, 공간, 물질의 차원에 들어선─욕망이다. 욕망이란 권력으로의 구체화를 지향하는 힘이다. 욕망은 언제 어디서나 각양각종의 권력들로 구체화되며, 권력이란 사실상 고정된 욕망일 뿐이다. 그러나 한번 구체화되어 군림한 권력은 그때부터 다른 욕망들을 부정하는 틀로서 기능한다. 코드란 수많은 형태의 권력들 가운데에서 기성세력으로서 군림하고 있는 거대 권력을 말한다. 따라서 궁극적으로 볼 때, 코드와 욕망이 전혀 다른 존재론적 위상을 띠는 것은 아니다. 코드는 욕망을 억압하지만 그 자체 욕망에서 유래한다.

정신적 존재로서의 인간은 형이상학적 욕망을 가지며, 이에 상응해서 각종 **문화적 코드**들이 구성된다(종교 단체들, 교육 과정, 언어 정책 등등). 욕망과 코드의 밀고 당기는 과정이 '인간적' 삶을 만들어낸다.

욕망은 일정한 형식으로 표현되고자 하며, 코드는 그런 형식을 제시한다. 그러나 코드가 욕망의 방향성과 대립할 때 코드는 와해된다. 이 과정을 '탈코드화'라 부를 수 있다. 이런 상황을 극복하기 위해 새로운 코드가 고안된다. 인간의 삶, 특히 정치는 이렇게 욕망을 충족시켜 줄 수 있는 새로운 코드의 발명 과정이라 할 수 있다. 새로운 코드가 성공을 거두면 욕망은 이 코드에 의해 '재코드화'된다. 여기에서 욕망의 주체는 누구이고 코드화의 주체는 누구인가가 중요하고도 복잡한 문제로서 등장한다. 세계사가 욕망의 역사인 한 그것은 또한 코드화, 탈코드화, 재코드화의 역사이기도 하다. 주체는 욕망의 주체인 동시에 코드화된 주체이다. 주체는 자신의 문화와 시대가 제공하는 코드를 통해서 형성되지만, 인간-주체인 한에서의 그의 욕망은 결코 완벽하게 코드화되지 않는다. 주체는 순수한 주체도 또 단적으로 길들여지는 존재도 아니다. 주체는 내적인 **욕망**과 외적인 **코드** 사이의 거리를 통해서 생성한다.[3] 주체의 역사는 곧 이 거리의 역사이다.

---

3) 이 거리가 제로가 된 사람은 사회에 완벽하게 순응한 사람이다. 이 거리가 무한히 큰 사람은 사회를 자기 마음대로 주무르는 사람이다. 물론 이런 두 극은 상상으로만 가능하다. 주체는 코드에 의해 이 거리가 좁혀지는 수동적 존재이자, 욕망에 의해 거리를 넓히려는 능동적 존재이기도 하다. 그러나 거리-넓힘은 코드의 실질적 변화를 가져올 수 있을 때에만 진정한 윤리적-정치적 의미를 띨 수 있다.

신체에 각인된 코드

욕망과 권력 그리고 주체의 역사를 쓰기 위해서 어디에서 출발해야 할 것인가? 인류학과 신화학이 가장 고층대의 담론을 형성한다. 시간을 매개변수로 학문 영역을 배열했을 때(오른쪽의 표 참조) 인류학과 신화학은 생물학과 역사학 사이에 놓인다고 할 수 있다. 이 담론들은 각각 사회과학과 인문학의 차원에서 자연의 끝이자 인간의 시작을 가리킨다. 그래서 우리의 논의는 인류학에서 시작된다.[4]

그런데 우리의 역사가 욕망, 권력, 주체의 역사라면, 우선 이러한 요소들을 인류학적 논의에서 배제했던 사상체계부터 검토해 보는 것이 순서일 것이다.

잘 알려져 있듯이, 레비-스트로스는 '교환'의 개념을 통해 미개사회의 친족체계를 하나의 '구조' 즉 그 요소들의 집합이 전체, 차이의 체계, 평형을 이루는 장으로서 파악했다. 이러한 시각은 결혼 문제에서 잘 드러난다. 레비-스트로스가 혼인을 '포트라취'의 일종으로 볼 때, 특히 근친혼의 금지에 주목함으로써 평행 사촌과 교호 사촌의 차이를 지적하고 또 외삼촌의 특이한 위상을 강조할 때,[5] 제한적 교환과 일반적 교환의 설명으로부터 카스트제도의 기원을 설명할 때,[6] 요컨

---

4) 물론 '미개사회'가 시간상으로 신화적 사회들보다 앞서는 것은 아니다. 앞서는 것은 '원시사회'이다. 여기에서 문제가 되는 시간은 물리적 시간이 아니라, 욕망, 권력, 주체의 관점에서 문제 삼는 시간이다. 미개사회는 시간적으로 신화적 사회를 이후에도 존속한/하고 있는 사회이지만, 국가 이전의 사회라는 점에서는 전통 사회 앞에 온다.

5) 레비-스트로스, 『구조주의 인류학』, 김진욱 옮김, 종로서적, 1990, 31~51쪽.

6) 레비-스트로스, 『야생의 사고』, 안정남 옮김, 한길사, 1998, 196쪽 이하.

시간 개념에 입각한 학문체계

자연사(自然史)	자연에서 인간으로	인간의 역사
형이상학 / 자연철학	인류학, 신화학	역사학

대 형제/자매, 남편/아내, 아버지/아들, 외삼촌/조카 같이 친족체계를
이루는 쌍들에서 한 쌍의 관계를 알면 다른 쌍의 관계를 "연역할 수
있다"고 말할 때,[7] 그는 미개사회의 친족체계가 완벽하게 기호학적으
로 코드화되어 있음을 말한 것이다. 이러한 레비–스트로스의 생각은
친족체계란 영원한 체계, 하나의 순환체계라는 점, 친족체계를 이루
는 요소들은 가역적 관계에 놓인다는 점, 근친혼의 금지는 친족체계
의 대칭성과 평형을 위한 것이라는 점, 혼인이란 심리적–정치적–경제
적 문제이기 이전에 논리적–구조적 문제라는 점[8]을 강조한다.

　이러한 사고 유형은 토테미즘에서도 드러난다. 레비–스트로스에
게서 토템이란 대상과의 신비한 융합이라는 미개인 특유의 '전前논리'
(레비–브륄)도 미개인의 '오이디푸스 콤플렉스'(프로이트)도 아니다.
그렇다고 미개인 특유의 물활론도 아니다. 또 기능주의가 주장하는
것처럼 생리적, 심리적, 사회적 기능을 하는 것도 아니다. 토템이란 미
개인들의 존재론이자 계통학이다. 그것은 사물들의 분절과 사회적 분

---

7) 레비–스트로스, 『구조주의 인류학』, 42쪽.
8) 이 두 관점에 관련된 논쟁은 살린스의 저작에 잘 나타나 있다. Marsall D. Sahlins, *The
Use and Abuse of Biology*, The University of Michigan Press, 1976.

절이 서로에 적응해 가면서 만들어진 두 계열 간의 상응체계이다. 그것은 일종의 기호체계이며, 현대 기호학이 말하는 '변별적' 성격과 '자의적' 성격을 동시에 갖추고 있다. 토템은 자의적인 것이기 때문에 어떤 실질적 인과론도 함축하지 않으며, 또 변별적이기 때문에 다양한 토템들이 형성하는 체계 내에서만 의미를 가진다. 곰, 독수리, 거북의 세 토템체계의 예[9]가 드러내듯이, 토템체계는 곧 자연과 인간의 대위법적 공존을 드러낸다. 사회존재론과 자연존재론이 서로의 얼굴을 마주 보면서 연주하는 영원한 대위법적 음악이 레비-스트로스의 세계이다.

이런 생각의 맹점을 지적하기 위해 마셜 살린스가 제시한 피지섬의 한 신화를 보자. "'최초의 인간'은 다만 한 사람이었으며, 늙은 처와 세 딸을 거느리고 비타레비의 서쪽 해안 근처에 살고 있었다. 주변에는 딸들의 결혼 상대가 없었기 때문에, 노인은 처를 죽이고 대신 딸을 처로 맞이하려고 생각했다. 그런데 어느 날 딸들은 파도에 밀려 온 젊고 잘 생긴 이방인을 발견하고, 그를 간호한 후 그와의 결혼을 진행시켰다. 젊은이는 노인에게 식량이 되는 식물의 재배를 답례로 약속하면서 결혼을 신청했다. 노인은 화가 나서 거절하면서 딸이 탐나면 구체적으로 예의를 갖추도록 요구했다. 젊은이는 자신과 더불어 파도에 밀려온 고래를 생각해내고, 이 땅의 사람들이 고래에 대해 모른다는 사실을 이용하기로 마음먹었다. 그는 고래의 앞 이빨 네 개를 뽑아 그것들을 답례품으로 이용하기로 했다. '고래 이빨'을 뜻하는 '타바'라

---

9) 레비-스트로스, 『야생의 사고』, 132~133쪽.

는 이름의 이 젊은이는 신화 가운데의 신화라고 할 수 있을 만한 이야
기를 꾸며댔다. 숲을 간척해 이 이빨들을 심으면 8일 내에 [식량들이]
수없이 증산된다는 이야기였다. 이 말에 넘어가 노인은 떨떠름하게
딸을 주겠다고 약속한다. 그러나 노인은 그 대가로 몇 개의 법을 만들
어낸다. 첫째, 이후 고래 이빨은 그 영웅[젊은이]의 이름을 따 '타바'라
고 부른다. 둘째, 결혼에의 답례로 이 고래 이빨을 [자신에게] 주어야
한다. 셋째, 이후 파도에 밀려오는 자들이 있으면 죽여서 먹는다."[10]

　　이러한 종류의 신화는 세계 곳곳에서 발견된다. 이 신화가 역사
적 사실을 담고 있는가는 묻지 않기로 하자. 이 신화를 어떤 미개인들
이 가졌던 '세계관'으로 받아들이기로 하자. 몇 가지의 문제를 짚어 볼
수 있다. 무엇보다 우선 이 신화에서 '바깥'의 문제를 발견할 수 있다.
결혼을 한 닫힌 체계 내에서의 교환이라는 관점에서 보는 구조주의적
입장은 이 바깥에 주목하지 못한다.[11] 그러나 피지의 신화는 바깥에서
온 젊은이와의 결혼을 말하고 있다(물론 교환의 테마도 등장한다. 젊은
이는 결혼의 대가로 그의 분신인 '고래 이빨'을 제공했기 때문에). 나아가
이 바깥은 권력의 문제에 있어 의미심장한 함축을 던진다. 구조주의

10) Sahlins, "Raw Women, cooked men and other 'great things' of the Fiji Islands",
　　The Ethnography of Cannibalism, Society for Psychological Anthropology,
　　special publication, 1983, pp. 72~73.
11) 리치는 구조주의적 관점을 극단적으로 밀고 나갔을 때 나타나는 맹점을 지적했다. "레
　　비-스트로스는 그가 서술하는 '체계들'의 논리적 완벽함에 지나치게 매료된 나머지 경
　　험적 사실을 간과해 버렸다."(Leach, *Claude Lévi-Strauss*, Penguin Books, 1970, p. 109)
　　"[교호 사촌에 관련해] 특수한 친족체계들과 제한된 제도적 차원들 사이에 상관관계를
　　수립하는 데 만족하지 않고서, 저자[레비-스트로스]는 모든 ……의 일반적 법칙을 수립
　　하려는 듯이 보인다."(Leach, *Rethinking Anthropology*, The Athlone Press, 1961, p. 77)

적 사유에서 권력이란 곧 자리의 분포를 뜻한다. 그러나 피지의 신화는 권력이란 바깥에서 온다는 것을 보여 준다. 권력의 근원이 바깥에 있다는 것은 여러 신화를 통해 확인된다.[12] 경우에 따라서는 기존의 추장이 일정한 시점이 되면 자신의 권력이 바깥에서 온 것임을 암시하는 의례를 치르기도 한다. 또 이 신화는 권력의 발생이 영원히 순환하는 구조 내적인 문제가 아니라 역사적으로 '단 한 번' 발생한 것임을 암시한다. 건국신화를 통한 태초의 권력은 원칙적으로 단 한 번 발생할 수밖에 없다. 두 번 이상 발생할 경우 건국신화는 의미를 상실하기 때문이다. 이 '단 한 번'이라는 시원은 구조의 영원성과 대비된다. 그리고 이는 신화의 사건들이 레비-스트로스가 말한 것같이 공시적인 구조로서만 존재하는 것이 아니라 통시적으로, 불가역적으로 전개됨을 시사하기도 한다. 레비-스트로스는 현상학의 내면성을 비판하고 '바깥의 사유'를 제시했지만, 그 **바깥의 바깥**을 보지는 못했던 것일까?

바깥, 단 한 번, 불가역성 같은 요소들은 젊은이와 딸의 결혼이라는 시간에 응축되어 있다. 이 신화는 근친혼의 금지라는 내용을 담고 있다. 나아가 딸의 결혼은 분명 '교환'의 성격을 띤다. 젊은이는 신비한 사물을 주고 딸을 받는다. 그러나 이 교환에서의 비대칭에 주목해야 한다. 젊은이는 재화를 준다. 그런데 여자를 받는 것은 곧 그 지역

---

12) 이는 섬나라의 경우에는 분명하다. 그러나 내륙의 신화들에서도 이러한 논리를 확인할 수 있다. 나아가, 신화의 범주에 속하지는 않지만 또 권력보다는 권위의 문제이지만, 예수가 겪었던 '광야에서의 40일 고난'(「마태복음」, 4장 1~11절)도 이런 맥락에서 이해된다. 한 인간으로서의 삶을 끝내고 계시받은 자로서의 삶을 시작하기 전에 예수는 일단 자신이 살던 공간을 떠난다. 그렇게 함으로써 바깥으로 나가며 그 바깥에서 새로운 존재가 된 후 다시 돌아온다.

에서의 정통성/권위를 받는 것이기도 하다. 젊은이는 바깥에서 왔지만 결혼을 통해 그 지역 사람들의 사위가 되고 정통성/권위를 부여받는다. 이 점에서 이 교환은 한 방향으로는 결혼의 문제이지만, 다른 방향으로는 재화와 권력의 문제이기도 하다. 그래서 결혼이란 단지 자연이, 아니면 그 어떤 선험적 차원이 부여한 법칙이기만 한 것이 아니다. 그것은 작위作爲의 요소를 내포하며, 욕망과 권력의 놀이에 연루된다. 결혼은 권력 창출의 결정적인 매듭에 위치해 있는 것이다.[13] 레비-스트로스 역시 결혼 제도에서의 권력의 개입을 보았다. 그러나 그는 비대칭의 결혼을 "실패한 결혼"으로 봄으로써,[14] 이 문제에 적극적으로 접근할 수가 없었다. 마르셀 모스의 노작에 붙인 서문에서도 구조주의의 입장을 지나치게 밀어붙인 나머지 예컨대 모스 이론에서의 '전쟁'의 측면 등을 제대로 해설하지 못했다는 점도 잘 알려진 사실이다.[15] 요컨대 구조주의는 19세기적인 실증주의의 소박함은 극복했지만, 힘이라는 범주를 생략함으로써 미개사회에 대한 역동적 파악에 실패했다. 친족체계를 비롯한 문화의 원초적 구조들은 자연이 준 것이다. 그러나 이 구조 아래에는 언제라도 솟아오를 수 있는 카오스가 존재하는 것이 아닐까? 구조는 바로 이 카오스를 제압하는 코드가 아

---

13) 교환과 권력의 관계에 대해서는 다음을 보라. Pierre Clastres, "Échange et pouvoir: philosophie de la chefferie indienne", L'Homme, 1962, pp. 51~65. "교환에 대한 권력의 관계는 …… 이 권력의 문제-장이 발생하고 엮이는 것이 사회 구조의 가장 아래 층위, 그 차원들의 무의식적 구성의 장소에서라는 점을 …… 보여 준다."(p. 63)

14) 레비-스트로스, 『슬픈 열대』, 박옥줄 옮김, 삼성문화사, 1982, 302쪽 이하.

15) 다음을 보라. Sahlins, Stone Age Economics, Tavistock Publications, 1972, p. 153 ff. 아사다 아키라, 『구조주의와 포스트구조주의』, 이정우 옮김, 새길, 1995.

닌가?[16] 그렇다면 우리는 추상화에 의해서만 이 코드를 실체화할 수 있을 것이다.

레비-스트로스의 대척점에서 들뢰즈와 가타리를 발견할 수 있다. 대조적인 두 관점을 비교해 보자. 『안티오이디푸스』는 자본주의라는 오늘날의 현실에 비추어 미개사회를 회귀적으로 이해한다. 나아가 이 역사는 우발적이고 기이하고 얄궂고 위험하기까지 하다.[17] 이들에게 모든 것은 구조가 아니라 생산이다. 레비-스트로스가 미개사회에 대한 구조주의적 통찰을 미래의 역사로 투사한다면, 들뢰즈·가타리는 '포스트모던' 시대에 대한 통찰을 미개사회로 투사한다. "사회는 무엇보다도 먼저 순환하고 순환시키는 것이 그 본질인 교환의 장이 아니라 표식하고 표식되는 것이 그 본질인 등록의 사회체이다. 순환은 등록이 그것을 요구하거나 허용할 때만 생긴다."(AO, 166) 미개사회는 그 성원을 신체적으로 코드화한다. '미개 토지기계'는 흐름들을 코드화하고, 기관들을 공급하고, 신체에 표식을 한다. 이러한 각인은 일종의 잔혹극이다. 그러나 그것이 폭력은 아니다. 그것은 "신체들 속에서 작용하고, 신체들 위에 새겨지고, 신체들을 상처투성이가 되게 하는 문화운동"이다. "문화는 사람들이나 그 기관들을 사회기계의 부품들로 만든다. 기호는 욕망의 조직화이다. 그런데 최초의 기호들

---

16) 자세한 논의가 필요하지만, 카오스는 질서의 무가 아니라 오히려 무한한 질서일 것이다. 그래서 카오스의 제압은 무질서의 거부라기보다는 오히려 특정 질서의 '선택'이라 해야 할 것이다.

17) Deleuze/Guattari, *L'Anti-Oedipe*, Minuit, 1972, pp. 164 ff. 이하 약어 'AO'와 쪽수를 본문에 간략히 기록하였다.

은 그 깃발들을 몸 위에 꽂는 토지기호들이다."(AO, 170) 요컨대 인간은 표식을 통해 자연에서 사회로 나아간다. 이 표식의 전 체계가 그 사회를 지배하는 코드이다. 개인의 말이 있기 전에 침묵의 말, 사회코드로서의 이름이 먼저 존재하는 것이다. 미개사회에서 욕망은 철저하게 코드화된다.

원시 토지기계의 핵심적인 역할은 친족체계의 구성이다. 즉 부모-자식 관계에 의한 혈연血緣과 결혼에 의한 결연結緣이다. 그런데 뢰플러의 연구가 함축하듯이 결연은 정치적이고 경제적인 것이며, 권력과 경제를 표현한다.[18] 그래서 친족체계는 하나의 구조가 아니라 "하나의 관례, 하나의 실천, 절차, 나아가 하나의 전략이다"(AO, 173). 생산과 저장은 물질의 흐름에서 재화를 뽑아낸다. 이 재화는 등록을 통해 분배되며, 이 분배는 기호들을 통해 코드화된다. 결연은 이 코드화된 재화를 혈연 코드로부터 일탈시킨다. 이 일탈이 경제적 전략을 구성한다. 혈연은 재화들을 '그리고'의 형태로 묶지만 결연은 '또는'의 형태로 일탈시킨다. 물론 여기에는 현대적 의미에서의 투자나 시장은 없다. 그러나 미개사회에서는 '코드의 잉여가치'가 발생하며, 이 잉여가치의 원시적 형태는 모스에 의해 포착되었다. "결연의 관계에 따라 기호의 연쇄로부터 일탈하는 것들은 흐름의 차원에서 코드의 잉여가치를 낳는다."(AO, 176) 그래서 증여는 욕망과 권력의 토지적 기호라

---

18) '제한된 교환'과 '일반화된 교환'을 둘러싼 레비-스트로스와 뢰플러의 대립에 대해 다음을 보라. Lorenz G. Löffler, "L'Alliance asymétrique chez les Mru", *L'Homme*, 1966, pp. 77 ff.

고 할 수 있다. 결국 미개사회가 역사의 바깥에 있다는 생각은 미개사회에서 발생하는 욕망과 권력의 놀이에 눈을 돌린 생각인 것이다. 미개사회 역시 제국주의와 자본주의로 가는 길을 어렴풋이나마 알고 있었다. 다만 그들은 강한 코드화를 통해 늘 균형과 대칭을 유지했을 뿐이다. 때문에 우리는 미개사회의 놀라운 안정적 구조에 찬탄해 그 밑에서 벌어지고 있는 역동적 과정들을 간과해서는 곤란하다.

레비-스트로스와 들뢰즈·가타리의 대립에서 우리는 인간과 역사를 바라보는 근원적인 두 시각을 본다. 레비-스트로스에게서 구조란 자연적인 것, **본래적인 것**이다. 들뢰즈와 가타리에게서 본래적인 것이란 물질의 흐름, 생성이다. 코드란 **작위**이다. 모든 코드가 작위는 아닐 것이다. 레비-스트로스가 보여 주었듯이 객관적으로 "주어지는" 코드도 있다. 그래서 문제의 핵심은 이것이다: 우리 삶을 지배하는 코드들에 있어 어느 만큼이 본래적인 것이고 어느 만큼이 작위적인 것인가? 한 사회에 만인이 인정하는, 아니 인정을 필요로 하지 않을 정도로 무의식적인 기저공간이 존재한다면, 그 사회야말로 구조주의적인 사회일 것이다. 그러나 삶의 상당 부분이 작위라면, 우리가 물어야 할 것은 이 작위를 **누가** 만들었는가라는 물음이다. 이것은 곧 "권력이란 어디에서 오는가?"라는 클라스트르의 물음을 잇는 것이다. 그러나 결정적인 물음은 하나의 작위적 코드가 얼마만큼 **정당한**가 하는 것이다. 정당/부당하다면 정당성의 기준은 무엇인가? 부당할 경우 그것을 어떻게 바꾸어야 하는가? 본연/작위의 문제, 작위의 주체의 문제, 작위의 정당성의 문제가 핵심적이다.

원시의 인간에서 현대의 인간으로 오면서 인간은 계속 대지로부터 멀어져 왔다.[19] 이 멀어짐은 인간적인 작위를 만들어 나감으로써 성립했다. 이렇게 인간이 대지로부터 멀어진 정도를 탈대지화의 정도, **작위화의 거리**라고 부를 수 있을 것이다. 미개사회는 작위화의 거리가 매우 낮았기 때문에 "차가운" 사회를 유지할 수 있었다. 그러나 미개사회에서도 권력은 작동했으며, 코드가 전적으로 자연과의 상응 ("대위법")에 의해서만 결정되지는 않았다는 점을 잊어서는 곤란하다. 권력은 바깥을 요구하며, 때문에 미개사회는 사실상 현대 사회 이전의 모든 사회가 그렇듯이 신적 존재에 입각해 사회적 코드를 보존했던 것이다. 그러나 사회 바깥의 형이상학적 존재에의 주장은 (그 존재를 담지하는) 사회 내부의 세력과 뗄 수 없이 연결되어 있다. 때문에 미개사회에서의 "야생의 권력 이론"을 배제할 수 없는 것이다. 그럼에도 미개사회에서의 작위화 거리는 극히 짧았으며, 때문에 위와 같은 사태를 과장할 필요는 없다. 미개사회의 코드가 근본적으로 자연과의 상응을 통해 이루어졌음은 분명하다. 현대인에게 익숙한 욕망과 권력의 놀이를 미개사회에 무매개적으로 투사하면 곤란하다.

　미개사회의 코드는 **신체에 각인된 코드**이다. 그러나 '각인'이라는 말을 즉물적으로 이해할 필요는 없다. 신체에의 각인이란 곧 미개인의 신체적 존재양식 자체가 그에게 부여된 코드에 입각해 있음을 뜻한다(미개사회에서 나폴레옹 같은 왜소한 인간이 세계를 호령할 수는 없

---

19) 이 대지는 원자들의 집합도, 형상이 구현된 질료도, 신의 피조물도 또 다른 무엇도 아니다. 그것은 어떤 이론이나 개념으로 포착하기 이전에 미개인들이 그것과 거의 한덩어리가 되어 생활했던 터전이다. 그렇다고 대지가 현상학적인 세계인 것도 아니다. 현상학은, 특히 메를로-퐁티의 현상학은 대지로 '돌아가고' 싶은 인간의 의지를 표현한 것이다.

다). 이 코드가 비교적 안정된 장을 이루었다는 것은 곧 인간의 행위양태, 신체의 존재양태가 강하게 코드화되어 있었음을 뜻한다. 이 코드를 파괴하는 자는 그 사회로부터 소외될 수밖에 없었다.[20] 특히 한 씨족이나 부족 내에서 음모를 통한 끊임없는 권력 쟁탈이라는 현상은 보기 힘들다. 때문에 한 집단의 성원은 그 집단 전체라는 신체의 각 기관들로서 존재했다. 발이 빠른 자는 발로서, 멀리 보는 자는 눈으로서, 창을 잘 던지는 자는 팔로서. 한 인간의 주체화는 정확히 한 집단에서의 그의 위치를 통해 성립했다. 그 위치에 대한 저항도 미약했으며, 저항을 통한 주체화 또한 미약했다. 미개사회 이후의 역사는 곧 작위화의 거리가 점차 커져 간 역사이며, 그 증가의 정도는 곧 주체 형성의 정도와 비례한다.

초코드화 구조와 신분-주체

신화시대[21]의 인간은 미개사회의 단단한 코드를 벗어나 수많은 변화를 이루었으며, 오늘날 우리에게도 친숙한 인간의 얼굴을 드러냈다.

---

20) 이 점은 특히 추장의 위상을 들여다보면 분명하다. 대체적으로 미개사회의 추장은 전통 사회의 왕과는 전혀 판이한 존재였다. 다음을 보라. 클라스트르, 『국가에 대항하는 사회』, 홍성흡 옮김, 이학사, 2005.
21) '신화시대'는 인간이 미개사회로부터 벗어나 일정한 형태의 문명(거대 권력, 관료조직, 큰 성채, 대규모의 경제 활동, 신분의 분화, 문자의 사용, 역사의 기록 등등)을 건설한 시점으로부터 본격적인 담론들이 발명되고 자유로운 사상들이 출현한 시점(대략 서기~6세기 전후)까지를 가리키는 말로 쓸 수 있다(대체로 '상고' 시대에 해당한다). 이 신화시대는 인류의 신체적 실천들(정치, 경제, 종교 등)에서 거대한 변화가 발생한 시대이며, '신화'라는 담론이 이 신체적 실천들을 밑받침한 시대였다.

그러나 이 시대의 인간의 삶은 전적으로 자연적 환경(주로 열악한 환경)에 종속되었으며, 거대 권력의 등장 아래에서 극히 일부의 사람들만이 문명을 누린 시대이며, 각종의 신화가 담론적 코드로서 삶의 모든 부분을 지배했던 시대였다.

인간이 어떻게 대지로부터 떨어져 나왔는가? 작위화의 거리가 언제 현격하게 커졌는가? 인간이 언제 세계로부터 거리를 두는 존재, 세계를 대상화해 일정한 방식으로 표상하는 존재, 우주의 혹으로서 존재하기 시작했는가? 이런 문제들은 언제 새벽이 왔는지를 정확히 측정하는 문제만큼이나 어렵다. 노동을 통해 인간이 만들어졌다는 생각은 설득력 있지만, 다른 동물들과는 다른 형태의 노동을 가능하게 한 선험적 조건을 제시하지 못한다면 단순한 서술일 뿐 설명은 아니다. 그래서 우리는 인간의 지능(이성, 영혼, 정신, 의식, 주체 등)에 대한 아프리오리한 논의를 요청하게 된다. 그러나 이러한 논의의 한계는 전통 인식론에 대한 비판적 논의들을 통해 이미 분명하게 드러났다. 그래서 우리는 노동을 통한 지능의 형성과 지능에 의한 노동의 진화 사이에서 순환하게 된다. 분명한 것은 인간이 작위화의 거리를 현저하게 증폭시킨 것은 어떤 형태로든 세계를 대상화하고 표상하는 지능의 존재를 인정하지 않고서는 이해하기 힘들다는 것이다.

인간이 특유의 지능적 노동을 통해 작위화의 거리를 증폭시켰다 해도, 신화시대의 삶이 천문, 지리, 기상 같은 자연 환경에 절대적으로 복속되었다는 것은 말할 필요가 없을 것이다. 대부분의 문명은 강을 끼고 발생했다(그리스처럼 바다──에게해──를 중심으로 형성된 문명도 있다). 넓은 평야지역의 문명은 늘 외침에 시달리며 전쟁터로 화하곤 했으나, 거대한 산맥이나 넓은 사막 같은 천연의 방벽이 있는 곳은 비교적 안정되고 폐쇄적인 문명이 이루어졌다(예컨대 데칸 고원의 존재는 인도 남부의 민족을 북부의 침입으로부터 지켜 주었다). 사회의 크기도 지리적 조건의 절대적인 영향을 받았다(예컨대 수많은 분지들과 섬들로 구성된 그리스 문명에서는 거대한 국가보다는 수많은 작은 공동체나 폴리스가 발달했다). 많은 민족들이 경제적 상황, 또 때로는 정치적 상황이 악화되면 이동했으므로, 전체적으로 신화시대의 역사는 다채롭고 역동적이었다. 부 창출의 조건은 천연자원 등도 있었지만 대부분 노동력이었으며, 때문에 타민족을 정복해 노예로 삼으려는 전쟁이 끊임없이 발생했다(『리그베다』에서 볼 수 있듯이 가축이 주된 목표가 되는 경우도 있었다). 고대의 경제적 환경은 물론 열악했지만, 미개시대처럼 모든 사람들이 같이 열악했던 것은 아니다. 오히려 그 반대이다. 대다수 인간의 피와 땀 위에 극소수 인간의 찬란한 삶이 얹혔다. 이는 곧 거대 권력의 출현을 시사한다.

거대 권력은 어떻게 출현했는가? 대지에 밀착해 최소한의 작위화 거리만을 유지하던 인류가 왜 어느 순간 피라미드와도 같은 수직 구조로 편성되었을까? 거대 권력과 국가의 출현은 진화론에서의 "잃어버린 고리"처럼 일종의 수수께끼와도 같다. 하나는 실제 어떤 과정을 통해 거대 권력/국가가 이루어졌는가 하는 것이고(신체적 층위), 다른 하나는 어떤 논리, 어떤 생각을 통해서 거대 권력이 존립했고 정당화되었는가 하는 것이다(담론의 층위). 현실세계가 기-의미로 되어 있다면, 전자는 기의 문제이고 후자는 의미의 문제이다. 국가 성립의 실제 과정에 대해서는 논의가 분분하다. 아마도 정복에 의한 성립의 가능성이 높으리라 보며, 이는 "권력의 바깥에서 온다"는 앞에서의 논의와도 정합적일 수 있다. 그러나 이 문제는 보류하고, 우리가 논해야 할 것은 거대 권력이 어떤 방식으로 스스로의 욕망을 구체화했는가, 어떤 코드를 통해 스스로를 주체화했는가의 문제이다. 이 문제는 신화의 문제와 뗄 수 없이 연관되어 있다.

신화는 인간의 탈대지화 과정을 보여 준다. 최초의 인간은 대지에 밀착해 살았으며, 그의 욕구는 단단하게 코드화되었다. 때문에 푸에블로족, 콰키우틀족의 신화, 또는 오이디푸스 신화가 말해 주듯이 인간이 처음으로 하늘을 바라보면서 두 발로 서기까지는 많은 고난이 따랐다. 탈대지화는 무엇보다도 인간이 대지를 그의 대상으로 삼았을 때 하나의 이정표를 마련할 수 있었다. 이 세상은 도대체 어떻게 "생겨났는가?"라는 기원의 문제, 이 세상은 궁극적으로 "무엇인가?" 즉 어떤 존재인가라는 근원의 문제, 그리고 이 세상에 이렇게 살아가고 있는 우리는 도대체 "누구인가?"라는 정체성 문제가 이미 신화의 시대에 고개를 들었다. 인간이 세계와 한 덩어리가 되어 살기를 그치고 그것을 대상화하고 이해하려고 하고 담론화하기 시작했을 때, 아리스토텔레스가 말했듯이 최초의 철학이 생겨났다고 할 수 있으리라.

세계의 기원과 구조에 대한 생각은 다양한 방식으로 형성되었다. 이 각종 신화적인 세계관은 인류가 과학적 인식을 가지기 이전의 세계관으로서, 그것이 세계에 관한 담론임에도 역설적으로 세계에 대해서보다는 오히려 그 세계를 규정한 민족에 대해 더 많은 것을 알게 해 준다. 다시 말해 신화는 한 민족이 카오스와 퓌지스의 관계를 어떻게 생각했는가, 그리고 그 민족의 노모스/에토스는 이 양자와 어떤 관계에 놓여 있는가를 드러낸다. 대부분의 신화는 세계가 카오스에서 퓌지스로 변화되었다고 본다.[22] 그리고 이 변환을 가능하게 한 신神들을 상정한다(이 점에서 신들은 퓌지스/코스모스의 선험적 조건이다). 신에는 히브리의 신처럼 세계의 질서 자체를 만든 신도 있고, 플라톤의 신처럼 이미 있던 질료와 형상을 가지고서 세계를 만든 신도 있다. 어떤 경우든 신은 이 세계의 질서를 근거 지었던 능동인이다. 노모스/에토스는 퓌지스에 그리고 이 퓌지스를 가능하게 한 신에 근거한다. 노모스/에토스를 가능하게 하는 근거는 그 노모스/에토스의 바깥에 존재하며, 노모스/에토스의 지도자들은 그 바깥과 직접 연계된다. 이들이 그 사회의 종교적, 정치적 지도자가 된다.

신화의 세계는 수많은 고유명사들로 점철되어 있는 세계이다. 미개사회에서 고유명사를 발견하기는 힘들다. 물론 미개인들에게도 이름이 있었지만 남들보다 두드러짐으로써 남들의 머리 위로 솟아오르는 이름은 없었다. 미개사회는 근본적으로 집단적이다. 고유한 이름이 있다면 그것은 신들의 이름이었다. 그러나 신화의 차원에 들어서면 수많은 신들의 이름과 나란히 또한 수많은 인간들의 이름을 발견하게 된다. 이제 신들과 나란히, 그러나 그들에 비해서는 엄연히 열등한 지위에서 인간의 역사가 시작된다. 인간은 이제 두 발로 선 것이다.

22) 다음을 비교하라. 최현 엮음, 『이집트 신화』, 범우사, 1995. 위안커, 『중국 신화 전설 1』, 전인초·김선자 옮김, 민음사, 1992, 154쪽. 「창세기」, 1장, 1~3절, 한국천주교중앙협의회, 1960. 침머/캠벨, 『인도의 신화와 예술』, 이숙종 옮김, 대원사, 1995. 『三國遺事』, 李載浩 譯, 養賢閣, 1982, 677쪽. Kirk and Raven, *The Presocratic Philosophers*, Cambridge University Press, 1957, p. 41.

그러나 물론 신화시대의 이름들은 거대 권력의 담지자들의 이름들이었다. 뒤메질이 밝혔듯이, 인도-유럽어 신화의 주축을 이루는 것은 늘 왕들, 전사들, 사제들이다. 이로부터 우리는 신화의 상당 부분은 거대 권력이 스스로를 정당화하기 위해 사용한 담론적 코드였다는 사실을 어렵지 않게 알 수 있다. 이는 건국신화에서 특히 두드러지며, 대부분의 신화적 인물들은 신의 자식들로서 규정된다. 또 신의 자식과 인간의 자식이 결혼할 수는 없으므로, 결혼은 신의 자식끼리만 가능하다. 다시 말해 거대 권력은 신화의 혈연관계(그리고 이 혈연의 세습) 및 이 혈연관계를 해치지 않는 결연관계를 통해 정립된 것이다.

이러한 사실은 권력은 바깥에서 온다는 사실을 다시 한번 시사해 준다. 권력의 정당성은 한 사회 바깥에 있으며, 그 사회의 특정 집단이 이 바깥을 담지함으로써 지배의 위치에 오르는 것이다. 이제 천자天子, 파라오 등을 꼭짓점으로 하는 피라미드 사회가 등장한다. 하늘의 아들 아래에는 이들을 보좌할 관료들, 장군들, 사제들이 늘어선다. 그 아래에는 하층 관리들, 평민들, 노예들이 힘겨운 삶을 이어 갔다. 중요한 것은 이 **구조 자체**였고, 몇 살밖에 안 된 어린아이가 황제에 오르곤 했던 것은 이 때문이었다. 사제들의 권력은 막강했고, 이들은 예컨대 베다 같은 최초의 문헌들을 통해 자신들의 정통성을 만들어냈다. 이 피라미드 구조는 전통 사회의 기저공간을 형성했고, 민중들의 혁명이나 유목민의 침입이 이 구조를 간헐적으로 뒤흔들긴 했으나 끈질기게 존속했다. 신화는 이런 코드의 담론적 보완물이었다. 이렇게 형성된 권력 구조를 **초코드화된** 권력이라고 부를 수 있다. 현대의 국가도 느슨하게나마 이런 권력의 흔적을 지니고 있지만, 근대 이전의 전통 사회는 기본적으로 이런 초코드화를 통해 존속했다고 할 수 있다.

거대 권력의 피라미드 구조는 그 아래에서 말 없는 욕망들, 권력 앞에 무릎 꿇은 채 전복을 꿈꾸면서 살아가는 수천의 이름 없는 얼굴들을 지워 버림으로써 존속한다. 때문에 권력이 있는 그곳에 저항도 있었다. 거대한 주체가 있는 그곳에 작은 주체들이 언젠가는 개화하기를 꿈꾸면서 꿈틀대고 있었다. 이 탈코드화의 몸짓이 유래 없이 거세지면 피라미드 구조가 흔들리게 되며 권력의 재편이 발생했다. 그러나 현대 사회가 도래하기 전에 이 피라미드 구조가 완전히 붕괴된 적은 없었다. 탈코드화가 어느 정도 진행된 후에 결국 또 다시 초코드가 등장함으로써 재코드화가 이루어졌기 때문이다. 근대화 이전 사회는 기본적으로 이 초코드화와 탈코드화 그리고 재코드화가 반복되는 과정을 보여 주었다. 이러한 탈코드화의 최초의 그리고 가장 중요한 형태는 우리가 흔히 '성인들'이라 부르는 인물들의 도래를 전후해서 발생했다.

탈코드화 운동은 피라미드의 최하층에서 발생하곤 했지만, 이런 민란은 큰 결과를 가져오지 못한 경우가 대부분이었다 이 최하층이 피라미드 구조를 전복시키기에는 실질적 힘이 모자랐기 때문이다. 피라미드 구조가 견고한 상태에서 최하층에서 발생한 사건들은 결국 작은 소용돌이를 일으킬 뿐이었다. 사회를 뒤흔든 성공적인 탈코드화 운동은 대개 사회를 구성하는 여러 계열들에서 동시다발적인 변환이 발생했을 때이다.[23] 예컨대 공자의 시대에는 철제 도구의 사용, 우경牛耕, 분뇨의 사용, 관개의 발달 같은 기술적·경제적 변화, 유명무실해진 주周의 정치적 상황, 부농과 소작인으로서의 사회적 양극화, 무巫와 사

史가 지배하던 관학의 테두리를 깬 각종 사학私學들의 발달 같은 사건
들이 발생했으며, 붓다의 시대에도 브라만교가 무너지고 사회적 변혁
이 도처에서 발생했다. 다른 과정을 밟긴 했지만 그리스 민주주의 또
한 페르시아 전쟁으로 인한 그리스세계 전반의 변화를 통해 이루어졌
으며, 이러한 흐름과 더불어 드라마나 본격적인 철학도 등장했다. 이
러한 사실은 그후의 역사에서도 거듭 확인된다. 그러나 근대 사회가
도래하기 이전에는 이러한 탈코드화의 시간이 얼마간 지나가면 다시
인물들만 바뀐 초코드화가 형성되곤 했다.

초코드화와 탈코드화 그리고 재코드화가 반복되어 온 이 시대의
주체들은 신분-주체들이었고 따라서 그들의 욕망 또한 신분을 둘러
싸고 전개되었다. 이 점에서 BC 6세기를 전후해서 등장한 최초의 철
학사상들은 인류사에 거대한 의미를 가진다. 동서를 막론하고 이 시
대를 즈음해서 주요 어휘들이 큰 의미 변화를 겪는다. 예컨대 그리스
의 '아레테'는 귀족을 평민으로부터 변별해주는differentiate 즉 차이지
어주는 것이었으나 소피스트들의 시대에 이르면 이미 누구나 추구할
수 있는 뛰어남으로 바뀌어 있었다. 이 시대는 최초의 탈코드화 시대
였으며, 이후 모든 탈코드화 운동의 원형을 형성하게 된다. 이로써 신
분-주체의 욕망은 새로운 분기점을 마련하게 된다. 그리고 이 원형에
는 세계에 대한 새로운 '인식'이라는 과학적 핵과 인간의 '자아 발견'

---

23) 예컨대 루이 알튀세르는 러시아혁명 당시 사회의 여러 계열들이 어떻게 역동적 관계
   를 맺었는지 보여 주었다. 알튀세르, 『마르크스를 위하여』, 고길환·이화숙 옮김, 백의,
   1990, 115~116쪽.

이라는 철학적 핵이 깃들어 있었다.

　고대에 있어 거대 권력이 심하게 동요되었고 성인들에 의해 정신의 최고 경지가 현현되었음에도, 인류 역사는 결국 끊임없는 초코드화의 반복을 보여 준다. 다시 말해 탈코드화의 시간이 어느 정도 지나가면, 이번에는 그 탈코드화를 야기시킨 요소들이 초코드화에 흡수되면서 다시 재코드화가 발생한다. 이는 고대의 사상들이 겪은 역사에서 뚜렷이 드러난다. 조촐하고 순수했던 사상, 억눌리던 사람들에게 희망의 빛을 주던 사상은 거대 권력에 흡수되면서 어느새 피라미드 구조를 떠받치는 통치이데올로기로 변질된다. 예수, 붓다, 공자 등, 몸을 바쳐 민중의 편에 섰던 사람들의 사상이 어느새 초코드화를 밑받침해 주는 신神들로 화한다. 이제 교황과 황제는 예수의 후계자가 되고, 천자는 공자의 뜻을 받든 사람, 붓다의 영향을 받은 사람("전륜성왕"轉輪聖王)이 된다. 인간과 이 신들 사이에는 각종 '천사들', '보살들'이 늘어선다. 모든 것이 위계화된다. 나아가 모든 것은 외면화된다. 마음과 실천에 있어 높은 경지에 올랐던 성인들이 어느새 외적인 능력과 권력에서 위대한 인물들로 변질된다. 신들과 이들의 비호를 받는 '지존'至尊으로부터 천민에 이르기까지 초코드화의 구조가 다시 복구된다.

　이미 보았듯이, 전통 사회는 정체된 사회가 아니었다. 그것은 거대한 탈코드화 운동에 의한 사회 변혁과 새롭게 등장한 거대한 초코드화 과정이 길항을 겪은 역동적 과정이었고, 그 과정에서 신분-주체들의 욕망이 펼쳐진 과정이었다. 그럼에도 피라미드 구조 자체는 '근대'가 도래하기 전까지 결코 무너지지 않았으며, 지금까지도 다른 방식으로 잔존해 있다. 다산 정약용을 비롯한 많은 사상가들은 초코드화의 시대가 무너지고 새로운 시대가 도래하는 과도기에 서서 새로운 주체를 꿈꾸었다. 그러나 오늘날 우리가 보고 있는 것은 (앞에서 그 인식론적 측면을 묘사한) 대중으로서의 현대인이다. 어떤 역사의 와류가 인간의 얼굴을 여기까지 몰고 왔을까? 끝도 없이 다양할 분석을 요청하는 이 문제에 우선은 자본주의라는 삶의 양식에 초점을 맞추어 거칠게나마 접근해 보자.

대중자본주의와 분열적 주체

전통 사회의 초코드화는 가치-존재론에 입각해 있었다. 피라미드의 바깥에는 가장 많이 존재하는 존재, 완전한 존재, 즉 신이 놓인다. 피라미드의 꼭짓점(중심)에는 신 다음으로 많이 존재하는 자, 신을 가장 잘 재현하고 있는 존재가 놓인다. 신의 아들은 완전에 가깝다. 피라미드의 아래로 내려가면서 보다 덜 존재하는 자들이 늘어선다. 모든 것은 위계적이다. 각자는 자신의 고유한 '존재=본질'을 가진다. 각자의 삶은 이 주어진 본질의 테두리 내에서 이루어진다. 때로 자연까지도 이런 가치-존재론에 입각해 파악되었다. 모든 사물은 자연의 위계 안에서 일정한 자리를 잡는다. 자리가 사물의 본질을 규정한다. 때로 사물은 운동하며 또 자신의 자리를 일탈할 수도 있다. 그러나 그러한 일탈은 허용되지 않는다. 제자리를 벗어난 존재는 다시 제자리로 돌아가야 한다. 마치 자신의 자리가 중력장의 중심이기라도 하듯이. 앞에서 논했듯이, 전통 사회는 가치-존재론, 중심주의, 위계적 질서에 입각해 이해되었고 또 구성되었다. 이 전통 사회의 붕괴는 탈가치, 탈중심, 탈위계를 통해 이루어졌다. 이러한 변환은 무엇보다도 먼저 '사물'을 바라보는 시선에서의 변화를 통해 주어졌다.

근대적 시선은 탈가치적이다. 근대 사유는 한 사물의 내적 의미나 그것이 세계 전체에서 점유하는 가치-존재론적 위상에 관심을 가지지 않는다. 특히 '과학'이라는 사유양태는 무엇보다도 (사물을 탈각시킨 채) 특정 변수들의 양적 관계에 관심을 가진다. 과학은 '사물'이 아니라 '관계'를 다루며, 특히 함수로 표현할 수 있는 양적 관계를 다룬다. 때문에 전통적인 가치-존재론은 완전히 종식된다. 근대 물리학에서의 '질점', 통계학에서의 '자유도', 경제학에서의 '한계효용' 같은 개념들에서 그 예를 볼 수 있다. 무엇을 양으로 할 것인가, 그 양을 어떻게 측정할 것인가는 인식 주관에 상대적이다. 사물은 변수들로 해체된다. 더불어 모든 운동은 시간에 상관적인 함수관계로서 파악된다. 시간을 독립변수로 하는 근대 사유는 모든 것을 시간의 함수로 표현했고, 그로써 시간은 조밀하게 측정되고 배열되기 시작했다. 이 과정은 인간의 삶 전체를 변형시켰다. 공간 역시 상대화됨으로써(데카르트적 좌표, 갈릴레오의 상대성 원리 등) 세계를 탈중심화시켰다. 그리고 이런 과정을 통해서 아리스토텔레스 이래 존재하던 위계적 세계는 붕괴했다.

그러나 이러한 탈가치, 탈중심, 탈위계의 흐름은 이내 재코드화된다. 이제 인간은 모든 가치판단의 기준, 모든 존재들의 중심, 우주의 정점으로 자리 잡는다. 사물은 이제 그것이 인간에게 어떤 의미와 가치를 지니는가에 따라 분류된다(각종 실증주의와 실용주의). 인간은 자신의 욕망과 관심을 투영해 세계를 분석한다. 인간은 세계를 조작할 능력을 갖추게 되며, 이제 세계는 더 이상 두려운 존재도 외경畏敬스러운 존재도 아니다. 지식은 인간을 세계의 왕으로 만들어 준다. "아는 것이 힘"이다. 또 우주에 좌표를 설정하고 중심을 잡는 것은 인간이다(각종 주체주의). 경험적인 것을 인식의 수준으로 만들어 주는 것, 즉 선험적인 것은 인식주체이다. 인간의 조건이 세계 이해의 조건이 된다. 나아가 인간은 진화의 정점이며 더 나아가서는 우주의 목적 자체가 된다(각종 종합적 담론들). 시간은 보다 정교하고 질적으로 고급한 존재들을 낳는다. 인간은 이 고급한 존재들의 정상에 우뚝 선다. 인간에게서 우주의 진화는 완성된다. 이런 과정을 통해 현대는 인간의 욕망과 권력이 세계를 지배하고 그 지배를 통해 주체가 정립되는 구조, 인간이 이 우주의 중심이 된 또 하나의 초코드적 구조를 이루고 있다.

'인간'/'주체'에 대한 이런 전면적인 전환을 배경으로 인간과 인간 사이에서의 관계에도 심대한 변화가 도래했다. 초코드화를 가능하게 한 권력 구조는 곧 신과의 혈연관계 및 제한된 결연관계이다. 그래서 전통 사회의 붕괴는 신적 혈연관계의 붕괴를 통해 이루어졌다. 이제 왕이 되는 것은 아프리오리한 혈연관계에 의해서가 아니라 인간과 인간 사이에서 맺어지는 특정한 관계에 의한 것이다. 전통 사회에서 권력은 재현의 논리에 입각해 편성되었다. 한 인간의 지위는 초월적 존재를 재현하고 있는 정도에 따라 자리가 매겨진다. 모든 사물에는 각자의 자리가 있다. 그러나 이제 권력은 밑바닥으로부터 솟아오르는 것으로 이해되기 시작한다. 초월적 존재의 재현에서 대다수 인민들로부터의 변별화로 변화가 이루어진다. 이러한 변화를 "계약"이라는 개념보다 더 잘 표현하고 있는 말은 없을 것이다. 이제 권력은 실질적 투쟁에 의해서가 아니라 (근세 상업자본주의 사회를 정확히 반영하는) 계약에 의해 발생한 것으로 파악되기 시작한다.

그러나 '계약' 개념은 역사적 실재의 왜곡을 담고 있다. 이 개념에 입각한 정치철학은 사실 근세 자연과학에서의 모델화 방식을 인간 삶에 적용시킨 것이며, 데카르트의 방식(절대 개인을 확보한 후 보다 보편적인 방향으로 나아가는 방식)과 갈릴레오의 방식(이상적인 상황의 설정과 다른 요인들/변수들의 첨가)을 정치/사회의 영역에 적용한 것일 뿐이다. 오늘날의 사회과학(예컨대 '주류 경제학')은 아직도 이런 방식을 애용하고 있다.[24] 인간을 탐구하는 과학이 자연과학에서의 실험실 상황을 흉내 냈을 때, 그것은 인간적 삶의 현실을 결정적으로 왜곡하게 된다. 인간들 사이의 계약이 있었던 적은 없다. 또 '계약'이라는 말을 즉물적으로 이해하지 않는다 해도(계약론자 자신들도 그렇게 이해했던 것은 아니다), 그 계약은 언제나 피라미드의 상층부에서 존재했을 뿐이다. 미개사회가 무너지고 초코드화 사회가 도래한 것은 폭력과 정복에 의한 것이지 계약에 의한 것은 아니다. 우리는 인간의 삶을 자연과학적인 실험실 상황을 통해서가 아니라 **역사적 실제**에 입각해 사유해야 한다.[25]

---

24) 예컨대 주류 경제학의 가격 결정 이론은 '완전 경쟁 시장'이라는 모델을 전제하고서 이론을 전개한다. 이 모델을 성립시키는 다섯 가지 조건에 대해서는 다음을 보라. 이정전, 『두 경제학의 이야기』, 한길사, 1993, 78~79쪽.

25) 예컨대 마르크스는 18세기 사회사상에서의 '개인' 개념이 역사적 실제에 입각해 사용되는 개념이 아님을 말한다. "이러한 18세기의 개인은 …… 역사적으로 성립된 것으로서가 아니라 자연에 의해 주어진 개인으로서 아른거리고 있기 때문이다."(마르크스·엥겔스, 『저작 선집』 2권, 최인호 외 옮김, 박종철출판사, 1992, 443~444쪽)

현대 사회의 형성은 지속적인 투쟁을 통해서 이루어졌다. 최초의 투쟁은 피라미드의 중간 부분에서, 즉 부를 축적한 신흥 부르주아계급에서 발생했다. 전통적인 귀족계급과 신흥 유산계급 사이의 투쟁은 신과의 혈연관계를 통해 아프리오리한 권력을 보유했던 귀족들과 주로 무역을 통한 가격차로 부를 축적한 실세들의 투쟁이다. 이 과정에서 초코드화 구조는 조금씩 무너지기 시작했다. 근대의 역사는 혁명의 역사였으며, 이러한 혁명은 조금씩 피라미드의 아래쪽으로 내려가 오늘날에는 소수자들에까지 이르렀다('소수자'는 질적 개념이지 양적 개념이 아니다). 이 과정에서 민중/인민은 대중으로 변환했다. 이제 욕망의 전반적인 재편성이 발생한 것이다. 자본주의와 기술문명을 통해 모든 것이 탈코드화되기 시작했다. 정치의 세계 역시 대중사회의 등장으로 큰 변화를 겪게 되고, 담론의 세계 또한 대중의 욕망을 반영하는 대중매체들의 등장으로 큰 변화를 겪기 시작했다. 그러나 이 모든 탈코드화의 과정은 또한 재코드화 과정이기도 했다. 피상적으로 모든 것이 탈코드화된 듯이 보이는 세상은 이전과는 다른 코드들을 통해 재코드화된 세상이기도 하다.

자본주의는 인류의 삶을 송두리째 바꾸어 놓았으며, 전통 사회의 초코드를 무너뜨리고 새로운 형태의 코드를 만들어낸 생활양태이다. 그것은 욕망의 세계사, 욕망의 사회존재론에서 가장 근본적인 범주를 형성한다. 현대인=대중의 얼굴은 무엇보다도 우선 자본주의를 통해 형성되었다고 해야 할 것이다.

우선 자본주의가 전통적 경제코드[26]로부터 어떤 변환을 통해 형성되었는가, 그리고 이 변환은 인간의 욕망 구조를 어떻게 바꾸어 놓았는가, 그리고 내가 '대중자본주의'라 부르는 현대 자본주의의 특성은 어디에 있는가를 보자.

1) 자본주의의 형성과 전개

자본주의는 어떻게 형성되었는가? 그것은 탈코드된 갖가지 요소들의 만남, 그 중에서도 특히 탈코드된 노동과 자본 그리고 지식의 만남에 의해서이다.[27] 그리고 이 만남은 근본적으로는 우발적인 것이었다고 해야 할 것이다. 전통 코드에서 노동은 첫째 자율적인 것이 아니라 국가권력에 의해 '할당된' 것이었으며, 둘째 대지와 몸이 일체가 되어 이

---

26) 마르크스는 자본주의 이전의 생산양식들로 "아시아적 생산양식", "고대적 생산양식", "봉건적 생산양식"을 들고 있다(『정치경제학 비판을 위하여』, 김호균 옮김, 중원문화, 1988, 8쪽). 더 자세한 논의로는 마르크스, 『자본주의적 생산에 선행하는 제 형태』(성낙선 옮김, 지평, 1988)를 보라. 특히 아시아적 생산양식에 대해서는 각종 논의들이 있었지만(신용하 엮음, 『아시아적 생산양식론』, 까치, 1986), 오늘날에는 관개 가설의 불충분성, '동양적 전제군주' 개념의 단순성, 사적 소유의 결여라는 개념의 허구성 등등에 비추어 만족스럽지 못한 것임이 판명되었다(송영배, 『중국 사회사상사』, 한길사, 1986. 특히 '토지 사유제'와 '관료적 중앙집권국가'의 성립에 대해서는 158쪽 이하를 볼 것).
그러나 문제는 더 본질적인 데 있다. 마르크스와 그 이후의 논의들은 우선 서구 역사를 기본으로 이론체계를 만든 후 거기에 잘 맞지 않는 생산양식들을 아시아적 생산양식이라는 이름 아래 정리하고 있다. '아시아'라는 말 자체가 유럽중심적 개념으로서 그 안에 여러 이질적인 문명들을 등질화해 담고 있거니와, 이 생산양식을 노예제 생산양식보다 앞에 놓은 것은 지금의 관점으로 보면 이해하기 힘든 것이다. 또 보편성의 맥락에서 보자면, 서구 중세의 봉건제가 아시아적 생산양식 ——이 말을 쓴다면—— 보다 훨씬 특수한 범주에 들어간다. 그래서 차라리 추상적 수준에서는 '전통적 생산양식'으로 일반화하는 것이 낫고, 구체적 수준에서는 각 문명을 개별적으로 연구해야 할 것이다. 그리고 수많은 개별적 연구들이 일반화되고 평균화되면서 전통적 생산양식의 내용이 채워져야 할 것이다.

루어지는 작업, 작위화의 거리가 극히 작은 작업이었으며, 셋째 농업을 중심으로 하는 복합적인 노동이었으며, 넷째 양으로 환산할 수 없는 질적 노동이었다. 그러나 자본주의 코드에서 이제 노동은 첫째 자유롭게 사고 팔 수 있는 대상으로 화했으며, 둘째 대지로부터 떨어져 나와 기계를 통한 작업으로 화했으며, 셋째 공업을 중심으로 하는 단순 노동으로 화했으며, 넷째 양으로 환산되는 양적 노동으로 화한다.[28] 이것을 노동의 탈코드화 또는 탈대지화라고 부를 수 있다. 이 노동의 탈코드화는 잘 알려져 있듯이 근세 초 '산업 예비군'이 형성되면서 이루어졌다. 또 전통 코드에서 자본, 더 엄밀하게 말해 재화는 소비의 대상이었지 확대재생산의 대상은 아니었다. 중국에서 여러 번 '농업혁명'이 일어났음에도 자본주의가 형성되지 않은 것은 증대된 부가 모두 소비에로 투자되었을 뿐 확대재생산의 회로에 들어가지 않았기 때문이다.[29] 근세 초에 이루어진 '자본의 원시 축적'은 확대재생산을 가

---

27) 자본주의 발전의 원동력을 사상(특히 종교)에서 찾는 입장(베버)과 경제적인 것에서 찾는 입장(마르크스, 돕) 사이의 논쟁이 있었다. 모리스 돕 외, 『자본주의 이행 논쟁』, 광민사, 1980. 그러나 자본주의는 많은 역사 계열들——앞의 두 계열만이 아니라 정치적, 과학기술적, 문화적,…… 계열들——의 통접(conjonction)에 의해 가능했다고 보아야 한다. 김필년은 『자본주의는 왜 서양문명에서 발전했는가』(범양사, 1993)에서 그가 "권력적 상호관계"라고 부른 관계를 통해 서구 자본주의의 발생을 설명했는데, 이 관점은 관계를 맺는 심급들을 제한하지만 않는다면 나의 입장에 가깝다.

28) 마르크스, 『경제학-철학 수고』, 김태경 옮김, 이론과실천, 1987, 55~56쪽. "노동자가 상품을 많이 생산하면 할수록, 그는 더욱더 저렴한 상품으로 화한다. 인간세계에 대한 평가절하는 사물의 세계에 대한 이용과 직접적인 관계가 있다. 노동은 상품만을 생산하는 것이 아니라, 자기 자신과 노동자를 하나의 상품으로 생산해낸다. 그것도 노동이 상품을 생산하는 관계 속에서."

29) 이 점에 관련해 다음을 보라. 마크 엘빈, 『中國歷史의 發展形態』, 이춘식 옮김, 신서원, 1989.

능하게 한 화약고가 되었다. 마지막으로 전통 사회에서의 자연은 '自然'이자 'physis'였다. 그것은 스스로 그러한 자인 궁극적 존재요 만물의 근원이었다. 하늘은 형이상학적 응시의 대상이었고, 대지는 만인의 어머니였으며, 물, 불, 공기, 흙은 모든 사물의 뿌리였다. 그러나 근대에 이르러 이제 자연은 가공의 대상이 되는 원료로 화한다. 물은 수력 발전을 위한 원료로, 흙은 건축물을 짓기 위한 원료로, 금강석은 절제용 기계를 위한 재료로 화한 것이다. 그러나 가장 중요한 것은 이 탈코드화된 요소들의 우발적인 마주침이다. 이러한 개별적인 탈코드화는 전통 사회에서도 얼마든지 찾아낼 수 있다. 중요한 것은 이런 탈코드화된 요소들이 근대에 이르러 한곳에서 마주쳤다는 사실이다. 이마주침으로부터 새로운 역사가 시작되었다.

이질적 요소들이 모이려면, 이 모임을 가능하게 하는 기저공간이 요청된다. 이 기저공간은 다양한 요소들을 등질화等質化함으로써, 즉 그것들에 공통의 척도를 부여함으로써 그것들을 비교 가능한 것들로 만든다(과거에 소리와 색은 비교 불가능한 대상이었다. 그러나 파동의 개념이 확립되면서 소리와 색은 파동의 상이한 종류들로 파악되기 시작했다. 이질적 존재들이 기저공간에서 관계 맺기 위해서는 이런 공통의 척도가 요청된다). 자본주의는 이전에 양화할 수 없었던 것을 양화해 등질화함으로써 성립할 수 있었다. 자본주의체제 아래에서 노동자들은 단순 노동에 종사하며, 각 노동 사이의 질적 차이는 제거된다. 이 전제 위에서 노동의 가치를 잴 수 있는 척도로 시간이 등장한다.[30] 노동의 더 높은 가치는 질적 차이에서 오기보다는 시간의 양이나 효율성(속도)에서의 차이에서 온다. 이렇게 만들어진 상품들 역시 노동의 등질화에 기초해 등질화된다(예컨대 책 1권 = 맥주 2병 = 영화 2편 = …… = 20,000원) 상품의 질적 차이는 고려의 대상이 되지 않으며 단지 그 교환 비율만이 문제가 된다. 그리고 이 교환가치 역시 처음에는 사용가치에 근거하지만 자본주의가 발달함에 따라 점차 그것으로부터 일탈해 추상화된다. 이제 사물은 더 이상 그 자체로서 이해되는 것이 아니라 화폐의 양으로 환산되어 이해된다. 나무, 물, 바위, 풀,…… 등 모든 것이 자연이기를 그치고 산업의 재료로 화한다. 세계는 화폐량으로 환원되어 일종의 양적 체계로 화한다. 자본주의에 이르러 사물과 세계의 의미는 근본적인 변화를 겪게 된다. 사물과 세계는 등질화되고 상품화되어 양적 교환의 체계에 흡수된다.

자연세계에서 모든 사물들에 공통으로 분배되는 것, 즉 다양한 사물들로 전화되는 것은 질료이다. 19세기에 이르러 사물의 근저에는 에네르기가 존재하며, 이 에네르기가 다양한 형태로 전화轉化된다는 사실이 밝혀졌다. 자본주의 사회를 관류하는 에네르기는 화폐이다. 모든 것은 화폐로 환산될 수 있으며, 따라서 화폐는 자본주의 사회의 근본 질료가 된다. 일정한 양의 화폐는 그것으로 살 수 있는 모든 상품들을 뜻하게 된다. 1억 원을 가진 사람은 잠재적으로 1억 원어치에 해당되는 상품들을 이접적으로 소유하고 있는 것이다. 마치 화폐가 하

---

30) Foucault, *Les mots et les choses*, Gallimard, 1966, pp. 237~238. "…… 표상의 분석에로 결코 환원시킬 수 없는 질서의 원리. …… 그[스미스]는 노동 즉 고통과 시간을, 한 인간의 삶을 마름질하는 동시에 사용하는 이 날(journée)을 드러냈다. …… 이것은 그 고유의 필연에 따라 자라고 토착적인 법칙들에 따라 전개되는 한 조직화의 내적인 시간일 것이다. …… 자본과 생산체제의 시간."

나의 기표이며, 그것으로 환산되는 상품들의 이접적 집합[31]이 그 '의미' 또는 '의미론적 장'인 것처럼. 이제 사물의 '의미'는 화폐체계 내에서 그것이 차지하는 위상으로 환원된다. 이러한 체제가 굳어지기 위해서는 모든 것이 상품화되어야 하며, 모든 상품은 **등질적인 방식으로** 즉 화폐를 통해 변환 가능해야 한다. 달리기를 잘하는 것도, 예쁜 몸매를 가진 것도, 말을 잘하는 것도,…… **모두 상품이 된다.** 상품의 가치는 어떻게 결정되는가? 그 상품에 투입된 노동의 양에 의해 결정되는가? 아니다. 상품의 가치는 **대중들의 욕망에 따라** 결정된다.[32] 일반적으로 맛없는 음식보다 맛있는 음식이 비싸다. 잘 돌아가는 기계가 잘 고장 나는 기계보다 비싸다. 그러나 상품의 가치가 대중들의 욕망에 따라 변하기 때문에, 많은 상품들이, 특히 문화적 상품들이 납득하기 힘든 가치 배분을 얻는다. 책은 그 두께에 따라, 그림은 그 크기에 따라, …… 값이 매겨진다. 그 사이의 질적인 차이는 고려의 대상이 되지 않는다. 상품의 질적 차이는 대중들이 그 차이를 인지하는 한에서 성립

---

31) 하나의 집합이 잠재적으로 존재하되 그 요소들 중 하나 또는 몇 가지만이 현실화 가능한 경우를 '이접적(disjonctif) 집합'이라고 부를 수 있다. 이때 현실화되지 않은 요소들은 잠재적으로 존재한다. 예컨대 2만 원으로 살 수 있는 상품들이 책 1권, 맥주 2병, 영화관 람 2편이라면, 이 세 상품은 이접적 집합을 형성한다. 현실화 가능성의 수를 늘리려면 돈을 더 쪼개야 한다.

32) 주류 경제학자들(예컨대 뵘-바베르크)은 노동 시간만이 아니라 기다림의 시간(예컨대 포도주는 같은 노동이 투입된 경우에도 시간이 갈수록 값이 된다), 숙련 노동과 비숙련 노동의 환산 문제 등을 들어 노동가치설을 비판한다(이정전, 『두 경제학의 이야기』, 139~142쪽). 그러나 가치/가격 변화의 근본 원인은 대중의 욕망의 변화이다. 주류 경제학자들은 대중들의 욕망을 수치화할 뿐 그 욕망의 역사적 형성과 변환, 정치적 함의, 문화적 맥락 등을 고려하지 않는다. 그래서 우리에게 필요한 것은 대중의 욕망을 수치화하는 것이 아니라 그 존재론적 뿌리를 추적하는 것이다.

한다. 아무리 뛰어난 내용의 저작이라 해도 대중에게는 외면받고 유치하기 그지없는 저작이라 해도 대중을 자극할 수 있으면 "대박"을 터뜨린다. 자본주의 사회에서의 문화적 모순은 일차적으로 문화가 상품화된다는 사실에 있지만, 더 나아가서는 그 상품들의 가치가 내용을 거의 반영하지 않는다는 사실에서 유래한다.

화폐란 본래 사물의 가치를 지시하기 위해 만들어진 등가물이다. 그러나 자본주의 사회에서의 추상화가 고도화되면, 이 지시작용은 점차 은폐된다. 마치 본래 지시대상을 가지던 기표가 점차 그 지시작용을 망각하고 그 자체의 차원에서 돌아가듯이, 화폐는 대지에서 멀리 떨어진 추상공간 속에서 그 자체의 법칙에 따라 움직인다. 이런 과정을 통해 화폐는 그 자체의 회로를 형성한다. 이 회로의 복잡성은 관계되는 변수들의 복잡성에 비례한다. 변수들이 많을수록 회로를 구성하는 선분은 많아진다. 화폐는 회로를 흐르다가 일정한 특이점에서 누적된다. 즉 화폐는 회로를 흐르는 양의 운동과 일정한 특이점에 누적되는 음의 운동 사이에서 길항한다. 이 특이점들의 분포가 그 사회의 분배 구조를 그려 준다. 때로 서로 거의 단절되다시피 하는 거대 회로들이 형성되기도 한다(예컨대 부자들의 돈은 위에서 흐르고, 빈자들의 돈은 아래에서 흐른다. 미국 돈이 흐르는 회로와 중국 돈이 흐르는 회로가 구분된다). 이 회로는 수학적으로 표현될 수 있는 함수계函數系를 형성한다. 모든 함수들의 궁극적인 독립변수는 시간이다. 모든 흐름은 시간에 대한 흐름이기 때문이다(그래서 경제학 교과서는 dt를 독립변수로 하는 미분방정식들로 가득 차 있다). 이제 자본주의를 움직이는 것은 인간이 아니라 자본 자체의 회로이다. 마치 쿨롱의 법칙이 전기회로를 움직이듯이 수학적 함수가 사회를 움직인다. 인간의 가치, 의미, 감정 등은 어디론가 증발해 버린다. 자본주의 사회는 거대한 기계이다. 더 정확히 말해 추상적인 기계이다. 인간은 이 추상적인 기계의 한 함수 값으로 전락한다.

자본주의가 고도화될수록 노동이 추상화될 뿐만 아니라 화폐도 추상화된다. 화폐는 본래 상품을 대신하기 위해 생겨났지만 점차 추상화되어 왔으며 마침내는 자기지시성을 성격으로 가지게 된다. 그것은 마치 언어가 본래 사물을 대신하기 위해 생겨났지만 문화가 고도화되면서 자기지시성을 가지게 되는 것과 같다. 대지에 근접한 돈은 사물과 간단하게 등치된다. 화폐가 대지로부터 멀어질수록 사물과의 연계성은 희미해지며, 액수가 커지고 화폐체계가 복잡해지면 이제 돈이 돈을 지시하게 된다. 이 점에서 고도화된 자본주의는 점점 일종의 도박이 되어 간다. 마르크스는 산업자본주의의 분석에 주력했고 그 과정을 $G \rightarrow W(=Pm+A) \rightarrow P \rightarrow W \rightarrow G'$ (Pm은 생산수단, A는 노동력, P는 생산과정)로 파악했지만, 그가 화폐에 대한 분석을 수전노에서 시작한 것은 시사적이다. $G \rightarrow W \rightarrow G'$ 에서의 W는 자본 증식의 한 방식일 뿐, 결국 자본의 근본 욕망은 $G \rightarrow G'$ 일 뿐이기 때문이다.

20세기, 특히 그 전반기는 서구가 그 외 지역을 점령해 나간 제국주의의 시대였다.[33] 제국주의의 발생 원인에 대해서는 여러 고전적인 이론들이 나와 있다. 마르크스는 제국주의를 자본주의 경제에 있어 이윤율의 경향적 저하를 막기 위한 수단으로 파악했고, 룩셈부르크는 과소소비 이론에 기초해 판로와 원자재, 노동력의 문제를 지적했으며, 힐퍼딩은 독점 문제를 파고들어 자본 수출의 메커니즘을 해명했다. 그리고 종속 이론은 중심부-주변부 관계의 분석을 통해 2차 대전 이후의 세계경제 질서를 파악한다.[34] 정치적 형태의 제국주의가 1945년을 기점으로 쇠퇴했다 해도 오늘날 세계경제 질서는 제국주의의 연장선상에 있다. 그리고 이 제국주의는 폭력적 제국주의가 아니라 문화적 제국주의이다. 20세기의 제국주의는, 정치적·경제적 맥락 못지않게 문화적 성격을 띠고 있다. 미국 대중문화를 중심으로 한 문화제국주의는 자본주의 자체의 존립에 중요한 역할을 하고 있다. 왜냐하면 이 문화제국주의를 통해 자본주의는 대중의 뇌 속으로 파고들기 때문이다.

현대의 자본주의는 각종 형태의 '문화상품들'을 통해 대중을 즉 **대중적 주체를** 생산해내는 자본주의이다. 이렇게 문화를 통해 대중을 생산해냄으로써만 자본주의의 다른 측면들도 원활히 돌아갈 수 있다. 대중적 주체의 생산 과정이 실패로 돌아갈 경우 자본주의 자체가 비판의 눈길 아래에 드러날 것이고 그만큼 순항이 힘들어지기 때문이다. 나는 이런 형태의 현단계 자본주의를 '대중자본주의'라 부를 것이다. 오늘날의 대중자본주의는 욕망과 권력 그리고 주체를, 또 코드화와 탈코드화를 크게 변화시키고 있다.

---

33) "부르주아는 모든 국가들로 하여금 부르주아 생산양식을 택하든가 아니면 멸망하든가의 양자택일을 강요하며, 이른바 문명이라는 것을 받아들이기를 강요한다. 다시 말해 그들 자신도 부르주아가 되기를 강요한다. 말하자면 부르주아는 온 세상을 자신의 형상에 따라 재창조하려 한다."(마르크스·엥겔스, 『공산당 선언』, 저작선집 1권, 박종철출판사, 1992, 404쪽)

34) 다음을 보라. 이정전, 『두 경제학의 이야기』, 573쪽 이하. 앤서니 브루어, 『제국주의와 신제국주의』, 염홍철 옮김, 사계절, 1984.

2) 욕망 구조의 변환

욕망이란 의식 바깥의 어떤 것에로의 기울어짐이다. 이런 기울어짐은 다방향적이다. 인간의 욕망은 동시다발적으로 뻗어 간다. 전통 사회는 욕망의 이런 위험을 간파했고, 그 위험을 통제하고 때로는 적절한 수준에서 만족시켜 줄 갖가지 장치들을 만들어냈다. 대부분의 사상들은 욕망의 제거 내지 제압을 강조했다. 이 코드가 붕괴하고 새로운 욕망이 분출할 때면 그 사회는 큰 변환을 겪었다. 현대에 이르러 욕망을 코드화하는 거대한 장치는 붕괴했다. 다만 욕망을 만족시켜 줄 수많은 장치들의 탈구적인 종합이 존재할 뿐이다.[35] 그렇기 때문에 과거에 일방향으로 통제되어 있던 욕망은 후기자본주의 사회에 이르러 본래의 다방향성을 회복했다고 할 수 있다. 이제 인간의 의식은 수많은 욕망충족장치들에 둘러싸여 찢어진다. 의식의 찢어짐을 (느슨한 의미에서의) 분열증이라 일컫는다면, 현대인은 모두 어느 정도씩은 분열증 환자들이라 하겠다. 이제 단단했던 인간의, 더 정확하게는 각 집단들의 정체성은 혼란을 겪게 된다. 나아가 욕망충족장치들은 욕망의 벡터만이 아니라 스칼라도 지배한다. 장치들은 점차 큰 강도를 담지하고 그 점점 커지는 강도가 욕망의 스칼라를 점차 크게 지배한다. 인간의 욕망은 무한에 가까운 욕망충족장치들에 에네르기를 투자함으로써 조금씩 소진되어 버린다. 현대인은 음허陰虛 상태에 빠진다. 이렇게 분출된 에네르기는 화폐라는 형태로 변환되어 욕망충족장치들로, 더

---

35) 내가 '탈구적 종합'이라 부르는 것은 여러 부분들이 분명한 정합성을 형성하지 않으면서도 한 사회의 부분들로서 느슨하게 연합되어 있는 상황을 가리킨다.

정확히 말해 그 장치를 만든 자본가들의 계좌로 들어간다. 욕망의 분산과 무한에 가까운 욕망충족장치들이 현대 사회를 어지럽게 수놓고 있다.

욕망은 또한 가능태의 형태로 일정한 존재를 만들어내는 과정이다. 욕망은 무한에 가까운 가능존재들을 만들어낸다. 우리는 이 가능존재들 중 어떤 것들을 현실화하는 데 자신의 에네르기를 투자한다. 전통 사회에서 이 현실화의 능력은 그의 신분을 통해 주어졌다. 오늘날 그러한 코드는 무너졌다. 그러나 화폐라는 또 다른 코드가 신분을 대체했을 뿐이다. 화폐는 단순한 가능성을 잠재성으로 변환해 준다. 화폐가 많다는 것은 곧 자신의 욕망을 실현할 능력이 많다는 것이고, 능력이 많다는 것은 곧 가능성을 잠재화할 힘이 큼을 뜻한다. 만일 타자의 제약 없이 자신의 욕망을 실현할 수 있는 상황을 '자유'라 한다면, 현대인에게 자유란 곧 돈이 될 수밖에 없다. 때문에 서로서로가 자유를 추구하는 인간과 인간의 관계는 돈을 매개로 한 경쟁적 관계가 될 수밖에 없으며, 이 때문에 자본주의 사회에서는 모든 사람들이 경쟁자가 될 수밖에 없다.

마지막으로 욕망은 우리에게 그것의 실현/좌절이 가져다주는 쾌/불쾌의 효과를 준다. 욕망의 실현은 능력과 권력을 통해 이루어진다. 그리고 자본주의 사회가 발달할수록 능력과 권력은 화폐의 양에 비례하게 된다. 때문에 어떤 사물이 나의 욕망 실현에 도움이 되는 것은 그것이 나에게 돈을 가져다줄 때이다. 때문에 모든 사물이 가지고 있는 의미는 그것의 효용성/실용성으로 환원된다. 때문에 전통적으로 가치를 부여받았던 것들은 비실용적인 것으로서 매도되고, 보다 직접적으로 부의 창출을 가능하게 하는 것만이 가치 있는 것이 된다. 이러한 세태는 대학에까지 전염되어 인문대는 고사枯死하고 실용적인 학문들은 우대받는다. "경영 마인드"니 "학생은 고객"이니 하는 말들이 나돈다. 모든 것을 실용성에 입각해 평가하는 눈길은 사물의 의미를 완전히 바꾸어 놓는다. 이제 사물은 그 자체로서 관찰되기보다는 돈과의 연계하에서 관찰된다. 존재하는 모든 것이 상품이 되는 사회가 후기자본주의 사회이다. 모든 상품은 대중의 욕망을 겨냥하며, 새로운 상품을 개발하기 위해 잠재적인 욕망을 끄집어내고 없던 욕망조차도 만들어낸다. 이 시대가 '대중자본주의'의 시대이다.

욕망 구조의 이러한 재편은 자연히 권력 구조의 재편, 즉 코드의 변환을 가져왔다. 이제 아프리오리한 권력피라미드는 무너진다. 각종 능력에 입각한 새로운 크고 작은 피라미드들이 복잡하게 들어선다. 더 이상 모든 인간을 획일적으로 평가하고 지배하는 피라미드는 없다. 그러나 후기자본주의 사회에서 누군가의 능력이 어떻게 발휘되는가는 결국 그 사람의 능력이 **상품화**될 수 있는가에 달려 있다. 과거에 전혀 의미부여를 받지 못했던 능력도 상품화되는 순간 커다란 권력으로 화한다. 여기에서 "상품화된다"는 것은 그 대상이 대중의 욕망을 이끌어낼 수 있다는 것을 뜻한다. 자본주의 정서에 예민한 사람이란 곧 이런 상품화 전략에 뛰어난 사람이다. 그래서 자본주의 사회에서 만인은 모두 어느 정도는 **장사꾼들**이 된다. 이것이 대중사회의 자본주의, 간단히는 '대중자본주의'이다. 대중자본주의 사회란 대중의 욕망을 조작하는 숱한 기법들이 거미줄처럼 얽힌 사회이다.

3) 대중자본주의의 구조

대중자본주의는 분열적 주체들을 양산해낸다. 현대 사회는 욕망의 끊임없는 탈코드화와 분열로 특징지어진다. 그러나 이 분열적 탈코드화는 결국 화폐회로를 통해서 재코드화된다. 그래서 대중자본주의 사회는 분열증과 편집증이 중첩되어 있는 기이한 형국을 띤다. 욕망은 끝없이 분열되면서도 화폐를 향해 집요한 편집증을 보인다. 여기에서 일상성은 밋밋하고 조용한 상태가 아니다. 일상성 자체가 '전쟁' 상태로 화한다. 이런 생활환경 속에서 신경神經은 유례없이 긴장하게 된다. '정신분석학'의 시대가 된 것이다. 현대인의 얼굴은 분열적이면서도 편집적인 욕망의 구조에 사로잡혀 형편없이 일그러져 있다.

이 대중자본주의 사회에서 모든 가치는 대중의 평균적인 가치의식에 의해 결정된다. 현대 사회는 가치의식이 힘 있는 소수에 의해 규정되던 전통 사회의 구도를 와해시켰다. 현대 사회에서 가치는 대중의 판단에 따라 형성되고 변환된다. 이런 상황에서 모든 것은 통속화되고 저질화되며, 형이상학적 가치를 가진 것들은 제도적인 장치 속으로 순치馴致되어 들어가지 않는 한 냉대의 대상이 되지 않을 수 없다. 인간의 모든 행위들은 제도적인 장치 속에서 순위가 매겨지든가 아니면 대중문화를 통해 상품화될 때에만 대접을 받을 수 있다. 현대 사회는 정치적, 경제적, 환경적,…… 모순들 위에 문화적 모순이라는 또 하나의 결정적 모순을 얹어 놓은 것이다. 아마도 그것은 힘들게 이룩한 대중사회의 성취가 낳은 후유증일 수도 있다. 그러나 그 후유증이 역으로 대중사회 자체의 의미를 갉아먹고 있는 것은 아닐까?

대중의 가치의식은 교육장치와 대중문화에 의해 결정된다. 현대 사회의 모든 가치는 대중에 의해 판단되지만, 역설적으로 그 판단을 가능케 하는 것은 대중의 주체성이 아니다. 이것이야말로 진정 비극적이다. 대중은 스스로를 만들어 가는 주체가 아니라 외부의 주입에 의해 만들어져 가는 주체이다. 그 외부적 주입의 두 핵심 메커니즘은 교육과 대중매체이다. 우리는, 원하건 원하지 않건 교육을 받아야 하고 공기와 물을 먹듯이 대중매체가 던져 주는 정보들을 먹어야 한다. 교육이 던져 주는 가치의식과 대중매체가 던져 주는 가치의식은 때로는 일치하고 때로는 대립한다. 그러나 교육이 대중으로 하여금 대중매체가 던져 주는 가치들을 비판적으로 음미하고 스스로를 한 사람의 건강한 인간으로 만들어 나갈 수 있게 해주지 못할 때, 대중은 교육으로부터 등을 돌리고 대중매체의 장으로 흡수되어 들어간다. 현대 사회에서 교육은 출세의 수단일 뿐이고, 졸업장, 대학간판, 자격증 등등은 모두 잠재적 형태의 자본일 뿐이다. 결국 대중은 대중문화와 자본주의로 흘러 들어간다.

이런 대중의 모든 욕망은 상품화된다. 그러나 대중과 대중문화의 관계가 일방향적인 것은 아니다. 대중문화는 보다 많은 사람들의 관심을 끌어야 살아남는다. 대중은 대중문화에 의해 길러지지만, 대중문화는 대중의 욕망을 반영할 때에만 살아남는다. 이 점에서 대중과 대중문화는 순환적이다. 대중문화가 대중을 만들고 대중은 대중문화를 만든다. 물론 이 순환관계는 상품이라는 존재에 의해 매개된다. 따라서 인간이 행하는 모든 일들은 이내 자본주의의 회로 안으로 흡수된다. 오늘날 벌어지고 있는 이런 상황을 "염불보다 잿밥"이라는 말보다 더 정확히 보여 주는 말도 없을 것이다. 이런 식의 상품화 과정은 단지 새로운 욕망의 발견에 의해서만이 아니라 새로운 욕망의 생산, 나아가 유통, 판매, 폐기 등을 통해서 이루어진다. 이 만화 같은 세상에서 돈은 사람들의 행/불행을 쥐고 흔든다.

이런 과정을 통해서 대중자본주의의 욕망 구조가 형성되었다. 첫째, 욕망이란 타자에로의 기울어짐이다. 대중자본주의에서 이 속성은 화폐에 대한 편집증으로 나타난다. 그리고 이 편집증은 역설적으로 욕망의 분열증을 함축한다. 이로써 인간의 순수한 행위들은 빛을 잃고 모든 것이 자본의 논리로 빨려 들어간다. 대중의 얼굴이 나타난다. 둘째, 욕망이란 가능적 존재를 현실화하려는 욕동이다. 대중자본주의의 핵심적인 전략은 대중의 마음을 끄는 가능적 존재를 부단히 만들어내고 대중의 의식이 그리로 기울어지도록 부추기는 것이다. 이로써 욕망의 생산, 유통, 판매,……를 향한 질주가 계속된다. 대중의 얼굴 그 자체가 생산된다. 셋째, 욕망은 그 실현 여부에 따라 행/불행을 가져온다. 대중자본주의 시대에 이 행/불행은 결국 돈이 좌우한다. 그래서 돈이 사람들을 웃게 만들고 울게 만든다. 이로써 대중의 욕망을 둘러싼 온갖 경쟁들이 난무한다. 대중의 얼굴은 끝없이 일그러진다.

결론_탈주와 회귀 사이에서

1990년대는 1980년대와 급격한 단절을 드러냈다. 문민정부가 들어서면서 마치 새 세상이 온 것처럼 떠들어 댔다. 자본주의와 상품문화, 고도 소비사회가 정착했다. 백화점에는 산더미 같은 외제 상품들이 쌓여 갔다. 거의 매일 볼 수 있었던 노동자들의 시위도 뜸한 광경이 되어 갔다. 스포츠와 연예가 대중들의 모든 관심을 독식하기 시작했다. 10대 가수들이 등장하고 신문에는 연일 대문짝만 하게 여배우들의 사진이 실리기 시작했다. 이제 일간지에도 만화가 등장하기 시작했으며, '오늘의 운세'도 한 모퉁이를 차지하기 시작했다. 성 문제가 시대의 화두로 대두하기 시작했고 TV는 날로 선정성을 더해 갔다. 컴퓨터가 보편화되고 인터넷까지 등장했다. '사이버스페이스'니 '가상현실'이니 '사이보그'니 하는 말도 심심찮게 들려온다. 그리고 마침내 '인간 복제'에 대한 논쟁이 등장했다. 이것은 우리의 투쟁이 결실을 맺어 이제 '좋은 세상'이 왔다는 것을 뜻할까? 아니면 이전의 모순과는 전혀 다른 어떤 모순이 도래했다는 것을 뜻할까? 어쨌든 우리는 구한말의 변동과 비견되는 큰 변동의 시대에 접어든 듯하다. 우리는 거대한 시대의 변환과 정체성의 해체 앞에 서 있다.

시대의 상황은 우리에게 **전통과 근대 그리고 탈근대를 종합적으로 해명**할 것을 요청하는 듯하다. 전통에 대한 논의가 추억이라는 심리적 방식으로써가 아니라 '현재의 역사'로써 시대를 사유하는 것이 되려면, 전통의 재고가 요청되는 맥락을 분명히 해야 한다. 오늘날 전통에 대한 새로운 논의가 요청된다면 그것은 상당 기간 우리에게 삶의 패러다임을 제공했던 '근대성'이 그 한계에 봉착했기 때문이리라. 때문에 진정한 의미에서의 전통의 문제는 곧 탈근대의 문제와 나란히 탄생했다고 보아야 한다. 다시 말해, 오늘날 전통에의 회귀는 근대로부터의 탈주를 가능케 하는 한 방식으로서 의미를 가진다고 할 수 있다. 이 점에서 회귀와 탈주는 형식적인 대립의 관계에 놓여 있지 않다. 회귀는 탈주의 적극적인 한 형태이다. 그것은 '돌아감'이 아니라 돌아가 봄으로써 앞으로 나아감을 뜻한다. 다시 말해, 현재의 역사를 위해 회귀하고 과거에 대한 반성을 통해 미래로 나아가는 것을 뜻한다. 여기에서 현재와 과거, 미래는 입체적으로 종합된다. 이런 입체적 과정의 한 얼굴로 이해될 때에만, 회귀는 고풍 취미의 형태를 벗어날 수 있다. 역으로, 인간의 행위 가능성이 무한하지 않다는 점을 생각한다면 탈주 또한 어떤 형태로든 과거의 반복을 내포하고 있을 것이다. 반복 없는 시간은 절대 생성에서만 성립한다. 미래의 차이들은 과거의 반복과 맞물려서만 정확한 의미를 가질 수 있다. 결국 현재를 중심으로 탈주와 회귀는 계속 소통한다.

현재는 근대성의 극한적 형태로서 존재한다. 근대성이란 16세기

서구에서 싹이 터 그 이후 반복, 팽창해 온 역사적 경향성이다. 이 점에서 근대성은 세계사적 현상이라고 할 수 있다. 그러나 이 '세계사적'이라는 말을 '그렇게 될 수밖에 없는'이라는, 즉 '자연스러운'이라는 뜻으로 이해한다면 이는 심각한 오해이다. 같은 외관을 띤 근대성이라 해도 서구가 스스로 전통으로부터 뛰쳐나와 근대로 나아갔지만 서구 바깥의 지역들은 의도한 바 없이 서구의 근대성을 제국주의를 통해 받아들여야 했기 때문이다. 이것이 반드시 비서구 지역들이 근대성 자체를 거부했음을 뜻하지는 않는다. 다른 지역들에서도 서구와는 다른 형태의 '자생적 근대성'이 움트고 있었음을 확인할 수 있기 때문이다. 그러나 이들이 어쩔 수 없이 받아들여야 했던 것은 자생적이지 않은, 서구에 의해 강요받게 된 근대성이었다. 다른 한편, 비서구 지역들은 서구적 근대성을 열렬히 환영하기도 했다. 그리고 이내 면역체계에 이상을 일으킴으로써 이번에는 민족주의적으로 근대 극복을 외치게 되곤 했다. 결국 오늘날 근대성이 근본 문제로서 대두되었다면, 그것은 근대성 자체보다는 그것이 우리 삶에 자리 잡게 된 과정, 그리고 그 과정에서 생겨난 숱한 모순들 때문일 것이다. 우리가 한편으로 자생적 근대성의 요람으로 회귀해 보면서 다른 한편으로 탈근대로의 탈주를 꾀해야 하는 것, 이 이중적 운동을 전개해야 하는 것은 이 때문이다.

이런 맥락에서 우리는 1부에서는 다산 정약용의 철학을, 2부에서는 오늘날의 대중자본주의를 다루었다. 1부에서는 자생적 근대성의 긍정적 측면으로서 다산의 사유를 다루었고, 그로써 우리의 근대성이 무반성적으로 파기했던 자생적 사유의 노력을 새롭게 음미하고자 했다. 2부에서는 오늘날 '대중'으로서 존재하는 현대인의 모습과 그런 모습을 형성시킨 역사적 과정으로서 '욕망의 세계사'를 논했다. 그 끝에서 우리는 '대중자본주의'를 발견했다. 이제 해야 할 일은 현재(욕망의 세계사의 끝에서 형성된 대중자본주의)와의 투쟁을 위해 회귀(다산의 꿈을 재음미)를 매개해서 다시 탈주로 나아가는 일이다. 지금까지의 작업은 탈주선脫走線들 ── 현재의 배치를 바꾸어 나가기 위해 찾아내야 할 전선戰線들 ── 을 찾아내기 위한 예비적 작업이라고 할 수 있으며, 이 책 전체를 앞으로의 작업을 위한 서론으로서 읽을 수 있을 것이다.

보론

기(氣)란 무엇인가—비교담론학적 해명[*]

한 개념의 의미는 그 개념에 내포되어 있는 의미론적 층차, 그리고 그 개념의 역사적 변환을 충분히 고려했을 때 명료화된다. 그러나 이런 기본적인 명료화 외에도 또 하나 필수적인 것은 그 개념을 다른 개념들과 비교하는 과정이다. 여러 담론들에서의 한 개념의 사용, 여러 문화권에서의 유사한 개념들의 사용(그 동일성과 차이), 여러 개념들의 연계성 등을 분명히 할 때 한 개념에 대한 이해는 깊어진다. 특히 서로 전혀 다른 문화권에 속하는 동북아와 서구의 개념들을 비교하는 것은 각 개념들의 의미를 분명히 하는 데 매우 중요하다. 비교를 통해서 의미가 명료화된다. 상대적인 비교를 통해서 각각의 의미가 명료화되는 것이다.

이 글은 동북아의 기학과 서구의 존재론을 비교함으로써 기 개념을 보다 명료화하고 나아가 세계를 보는 보다 넓은 안목을 창출하기

---

[*] 이 글은 철학아카데미에서 행한 강의를 정리한 것이다.

위한 실험적 글이다. 기학의 역사와 그에 상응하는 서구 담론사를 비교·연구하고자 할 때, 우선 제기되는 문제는 기학에 상응하는 서구 담론은 어떤 것인가 하는 것이다. 이 물음에 답하려면 우선 기학 자체의 의미가 고정되어야 한다. 그러나 기학 자체가 긴 역사 속에서 그 의미를 바꾸어 왔다는 점을 감안할 때 이미 문제는 복잡한 것으로 드러난다. 또 기 개념 자체의 의미론적 층차가 복합적이라는 점도 감안되어야 한다. 일단 다음과 같이 몇 가지의 대안을 검토해 볼 수 있다.

기학과 서구 자연철학. 기학이 산천초목山川草木이나 금수禽獸, 또 자연적 존재로서의 인간을 해명하는 담론이라고 생각하는 한, 그것은 서구의 (현대의 자연과학까지 포함하는) 자연철학과 상응한다. 이 경우 철저한 자연주의의 입장을 취하는 사유들과 기학은 거의 일치한다. 그러나 자연을 문화에 대립시키는 한에서, 이러한 일치는 더 이상 성립하지 않는다. 동북아의 기학은 마음[心]이나 때로는 역사까지도 포함하는 보다 일반적인 개념이기 때문이다. 오늘날 자연철학이라는 범주가 일단 자연과학들의 메타적 종합이라는 뜻으로 사용된다는 점에 동의한다면,[1] 서구 자연철학은 기학보다 좁은 범위를 다룬다고 보아야 한다. 이는 '우주론'이라는 개념의 경우도 마찬가지이다. 우주론은 좁게는 종합적 천문학을 뜻하고 넓게는 자연철학과 유사한 작업을 뜻하기 때문이다.

---

1) 물론 고대로 거슬러갈수록 자연=퓌지스는 세계 전체 또는 그 전체를 지배하는 이법을 가리키는 말로 사용되었음이 확인되며, 자연철학은 현대적 의미를 훨씬 넘은 포괄적인 의미를 가졌다는 것을 알 수 있다. 그러나 현대에 이르러 자연철학은 법철학, 예술철학, 정치철학 등과 마찬가지로 구체적인 철학의 한 분과로서 자리 잡게 된다.

기학과 서구 형이상학. 형이상학은 아리스토텔레스의 말처럼 한편으로 '존재로서의 존재'on hê on를(또는 중세인들이 표현했듯이 '탁월한 존재'로서의 '신'을) 다루는 담론이며, 다른 한편으로 '제일 원리들'을 다루는 담론이다. 중세 철학은 『영혼론』의 내용 및 『자연철학』의 내용(중 원리적인 부분들)까지 형이상학에 포함시켜, 일반존재론과 세 가지의 특수존재론——합리적 신학, 합리적 자연철학, 합리적 영혼론——으로 체계화한다. 이렇게 보면 기학과 형이상학이 보다 더 상응하는 듯이 보인다. 그러나 기학은 기를 최고의 원리로서 간주하는 반면, 중세 이래 서구 형이상학은 자연——설사 이 말의 의미를 가장 넓게 잡는다 해도——위에 존재하는 초월적 차원, 운동하지 않는 차원을 전제했다. 이 점에서 기학과 형이상학 사이에는 중요한 차이가 존재한다. 물론 현대에 이르러 서구 형이상학은 대개 일원론적/내재적 생성철학의 형태를 띠게 되며 따라서 기학에 상당히 근접하지만, 여전히 전통적인 함의는 남아 있으며 따라서 두 개념 사이에 간극이 존재한다.

기학과 서구 존재론. 존재론은 때로는 형이상학 중에서 '제일 원리들'을 다루는 부분을 가리키기도 하며(중세의 '일반존재론'), 때로는 존재자들을 가장 포괄적인 방식으로 파악하는 담론을 가리키기도 한다(중세의 '특수존재론'). 그러나 중세를 제외한다면, 존재론이라는 말에는 초월적 존재를 다루어야 한다는 함의는 없다. 존재론은 한편으로 세계를 가장 포괄적으로 다루는 담론이며(내용적 존재론), 다른 한편 내용을 빼고서 그 추상적인 원리들만 다루는 담론이기도 하다(추상적 존재론). 이렇게 볼 때 기학은 특히 서구 철학에 있어 존재론에, 그 중에서도 특히 내용적 존재론에 상응한다. 존재론이라는 말은 자연철학보다는 포괄적이며(모든 존재자를 다루므로), 형이상학처럼 초월성이라는 함의(신에 대한 탐구)를 전제하지 않는다. 자연철학, 형이상학, 존재론이 곳곳에서 겹치며 그 구분이 미묘하긴 하지만, 이상의 비교를 통해 볼 때 우리는 기학과 존재론을 비교해야 할 것이다.

　두번째 미리 논의해 두어야 할 것은 방대하기 이를 데 없는 기학사와 서구 존재론사를 어떤 구도에서 비교할 것인가 하는 점이다. 이 문제에 관련해서 관점에 따라 많은 입장들이 있을 수 있다. 하나의 가설로서, 여기에서는 기라는 개념이 세계의 철학적 이해에 있어 어떤 위상을 차지하는가에 입각해 논의 구도를 잡았다. 이렇게 잡을 경우, 기학-존재론사는 우선 고대, 중세, 근현대로 삼분될 수 있다. 여기에서 고대, 중세, 근현대라는 말은 편의상 사용한 것이며, 반드시 역사학상의 구분과 일치하는 것은 아니다.

　고대 기학과 존재론 : 고대에 기는 서구어 'physis'(자연, 본성), 'psychê'(영혼, 생명)를 비롯한 여러 개념들과 대응하며, 우주의 근원적인 생명, 바탕, 본체로서 이해되었다. **중세 기학과 존재론** : 동북아에서의 성리학, 서구에서의 플라톤, 아리스토텔레스의 철학은 기·질료를 리·형상에 복속시킴으로써 합리주의적인 철학을 전개했다.[2] 근현

---

2) 동북아의 경우 10세기에 이르러 성리학이 발달하기 시작했고, 지금의 용어로 중세 기학이 성립했다. 그러나 서구의 경우 그리스 시대에 여러 형태의 존재론이 모두 성립했고, 그 후 2천 년의 세월 동안 이렇다 할 발전이 없었다. 때문에 고대 기학, 중세 기학, 그리고 근현대 기학의 초기에 해당하는 서구 철학은 모두 그리스 시대에 압축적으로 존재하며, 따라서 일반적인 연대기와 어긋난다는 점을 염두에 두어야 한다.

대 기학: 근현대 기학에서 기·물질은 리·형상에서 해방되어 다시 궁극적 실체의 자리를 되찾는다(물론 이런 흐름과 다른 사유들도 근현대 내내 함께 발전한다). 근현대 기학은 다시 삼분될 수 있다. 근대 1기의 기학: 내재적 생성철학의 방향으로 나아간 기학. 서구의 경우 중세 존재론과 근세 물리학이 혼용되어 있는 17세기 철학이 이에 해당된다. 왕부지와 스피노자가 대표적이다. 근대 2기의 기학: 본격적인 서구 근대 과학의 영향을 받고서 다시금 재정식화된 기학. 최한기가 대표적이다.[3] 근대 3기의 기학(현대 기학): 아직 구체적으로는 존재하지 않는 기학. 즉 서구의 현대 과학 및 철학을 포용하면서 새롭게 형성될 기학. 이 현대 기학을 구축하는 것이 이제 우리 앞에 놓인 과제이다.

역사는 무한한 인물들, 상황들, 사건들, 자료들로 이루어진다. 따라서 역사에 일정한 분절선을 도입하고, 이름을 붙여 등질화하고,[4] 취사선택을 통해서 일정한 인물들, 사조들만 뽑아내는 것은 사실상 무

───────────────

3) 17세기 과학은 세계상을 많은 측면에서 바꾸어 놓았지만, 다른 측면에서 보면 여전히 중세적 존재론에 바탕하고 있는 경우가 많았다. 이 점에서 '본격적인'이라는 형용어는 18세기를 거쳐, 특히 19세기에 형성된 과학의 성격, 즉 기독교(오늘날의 천주교) 및 중세 형이상학의 그림자를 완전히 떨쳐 버렸음을 뜻한다.
혜강 최한기의 사유가 시대적으로는 근대 2기에 이루어졌지만, 과연 그의 사유가 근대 2기를 소화하고 있는 사유인가 아니면 근대 1기의 성격을 탈피하지 못한 사유인가는 앞으로 상세히 분석되어야 할 것이다(나는 최한기가 본격적인 근대성의 문턱을 넘어서지는 못했다고 판단하고 있다). '근대'라는 말에 함축되어 있는 (1기와 2기 사이의) 긴장을 놓칠 경우, 최한기를 비롯한 많은 사상가들의 성격을 모호하게 파악할 소지가 있다. 근대 사상을 17세기로부터 19세기까지 일정하게 발전되어 나아간 사상으로 이해하는 것이 내포하는 위험을 분명하게 이해하는 것이 중요하다.
4) 베르그송이 역설했듯이, 이름은 실재를 등질화(等質化)한다. '의사'라는 하나의 이름은 수없이 이질적이고 다양한 의사들을 하나로 등질화한다. '고대', '동양', '철학', ······ 같은 이름들도 모두 무수히 다채로운 존재들을 등질화하고 있다. 이름은 그 자체 폭력을 함축한다.

한히 풍요로운 역사의 장에 일정한 범주적 폭력을 가하는 것이다. 더욱이 한 번의 강의에서 2천 년이 넘는 세월의 담론사를 다루어야 하는 우리의 논의에서 이런 단순화를 피할 수는 없을 듯하다. 지금의 우리 논의는 다만 앞으로 보다 본격적인 논의로 들어가기 위해 실험적으로 그린 일종의 지도에 불과하다. 본격적인 탐색을 위해서라도 우선은 지도가 필요하기에 말이다.

기와 퓌지스

고대인들이 눈을 들어 세계를 바라보고 그 안에서 자신의 존재를 생각하기 시작했을 때, 즉 철학적 사유가 시작되었을 때, 그들이 가지고 있었던 개념적-실험적 도구들은 거의 없었을 것이다. 그때 그들이 가지고 있었던 것은 일상생활 속에서 나날이 겪는 경험들과 그 경험들을 표현하는 일상언어였을 것이다. 따라서 고대를 연구할 때 우리는 언어라는 존재에 관련해 현재 우리가 취하고 있는 태도와는 다른 태도를 취해야 한다. 우리는 학술어와 일상어의 구분, 매우 추상적이고 이론적인 용어들, '메타언어'의 개념들이 존재하지 않았던 시대를 상상해야 하는 것이다. 실제 '원리'로 번역되는 'archê'는 '집정관'을 뜻하는 'archôn'에서 온 말이며, '원인'을 뜻하는 'aitia'는 재판에서 누구누구의 '탓'이라고 하는 뜻으로 쓰였다. 그리고 『시경』에서 음양陰陽은 단지 볕이 드는 곳과 들지 않는 곳을 뜻했을 뿐이다. 때문에 기氣와 그에 대응하는 개념인 퓌지스, 프쉬케 같은 개념들 역시 처음에는 일상언어였을 것이며, 인간의 가장 원초적인 경험을 표현했던 말들이었을 것으로 보아야 한다.

인간의 가장 원초적인 경험이 무엇인가에 대해서는 많은 대답이 가능할 것이다. 그러나 문명이 지극히 단순했고, 사유 수준도 낮았던 고대인들에게 삶에서의 가장 원초적인 경험은 아마도 삶과 죽음이었을 것이다(삶은 두 뿌리가 食과 性이라면, 이 시대의 인간에게 근원적인 것은 결국 食·性·死였을 것이다). 자신이 지금 살아 있다는 것, 동물들이 뛰어다니고 초목이 자라난다는 것, 목도 제대로 못 가누던 어린 아기가 새록새록 자라나 말하고 뛰어다닌다는 것, 그러나 때가 되면 어여쁘던 처녀가 꼬부랑 할머니가 되고, 싱싱하던 나뭇잎이 떨어지고, (사람을 포함해) 동물들이 죽어 차가운 땅에 묻힌다는 것, 이것이야말로 인간의 가장 근원적인 경험이 아니었을까. 함께 일하고 이야기하고 놀았던 부모형제, 친지, 마을 사람들이 차디찬 시신이 되어 땅에 묻힐 때, 어제까지도 존재하지 않았던 새 생명이 밝은 울음을 터뜨리면서 세상에 태어났을 때, 사람들에게 삶과 죽음의 동그라미야말로 세계와 인간을 지배하는 가장 근원적인 '이법'理法으로서 다가왔을 것이다. 그리고 세계가 궁극적으로 멸망하지 않는 한, 더 궁극적인 것은 삶, 생명이다. 그래서 고대인들에게 세계는 무엇보다 살아 있는 것, 탄생하고 소멸하지만 다시 탄생하는 것, 어떤 위대한 힘으로서 다가왔을 것이다. 이런 원초적인 경험을 담고 있는, 그 경험을 최초로 개념화한 말이 기, 퓌지스 같은 개념들이다. 고대인들에게는 기와 퓌지스야말로 세계의 근원적인 '실재'였다.

기와 퓌지스가 함축하는 의미를 몇 가지로 나누어 살펴보자. 『맹자』「공손추상」公孫丑上에서 "기는 몸을 가득 채우고 있는 것"(氣, 體之

充也)이라 했고, 『회남자』「원도훈」原道訓에서는 보다 넓은 맥락에서 "형은 생명(/삶)이 사는 곳이고, 기는 생명을 가득 채우고 있는 바탕이 며, 신은 생명을 이끌어 가는 틀"(形者 生之舍也, 氣者 生之充也, 神者 生 之制也)이라 했다. 기가 생명체에 국한되지 않는다는 사실까지 감안하 면, 기는 일차적으로 세계를 가득 채우고 있는 바탕, 터이다. 이 점에서 그것은 퓌지스에 대응한다. 그리스의 초기 자연철학자들이 탐구했던 퓌지스는 일차적으로 사물들이 그로부터 나오는 바탕, 터를 뜻했다.[5] 훗날 아리스토텔레스는 퓌지스의 다채로운 의미들 중 이 의미를 특화 시켜 '질료'hylê로 규정하게 된다. 그러나 뒤에 보겠지만 퓌지스에 내 포되어 있던 바탕/터와 아리스토텔레스적 질료는 그 내포적 의미가 다르다.

기/퓌지스가 세계의 바탕, 터라고 할 때 등장하는 중요한 한 아포 리아는 공간과 물질의 관계이다. 물질 없는 공간은 상상할 수 있어도 공간 없는 물질은 상상할 수 없다. 따라서 물질 개념은 곧 공간 개념을 함축한다. 그러나 물질 없는 공간 역시 수학적 상상일 뿐, 실제 존재할 수 있는가 하는 물음이 남는다. 그리고 빈 공간이 존재하는가라는 문 제 또한 핵심적인 아포리아이다. 진공을 인정할 경우 물질은 자연스 럽게 원자 같은 것으로서 상상되며, 그렇지 않을 경우 존재하는 것은 오로지 물질-공간(= 플레눔)일 뿐이다. 그리고 어떤 경우를 선택하는

---

5) 아리스토텔레스가 퓌지스 개념을 규정하면서 열거했던 세번째 의미(『형이상학』, 1014b/ 18). Aristoteles, *Métaphysique*, par Tricot, Vrin, 1991, p. 255. 다만 여기에서 아리스토 텔레스는 예로서 인공물을 들고 있다.

가에 따라 운동 개념도 달라질 수밖에 없다. 그러나 사유의 초기에 아직 이런 문제가 정교하게 다루어지지는 않았다.

기와 퓌지스가 바탕/터라고 해서 그 위에서 만물이 존재하는 것은 아니다. 기와 퓌지스는 만물 자체이기 때문이다. 따라서 구분되는 것은 기/퓌지스 자체가 함축하는 중층적 층위들이지, 기/퓌지스와 다른 존재들이 아니다. 기/퓌지스는 그 일정한 양태를 우리에게 드러내 보이고 있으며, 우리는 이 양태들의 심층을 기/퓌지스라고 부른다. 그러나 이 양태들 또한 기/퓌지스 이외의 것들이 아니다. 경험에 나타나는 모든 것들은 기/퓌지스의 얼굴들, 표정들일 뿐이다.[6] 기/퓌지스는 그 안에 운동을 함축하고 있으며, 삶의 표면에서 감지感知하는 사태들은 궁극적으로는 이 운동의 결과들이다. 인간 자신의 희로애락도 마찬가지이다. "사람이 태어남은 곧 기의 모임이니, 기가 모이면 곧 삶이요 흩어지면 곧 죽음이다"(人之生 氣之聚也. 聚則爲生 散則爲死—『장자』, 「지북유」知北遊), "퓌지스[탄생]는 …… 오로지 뒤섞인 것[元氣]의 섞임과 교환에서만 유래할지니"(엠페도클레스, 단편 8) 같은 구절들은 이런 생각을 나타내고 있다.

오늘날 기, 자연은 본래의 의미를 상당 부분 잃어버리고 축소된 의미로 쓰이고 있다. 기는 주로 신체와 관련해 쓰이는 경우가 많으며, 자연은 문화와 대립하는 세계의 반쪽으로서 이해되고 있다. 그러나

---

6) 『주역』의 복괘(復卦) 단사(彖辭)에서 "되돌아옴이여, 천지의 마음을 드러내도다!"(復 其見 天地之心乎!)라 한 것을 이런 맥락에서 음미해 볼 것이다. 마음은 정(情)이고 정의 드러남을 표정(表情)이라 한다. 마찬가지로 우리는 새록새록 돋아나는 새싹에서 세계의 얼굴을 본다.

고대인들에게 기/퓌지스는 존재하는 세계 전체였으며, 특히 세계를 살아 있게 만드는 생명이었다. "무릇 정기야말로 만물에게 생명을 준다"(凡物之精 此則爲生—『관자』管子, 「내업」內業)는 말이 이런 생각을 나타낸다. 신들, 하늘[天], 도 등만이 기/퓌지스의 상위에 존재했다(『회남자』「천문훈」에서는 "태시太始가 허확虛霩을 낳았고, 허확은 우주宇宙를 낳았고, 우주는 기氣를 낳았다"고 해, 기 앞에 태시, 허확, 우주를 위치시키고 있다). 포르퓌리오스가 전하는 바에 따르면, 퓌타고라스는 신들까지도 퓌지스에 포함시켰다.[7] 이것은 (후에 논할) 퓌지스를 신의 '피조물'로 보는 기독교적 시각과는 정확히 반대되는 시각이다.

　기/퓌지스가 단지 운동하는 것을 넘어 신성하기까지 한 것은 그것이 생명이기 때문이다. 때문에 기는 퓌지스, 휠레와 더불어 프쉬케에도 상응한다. 실제 초기 헬라스 철학에서 프쉬케는 퓌지스와 동의어로 사용되기도 했다. 퓌지스의 가장 기본적인 뜻은 "태어나다", "성장하다"이다. 프쉬케는 소크라테스에 의해 새로운 의미를 부여받기 이전에는 주로 생명을 뜻했다. 자연은 곧 생명이다. 동양의 기는 살아 있고 신성한 것이지만, 서양의 물질은 죽어 있는 것이고 기계론적이라는 생각은 엉뚱한 생각이다. 본래 물질, 자연, 생명은 분리될 수 없는 것이며 같은 것이다. 기를 '물질'로 번역할 수 없다는 생각도 그릇된 생각이다. 물질 개념 그 자체가 몇천 년을 두고서 변해 왔기에 말이다. 개념과 개념의 상응 문제는 언제나 역사적 흐름을 놓고서 판단해야 한다. 중요한 것은 기가 물질이냐 아니냐가 아니라 물질 개념을 어

---

7) Ivan Gobry, *Le Vocabulaire grec de la philosophie*, Ellipses, 2000, p. 104.

떤 맥락에서 이해하느냐이다. 즉 물질 개념에 존재의 어떤 측면까지 포함시킬 것인가가 문제이다. 철학사에서의 대부분의 논쟁은 결국 용어를 둘러싼 논쟁들일 뿐이다. 최초의 사유에서 물질은 생명이요 자연이다. 그것은 곧 기氣이다.

요컨대 고대(여기에서는 최초의 철학들을 말함)의 퓌지스와 기는 ① 만물의 바탕, 나아가 만물 자체였으며, ② 살아 있는 것, 운동하는 것이었으며, ③ 위대하고 신성한 것이었다. 그것은 인간을 포함한 전체 자체, 또는 전체의 가장 심층적인 측면이었다.

리-형상에 사로잡힌 기-질료

인지의 발달은 개념의 분화를 가져온다. 이전에 하나의 개념으로 지시했던 대상을 여러 개념들로 분화해서 복합적으로 지시하게 된다. 그리스 사유와 제자백가 사유는 기초 개념들의 형성 및 점차적 분화를 보여 준다는 점에서 흥미롭다. 이 과정에서 뚜렷한 담론사적 분기점이 마련되었다. 형상/리理 개념의 형성이다. 인간의 사유는 고도화될수록 점차 추상화되며 그렇게 해서 등장한 것이 형상 개념과 리 개념이다. 이 개념들을 통해 체계적인 사유가 가능하게 되었다.

추상적 사유의 발달은 **본질주의적 사유**의 발달과 맞물린다. 추상적 사유는 인식주체에게 나타난 개별적이고 다양한 차이들을 추상적 본질로 흡수시킨다. 현상들은 일단 차이들로서 나타난다. 차이는 인식주체를 일깨운다. 생각, 지각, 감각(촉각, 미각, 시각……), 착각,…… 등 인식주체의 활동에는 늘 일깨움/일깨워짐[覺]의 계기가 함축되어 있다. 차이들이 인식주체를 일깨운다. 인식주체는 그 차이들 하나하나에 말을 붙인다. 차이의 생성이 새로운 개념들을 낳는다.[8] 그러나 차이의 모든 생성에 말을 붙이는 것은 불가능하다. 때문에 말은 그 자체이미 추상이다. 차생差生 속에서 동일성을 잡아내는 것, 이질적인 다多에서 추상적 일一을 잡아내는 것, 여기에 분석적 이성의 특성이 있다. 분석적 이성의 화신이 수학이라면, 다음과 같은 푸앵카레의 말은 의미심장하다: "수학은 서로 다른 것들에 같은 이름을 붙이는 것이다." 에밀 메이에르송이 강조했듯이 '동일성'의 추구가 과학을 추동推動시킨다.

이 점에서 철학사의 초기는 흥미진진하다. 그리스, 인도, 동북아의 철학사상들이 처음 펼쳐져 간 과정을 유심히 보면, 거기에서 우리는 개념-뿌리들이 서서히 형성되어 간 장대한 드라마를 볼 수 있기 때문이다. 예컨대 형상形相으로 번역되는 'idea', 'eidos'라는 말의 변천과정에서 우리는 인지의 발달, 사물에 대한 이해, 개념의 진화를 한눈에 볼 수 있다.

사물들이 드러내는 차이들, 인식주체를 일깨우는 존재요소들을 우리는 '규정성들'이라 부른다. 고대로 내려갈수록 한 사물의 규정성에 대한 파악은 직접적-무매개적이다. 그래서 사물들이 나타내는 감

---

8) 이것은 미시세계의 경우도 마찬가지이다. 미시세계의 탐구 역시 기계들을 통해서 드러난 차이들에 기반한다. 거시세계/현상세계와 미시세계 사이에 날카로운 선을 그을 필요는 없으며, 거시세계가 미시세계로 온전하게 환원된다고 믿을 이유도 없다. 다만 인식주체가 접근하는 방법에 따라 존재가 드러나는 차이들이 달라질 뿐이다. 중요한 것은 그 차이들을 일방향으로 환원시키는 것이 아니라 그것들 사이에서 관계를 발견하는 것이다.

각적 성질들(그 사람의 머리카락은 붉다, 저 토끼는 귀가 길다, 올리브는 미끄럽다 등)이 그 사물을 인식하는 가장 기본적인 토대가 된다. 예컨 대 오늘날 우리가 사물의 실재, 심층, 본질로서 이해하고 있는 에이도 스라는 말은 처음에는 오히려 사물의 겉모습을 뜻했다. 호메로스에서 이 말은 '보이는 것', '나타남', '모양새'를 뜻했다. 인지가 발달하면서 사람들은 사물의 성질들 중에서도 보다 항상적인 것이 있고 보다 일 시적인 것이 있다는 것을 알게 된다. 그래서 헤로도토스는 '특징적인 성질', '유형'을 가리키기 위해 에이도스라는 말을 썼고, 나아가 투키 디데스는 '병의 에이도스'라는 표현에서 처음으로 오늘날의 '본질'에 해당하는 뜻으로 이 말을 썼다.[9] 어떤 사물을 진정으로 규정하고 있는 것은 그 사물의 표피적인 여러 모습들이 아니라 그 사물의 '실재', '실 체', '본질', '종'[10]이라는 생각이 서서히 무르익어 가면서 마침내 에이 도스라는 말은, 특히 플라톤과 아리스토텔레스에 의해, 오늘날 우리 가 이해하는 의미를 획득하게 된다.

이로부터 다음과 같은 문제가 발생한다: 사물의 **본질적인 부분**과 **비본질적인 부분**은 어떻게 관계 맺는가? 이 문제는 아리스토텔레스에 의해 선명한 해결책을 얻게 된다. 처음에 아리토텔레스는 개체tode ti 자체, 논리적-문법적 주어를 실체로 보았다(『범주론』, 2a). 그러나 개

---

9) F. E. Peters, *Greek Philosophical Terms*, New York University Press, 1967, p. 46.
10) 철수, 앙드레, 옴비티, 미치코,……에 공통되는 것 즉 이들의 본질은 곧 '인간'이라고 하 는 종(種)이기도 하다. 에이도스라는 말에는 종이라는 뜻도 있다. 아리스토텔레스 존재 론의 이해에 특히 중요한 사실. 중세 철학에서 에이도스를 때로 'species'로 표현하는 것 은 이 때문이다.

체는 복합체이며, 그것을 분석해 볼 경우 형상과 질료로 나누어진다. 질료는 그것의 물질적 터를 이루며, 형상은 그것의 조직화의 원리, 구조, 법칙성을 이룬다. 무엇이 더 본질적인가? 질료는 개체의 무수한 변화에도 불구하고 늘 그 밑에 깔려 있는 것hypokeimenon이며, 그래서 질료야말로 본질일 것 같다. 그러나 아리스토텔레스는 질료를 부차적인 지위로 내려보내는데, 그것은 질료는 그 자체로서는 알 수 없는 무엇이기 때문이다. 우리가 인식하는 것은 늘 질료의 이러저러한 규정성들이지 질료 자체가 아니다. 따라서 질료는 물론 실체이지만 결코 제일의 실체는 아니다. 이런 생각 아래에는, 서구 철학의 대전제 즉 '존재와 사유의 일치'가 깔려 있다. 인식될 수 없는 그 무엇, 불투명한 그 무엇이 충분한 의미에서 실재일 수는 없는 것이다. 이로부터 중요한 변화가 발생한다. 세계의 물질적 측면은 형상적 측면과 분리된다. 그리고 주인공은 형상적 측면이 되며, 물질적 측면은 형상에 의해 조직되는 '질료'로 화한다. 사물의 본질적인 측면은 형상이다. 비본질적인 측면들, 다채로운 차이들은 질료에서 유래한다.

아리스토텔레스에 근거해 '질료'('물질'이 아니다) 개념의 탄생 과정을 보았거니와, 플라톤 이래에 질료는 "우연적인" 것으로 이해되었으며, 중세에 이르면 "악한" 것으로까지 폄하된다. 모든 형태의 'idealism'에는 이런 구도가 깔려 있다.[11] 플라톤에게서 세계의 아름

---

11) 이 말을 '관념론'으로 번역하는 것은 오역이다. 고대적 맥락과 근대적 맥락을 혼동한 것이다. 이 말은 '관념'의 실재를 주장하는 것이 아니라 '형상'의 실재를 주장하는 것이므로, 당연히 '형상철학' 또는 '형상주의'라 번역해야 한다. 그리고 이 말의 반대말은 유물론이다. 물론 유물론은 때로 인식론적 의미로도 사용된다(예컨대 레닌의 반영론). 그러나

다운 질서는 형상으로서 찬양되지만, 우연적이고 조화롭지 못한 측면들은 '아페이론/코라'라고 불린 질료의 탓으로서 파악된다(『티마이오스』, 48E 이하). 그것은 노자老子의 경우와는 정반대로 이성nous이 "설득해야 할" 고집 센 여성의 이미지를 가지고 있다. 플로티노스에게서 일자로부터 가장 멀리 떨어져 있는 것은 질료이다. 중세의 종교적 사상들의 경우는 말할 필요도 없다. 아리스토텔레스의 경우, 질료는 분명 세계 이해에 핵심적인 원인이자 원리이다. 그러나 질료는 늘 형상의 인도를 받는 불투명한 터전일 뿐 인식의 주인공은 어디까지나 형상이다. 그리고 형상의 탐구야말로 학문의 핵심이다. 형상이야말로 한 사물을 바로 그 사물이게 해주는 것to ti ên einai, 즉 후에 '본질' essentia = quidditas로 번역되는 것이기 때문이다(『형이상학』, 1029b/1 이하). 아리스토텔레스의 철학은 세계에서 본질들의 체계를 발견하려는 철학이다. 이 본질주의 철학은 생명체들의 종이 바뀔 수도 있다는 것을 보여 준 진화론을 비롯한 현대적 담론들이 등장하기 전 서구 학문 전체를 지배했다.

그러나 아리스토텔레스의 형상/본질은 현실 안에 내재해 있는 존재이며 또 시간을 그 안에 응축하고 있는 존재이다. 때문에, 어디까지

이럴 경우 '유물론'이라는 말은 부적합하며 오히려 '실재론'이라고 해야 한다(복잡한 것은 '실재론'이라는 말 자체도 다의적이라는 점이다. 여기에서의 실재론은 인식론적 맥락에서의 실재론이다. 그리고 형상철학='idealism'은 인식론적으로는 실재론='realism'이다). 그리고 실재론의 반대말이 관념론이다. 따라서 형상철학과 유물론이 존재론적으로 대립하고, 실재론과 관념론이 인식론적으로 대립한다. 1980년대 내내 들어왔던 '관념론과 유물론의 대립'이라는 말은 매우 모호한 말이다. 'idealism'과 'realism'이라는 말의 고대적 맥락과 근대 이후의 맥락, 존재론적 맥락과 인식론적 맥락을 잘 구별해 번역해야 한다.

나 유한주의적-목적론적 사유[12]의 테두리 내에서였지만, 아리스토텔레스에게서는 내재성과 생성이 사유의 중요 계기로서 희미하게나마 등장하게 된다.

형상철학의 등장은 담론사에서 매우 중요한 한 문턱을 마련했다. 인간은 이제 사물들을 막연하게 덩어리진 것으로서, 주관적 느낌으로서, 혼합된 무엇으로서가 아니라 명확하게 분석할 수 있는 무엇으로서, 즉 가지적可知的인 것으로서 인식하게 된다. 사물에 대한 합리적 사유의 토대가 마련된 것이다. 그러나 전통적인 사유들은 인간의 정신에 의해 미리 구성된 합리적이고 심미적이고 형식적인 틀[13]을 객관세계에 투영하는 경우가 많았다. 이것은 달리 말해 세계의 내용──기氣/물질──이 그 자체로서 세심히 이해되기 이전에 인간 정신이 구성해낸 틀──리理/형상──을 거기에 투영하는 경우가 많았다는 것을 뜻하며, 따라서 기/물질이 리/형상의 테두리 내에 갇히곤 했다는 것을 뜻한다.

거의 유사한 과정과 내용을 리기론의 역사에서도 찾을 수 있다. 리理 개념 역시 형상 개념과 유사한 변화를 겪었다. 『설문해자』說文解字에 따르면, 리는 본래 옥을 가는 것[治玉]을 뜻했다. 우리는 이것을 질서

---

12) 유한주의는 사물들이 존재할 수 있는 방식을 제한하며, 목적론은 사물들이 걸어가는 길을 일정하게 제한한다. 서구 전통철학이 무너지면서 (유한주의에 대한) 무한의 개념과 (목적론에 대한) 기계론 및 우연 개념이 중요한 역할을 하게 되는 것은 이런 맥락에서이다.

13) 여기에서 '합리적'이란 분석적이고 수학적인 것을 뜻하며, '심미적'이란 (아리스토텔레스가 천체의 운동은 완벽한 원이어야 한다고 생각했던 데에서 잘 드러나듯이) 인간의 형식미(形式美)에 대한 선호를 뜻하며(과학적 사유에서 심미성은 얼핏 생각하는 것보다 훨씬 중요한 역할을 한다), '형식적'이란 내용이 아직 채워지지 않은 구조를 뜻한다.

가 잡혀 있지 않은 바탕[氣]에 질서를 부여하는 것을 뜻하는 것으로 해석할 수 있다.[14] 이 사유 모델, 즉 어떤 재료에 질서를 부여한다는 모델은 질료형상설 모델에 정확히 일치한다. 때문에 우리는 이 '리'라는 말이 철학적 사유에서 형상과 유사한 역할을 하리라는 것을 이 대목에서 이미 짐작할 수 있다.

일정한 바탕에 질서를 부여하는 것은 우선 겉모습을 내는 것을 뜻한다. 때문에 리란 사물의 표면에 나 있는 무늬(예컨대 『순자』 「정명」), 사람의 언행이나 용모(예컨대 『예기』 「악기」), (겉모습이 사물들을 구분할 수 있게 해준다는 점에서) 나눔, 구분됨(예컨대 『한비자』 「해로」)을 뜻했다. 그러나 에이도스 개념이 그랬듯이, 리 역시 점차 사물의 심층적 질서, 조리條理[15]를 뜻하게 된다. 그러면서 사물의 '성질'(『예기』 「악기」), 생명체의 본능(『회남자』 「전언훈」), 그리고 (처음의 뜻과는 정반대로) 사물의 안쪽(『황제내경소문』 「음양류론」) 등을 뜻하게 된다.[16] 사물의 표면에서 식별되는 차이들만이 아니라 사물을 조직하고 있는

---

14) 'cosmetics' 즉 화장술(化粧術)은 얼굴이라는 바탕에 질서(cosmos)를 부여하는 작업이다. 옥을 갈아 표면에 모양을 내는 이미지와 중첩된다. 'cosmos'는 또한 '우주'(宇宙)이기도 하다. 혼돈과 우주라는 개념쌍에는 이런 이미지가 깃들어 있으며, 질료형상설 및 리기론은 기본적으로 이런 이미지를 깔고 있다고 할 수 있다. 그리고 화장하는 주체라는 개념을 특화시킬 경우 플라톤과 기독교에서처럼 조물주/신의 개념을 도입하게 된다.

15) 이 말은 서구어 'organization'에 거의 상응한다. 서구의 경우 18세기까지만 해도 무기적인 것과 유기적인 것은 구분되지 않았으며, 원자론적 모델에 따라 물체와 생명체가 함께 설명되었다. 그러나 19세기에 들어서면서 '조직화' 개념은 생명체 이해의 핵심에 들어앉게 된다. 반면 동북아에서는 일찍부터 조직화 개념이 사물 이해에 중요한 역할을 했다고 볼 수 있다.

16) 이상의 용례에 대해서는 다음을 참조. 諸橋徹次, 『大漢和辭典』 7卷, 大修館書店, 1989~1990, 925頁.

내적 원리를 점차 뜻하게 되는 것이다. 이런 과정을 통해 리는 철학적 개념으로 변형된다.

'치옥'治玉에서의 '治'는 '물 수水'변에서 짐작할 수 있듯이 물길을 내는 것과 통한다(치수治水가 중국사에서 차지하는 역할은 잘 알려져 있다). 때문에 리에는 길[道]의 의미가 함축되어 있다. 그리고 이 도는 지표면에 나 있는 길만이 아니라 지구 내부에 나 있는 길, 나아가 보다 추상적으로 사물들을 이끌어 가는 길, 원리, 이법을 뜻할 수 있다. 그래서 「계사전」에서는 "우러러 하늘의 무늬를 보고 숙여 땅의 길을 살피니, 그로써 보이는 것과 보이지 않는 것의 까닭을 알겠노라"고 했다("仰以觀於天文 俯以察於地理 是故幽明之故."—『주역』, 「계사상」). 땅을 지배하는 이법이 '지리'地理이다. 따라서 'geology'의 'logy' 즉 로고스는 바로 리에 대응한다. 땅이 가진 로고스=코스모스=에이도스가 곧 땅의 리이다. 또 우리는 이런 맥락에서 "역은 간명하니 천하의 리(= 道)를 얻을 수 있다"(易簡而天下之理得矣)는 말을 이해할 수 있다. 로고스/리가 존재하지 않을 때 사물들은 모호한 잡다雜多로서 나타난다. 로고스/리를 발견했을 때 우리는 비로소 세계를 합리적으로, 간명하게, 법칙화해서 이해할 수 있다. 그리스 사유에서의 에이도스 개념과 동북아 사유에서의 리 개념의 형성과정 및 철학적 내용은 매우 근접한다.

따라서 리 개념에 핵심적인 철학적 용법을 부여했던 주자의 사유가 에이도스를 핵심으로 하는 플라톤, 아리스토텔레스의 사유와 극히 유사한 모습을 띤다는 것은 전혀 우연이 아니다.

주자는 한 사관이 "自無極而爲太極"으로 써 놓은 『태극도』의 도입부가 "無極而太極"을 그릇되게 고쳐 놓은 것이라고 지적했다.[17] 사관처럼 해석할 경우 태극 이전에 무극이 있고, 무극에서 태극이 나온 것이 된다. 그러나 주자가 보기에 태극은 무극이기에 태극이다. '극'은 용마루, 척추의 이미지를 가지고 있다. 태극은 세계의 궁극적 용마루이다. 최고의 그리고 포괄적인 원리이다(최고란 그 이상의 상위 원리가 없다는 것이고, 포괄적이란 모든 작은 원리들이 태극의 부분들이라는 뜻이다). 그렇다면 왜 무극인가? 앞의 '극'은 구체적인 존재로서의 극이고, 뒤의 극은 주자가 생각하는 진정한 극이다. 따라서 (주자가 생각하는) 이 문장은 "道可道非常道"라는 문장의 구조와 유사하다. 즉, "太極可極非常極"이다(주자의 사유가 노불老佛을 거친 유가라는 것은 잘 알려져 있다). 태극은 이법, 법칙, 조직화의 원리, 세계의 로고스이다. 그것은 물질성을 포함하지 않는 궁극의 형상이다. 법칙을 사물과 혼동하지 말아야 한다. 태극은 정의情意도 계탁計度도 조작造作도 가지지 않는다("只此氣凝聚處 理便在其中"). 이런 것들은 구체적 존재들에 속하는 것들이기 때문이다. 태극은 순수한 법칙성이다. 이 법칙성을 주자는 '리'理로 부른다.

　　형상이 어떤 방식으로 존재하는가가 중요하다. 아리스토텔레스에서 형상은 내재적인 대신 배타적이다. 소크라테스는 실체(특히 형상)이지만, 소크라테스의 피부색은 형상이 아니다. 그것은 소크라테스에게 부대해서만 존재한다. 반면 플라톤에서 형상은 초월적인 대신 보편적이다. 파랑의 형상, '두 배'의 형상, 관계의 형상도 존재한다. 데

---

17) 候外盧 外, 『송명이학사』(상), 박완식 옮김, 이론과실천, 1993, 75쪽. "周子恐人於太極之外 更尋太極 故以無極言之."(『주자어류』권94, 「주자지서: 태극도」)

모크리토스가 물질적 원자론을 구사한다면, 플라톤은 형상적 원자론을 구사한다. 아리스토텔레스의 경우 '자체로서 존재하는 것'과 '부대해서 존재하는 것'은 내재적이지만 동시에 차별적이다. 플라톤의 경우 가지적 세계는 초월적이지만, 거기에는 감각적 세계에서 확인되는 차이들에 각각 상응해 모든 종류의 형상들이 존재한다(그는 하찮은 것들의 형상도 인정해야 하는가에 대해 고민했지만 말이다). 요컨대 아리스토텔레스에서 형상들은 각각의 개체들에 상응하여 존재하지만, 플라톤에서는 훨씬 넓은 방식으로 존재하며 개체는 형상들의 '결합'(및 물질에의 구현)을 통해서 존재한다. 두 존재론은 매우 상이한 존재론이다.

주자가 이 문제를 분명하게 의식했는지는 알기 힘들다. '만물'萬物이라는 말이 모든 것을 포괄하고 있기 때문이다. 리가 기에 반드시 내재해야 한다면, 주자는 아리스토텔레스에 가까워진다. 토끼에게는 토끼의 리와 기가 있고, 그럴 경우 토끼의 본질이 리라면 다른 부차적인 측면들(귀의 길이, 높이뛰기의 정도 등)은 기에서 유래한다고 볼 수 있기 때문이다. 이것은 정확히 아리스토텔레스적인 생각이다. 그리고 이럴 경우 기는 부차적인 역할을 맡는다. 주자는 기가 없이 리를 생각할 수 없음을 분명히 한다. 기가 없다면 리가 자리 잡을[掛搭] 터가 없다. 따라서 세계는 리라는 본질이 기에 내재되어 있는 것이며, 기는 리라는 본질에 부차적인 변화를 가져오는 존재로 인식된다. 그러나 주자는 또한 동시에 리가 기에 독립해서 존재하는, 기보다 우선적인 존재라고 말하기도 한다("未有天地之先 畢竟是先有此理"). 그럴 경우 우주적 질서는, 고전 시대 자연사의 '표'가 보여 주듯이, 구체적 구현 이전

에 그 자체로서 존재하는 아프리오리한 구조가 된다. 그럴 때 기는 리
의 순수성을 훼손하는 존재로 인식되며, 따라서 가치론적으로는 악의
함축을 띠게 된다. 실제 주자에게서 기는 완벽하게 맑은 거울[鑑]에 긴
불순물의 이미지로 사유되며, 이럴 경우 현실을 부정적인 것으로 보
는 플라톤적 초월철학에 가까이 다가간다.[18] 주자에게는 이 두 얼굴이
동시에 존재한다. "在… 言則… , 在… 言則…", "以… 言之… , …以…
言之…" 같은 (그에게서 심심찮게 나타나는) 어법들이 이 점을 시사해
준다.

주자에게 태극-리는 하나와 여럿의 구조에 따라 완벽하게 조직
된다. 여기에는 아리스토텔레스와 마찬가지로 생명계의 위계에 대한
직관이 깔려 있다고 볼 수 있다. 개의 리, 호랑이의 리…… 등의 총체
는 척추동물의 리이다. 종달새의 리, 참새의 리…… 등의 총체는 조류
의 리이다. 이런 집합론적 사유를 밀어붙일 경우 주자가 지적했듯이
'리일분수'理一分殊의 원리가 제기된다("伊天說得好. 曰 '理一分殊'. 合天
地萬物而言 只是一箇理, 及在人 則又各自有一箇理"). 대부분의 전통 사상

---

18) 주자에게서 태극＝리는 '무'(無)로서 이해된다(장자[莊子]나 정자[程子]는 '허[虛]/태허[太虛]'
를 말한다. 예컨대 정자: "天地以虛爲德. 至善者 虛也. 虛者 天地之祖, 天地從虛中來." 『성리
대전』). 반면 플라톤에게서 더 뛰어난 형상은 그만큼 더 '존재'(存在)하는 것으로 이해된다.
두 사람의 원리가 이렇게 상반됨에도 유심히 들여다보면 실상은 다르다. 주자에게서 무
란 '없음'을 뜻하는 것이 아니라 오히려 '뛰어남'을 뜻하기 때문이다. 기는 '거칢'[糟粕](장
횡거), '막힘'[塞], '어두움'[濁]의 정도를 띤다. 태극＝리는 완벽하게 맑고 뚫려 있고 밝은
존재이다. 이런 이미지에 따라 '무'로 이야기되는 것일 뿐 없음을 뜻하지는 않는다(장횡
거의 '태허'도 마찬가지이다). 따라서 플라톤이 플러스의 방향으로 형상을 찾아간다면 주
자는 마이너스의 방향으로 태극＝리를 찾아가는 것일 뿐, 두 사람에게서 가치-존재론은
극히 유사하게 구사되고 있는 것이다.

들에는 '하나'에 대한 열망이 있다. 파르메니데스의 절대적 일자, 어떤 타자(운동, 다多, 바깥, 관계……)도 불허하는 일자로부터 모든 것을 포괄하는 헤겔의 절대정신에 이르기까지 하나Einheit에의 갈망이 전통 형이상학을 특징지어 왔다. 왕필에게서 이미 선취되고 있거니와,[19] 성리학 또한 이런 갈망을 선명하게 드러낸다.

플라톤, 아리스토텔레스, 주자 등으로 대표되는 중세적인 사유는 형상/리의 초월성에 입각해 사유했다. 그 초월성의 정도는 다를지라도, 이 사유들은 기본적으로 영원의 하늘에 각인되어 있는 아프리오리한 이법에의 믿음을 바탕에 깔고 있다. 따라서 경험적인 것은 이 아프리오리를 확인하는 것이며, 경험 때문에 아프리오리가 상처를 입지는 않는다. 따라서 중세적 아프리오리 ──'존재론' ──의 붕괴는 경험, 사실, 실증성, 가시성,…… 같은 개념들의 부상浮上을 가져왔다. 그리고 따지고 보면 경험이란 결국 인간의 경험이고, 사실, 실증성, 가시성,…… 등도 결국 인간에 상관적인 것들이다. 이로부터 두 가지 요소가, 즉 존재론적 필연성의 틀을 벗어난 '우발성'과 섭리, 이법의 틀에서 빠져나온 '주체'가 근대 사유의 근저에 자리 잡게 된다. 인간을 포함한, 그리고 형이상학적으로 필연적인 아프리오리에서 인간에게 드러나는 경험적인 우발성으로.

중세적 사유들이 아프리오리한 이법체계에 확신을 가졌던 것은

---

19) "萬物萬形 其歸一也."(『노자도덕경주』, 42장) 여기에서 '일'(一)의 가능근거는 '무'(無)로서 이해되며(何由致一? 由於無也), 이것은 성리학적 "一 = 無 = 理 = 太極"의 사유를 선취하고 있다.

그들의 사유가 기본적으로 유한주의적 토대 위에서 성립했기 때문이다. 유한주의를, 즉 닫힌 세계를 전제했을 때 '리일분수'를 비롯한 아프리오리한 존재론이 가능하다. 이런 유한주의는 고중세의 천문학 체계에서 특히 잘 드러난다. 고중세 문헌들에서 때때로 무한이나 무량無量, 무외無外 등의 표현들을 발견할 수 있으나, 당대의 천문학 체계를 고려해 보았을 때 이런 표현들은 "매우 많은"을 뜻하지, 엄밀한 의미에서의 무한을 뜻하는 것은 아니다(다만 제논의 파라독스 같은 경우들에서 볼 수 있듯이 내적 무한 개념은 일정 정도 발견된다). 르네상스 시대가 도래하면서 무한한 세계의 개념이 등장했다. 17세기의 위대한 형이상학자들은 무한 개념에 입각한 사유를 전개했고, 19세기에 이르러서는 수학적 무한 개념이 만개했다. 그러나 우주가 무한해지면서 인간은 유한의 테두리에 갇히게 된다(코이레의 책 제목——『닫힌 세계에서 무한한 우주로』——을 상기하자). 우주와 같은 외연을 가졌던 이성은 이제 현상계에 대해서만 권한을 가진다. 자연의 빛은 꺼지고 인간은 무한하고 차가운 우주의 어느 한 모퉁이에 외롭게 떠 있는 자신의 얼굴을 발견했다. 유한한 우주와 함께 호흡했던 인간에서 무한한 우주 속의 고독한 인간으로.

중세적 사유들에서 공통적으로 발견되는 또 하나의 에피스테메는 목적론이다. 목적 개념을 통해 세계를 본다는 것은 근대적 눈길로 보면 세계를 생명의 관점에서 보는 것, 더 나아가서 인간적인 요소를 세계 전체에 투영하는 것을 뜻한다. 철학자들에 따라 목적론의 성격에 상당한 충차가 있긴 하지만, 중세적 사유는 세계에 의미와 가치가 즉 목적이 깃들어 있다는 것을 의심치 않았다. 목적의 존재는 길[道]의 고착화를 뜻하기도 한다. 인간이 도달해야 할 실재, 인간이 걸어가야 할 도가 이미 정해져 있다는 것은 결국 인생의 모범답안이 존재한다는 것이다. 철학의 이런 성격이 중세적 사회들의 성격과 맞물려 있음은 물론이다. 따라서 목적론적 세계의 붕괴는 곧 기존의 도의 붕괴를 뜻한다. 이제 세계는 맹목적인 것이 되고 인간이 걸어가야 할 길은 정해져 있지 않은 것이 된다. 중요한 것은 진리에의 참여가 아니라 새로운 진리의 창조가 된다. 니체로부터 들뢰즈에 이르기까지 현대의 철학자들은 이런 맥락에서 시간, 자유, 창조의 철학을 건설해 왔다.

중세적 사유는 동일성의 사유이다. 거기에는 아프리오리한 이법 체계의 동일성, 유한한 우주의 동일성, 목적/도의 동일성, 인간 본성의 동일성이 깔려 있다. 전통적 철학은 '본연'本然의 철학인 것이다. 이 동일성은 곧 형상 및 리로 표현되었다. 차이들은 동일성 내에서의 차이들(예컨대 유 내에서의 종)이며, 동일성을 벗어나는 차이는 존재하지 않았다. 따라서 질료/기는 형상/리에 입각해서만 이해되었으며, 형상/리가 형성하는 아프리오리한 틀을 채우는 바탕의 역할만을 부여받았다. 질료와 기는 잠재태, 가능성으로 이해되었지만, 그 잠재성, 가능성은 오로지 형상/리의 아프리오리한 구도 내에서만 성립했다. 이제 이런 구도가 깨지면서 근대적인 사유들이 등장하게 된다. 그러나 본격적인 근대적 사유들을 논하기 전에,[20] 그 과도기(근대 1기)를 형성하는 철학들을 우선 고찰해야 할 것이다.

---

20) 이 강의는 이루어지지 않았다. 다른 지면에서 다룰 예정이다.

형상/리와 물질/기의 동시적 표현

전통 사유에서 현대적 사유로 흘러온 사유의 역사를 거시적으로 살펴 보면, 우선 두 가지 특징을 확인할 수 있다. 그 하나는 초월적 사유에 서 내재적 사유에로의 변화이고, 다른 하나는 영원의 사유에서 생성 의 사유에로의 변화이다. 초월적인 차원은 거부되고 '유물론'적인 사 유들이 대세를 차지하게 되며, 아프리오리한 이법은 거부되고 생성, 지속, 과정, 차이의 사유가 전경을 차지하게 된다. 근세의 사유, 즉 탈 주자학적 사유들(동북아의 경우)이나 17세기의 형이상학들(서구의 경 우)은 전통적인 사유 구도를 전적으로 탈피하지는 못했지만, 이런 흐 름들에로 나아가는 첫걸음을 형성한다. 이 사유들에서는 아직 개별과 학들과 존재론의 분화가 발생하지 않았다. 달리 말해 존재론의 큰 틀 내에서 개별과학적 내용들이 논의되었다. 이 점에서 이 사유들은 본 격적인 근대 사유들은 아니다. 그러나 이 사유들은 중세의 초월철학 들을 극복하려는 시도를 의식적으로 실행했다는 점에서 근대 1기(근 세)의 철학들이라 할 수 있다.

　서구의 중세 사유가 플라톤, 아리스토텔레스, 플로티노스 세 사람 의 그늘 아래에 있었다는 사실은 잘 알려져 있다. 그러나 헬레니즘 시 대를 수놓은 에피쿠로스, 스토아 사상들은 이런 흐름과 상반되는 흐 름을 형성했다. 이것은 중세가 저물고 르네상스가 일어났을 때 바로 이 사상들이 새로운 빛 아래에서 등장하기 시작했다는 점에서도 확인 된다. 르네상스 이래 당대에 발달한 물리학적 지식들을 배경으로 새 로운 형태의 형이상학들이 전개된다. 그 중에서도 스피노자는 핵심적이다. 스피노자야말로 서구 사유에서 내재성의 사유를 전개한 대표적인 인물이기 때문이다. 동북아의 경우 장횡거는 이미 정이천·정명도 형제 그리고 주자와는 구분되는 일원론적 사유를 전개했다. 그리고 왕선산과 대동원 역시 주자를 의식하면서 일원론적 내재철학을 세우고자 노력한 인물들이다. 우리는 이들의 노력에서 주자학적 초월성과 이원론을 극복하려는 시도를 본다.

'초월성'이라는 말은 여러 층차를 띤다. 나는 초월성의 사유를 네 가지 층차로 구분한다. 네 가지 층차의 세번째 경우는 바로 여기에서 다루려는 스피노자, 장횡거 등의 경우이다. (다른 경우들과는 성격이 다른) 네번째 초월철학을 접어놓는다면, 스피노자와 장횡거 등은 초월적 철학의 마지막 형태이자 내재적 철학의 최초의 형태로서 논의될 수 있을 것이다. 아울러 스피노자와 장횡거, 왕부지 등의 철학이 진정한 의미에서의 생성철학으로 나아가지는 못했음이 논의되어야 할 것이다.

첫번째 유형의 초월철학은 세계를 단적으로 벗어나 있는 존재를 상정하는 철학이다. 세계는 최소한 공간, 시간, 물질이라는 기본적인 조건 위에서 존립하며, 따라서 세계를 초월한다는 것은 곧 공간, 시간, 물질이라는 조건들을 벗어남을 뜻한다. 이런 사유의 전형은 세계를 창조한 창조주를 설정하는 사유이다. 플라톤과 기독교 사유가 이에 속한다. 플라톤의 경우 '데미우르고스'를 설명의 편의를 위한 알레고리 정도로 받아들일 수도 있으며, 그럴 경우 그의 철학은 (밑에서 이야기할) 두번째 유형의 초월철학에 속한다. 그러나 기독교 사유의 경우는 첫번째 유형의 초월철학의 명백한 경우라고 할 수 있다. 이런 형태의 초월철학은 이미 담론사적으로 극복되었으며, 종교와 신학의 문제일 수는 있어도 철학의 문제는 아니다. 따라서 중요한 것은 이런 형태의 초월철학을 거부한다고 해서 그것이 곧 내재의 철학이 되는 것은 아니라는 점이다. 달리 말해 이 유형의 초월철학은 가장 손쉬운 형태의 초월철학이며 다른 유형의 초월철학들이 존재한다는 것, 따라서 이 유형의 초월철학을 거부했다고 해서 그것이 **곧장** 내재철학이라고 할 수는 없다는 것을 명심할 필요가 있다.

　두번째 유형의 초월철학은 특별한 초월자를 전제하지는 않지만, 세계의 개별적인 경우들, 사건들, 사물들을 초월해 있는 영원한 이법을 상정하는 초월철학이다. 아리스토텔레스, 주자, 고전 시대의 박물학, 실재론적 함축을 띠는 통일과학, 강하게 해석된 구조주의 등이 이런 유형의 초월철학들이다. 아리스토텔레스와 주자의 경우는 이미 논의했듯이 형상·리의 동일성을 함축하는 사유들이다. 현실세계에서의 변화에 따라 형상·리가 변하는 것이 아니라 형상·리의 구조에 따라 현실세계가 변화한다. 물론 완전한 형상·리가 본연의 존재 그대로 작동하지는 않는다. 또 다른 원리 즉 질료·기도 자체의 성격을 띠고 있고, 따라서 현실세계는 형상·리가 질료·기에 '구현'된 것으로 즉 두 종류의 원리의 타협을 통해 움직이는 것으로 이해되기 때문이다. 아리스토텔레스도 주자도 창조주를 설정하지는 않지만, 이들의 사유는 제작적 모델에 따르는 사유이다. 즉 형상·리는 설계도이고 실제 집은 이 설계도가 재료들에 구현된 것으로 이해된다. 따라서 세계의 결함이나 우연은 설계도 탓이 아니라 재료 탓으로 이해된다. 요컨대 형상·리는 질료·기에 대해 초월적이다. 현실세계에서 무슨 일이 일어나든 형상·리라는 이법의 세계는 영원히 군림하기 때문이다.

고전 시대의 박물학도 마찬가지이다. 생명의 체계는 아프리오리하게 전제되며, 실제 생명계의 변화는 그 체계의 가시적인 구현으로 이해되었다. '사실' 이전에 이법이 전제되고, 우발성 이전에 필연성이 전제된다. 이것은 과학의 경우도 마찬가지이다. 과학은 법칙을 통해 세계를 보고, 따라서 미래에 벌어질 사건들은 그 법칙을 확인시켜 주는 '경우들'일 뿐이다. 법칙을 강하게 실재론적으로 해석할 경우, 법칙은 현실세계를 초월해 있으며 현실세계의 변화들은 단지 법칙의 가시화일 뿐이다. 이것은 강하게 해석된 구조주의의 경우도 마찬가지이다. 구조는 초월적으로 존재하며, 사건들은 다만 구조의 현실화, 구조라는 함수의 변수에 들어가는 함수값일 뿐이다. 요컨대 아리스토텔레스로부터 구조주의에 이르기까지 여러 사유들은 불변의 법칙성이 존재하며 현실적 변화들은 그 법칙성을 확인시켜 주는 가시적 경우들이라고 봄으로써 **법칙성에 초월적 지위를 부여한다.** 물론 예컨대 아리스토텔레스에서 볼 수 있듯이 우연도 존재하며, 라마르크에서 볼 수 있듯이 법칙성이 시간 속에서 구현되기도 한다. 그러나 어떤 경우든 이런 사유들에서 법칙성은 초월적으로 존재한다. 현대적 의미에서의 내재철학은 플라톤-기독교적 초월철학만이 아니라 이런 형태의 초월철학도 거부한다. 아프리오리한 질서를 거부하는 것이다.

이런 형태의 초월적 사유를 넘어 내재적 사유에로 이행하는 발걸음은 형상·리가 질료·기로부터 초월적으로 존재할 수 없다는 생각에서 시작한다. 이런 유의 철학에도 또한 여러 유형들이 존재한다. 이 방향으로 나아간 첫번째 형태 —— 마지막 초월철학이자 최초의 내재철학 ── 는 스피노자와 장횡거 등에게서 보인다.[21] 이들의 철학은 전통과 근대성의 경계선상에 놓여 있다. 우선 장횡거(와 왕부지)의 사유를 보고 다음으로 스피노자를 검토해 보자.

장횡거의 사유는 정주학程朱學과는 다른 사유 구도를 보여 준다. 장횡거에게 궁극의 실재 즉 도는 '태화'이다("太和所謂道."—『정몽』正蒙,「태화」). '화'和는 이질적인 것들의 공존이다. 이질적인 것들이 상호 배척하지 않고 공존하는 것, 인온絪縕하는 것이 '화'이다. 그것은 잠재적 복수성이다. '화'는 특히 음양 분화 이전의 잠재성이다. 왕부지가 설명해 주었듯이(『장자정몽주』), "음양이 서로 구별되나 그 인온이 태허 가운데 있고, 합동해서 서로 폐해를 주지 않으면서도 서로 섞이어 간극이 없으니, 화의 지극함이다."(陰陽異撰 而其絪縕於太虛之中 合同而不相悖害 渾淪無間 和之至矣) 형形을 띠지 않은 것이 태허이고 이것이 기

---

21) 여기에서는 다루지 않을 네번째 형태의 초월철학은 주체철학, 주체의 초월성을 제시하는 철학이다. 칸트, 헤겔, 후설, 사르트르 등은 주체를 세계로부터 불연속을 형성하는 별도의 존재로 상정한다는 점에서 주체철학적인 초월철학들이다. 칸트의 '선험적 주체', 헤겔의 '실체=주체', 후설의 '순수 자아'('순수'라는 말이 주체의 초월성을 잘 나타내고 있다), 사르트르의 '대자' 등이 초월적 주체들이다.
하이데거와 메를로-퐁티는 초월적 주체를 벗어난 사유를 펼쳤지만, 그들의 사유 방식 자체가 칸트 이래의 주체철학의 테두리를 넘어선 것은 아니다. 다시 말해, 주체철학의 테두리 내에서 주체의 초월성을 벗어난 것이지 그 철학함의 테두리 자체를 벗어난 것은 아니다. 하이데거는 현존재와 존재를 사유했으나, 존재를 사변적으로 사유함으로써 (그가 '세계'에 대해 많은 말을 했음에도) 실제 세계에 대한 내용적 이해가 빠진 사변철학으로 흘렀다. 메를로-퐁티는 현상학의 한계를 넘어 삶의 존재론으로 나아갔으나, 이것은 결국 신체를 중심으로 한 사유를 존재론화한 것에 불과하다(신체를 논의의 출발점으로 하는 것 자체가 인간중심주의이다). 그러나, 이들의 철학함의 방식 자체는 위의 철학자들과 같은 테두리에 들어 있음에도, 이들은 적어도 그 테두리 내에서는 주체의 초월성을 극복했다고 할 수 있다.

의 본체이다. 기가 모이고 흩어짐으로써 비로소 변화의 양태들 즉 '객형'客形과 '객감'客感이 생겨난다. 현실세계에서 객형과 객감은 구분된다. 그러나 궁극의 도가 태허임을 아는 사람은 이 둘이 결국 하나임을 안다. 태허는 어떤 객형도 객감도 현실화되지 않은 차원이기에 무無이다. 그러나 그 무는 순수 무가 아니라 충만한 잠재성이다. 유는 무의 양태들이고 무는 유의 실체이다. 때문에 유와 무는 하나라는 이치("有無混一之常")를 깨닫는 것이 중요하다. 장횡거의 사유에서 기에 대해 초월적으로 존재하는 리는 없다. 잠재성으로서의 태허 즉 실체적 기가 궁극의 존재이다. 물론 태허=기가 운동하는 법칙은 존재한다. 그러나 태허=기 자체가 펼쳐지는 방식 자체가 법칙이다. 둘 사이에는 존재론적 간극이 없다. 태허=기가 펼쳐질 때 법칙 역시 펼쳐진다. 태허=기와 성 ──장횡거는 리가 아닌 성性을 쓴다── 은 동시에 표현된다.

장횡거에게 실재[明]와 현실[幽]의 단절은 없다. 기가 태허에서 모이고 흩어짐은 얼음이 물에서 얼고 녹음과 같다. 때문에 장횡거에게 태극=리가 '무'라는 테제는 성립하지 않는다("知太虛卽氣則無無"). 기는 접힘으로써 잠재적 실재를 이루고 펼쳐짐으로써 현실적 사물들을 이룬다. 같은 기가 인온과 분화를 겪을 뿐이다. 태허로부터 분화가 이루어질 때 존재론적으로는 구체적 법상法象이 성립하며, 인식론적으로는 이명離明이 성립한다. 법 = 형法=形은 음이요 지요 곤이요 형이며, 상은 양이요 천이요 건이다("在天成象 在地成形", "成象之謂乾 效法之謂坤"). 인간의 감각기관도 구체적 존재들[法象들]의 일종이다. 그러나 그 존재들은 다른 존재들을 알아보는 존재들이다. 이 때문에 '이명'을 얻는다고 했다. '리'離(三)는 불처럼 밝으니 눈[目]처럼(또는 햇빛[=日光]처럼) 빛난다. 그렇기에 다른 사물들과 감感할 수 있어 인식이 성립한다 (장횡거는 시각을 대표적으로 언급하고 있으나 감각기관 전체로 확대 해석할 수 있을 것이다). 이런 '감'感이, 밝음이 있기에 고개를 들어 하늘을 살펴서 천문을 읽을 수 있고, 땅을 살펴서 지리를 읽을 수 있다. 현실세계는 기의 조박糟粕한 형태이기 때문에 실재세계는 이 현실화된 기에 비해 무의 성격을 띤다. 그러나 장횡거는 이를 '有生於無'로 해석할 경우 노불老佛의 사상에 빠진다고 경고한다. 태허-기는 다만 지극히 맑아 비가시적이며 신묘할 따름이다(淸極則神). 신·화神·化에는 간극이나 막힘이 없다. 간극이나 막힘이 있음으로써 현실세계가 성립한다.

장횡거는 내재성의 사유를 정초했으며 기일원론을 체계화했다. 그에게 우주의 이법은 기 자체에 내재해 있는 것이며 기화氣化——(주자의 해설에 따르면) 음양의 조·화造·化——가 이루어지는 방식 자체일 뿐이다. 그러나 기화의 법칙 그 자체는 완벽하게 조화롭고 통일적이다. 허와 실, 동과 정, 취와 산, 청과 탁은 궁극적으로 하나이다. 즉 '불일이불이'不一而不二의 논리이다. 성리학 전반이 그렇거니와, 장횡거의 우주는 원융圓融을 그 핵심으로 한다. "떠도는 기가 어지러이 움직이다 합하여 질質을 낳으니, 사람과 사물의 온갖 특수한 존재들이 생겨난다"라는 얼핏 카오스 이론을 떠올리는 구절도 있으나, 그 뒤에는 역시 "음양이라는 두 실마리가 끊임없이 순환하니, 이것이 천지의 큰 뜻을 세운다"고 하여 원융의 세계관을 드러낸다. 원융의 철학은 곧 'Einheit'의 철학이다. 그것은 '일실만분'一實萬分(주렴계), '리일분수'理一分殊의 철학이며, 동일자 아래에서 차이들의 조화로운 분할이 이루어지는 철학이다("由一而向萬"—『장자정몽주』,「건칭하」乾稱下). 그것은 종잇조각 오려-맞추기의 철학이다. 부분들은 'partes extra partes'의 원리에 따라 완벽하게 맞추어져 전체를 형성한다. 마치 훗날의 들뢰즈·가타리의 비판을 기다리기라도 하는 듯이, 정이천은 실제 나무의 비유를 제시한다. 그리고 왕부지가 풀이했듯이, 우주의 이런 원융적 성격은 곧 우주의 도덕적 성격을 함축한다("義者 居正有常而不易之謂. 陰陽不偏 循環不息 守正以待感, 物得其宜 爲經常不易之道, 此仁義中正之理所從出. 曰誠 曰無妄 曰不息 曰敦化 皆謂此也"). 우연, 불연속, 부조화, 갈등……등의 요소들은 배제되거나 소극적으로 사유된다. 우주의 원융적 성격과 도덕적 성격은 장횡거, 왕부지의 사유가 내재성의 방향으로 향하긴 했으나 근대적인 생성철학과는 거리가 먼 사유라는 사실을 말해 준다.

따지고 보면 동북아의 사유는 본래 내재적 사유이다. 조선 시대 내내 주자학이 사유의 일반 문법으로 작동했지만, 오히려 리에 초월적 위상을 부여하는 주자적 사유야말로 동북아 사유에서의 특이한 경우라 해야 할 것이다. 그것은 불가가 이야기하는 '공'空과 '무'無를 유교화해서 껴안은 결과이다.[22] 때문에 장횡거의 사유가 오히려 동북아 사유의 일반적인 전형을 보여 준다 하겠다. 왕부지가 근본적으로 주

---

22) 왕부지는 리, 공, 무가 만물을 하나로 귀일시키는 철학이라고 보았다. 이럴 경우 일자의 철학이 성립한다. 왕부지는 세계의 원융을 전제하면서도 사물들의 개별성을 희생시키고자 하지는 않았다(이규성, 『왕선산, 생성의 철학』, 이화여자대학교출판부, 2001, 90~91쪽). 그러나 세계의 원융을 전제하는 한 개별성의 의미는 최소화된다. 왕부지는 분명 의식적으로 내재철학으로의 발걸음을 내디뎠으나 동북아 형이상학의 성격 자체를 탈피하지는 못했다고 할 수 있다.

희를 신봉하면서도 우주론에서는 장횡거를 선택한 것은 이 때문이다. 따라서 동북아 사유에서의 근대성은 내재성에 그 초점이 있지 않다. 초점은 그 원융적 성격과 도덕적 성격에 있다.[23] 이 성리학적 세계관은 외부와의 부딪침을 통해서, 즉 헉슬리의 진화론과 만나면서 비로소 무너지게 된다(그러나 현대 유가 또한 그들의 전통의 그림자에 여전히 머물러 있다).

그러나 성리학적 세계관 내에 존재하는 미묘한 차이들을 등질화해서는 안 될 것이다. 장횡거로부터 왕선산, 대동원으로 이어 가면서 나타나는 몇 가지 핵심적 차이들을 짚어 볼 필요가 있을 것이다.

서구 철학의 경우 초월성의 철학이 2000년(적어도 1500년) 이상 군림해 왔다. 초기 기독교 호교론자들이 스토아·에피쿠로스의 내재 철학에 감정적으로 대응하기 시작한 이래 내재성의 사유에는 저주가 따라다녔다. 스피노자는 갈릴레오·뉴턴을 비롯한 과학자들과 데카르트·라이프니츠를 비롯한 철학자들이 여전히 초월적 세계를 믿으면서 교회에 굴복하고 있을 때 위대한 용기를 가지고서 새로운 철학을 창조해냈다.

스피노자의 철학이 내재성의 사유라는 것은 『에티카』 1부에서 선명하게 나타난다. 명제 5는 동일한 속성의 둘 이상의 실체는 존재할

---

23) "원리[理]는 실체적 힘[氣]에 종속적이다. 그러나 원리의 존엄성은 훼손되는 것이 아니라 그대로 유지된다. 원리는 다만 존재론적 측면에서 실체적 힘에 의존해서 존재할 수 있으며, 가치의 측면에서는 여전히 최고 선(善)을 담지하고 있다. 실체적 힘은 이 최고 선의 제약하에서만 합리적 힘이 되어 그 정당성을 획득한다."(이규성, 『왕선산, 생성의 철학』, 73쪽)

수 없음을 논증한다. 첫번째 논증: 동일한 속성의 여러 실체가 존재한다면, 그것들은 양태들에 의해 구분되어야 한다(한 속성 내에서의 구분은 양태들의 구분이므로). 그러나 실체는 본성상 양태들에 앞서므로(정의 5, 공리 1) 양태들을 함축하지 않는다. 때문에 실체가 양태들에 의해 구분될 수는 없다. 보다 중요하고 복잡한 두번째 논증은 명제 8의 주석에서 등장한다. 명제 8은 실체의 무한성을 논증한다. 실체는 유한할 수도 있고 무한할 수도 있다. 유한할 경우 타자에 의해 제한된다. 같은 속성에 속하는 것들만이 서로를 제한할 수 있다(공리 5, 명제 3). 같은 속성의 두 실체가 서로를 제한할 수 있다. 그러나 같은 속성의 여러 실체는 존재할 수 없다(명제 5). 따라서 하나의 실체가 다른 하나의 실체를 제한할 수 없다. 따라서 실체는 무한하다. 또 명제 7로부터 연역할 수도 있다. 명제 7 : 존재하는 것은 실체의 본성에 속한다. 증명 : 실체는 타자에 의해 산출될 수 없다. 그것은 자기원인, 즉 그 본질이 존재를 필연적으로 함축하는 존재이다. 따라서 본성상 존재한다. 귀결 : 필연적으로 존재한다는 것은 영원과 무한을 뜻한다.

이제 주석은 실체의 유일성을 논증한다. "동일한 본성의 실체는 오직 하나만 존재할 수 있음"을 논증한다. 네 가지 논리적 전제가 제시된다. ① 한 사물의 진정한 정의는 정의된 사물의 본성 이외의 어떤 것도 함축하거나 표현하지 않는다. ② 어떤 정의도 개체들의 정확한 수를 함축하거나 표현하지 않는다. 이유: 그것[정의]은 정의되는 사물의 본성만을 표현하기 때문이다. 예: 삼각형에 대한 정의는 삼각형의 단순한 본성만을 표현하며, 삼각형들의 일정한 수를 표현하지는 않는다. ③ 존재하는 각 사물에 대해 그것을 존재하게 만든 하나의 일정한 원인이 필연적으로 존재한다. ④ 이 원인은 그 사물의 정의의 본성 자체에 포함되어 있거나, 아니면 그것 바깥에 주어진다. 이 전제들 위에서 다음 논의가 전개된다: 세계에 일정 수의 사물들이 존재한다면, 그것들의 존재근거(왜 그것들이 존재하는가?) 및 수적 근거(그것들이 왜 그 수만큼 존재하는가?)가 있어야 한다. 예: 세계에 20명의 인간이 존재한다면, 이들의 존재를 근거 짓는 이유와 이들의 수를 근거 짓는 이유가 있어야 한다. ②와 ③에 기초할 때, 이 수적 원인＝근거＝이유는 인간의 본성 자체에 포함되어 있지 않다. 인간의 본성에 20이라는 수는 포함되어 있지 않기 때문이다. 따라서 (④에 따라) 수적 근거는 인간들 바깥에 존재한다. 일반적으로 말해, 복수적 존재들은 외적 원인들을 함축한다. 그런데 존재하는 것은 실체의 본성에 속하므로(명제 7), 오로지 실체의 정의에 따라서만 그것의 존재가 도출된다. ②와 ③에 따라, 이 정의로부터 여러 실체들의 존재가 따라 나오지 않는다. 따라서 같은 본성의 오직 하나의 실체만이 존재할 수 있다.

이제 명제 15의 주석은 내재성의 입장을 보다 강화한다. 명제 14 : 신 바깥에 어떤 실체도 주어질 수 없고 또 생각될 수도 없다. 명제 15 : 존재하는 모든 것은 신 안에 존재하며, 신 없이는 어떤 것도 존재할 수 없고 또 생각될 수도 없다. 스피노자는 주석에서 사람들이 가지고 있는 신관神觀을 논파한다. 우선 신이 몸과 마음으로 되어 있고 정념에 사로잡히기도 한다는 생각은 논외이다. 몸은 공간적 외연을 함축하며, 무한한 신이 유한한 외연에 사로잡힐 리가 없다. 그러나 물질적 실체가 신에 의해 창조되었다는 생각 또한 거부되어야 한다. 우선 어떤 실체도 다른 실체에 의해 산출되거나 창조될 수 없다. 산출이나 창조가 가능한 것은 한 속성 내에서이고, (명제 5로부터) 같은 속성의 두 실체는 존재할 수 없기 때문이다. 그리고 (명제 14로부터) 신 바깥에는 어떤 실체도 존재할 수 없다. 이로부터 연장-실체는 신의 무한한 속성들 중 하나라고 결론 내릴 수 있다. 사유-실체 또한 마찬가지로 논증된다. 이로부터 기독교적 세계관은 종말을 고한다(스피노자는 1부의 「보론」에서 이 문제를 다시 상세하게 다룬다). 신이 세계를 창조했다면, 세계는 신 바깥에서 신을 제약하게 된다. 따라서 세계(무한한 속성들과 그 변양태들)는 신의 속성들이고 변양태들이지 그 피조물이 아니다. 세계는 신의 표현일 뿐이다.

스피노자의 사유는 초월에서 내재로 가는 철학사적 흐름에서 가장 강력한 길목을 형성하고 있다. 이제 생성의 문제로 관심을 돌려 보자. 앞에서 성리학적 사유가 생성의 사유인 듯이 보이지만 사실상 초월성을 함축하는 사유라는 것을 보았거니와, 이제 스피노자의 사유는 본격적인 생성철학이라 할 수 있는가라는 물음을 던져 보자. 스피노자의 사유는 이해하기에 따라서 일자의 철학, 동일성의 철학으로 볼 수 있다. 신=자연이 근원적 실체로서 제시된다. 모든 것은 이 신=자연의 변양태들이다. 속성들은 변양태들의 근본 형식을 형성한다. 신=자연은 속성들로 표현되고, 속성들은 변양태들로 표현된다. 때문에 스피노자의 사유는 스토아적으로 해석될 수도 있다. 칼로 찌르는 것과 칼에 맞는 것은 피상적인 차이이다. 결국 신의 자기변양自己變樣에 불과하기에. 스피노자의 사유는 거대한 자기변양의 사유, 일자의 사유, 동일성의 사유로 보인다.

들뢰즈는 새로운 스피노자 읽기를 시도했다. 들뢰즈의 스피노자

독해는 유물론적이고 경험주의적이다.[24] 여기에서 유물론적이라 함은 스피노자 이해의 출발점을 (『에티카』, 2부의 중간에 삽입되어 있는) 그의 물체론으로 잡은 것을 말하며, (우리 맥락에서 보다 중요한) 경험주의적이라 함은 이해의 출발점을 신이 아닌 양태로 잡은 것을 말한다. 즉 신→속성→양태라는 연역적 구도가 아닌 양태→속성→신이라는 귀납적 구도로 잡은 것을 말한다. 즉 모든 논의의 출발점은 물체들의 운동과 그 결과인 변양이 된다(그리고 같음이 논의의 핵심에 놓이게 된다). 이런 독해를 통해서 스피노자는 새로운 형태로 부활했으며, 1960년대 이래 '스피노자 르네상스'의 불꽃이 피어나게 된다. 니체와 베르그송이 그랬듯이, 스피노자 역시 들뢰즈의 손에 의해 재탄생되어 현대 사유의 중핵에 자리 잡게 된다.

들뢰즈의 이런 공헌을 인정하면서도, 우리는 이렇게 해석된 스피노자는 오늘날 보다 의미 있는 방식으로 탈바꿈된 스피노자이며 그것이 반드시 역사적 스피노자에 대한 정확한 상像을 뜻하는 것은 아니라고 생각한다. 어떤 저자·텍스트를 역사적 맥락에서 그 모습을 파악하려는 시도와 이들이 오늘날 어떤 형태하에서 의미 있게 되는가의 맥락에서 재창조를 시도하는 것은 서로 구분되어야 할 작업이다. 전자가 철학사적 작업이라면, 후자는 철학적 작업이다. 철학에서 보다 중

---

24) 이 점에 관련해 다음을 참조. 大崎晴美, 「'力'の無神論」, 『現代思想』, 2002年 8月號, 106~124頁.

25) 우리의 논의가 완성되려면 서경덕으로부터 최한기에 이르는 기학적 전통과 계몽 시대의 서구 철학자들의 철학을 비교해야 한다. 자체로서 방대한 논의를 요하는 이 과제는 다음으로 미루고자 한다.

요한 것은 후자의 작업이지만, 전자의 작업이 충실하게 되었을 때 후자의 작업도 가능하다.

여기에서 핵심적으로 문제가 되는 것은 무한 개념이다. 스피노자를 연역적으로 해석할 경우에도 그의 철학은 양태의 풍요로움을 사상시키지 않는다(들뢰즈가 스피노자를 경험주의적으로 해석하는 중요한 한 이유는 그를 복수성의 철학자로 보려 하기 때문이다). 신은 무한한 존재이기 때문이다(앞에서 중세적 유한주의와 아프리오리한 질서 = 리일분수理一分殊에 대해 언급한 것을 상기). 그러나 스피노자에게서 모든 양태들은 신의 표현이라는 점에서 그의 철학은 분명 일의성의 철학일 뿐만 아니라 일자의 철학이기도 하며, 또 (『에티카』, 1부의 명제 28에서 볼 수 있듯이) 모든 것이 완벽하게 인과로 매여져 있는 필연성의 철학이다(베르그송은 스피노자에 경도되었으면서도 이 점을 분명하게 지적한다). 이 점에서 성리학 체계에서와 마찬가지로 스피노자의 체계도 원융의 성격을 띠며, 때문에 현대적인 의미에서의 생성철학의 문턱을 넘어서지는 않았다고 해야 한다. 스피노자의 철학은 무한의 철학이기 때문에 열린 철학이지만, 동시에 결정론적 철학이기 때문에 닫힌 철학이기도 하다. 현대적 생성철학은 근대적 결정론이 무너지면서 비로소 가능했다고 말해야 할 것이다.[25]

茶山의 사유와 근대성

다음 물음이 종종 제기되었다. "다산의 사유는 근대적인가?" 이 물음이 계속 되풀이된다는 사실은 그 자체가 다산 사유의 과도기적 성격을 드러낸다. 다산의 사유가 전형적인 전통 사유도 또 분명한 근대 사유도 아니라고 생각될 때 이 물음은 제기된다. 때문에 어쩌면 이 물음에 대한 답은 이 물음이 줄곧 제기되고 있다는 사실 자체가 보여 주고 있는지도 모르겠다. 그래서 우리는 물음보다는 **되물어짐**에, 즉 물음 자체를 끝나지 않게 만드는 되물어짐의 구조에 주목할 필요가 있다. 되물어짐의 구조란 곧 '다산 사유의 근대성' 여부에 대한 판결이 그 안에서 끊임없이 연기되고 때로는 유보되기까지 하는 불투명성이다. 그 불투명성은 우리에게 또 다른 물음, 즉 그에 대한 대답 안에서만 비로소 다산 사유의 근대성이 일정한 해解를 얻게 되는 물음으로 우리를 이끈다. 본래의 물음에 대해 메타적 층위에 놓이는 이 물음은 곧 이것이다. "**근대적이란 무엇을 뜻하는가?**" 우리는 이 물음에 대한 대답이 수립된 지평 위에서만 본래의 물음을 던질 수 있다.

그럼에도 이 메타적 물음은 종종 생략되었다. 이러한 생략은 무엇을 뜻하는가? 그것은 이 메타적 물음이 이미 해결된 물음, 즉 그에 대한 해들이 대부분의 논의에서 이미 전제되고 있는 물음으로 이해되었기 때문이다. 그러한 해들로 흔히 과학기술 문명, 자본주의, 그리고 민주주의 및 대중사회 등이 열거되곤 했다. 그러나 이런 해들을 가능하게 한 선험적 조건으로 파 내려갈 때 우리는 지난 몇백 년간의 담론사가 그것을 둘러싸고 소용돌이쳤던 존재를 맞닥뜨리게 된다. 근대성을 구성하는 각종 구슬들을 꿰고 있는 이 실, 그것은 바로 주체라는 존재이다. 이것은 곧 주체 개념에 대한 존재론적 수준의 이해를 통해서만 '근대적인 것'의 의미가 분명하게 드러난다는 것을 뜻한다. 그러나 근대의 진정한 가능조건은 주체가 아니라 주체를 가능하게 했던 조건들이다. 주체가 근대 문명을 가능하게 했지만, 주체 자체는 일정한 조건들 위에서 형성되었다. 그러나 위에 든 역사적 현상들이 이 조건들은 아니다. 그 현상들은 결과/성과이지 근본 조건들은 아니다. 보다 심층적인 조건들은 주체도 주체의 성과물도 아닌 보다 비가시적인 차원의 구조들이다. 주체는 이 추상적인 구조와 구체적인 근대적 성과물 사이의 매듭에 존재한다. 여기에서 우선 추적해야 할 것은 이 구조이다. 이 구조는 주체가 바로 그 안에서만 자기 자신을 다듬어낼 수 있었던 어떤 **문제-장**problématique이다. 여기에서는 이 거대한 문제-장에서 철학적인 성격을 띠는 세 가지 갈래만을 끄집어내어 다룬다.

한국사에 있어 서구화 이전에 독자적 근대화를 찾아보기는 쉽지 않다. 그럼에도 많은 사람들이 다산 사유의 근대성을 논한다면 그것은 그에게서 근대화의 잠재적 조건 즉 근대적 주체 개념을 찾을 수 있기 때문일 것이다. 인간은 죽음과 혼돈 앞에서 시원을 찾는다. 인간은 무 앞에서 시간적 시원을 찾고 혼돈 앞에서 공간적 시원을 찾는다. 근대화/서구화의 끝에서 우리는 허무를 느끼고 이제 다시 그 과정의 시발점을 되돌아보게 되었다. 여기에서 다산을 읽는 것은 무/혼돈에 직면해 시원으로 돌아가 보려는 시도를 함축한다. 오랫동안 역사의 추동력이었던 서구적 주체와는 다른 모습의 주체가 어렴풋이 탄생했던 지점으로. 그러나 다산에게서의 근대적 주체 개념은 아직 보다 많은 명료화를 요청하는 개념이다. 이제 이런 명료화는 바로 근대적 주체의 형성을 가능하게 문제-장을 검토하는 데 있을 것이다.

"다산의 사유는 근대적인가?"라는 물음이 '근대적인 것'에 대한 해명을 전제한다는 것은 근대성이 다산 사유의 해명을 가능하게 하는 개념적 조건으로서 선재함을 함축한다. 이 선재하는 조건이 서구적 근대성이라 할 때, 그렇다면 위의 물음은 서구적 근대성을 잣대로 해서 다산 사유의 근대성을 판단함을 뜻하는가? 더 나아가 묻는다면, 서구적 근대성은 역사적으로 우발적인 것인가 필연적인 것인가? 난해한 이 물음에 대해 우리는 우주 전체의 진화와 세계사 전체의 흐름을 외삽해 보는 한에서 필연적이라고 말할 수 있을 것이다. 우주의 진화가 등질성에서 다질성/이질성(개체들의 내적 복수성의 증대 및 개체의 종류의 증대)으로, 물질에서 생명, 정신으로 진행되었다는 것, 세계사가 끝없이 새로운 물질적 조건을 찾아가는 도정이었으며 그 조건 위에서 갖가지 의미와 가치가 펼쳐졌다는 것에 동의하는 한에서만 그렇다. 이렇게 보는 한에서 그리고 오직 그때에만 다산 사유를 서구 문화의 잣대에 맞춰 판단할 수 있다.

그러나 우주와 역사의 진화가 일정한 경향성을 내보인다고 해서 그 구체적 양태들이 일정한 것은 아니다. 멀리 볼 때의 도시와 가까이 들여다볼 때의 도시가 다르듯이, 세계사에서의 근대성과 서구의 근대성을 단적으로 일치시킬 수는 없다. 세계사는 (파라오, 브라만 계층 등) 거대 권력의 탄생과 신화로 대변되는 상고 시대, 철기의 도입으로 인한 물적 토대의 변화와 정치적-사상적 격변으로 대변되는 고대, 그리고 수많은 사상들 중 하나가 국가의 통치이념으로 채택됨으로써 다양한 형태의 통일국가들이 들어선 중세로 진행되었으며, 근대성이란 이 중세적 삶의 양태로부터 탈주를 시도한 다양한 경향들을 총칭하는 것으로 보아야 하지 않을까. 그렇다면 우리는 근대성을 우발적인 것으로 볼 수도 없으며(이 경우 어떤 일반화도 곤란할 것이다), 서구적 근대성만을 유일한 근대성으로 볼 수도 없을 것이다(이 경우 근대성의 규정은 너무 좁게 될 것이다). 결국 지난 3, 4백 년간 흘러온 세계사의 전반적인 방향성을 잡아냄으로써만 근대성을 논할 수 있을 것이다. 이 전반적인 방향성을 균형 있게 잡아낸다는 것은 지난 몇백 년간의 세계사 및 담론사에서 잔가지들을 조심스럽게 헤치고 나아가 굵은 가지들만을 잡아내는 노력을 요한다. 그러나 지금의 맥락에서 이 노력이 단지 역사의 무수한 작은 사건들을 쳐내고 그 굵직한 갈래들을 추상해내는 것을 뜻하지는 않는다. 앞에서 말했듯이, 여기에서 초점을 맞추는 것은 그러한 갈래들을 가능하게 한 선험적 조건 즉 주체로 내려가는 것이며, 더 나아가 근대적 주체의 형성을 가능하게 한 문제-장으로 내려가는 것이기 때문이다. 내가 찾아낸 문제-장은 일단 합리와 경험, 연속과 불연속, 이성과 욕망을 둘러싼 문제-장이다.

합리와 경험

철학사에서 근대성의 새벽은 인식의 새로운 길에 대한 성찰 즉 방법에 대한 성찰과 더불어 열렸다. 이런 과정은 담론사에서 반복되었으나 근세 초에 우리는 인식론사에서 두드러지게 높은 문턱을 발견한다. 근세 인식론은 근세 초에 새롭게 이루어진 과학적 성과에 대한 메타적 반성으로부터 발아한 것이 아니다. 근대에 새롭게 형성된 '인식론적 장' 안에서 근대 과학이 가능했던 것이다. 이 인식론적 장을 드러내는 것은 인식론에서의 근대를 드러내는 것이 아니라 근대 자체의 인식론적 근거를 드러내는 일이다. 인식론적 반성이 근대를 가능하게 했기 때문이다. 이 인식론적 반성은 중세의 사유가 함축하고 있던 형이상학적 전제들을 회의하면서 이루어졌고, 때문에 형이상학과의 불가분한 관계를 통해서 가능했다.

근대적 사유는 전근대 사유를 가능하게 했던 어떤 형이상학적 원리에 대한 급진적인 비판을 통해서 가능했다. 그렇다면 전근대 사유를 떠받치고 있던 형이상학의 근본 원리는 무엇인가? 우리는 전근대 형이상학(인식론 포함)의 밑뿌리에서 인식 주체의 동일성, 인식 객체의 통일성, 그리고 주체와 객체, 사유와 존재의 일치를 발견한다. 데카르트의 철학 역시 이런 토대 위에서 움직였다. 그에게 사유하는 주체는 'res cogitans'이다. 그것은 'res extensa'와 똑같이 '사물/실체'res일 뿐이다. 세계에 대한 탐구는 감성이 파악하는 감각적 성질들을 걸어 버리고 두 실체의 일치가 이루어졌을 때 성립한다. 근대적 사유는 현상 저편과 감각 저편의 두 심층을 일치시키는 이 끈, '자연의 빛'을 끊어 버렸을 때 성립했다. 이런 과정은 칸트에게서 극적으로 나타났다. 그렇다면 근대적 사유의 전형을 칸트에게서 찾을 것인가? 칸트는 전근대 사유에서의 '외관'을 '현상'으로 대체함으로써 근대적 사유의 토대를 마련했지만, 그 현상을 주체에 의해 **일정하게 구성되는** 인식질료로 파악함으로써 근대 사유의 핵심을 비켜 갔다. 칸트는 객체의 동일성을 논파했지만 객체의 가변성을 주체의 동일성에 흡수함으로써 동일성 사유의 그늘 속에 머물렀다. 근대적 사유의 '전반적인' 흐름은 객체의 가변성과 주체의 가변성 사이에서 성립하는 **우발성**을 그 핵으로 한다.[1]

우발성을 기초로 한다는 것은 가변적 주체와 가변적 객체의 만남을 통해 형성되는 것, 그 이전에 어떤 것도 전제로 하지 않은 채 이 만남에 의해 생겨난 결과를 순수하게 주어진 것으로 받아들인다는 것을 뜻한다. 그것이 콩트가 생각한 '실증성'이다. 그런데 이러한 과정은 곧 경험을 통해서 가능하다. 경험을 지배하는 밑바탕은 가시성, 보다 넓게는 감성이다. 이 감성을 통해 드러나는 소여들을 넓혀 가고 그리고 그것을 가장 합리적으로 서술하는 것이 근대적 학문의 전반적인 흐름이다. 그러므로 데카르트의 코기토가 경험론에 의해 논박당하고, 라이프니츠의 아리스토텔레스주의가 감각주의에 의해 논박당하고, 독

---

1) 하나의 예로서 임상의학을 들 수 있을 것이다. 고전 시대를 주도했던 의학의 토대는 질병 분류학이었으며, 이 분류학은 식물학적 계통학과 거울 이미지를 형성했다. 나아가 이런 분류/계통학이 의학이나 식물학만이 아니라 경제학이나 언어학에서도 나란히 전개되었다는 사실은 개별 과학의 근저에서 작동하는 '에피스테메'(푸코)를 선명하게 드러낸다. 근대 학문은 이 에피스테메가 와해되고 개별 과학들이 자체의 '데이터'를 가지고서 탐구하기 시작했을 때 성립한다. 그리고 그 데이터들의 양상은 '우발성'(contingence)이다.

일 관념론이 실증주의에 의해 논박당한 것은 근대적 사유의 전반적인 흐름에 있어 필연적인 것이었다. 근대 사유는 우발성을 토대로 하는 경험의 사유이다. 그리고 경험의 한계는 끝없이 넓어지지만 결코 끝나지는 않으며, 때문에 인식에서의 유한성은 숙명적으로 받아들여진다. 그리고 경험주의/실증주의를 넘어서려는 현대 인식론이 바로 이 '주어진 것'에 대한 비판으로부터 시작하는 것 역시 조금도 우연이 아니다(예컨대 바슐라르의 '새로운 합리주의'는 이 '주어진 것'에 대한 집요한 공격에 기반하고 있다).

우리는 주자에게서 전근대적 인식형이상학의 전형을 발견한다. 객체의 동일성은 리理에 의해 보장된다. 천지가 생기기 전부터도 리는 있었다("未有天地之先 畢竟是先有此理").[2] 이 점에서 리는 선험적이며 초월적이다. 천지를 가능하게 한다는 점에서 선험적이고, 천지와 분리될 수 있다는 점에서 초월적이다.[3] 그러나 현실적인 리는 늘 기에 구현되어 존재한다. 또 인식은 기와의 부딪침을 통해 이루어진다. 그러나 이러한 부딪침을 통해 이루어진 경험은 그 자체로서 존재하는 것이 아니다. 기는 리가 전제된 차원에서 존재하며, 따라서 기와의 부딪침을 통해 이루어지는 경험도 리의 선험성을 전제해서 이루어진다.[4] 경험적인 것은 우발적 차원에서 개별적인 사실을 낳는 것이 아

---

2) 이하 주희에 관련해 특별한 언급이 없는 모든 인용은 『주자어류』에서의 인용이다.

3) "且如萬一山河大地都陷了 畢竟理却只在這裡"(「理氣上卷一」)라는 구절에서 우리는 생명계의 우발적 변화와는 상관없이 영원히 존재하는 고전 시대의 '표'를 떠올리게 된다.

4) 현실적으로 기와 리의 선후를 따질 수는 없다("理與氣 本無先後之可言"). 그러나 "위로 추론해 가면"(推上去時) 리가 앞선다고 한다. 여기에서 위로 추론해 간다는 것은 존재론적 선후로 봄을 뜻한다.

니다. 경험적인 현실이 모두 기로 구성된다 해도 기는 오로지 리의 마이너스적 차원에서만 존재한다. 형상은 질료에 구현되어야 실존할 수 있지만 질료가 온전한 형상의 현존을 가로막듯이, 리는 기가 있어야 그 터 잡을("掛搭") 곳이 있지만 기는 리의 순수성을 가로막는다. 따라서 진정한 인식은 기에 부딪쳐 생겨나는 경험을 넘어서는 데에서 성립한다. 객체의 동일성에 도달하는 것은 곧 리를 인식하는 것이다.

객체의 동일성과 더불어 주체의 동일성이 요청된다. 주자에게 인식의 주체는 마음 = '心'이고 마음이 우리 몸을 주관한다. 경험세계의 모든 것은 기의 작용이지만, 마음은 극미의 기로 되어 있는 투명한("虛明") 존재이다. 그것은 사람에게 있어 알맹이이다. 그러나 이 알맹이 속에 더 근본적인 알맹이가 들어 있다. 마음이 경험적 자아라면 성性은 선험적 자아이다.[5] 그것은 인의예지라는 도덕적 실체를 갖춘 본연本然의 성이다. 그러나 현실적으로 존재하는 인간은 본연지성으로서 존재하지 않으며 기질지성을 갖추고 있다. 본연지성은 개별적 실체들이 갖추고 있는 절대적 선이지만, 기질지성은 개별적 존재들에 묻어 있는 현실적인 기질들이다. 따라서 기질지성은 늘 본연지성에 대해 마이너스의 성격을 띠고 있으며, 우리 안의 도덕적 알맹이를 찾아가는 것은 마이너스 통장을 메워 나가는 것과도 같다. 마치 거울의 때를 벗기어내야 순수 투명한 본연의 거울이 보이듯이.

---

5) 다음 구절들이 시사적이다. "性便是心之所有之理 心便是理之所會之地."(「性理二」) "性如心之田也."(「性情心意等名義卷五」) 물론 주자에게서 심(心)과 성(性)의 의미를 확정하기가 쉽지 않은 것은 사실이다.

이제 이 주체의 동일성과 객체의 동일성 사이에 보다 핵심적인 동일성의 끈이 놓인다. 이러한 끈은 '성즉리'性卽理의 테제에서 가장 선명하고 극적으로 표현된다. 성즉리의 테제를 통해 우주와 인간(과 다른 모든 개체들) 사이에 동일성(일정한 상응)이 성립한다.[6] 그러나 리는 기에 가려 있고 본연지성은 기질지성에 가려 있다. 따라서 성즉리를 깨닫는 것은 곧 기를 정화해내는 것과도 같다. 수준 낮은 경험은 수준 높은 경험에 도달하기 위한 과정일 뿐이며, 궁극적으로 미망과 욕망의 장인 경험의 수준을 벗어나야 성즉리의 깨달음에 도달한다. 그래서 사물에 나아가 그 하나하나의 리를 궁구窮究하는 것은 곧 우리 안의 본연지성을 발견해 가는 과정이기도 하다. '존심'存心과 '궁리'窮理는 거울 이미지를 형성한다.[7] 리라는 객체의 동일성, 성이라는 주체의 동일성, 그리고 '성즉리'라는 주객 사이의 동일성을 통해 주자학이 성립했다.

다산은 의심할 바 없이 18, 9세기에 발생한 탈주자학적 흐름에 속한다. 그런 점에서 그의 사유는 분명 근대의 문턱에 서 있다고 할 수 있다. 만일 이 시대의 새로운 사유들이 주자학과의 대립을 통해 형성

---

6) 그러나 이것이 동어반복은 아니다. "性卽理也. 在心喚做性 在事喚做理"(「性情心意等名義卷五」)라고 했으니, 만물의 보편적 지평에서 말하면 리이고 각 개별 존재의 특수성(때로는 인간의 특수성)에서 말하면 성이다. 그러나 성은 개별자에 내재된 리일 뿐 다른 것은 아니다. 아리스토텔레스에 유비해서, 리가 'eidos'라면 성은 'nous'이다.

7) "一心具萬理 能存心而後可以窮理."(「學三」) "心包萬理 萬理具于一心. 不能存得心 不能窮得理, 不能窮得理 不能盡得心."(「論知行卷九」) 존심과 궁리가 거울상을 형성하지만, 굳이 발단을 따지자면 존심에 있다. 마음이 우선 움직여 세계로 나아가는 것이기 때문이다. 존재론에서는 리가 선행하지만 학문론에서는 심이 선행한다.

되었다면, 이 사유들의 근저에서 우리는 주자학의 논리 구조와 대립하는 구조들을 발견할 수 있을 것이다. 다산에게서 이 구조들을 발견한다는 것은 그에게서 근대성의 전반적 경향에 통달하는 인식론을 발견한다는 것을 뜻한다.

다산의 시대는 고증학의 시대이며 사변에서 검증으로 전환한 시대이다. 그러나 고증이란 과거로 거슬러 올라가 원전의 본래 모습을 복구하려는 것을 말하며, '본래'라는 말이 함축하듯이 새로운 경험을 확장하는 것은 아니다. 다산의 저작에서 우리는 종종 "其在古經 絕無此語", "非洙泗之舊" 같은 말들을 발견한다. 이것은 근대적인 의미에서의 경험주의는 아니다. 또 다산을 포함해서 18, 9세기의 새로운 학문 경향을 '실학'이라고 할 때, 이것이 반드시 근대적인 것은 아니다. 서구에서 실용주의는 근대성의 최종 단계로서 등장했지만, 동북아의 학문은 원래 실용적이었기 때문이다. 우리는 다산 사유의 근대성을 보다 근본적인 곳에서 찾아야 한다.

전통 사회의 사유를 특징짓는 핵심적인 말은 '본연'本然이다. 본연의 선험적 존재를 부정하는 지점이 근대성의 문턱이다. 본연의 존재를 상정하고 그 본연의 존재가 인식과 도덕을 정초한 것은 동서의 사유에 공통된다. 우리는 생물학사에서도 아프리오리한 '표'를 전제했던 고전 시대의 박물학과 우발성에 기초한 실증 과학으로서의 생물학이 성립한 19세기가 대립함을 볼 수 있으며, 이러한 변화는 대다수의 담론들에서 공통으로 추출된다. 본연을 상정한다는 것은 모든 사물들을 그 본연을 기준으로 존재론적으로 배열하고 가치론적으로 평가함을 뜻한다(가치-존재론). 따라서 본연지성이 절대적 기준이라면 다양한 형태의 기질지성은 그 기준으로부터 각각 다른 거리에 떨어져 있는 현실적 존재이다. 때문에 근대성의 한 문턱은 바로 **본연에 대한 거부**, 그리고 현실적 존재에 대한 경험적 인식에 있다. 여기에서 우리는 다산이 본연의 개념을 강력하게 거부하는 맥락을 알 수 있다.

다산은 "본연의 성은 본래 같지 않다"(本然之性 原各不同)고 말한다.[8] 본연의 리와 현실적 기의 대립이라는 주자의 선험적 구도에 다산은 본래적 기를 제시한다. 다산에서의 '본래'는 더 이상 선험적-절대적 기준으로서의 리가 아니라 현실적 기이다. 현실 자체가 본래가 된다. **현실과 본래의 일치는 근대성의 문턱을 넘어섰을 때 일정하게 나타나는 철학소**哲學素이다. 선험적 구도를 취할 경우 리는 만물에 보편적으로 부여되며, 기의 차이에 따라 사물들의 차이가 형성된다. 기가 개별화의 원리로서 작동한다. 그러나 경험적 구도를 취할 경우 기가 만물에 보편적인 것이 되고 리는 부정된다. 그 리를 대신해 개별화의 원리로서 작동하는 것은 이제 현실적 도의이다.[9] 도의를 통해 인성과 물성이 구분된다. 기에 대한 인식은 주체가 그에 부딪침으로써 이루어진다. 따라서 인식은 경험적이며 유한하다. 객체의 동일성은 무너진다.

이에 상관적으로 주체의 동일성도 무너진다. 성性이 순수 기준으

---

8) 이하 특별한 언급이 없는 인용은 모두 『맹자요의』에서의 인용이다.

9) "人則樂善恥惡 修身向道 其本然也. 犬則守夜吠盜 食穢蹤禽 其本然也. 牛則服軛任重 食蒭齕芻 其本然也. 各受天命 不能移易. 牛不能强爲人之所爲 人不能强爲犬之所爲, 非以其形體不同 不能相通也. 乃其所賦之理 原自不同."(卷二) 여기에서 리는 주자에서와 달리 본연=천명의 뜻이다. 그러나 각 존재에게 이 본연=천명이 현실적으로 차별화되어 주어져 있으며 그래서 이 본연=천명의 정도가 가치-존재론적 분절을 가져온다는 점에서, 가치-존재론적 논리 구조는 생생하게 살아 있음을 볼 수 있다.

로서 존재할 때 도덕적 행위는 마이너스의 행위, 되돌아가려는 행위이다. 그러나 인간의 현실적 존재 즉 심心을 본래로서 인식할 때, 인간의 도덕적 행위는 무엇인가로 나아가는 행위, 만들어 가는 행위로 변환된다. 성은 행위 이전에 존재하는 선험적 원리가 아니라 행위 후에 성립하는 결정체이다.[10] 마음은 경험을 향해 열려 있는 경향성으로 파악되며, 노력의 개념을 통해 특징지어진다(멘 드 비랑이 여전히 중세적 기반 위에서 움직였던 데카르트의 사유를 극복하고자 했을 때 '노력' 개념이 핵심적 역할을 했다는 것을 상기할 필요가 있다).

다산의 사유를 '합리주의적'이라고 특징짓는 것은 막연한 의미가 아닌 한 정확하다고 하기는 힘들다. 합리적合理的이란, 바로 이 말 자체가 성리학적 표현이거니와, 바로 객체와 주체의 동일성 및 그 사이의 동일성을 전제하는 태도를 가리키기 때문이다. 주자에게서 전형적으로 나타나는 중세적 합리주의이든 데카르트에게서 전형적으로 나타나는 근세적 합리주의이든, 합리주의는 경험의 안개를 걷어내면서 세계와 인간의 투명한 알맹이를 발견하는 것을 기본으로 하며 나아가 '존재와 사유의 일치'라는 대전제 아래에서 움직인다. 다산에게서 이런 태도가 막연한 신념으로서 존재하는 것은 사실이지만, 정확한 의미에서 다산의 '인식론적 정향'은 경험적이며 따라서 탈중세적임이 분명하다. 다산에게서 우리는 **경험하는 주체**의 모습을 발견한다.

---

10) "仁義禮智之名 成於行事之後. 故愛人而後 謂之仁, 愛人之先 仁之名未立也, 善我而後 謂之義, 善我之先 義之名未立也. 賓主拜揖而後 禮之名立焉. 事物辨明而後 智之名立焉. 豈有仁義禮智四類 磊磊落落 如桃仁杏仁 伏於人心之中者乎."(卷一)

이러한 성격은 그가 동북아 사유의 핵심 개념들을 감성적 언표들에까지 끌고 내려오려 할 때 두드러지게 나타난다. 합리주의에서의 지시작용은 사물의 표면을 넘어 그 심층적 본질로 향하며, 특히 기호들의 논리적 정합성을 중시한다. 경험적 언어들은 산만하고 불투명한 것으로 간주된다. 합리주의는 이런 산만함과 불투명성을 조금씩 제거해 나가면서 보다 추상적이고 심층적인 존재를 찾아간다. 그에 따라 언어 또한 추상화된다. 다산은 이렇게 추상화된 언어들을 경험의 구체적 장으로 다시 환원시킨다.[11] 이것은 인仁을 人과 人으로, 의義를 善과 我로, 예禮를 示와 曲과 豆로, 지智를 知와 白으로 환원시켜서 이해할 때 뚜렷이 드러난다. 이렇게 함으로써 다산은 유자들의 언어를 구체적 사물들과 구체적 행위들에 맞닿는 지시작용적 의미론으로 되돌리려고 했다. 그리고 이런 경향은 모든 경험주의, 실증주의의 시초에 나타나는 공통된 현상이다.

그러나 다산은 리/성을 거부하는 그곳에서 상제를 긍정함으로써 중세 저편으로 뒷걸음질친다. 서학의 영향으로 다산은 인격신 개념으로 기울어지며 고대적 신앙으로 회귀한다.[12] 상제의 존재를 알 수 있는 근거는 우리 마음속의 도심道心에 있다. 그리고 이 도심에 의해서 인간은 초목금수草木禽獸와 구분된다. 결국 초월적 존재의 긍정, 초월적 존재와의 끈으로서 인간 고유의 마음의 긍정, 그리고 초월에 이어지는 마음의 고유함으로부터 연역되는 인간 존재의 특수성이라는 논

---

11) 예컨대 리(理)에 대한 상세한 분석으로 『맹자요의』의 「고자상」을 보라.
12) "鬼神不可以理氣言也. 臣謂 天地鬼神昭布森列 而其至尊至大者 上帝是已." (『중용강의』, 卷一)

리 구조, 우리가 서구 중세나 근세에서 찾아낼 수 있는 논리 구조는 다산에게서 고스란히 발견된다. 다산은 근대성의 문턱을 넘어 새로운 시대에 진입하는 사유를 보여 주었지만, 다른 한편 고대에로 회귀하는 모습도 동시에 보여 준 과도기적 사상가였다.

연속과 불연속

중세와 근대 전체에 걸쳐 우리는 연속과 불연속 사이의 끝없는 긴장과 투쟁을 볼 수 있다. 전반적으로 볼 때 연속성은 불연속성에 의해 계속 무너져 내리곤 했다. 르네상스적 연속성은 데카르트에 의해 논박당했고, 라이프니츠의 연속성은 칸트에 의해 논박당했고, 베르그송의 연속성은 바슐라르에 의해 논박당했다(이것은 연속성의 사유가 대개 형이상학의 형태를 띨 수밖에 없기 때문이기도 하다). 우리는 이러한 과정을 주자와 다산의 관계에서도 확인한다. 연속/불연속 문제는 근대성의 확립에 있어 건너뛸 수 없는 또 하나의 철학소이다.[13]

연속성은 상대적이다. 거리의 가로수들은 서로 떨어져 있지만 '일정하게' 떨어져 있다는 점에서는 연속적이다. 본격적인 불연속은 이 일정함 자체가 무너질 때 성립한다. 신과 피조물 사이의 결코 넘볼 수 없는 거리에도 불구하고 최성기最盛期의 중세를 지배한 생각인 세

---

13) 이 점은 일본 사상사에서도 고스란히 발견된다. 마루야마 마사오는 『일본정치사상사연구』(김석근 옮김, 통나무, 1995)에서 후지와라 세이카(藤原惺窩)에서 모토오리 노리나가(本居宣長)에 이르기까지의 과정을 연속의 사유에서 불연속의 사유로 이행하는 과정으로 분석했다.

계의 연속성과 위계는 아리스토텔레스에 뿌리 두고 있다. 그래서 우리는 "자연적 사물들은 종種의 누층적 위계에 따라 질서지어져 있다"는 아퀴나스의 자연 이해에서 전형적인 위계적 사유를 발견한다. 무한소미분에 입각한 라이프니츠의 연속주의,[14] 지질학적 발견들에 토대를 두고서 "자연에는 비약이 없다"(라이엘)고 했던 근대 과학자들의 신념 속에서 우리는 중세에서 근대로 이어지는 연속주의의 전형을 본다. 이런 연속주의에서 우리는 경험을 초월하는 총체적 앎에의 신념, 세계의 완벽한 합리적 질서, 그리고 무엇보다 위계적인 가치-존재론을 발견할 수 있다. 오랜 세월 속에서 다양한 형태로 다듬어져 온 연속주의들에서 우리는 세계에 대한 인간의 합리적 믿음을 본다.

그러므로 주자에게서 기본적으로 매우 유사한 사유를 발견할 수 있다고 해서 놀랄 필요가 있을까. 주자에게서 객체의 동일성과 주체의 동일성은 어떻게 이어지는가? 다시 말해, 하늘과 사람은 어떻게 이어지는가? 주자는 "천명지위성"天命之謂性을 "성즉리"性卽理로 해석함으로써 단번에 주체와 객체 사이의 끊어질 수 없는 끈을 수립한다. 리는 논리적으로 초월적이다. 그러나 그 리가 개개의 개체에 부여됨으로써 현실적인 내재성을 띠게 된다. 초월과 내재, 하늘과 사람은 이어진다. 그 이어짐의 양태는 리와 기의 관계를 통해 형성된다. 리와 기는 아리스토텔레스에서처럼 누층적 위계를 형성한다. 마치 모래와 금이 다양한 그러나 일정한 비율로 섞이듯이 리와 기는 일정하게 분배되는

---

14) 그러나 라이프니츠의 연속주의는 고중세적인 연속주의에 비해 절대적이다. 그것은 그에게서 무한소미분을 토대로 하는 무한 분석의 개념이 등장했기 때문이다.

비율에 따라 결합한다. 물론 움직이는 것은 기이다. 리는 절대적 기준으로 존재하고 기가 달리 배합됨으로써 누층적 위계가 형성된다. 마치 거울은 그대로이되 그에 끼인 때는 얇을 수도 있고 두꺼울 수도 있듯이. "리일분수"理一分殊(정이천)의 생각(들뢰즈와 가타리가 말하는 '수목형')은 주자 사유의 뼈대를 온전히 드러낸다.

존재론과 인성론의 연속성은 다시 도덕으로 확장되어 이어진다. 리는 물리이자 도리이며, 자연이자 당위이다. 「계사전」의 "一陰一陽之謂道 繼之者善也 成之者性也"에 이미 존재론, 인성론, 도덕의 연속성이 잘 표현되어 있거니와, 주자는 이에 관련해 "誠者眞實無妄之謂 天理之本然也"(『중용장구』)라 했다. 도덕적 행위는 새로운 무엇을 만들어내는 것이 아니라 본래로 돌아가는 것이다. 그것은 '적연부동'寂然不動의 경지에 다가서는 것이다. 인간에게 도덕은 명덕明德으로서 처음부터 주어져 있다. 다만 인욕이 그것을 가릴 뿐이다.[15] 결국 주자에게서 존재론, 인성론, 도덕은 단적으로 연결되며, 그 연결을 흐리는 기, 정, 인욕을 어떻게 다스리느냐가 학문의 관건이 된다.

나아가 개인과 사회 사이에도 연속성이 놓인다. 주자에게서 개인으로부터 시작해 인류, 우주에 이르기까지 다양한 층위들 사이에 존재하는 모순과 갈등은 부차적인 것이다. 보다 근원적인 차원에서 개인은 축소된 사회이고 사회는 확장된 개인이다. 개인의 인식과 수양은 그대로 이어져 집안/지역과 나라로 나아가고 결국에는 천하에로

---

15) "明德者 人之所得乎天. 而虛靈不昧 以具衆理 而應萬事者也. 但爲氣稟所拘 人慾所蔽 則有時而昏. 然其本體之明 則有未嘗息者."(『대학장구』大學章句)

나아간다. 위로는 왕으로부터 아래로는 평민에 이르기까지 일관된 연속성이 놓인다. 그리고 그 연속성에 또한 일정한 방향성이 부여된다. 주자의 학문은 물격物格에서 시작해 의성意誠, 심정心正을 거쳐 "수신제가치국평천하"修身齊家治國平天下에 이르는 연속적·일방향적 사유이다.

다산의 사유에서 중세적 연속성은 무너지고 새로운 계열화가 탄생한다. 다산에게서 리의 초월성은 거부되며 기의 내재성만이 인정된다. 리라는 초월성과의 단절이 발생한 것이다. 다산은 초기에(『중용강의』) 리 자체를 거부하지는 않았다. 그러나 그에게 기는 독립적인 존재이고 리는 의존적인 존재이다("蓋氣是自有之物 理是依附之品"). 그는 퇴계의 '리발'理發을 비판하거니와, 중요한 것은 그의 사유가 퇴율退栗의 구도 내에서 움직이고 있다는 사실이다. 그러나 다산의 독자적인 사유에 이르러 이제 리는 자취를 감추며, 경험세계는 기질로서 설명된다. 다만 인간은 도의를 지님으로써 여타 초목금수와 불연속을 이루게 되는 것이다.[16] 선험적 구도를 취할 경우 리는 만물에 보편적으로 부여되며 기의 차이에 따라 사물들의 차이가 형성되지만, 경험적 구도를 취할 경우 기가 만물에 보편적인 것이 되고 인간만이 도의를 지니게 된다. 리의 연속성이 도의의 불연속성으로 바뀐 것이다.

다산에게서 불연속은 무엇보다도 초목금수와 인간 사이에 그어

---

16) "性有三品. 草木之性 有生而無覺, 禽獸之性 旣生而又覺, 吾人之性 旣生旣覺又靈又善. 上中下三級 截然不同."(『중용강의』, 卷一) 여기에서 영(靈)과 선(善)은 물론 도의와 통한다. 또 영명(靈明)은 인의예지라는 도덕적 실체가 아니라 인의예지로 화할 수 있는 잠재성이요, 이 잠재성을 현실화하는 것은 도덕적 실천[行事]을 통해서만 가능하다("仁義禮智名 本起於吾人行事 非在心之玄理. 人之受天 只此靈明, 可仁可義可禮可智 則有之矣."―『중용강의』, 卷一).

진다. 주자에게서 문제가 되는 분절은 리와 기 사이에 있다. 경험과 선험 사이에 선이 그어진다. 그러나 경험과 선험이 합쳐져 이루어지는 세계의 누층적 위계는 연속적이다. 다산에게서 성性의 의미는 급변한다. 다산에게 성이란 본연의 무엇이 아니라 현실의 무엇이다. 현실 속에서 확인되는 대로의 각 존재의 본성일 뿐이다. 본연이라는 것이 있다면, 이 현실적인 성이 본연일 뿐이다.[17] 따라서 모든 것은 기질에 입각해 논의된다. 선험적 구도를 취할 경우 리는 만물에 보편적으로 부여되며 기의 차이에 따라 사물들의 차이가 형성되지만, 경험적 구도를 취할 경우 기가 만물에 보편적인 것이 된다. 따라서 인간과 초목금수도 일차적으로는 연속적이다. 세계를 구성하고 있는 기질의 차원을 공유하고 있기 때문이다. 그러나 인간만이 도의를 가짐으로써, 인간은 초목금수와 결정적인 불연속을 형성하게 된다. "人心者 氣質之 所發也, 道心者 道義之所發也"(『맹자요의』)라는 구절은 이 점을 정확하게 드러낸다. 주자의 사유가 리의 보편성과 근원성에 기반하며 또 '리일분수'와 기질의 누층적 위계에 입각한 연속의 사유라면, 다산의 사유에서는 기의 보편성과 현실적 성의 차이에 입각한 불연속을 발견할 수 있는 것이다.

그러나 다산의 사유를 단적으로 불연속의 사유로 특징지을 필요는 없다. 논의의 층위와 맥락에 따라 달리 나타날 뿐, 연속과 불연속은

---

17) "或性好山水 或性好書畵 皆以嗜好爲性, 性之字義 本如是也, 故孟子論性 必以嗜好言之, 其 言曰 口之於味 同所嗜, 耳之於聲 同所好, 目之於色 同所悅, 皆所以明性之於善 同所好也." (『맹자요의』, 卷一)

늘 같이 나타나기 때문이다. 우리 논의를 보다 구체화하기 위해서 다산 사유에서 심心의 위상을 짚어 볼 필요가 있다. 날카로운 이분법적 사유, 예컨대 데카르트적 사유에서, 심은 순수한 영혼의 작용cogitatio이거나 순수한 물질corpus이다. 즉 순수 영혼이거나 한 장기로서의 심장이다. 다산에게서 심은 물질적 계기와 도덕적 계기에 동시에 상관적이다. 달리 말해, 유형의 마음과 무형의 마음이 동시에 인정된다. 유형의 마음은 심장이고 무형의 마음은 '허령불매자'이다.[18] 허령불매자란 물론 도의를 가진 마음이다. 마음은 물질성과 도덕성의 매듭에 위치하고 있다. 이 점에서 다산의 사유에는 심신 일원론적인 측면과 이원론적인 측면이 공존하고 있으며("神形妙合"), 전자가 자연에 대한 실학적 탐구를 가능하게 했다면 후자가 그의 도덕철학을 가능하게 했다고 할 수 있다.

　　나아가 다산이 리와 성의 연속성을 해체시켰다 해도, 하늘과 사람의 연속성은 또 다른 방식으로 고스란히 남는다. 하늘과 사람은 연속으로 보고 사람과 초목금수를 확연하게 구분하는 것은 데카르트나 기독교 사상에서도 선명하게 나타난다. 데카르트에 있어 인간의 몸과 마음은 확연하게 구분되며, 몸은 기계론적 설명의 대상인 데 반해 마음(영혼)은 신과 연결된다. 그 끈은 본유관념에 있다. 인간은 무한한 신의 관념을 가지고 있으나, 유한한 존재인 인간에게서 무한한 신의 관념이 유래할 수는 없다. 그래서 결국 그런 관념은 바깥의 무한한 존재가 인간에게 부여한 것이라고밖에는 생각할 수 없는 것이다. 본유

---

18) "有形之心是吾內臟也, 無形之心是吾本體卽所爲虛靈不昧者也."(『대학강의』, 卷二)

관념은 유한한 인간과 무한한 신을 이어주는 빛이다.

다산 역시 세계를 기로 설명하고자 했음에도 인간이 하늘과 맺는 관계와 땅과 맺는 관계는 비대칭적이다. 다산에게 몸과 마음은 한 실체의 두 측면이며 데카르트적 이원론과 다르다. 그러나 다산에게서도 허령불매자로서의 마음은 하늘로 이어진다. 물론 다산이 하늘을 요청하는 것은 어디까지나 도덕적 맥락이다. 그의 하늘은 단순 소박한 고대의 하늘 즉 상제일 뿐이다. 결국 다산은 성리학의 주지주의적인 리를 거부한 대신 감성적인 형태의 하늘을 논하고 있는 것이다. 이것은 그의 귀신론으로 이어지며, "君子 處暗室之中 戰戰慄慄 不敢爲惡 知其有上帝臨女也"(『중용자잠』中庸自箴)라는 구절은 그가 근대적 세계와 얼마나 멀리 떨어져 있었나를 드러낸다. 다산은 근대성의 몇몇 단초를 마련했지만, 여전히 전근대적인 세계 속에서 살아간 인물이라 할 수 있다.

이성과 욕망

중세사회는 안정성과 위계를 특징으로 한다. 서구의 경우 세계는 가치-존재론적으로 이해되어 왔다. 모든 사물은 더 많은 존재나 더 적은 존재를 내포한다. 존재론과 가치론은 변별되지 않는다. 따라서 존재의 함유량에 따라 무수한 사물들이 위계적 서열을 형성한다. 중요한 것은 생명계에 있어 어느 정도 설득력이 있는 이 사유가 사회적 관계에 그대로 투영된다는 점이다. 역으로 말해 신분사회에 대한 표상이 자연세계에까지 투사되었다고 할 수도 있을 것이다.[19]

라이프니츠의 모나드론에서 한 예를 취해 보자. 모나드는 나름대로의 조직화 원리를 지니고 있고 따라서 완성태들이다. 그러나 모든 모나드들이 동등한 것은 아니다. 완성태들 중에서 기억작용을 하는 것은 '영혼'으로서 변별된다. 따라서 순수 영혼과 순수 물질이 양분되는 데카르트적 이분법이 아니라 정도에 따라 누층적 위계를 형성하는 사유가 성립한다. 다시 영혼과 정신이 변별되며, 물론 정신으로서의 모나드는 인간뿐이다. 이 정신의 수준에서 인간은 신과 소통하며, 때문에 가장 아래의 물질들부터 신에 이르기까지 피라미드적 구조가 건설된다. 그리고 이런 피라미드적 사유에 신분적 차등은 너무나 자연스러운 것으로 편입된다. 연속적 사유와 위계적 사유는 대부분 나란히 간다. 따라서 자연과 역사의 연속성이라는 테제가 붕괴하면서 본격적인 근대적 사회 이론이 등장한 것은 당연하다.

주자의 사유에서도 전형적인 위계적 사유가 발견된다. 현실적인 모든 것은 리와 기의 복합체이다. 리는 절대적 순수성으로서 존재하며 거기에 기가 얼마나 덜 묻어 있나에 따라 각 존재의 존재론적-가치론적 위상이 결정된다. 덜 묻어 있는 기는 그만큼 더 투명하며 그래서 뚫려 있고, 더 묻어 있는 기는 그만큼 불투명하며 그래서 막혀 있다.[20]

위계적 사유를 가능하게 하는 조건은 이성이다. 가치-존재론은

---

19) '리일분수'(理一分殊)에서의 '分'과 '殊'는 이런 함축을 띤다. 이 '분수'는 자연계에서의 분수이기도 하지만("譬如一草木合在山上, 此是本分"), 또한 사회에서의 분수이기도 하다("天分卽天理也, 父安其父之分, 子安其子之分, 君安其君之分, 臣安其臣之分, 則安得私"). 이런 분수는 구체적인 수준에서까지 규정되곤 했다("嘗謂呂與叔說得數句好云, 自斬至總衣服異等, 九族之情無所憾, 自王公至皂隷儀章異制, 上下之分莫敢爭." 「論語四學而下卷二十二」).

완전성을 근거로 한다. 완전성이란 한 존재의 빈위들의 양, 존재의 양이다. 때문에 완전성은 모래에 섞인 금의 양과도 같다. 이 완전성을 토대로 한 존재의 가치-존재론적 위상이 가늠된다. 그 최상위에 가장 완전한 존재가 놓인다. 서구의 신("ens realissimum")과 주자의 최상위리가 그것이다.[21] 따라서 모든 존재는 이 최상위의 존재로부터 얼마나 떨어져 있는가에 의해 평가된다. 그래서 현실은 자연스럽게 마이너스가 된다. 결국 이성을 가리는 요소가 많을수록 저급한 존재가 되며, 모든 것은 이성으로부터 떨어진 거리에 의해 측정되는 것이다.

합리주의는 근대 초기에도 여전히 유지되었고 나아가 현대에 이르기까지도 건재하지만, 근대성의 특징은 역시 이성중심주의로부터의 탈피에 있다. 그것은 욕망하는 주체, 의지하는 주체의 발견을 포함한다. 그리고 이것은 자연스럽게 위계적 세계관의 붕괴를 함축한다. 욕망이나 의지에서는 **등급**보다는 **방향**이 중요하기 때문이다. "성性이란 우리의 마음이 무엇인가에로 기울어지는 경향이다." 여기에서 성은 주자의 리가 아니라 현실적 본성이다. 모든 존재는 각자의 현실적 본성을 가지고 있으며, 그 본성이란 다름 아닌 경향성 즉 '기호'嗜好이

---

20) "以其理而言之, 則萬物一原, 固無人物貴賤之殊. 以其氣而言之, 則得其正且通者爲人, 得其偏且塞者爲物. 是以或貴或賤, 而不能齊也."(『대학혹문』) 이러한 차이는 또한 사람과 사람 사이에서도 성립한다. "然其通也, 不能無淸濁之異, 其正也. 或不能無美惡之殊. 故其所賦之質, 淸者智而濁者愚, 美者賢而惡者不肖. 又有不能同者."(같은 책)

21) 그러나 중요한 차이를 간과할 수 없다. 서구 존재론에서의 최고 존재는 어떤 것, 어떤 '점'이다. 그러나 주자학에서의 최고 존재는 최상위 리라기보다는 모든 리들의 체계 즉 '태극'이다. 동북아 사유는 만물을 어떤 '점'으로 수렴시키는 서구적 환원주의를 일찍부터 거부해 왔다.

다. 기호는 어떤 부동의 실체라기보다는 무엇인가에로 즉 타자에게로 기울어지는/끌리는 경향성이다.[22] 따라서 인간의 성/심은 늘 **열려 있는** 존재이다. 타자에로 열려 있는 것이다. 마음은 리처럼 자체 충족적이고 순수한 절대성이 아니다. 그것은 운동성이다.

욕망의 일차적인 성격은 타자에로의 기울어짐이다. 욕망은 주체가 가진 일차적인 속성으로서 자기 바깥으로 나와 타자에로 향하는 운동성이다. 그렇다면 "性者, 吾心之所好也"라는 구절은 바로 인간의 성을 욕망으로서 규정하고 있는 것이다. 그런데 이 운동성은 다산에게서 일정한 방향성을 가진다. 이 문제는 매우 중요하다. 일반적인 욕망론에서 욕망이 가지는 중요한 한 특성은 일정한 방향이 없다는 것이다. 그리고 평균적으로 말해 대부분의 욕망은 "음식남녀"飮食男女 및 권세로 향한다. 그러나 놀랍게도 다산은 마음이 **자연발생적으로**(서구어로는 'spontanément'에 해당) 움직여 가는 방향성은 바로 인의라고 말한다. 이 점에서 마음의 경향성이 결코 인욕을 뜻하지는 않는 것이다. 이 점에서 다산은 한편으로 욕망론을 제기한 근대적 철학자이지만, 다른 한편으로 그 욕망의 자연적 방향성이 인의에로 향하는 것으로 본 비근대적 철학자이다. 그리고 들뢰즈·가타리 같은 현대 철학자들이 제시한 핵심적인 실천철학이 '창조적인 욕망'에 있다면, 다산의 사유는 오늘날의 시점에서는 탈근대적 맥락에서 읽힐 수도 있을 것이다. 그러나 들뢰즈·가타리의 욕망론에서 인의는 적극적으로 다루어지지 않으며, 이 점에서 우리는 다산에게서 자생적이고 탈근대적인

---

22) "性者人心之嗜好也. 如蔬菜之嗜糞, 如芙蕖之嗜水."(『대학강의』, 卷二)

사유의 실마리를 찾을 수 있을지도 모르겠다.

그런데 여기에서 '자연발생적으로'라는 말은 '잠재적으로'를 뜻하지 '저절로'를 의미하지 않는다. 다시 말해 인의로 향하는 잠재적 방향성이 있다 해도, 그 방향성이 실현되려면 일정한 노력이 요구된다. 멘 드 비랑 이래의 반성철학이 노력의 테마를 집요하게 발전시켜 온 사실은 잘 알려져 있다. 노력이란 두드러지게 근대적인 주제이다. 우리는 다산에게서 이 주제를 발견한다. 다산에게 인간의 마음은 갈등의 장이다. 인간은 악한 행위를 하면서도 갈등한다. 늘 도의와 기질이 갈등을 일으키는 것이다("人恒有二志相反而竝發者"). 주자의 성삼품설은 선인과 악인이 이미 정해져 있는 것처럼 논하지만, 다산에게 인간의 마음은 갈등의 장이며 따라서 인간을 서로 다른 존재로 만드는 것은 결국 노력인 것이다.

갈등하는 존재, 노력하는 존재는 또한 선택하는 존재이다. 다산에게서 초목금수와 인간 사이에 존재론적 분절이 그어지는 이유는 인간에게 자유와 선택이 있기 때문이다("人之於善惡皆能自作"). 만일 인간에게 '본연'이라는 것이 있다면, 바로 기질과 도의 사이의 끊임없는 갈등과 결국 도의를 향하는 마음, 그리고 자유, 선택, 책임이 있다는 것이다. 인간과 금수가 현실적으로 가지고 있는 성이 바로 본연인 것이다.

다산의 인간관은 여러모로 근대적이다. 그러나 전적으로 그럴까? 다산에게서 사람이 인의예지를 지키고, 개가 도둑을 쫓고, 소가 멍에를 지는 것은 '천명'에 의한 것이다. 근대성이란 주체가 자신의 근거를 바깥의 형이상학적 객체성에서가 아니라 자기 자신에게서 찾았을 때 성립했다고 할 수 있다. 이런 점에서 천명을 말할 뿐 아니라 그 천명에 인격적 요소까지 부여하는 다산이 근대성의 문턱을 넘어섰다고 보기는 힘들 것이다. 결국 오늘날의 관점에서 볼 때, 다산 사유와 주자로 대변되는 중세적 사유의 차이는 미묘한 것이었다 해야 하리라.

　지금까지 우리는 마치 곡예를 하듯이 다산 사유의 중세성과 근대성 사이를 오갔다. 그것은 바로 다산의 사유가 근대성의 문턱 바로 거기에서 형성되었기 때문일 것이다. 그러나 다산의 사유가 **오늘날의 관점**에서 근대성의 문턱을 넘지 "못했다"고 할 때, 그 '오늘날'은 어떤 함축을 띠는가? 우리는 그 '오늘날'의 의미가 최근 몇십 년 사이에 현저하게 변했다는 것을 상기해야 하지 않을까. 다산의 사유가 서구에서 확인할 수 있는 전형적인 근대 사유가 아니라는 점은 우리가 서구/근대를 맹목적으로 추구했을 때는 아쉬운 것으로 표상되었다. 그러나 근대성/서구성에 대해 일정한 거리를 두고서 볼 수 있게 된 오늘날, 다산의 사유는 맹아적인 형태였지만 우리에게 **또 다른** 근대로서 다가온다. 만일 이 또 다른 근대가 역사적 연속성을 띠고서 계속 발전되어 왔다면? 이런 역사적 가정이 부질없는 것이라면, 이제 그러한 발전의 책임은 우리 자신에게 있을 것이다.

근대적 개인의 탄생 —일제하 소설들에서의 '주체'

근대적 개인의 탄생, 즉 근대적 주체(이 경우 개인적 주체)의 탄생이라는 과제는 매우 방대한 논의를 요한다. 때문에 이 글은 다음과 같은 몇 가지의 제한을 전제한다. 첫째, 근대적 개인의 탄생을 한국사에서의 윤리적-정치적 패러다임의 검토와 모색이라는 맥락에서 다루되 이 글에서는 일단 본격적인 윤리적-정치적 논의를 다루기보다는 그 인간존재론적 기초를 다룬다. 즉 개인/주체의 문제에 초점을 맞춘다. 둘째, 논의의 대상을 본격적인 철학/사상이 아니라 그 아래에 깔려 있는 담론/문화의 차원에 맞춘다. 그 중에서도 특히 근대적 개인/주체가 보다 일상적 삶의 맥락에서 나타나는 방식을 다룬다. 이런 연구를 위해서는 신문/잡지, 소설, 영화, 종교활동, 의식주를 비롯해서 극히 다양한 영역들을 다루어야 하거니와, 이 글은 소설들에 초점을 맞춘다. 셋째, 근대적 개인/주체의 탄생을 어느 시점에서부터 다룰 수 있는가는 한국사 전체의 이해와 관련되는 문제이며 뜨거운 쟁점이 될 수 있다. 여기서 이 시점을 일제시대로 잡는다고 해서 그것이 구한말에서의 "자생적 근대성"을 부정하는 것도 아니고 또 이른바 "식민지 근대화론"을 전제하는 것도 아니다. 오히려 그것은 이 글이 다루는 영역을 소설들로, 특히 근대적 개인/주체의 문제의식이 뚜렷하게 드러난 소설들로 잡은 데서 기인하는 것이라 해야 할 것이다. 이 글은 근대적 개인/주체의 "자아의식"이 소설 속에서 구체적으로 그려지기 시작한 시점인 1920~30년대를 주로 다룰 것이다.

이 글은 1920~30년대에 등장한 대표적인 소설들을 분석함으로써 한국에서 '근대적 개인' ──일제 및 서구화라는 배경하에서의 개인── 은 어떤 모습으로 출현했는가라는 문제를 다루되, 특히 개인이 대大타자[1]와 맺는 관계에 초점을 맞추어 해명할 것이다. 근대적 개인이 원자적 개인으로서 '계약'을 통해 '사회'를 형성하는 존재라 할 때,[2] 개인이 대타자와 맺는 관계를 검토하는 것이 일차적인 과제이기 때문이다. 정치적인 측면에서 근대적 개인은 자유주의적 개인이다. 때문에 우리의 글은 자유주의 자체를 다루는 글은 아니지만 자유주의를 가능케 하는 인간존재, 즉 "근대적 주체"를 다룸으로써 일종의 자유주의의 고고학을 시도하고자 한다. 그러나 이 고고학은 무無의 고고학,

---

1) 우리는 대타자를 보편자 형식의 사회적 존재들(가족, 지역, 국가 등등)로 규정할 수 있다. 라캉 식의 대타자 개념은 상징체계라는 일반적이고 추상적인 규정으로서 이해되지만, 실제 우리 삶에서의 대타자들은 가족으로부터 '제국'(네그리·하트)에 이르기까지 다양하게 층(層) 지어진 상이한 대타자들의 집합이며, 또 역사적으로 새롭게 형성/해체되어 가는 대타자들이다. 이 글에서의 대타자 개념은 이렇게 역사적-사회적으로 다원화되고 역동화된 대타자들을 염두에 두고 있다.
2) 물론 이것은 어디까지나 개념적-이론적 가정이다. 실제 역사가 이런 식으로 전개되었다고 보기는 힘들 것이다. 그러나 여기에서 어디까지나 '근대적 개인'을 다루는 한 이 개념의 기본 규정을 잠정적으로 전제할 것이다.

또는 기껏해야 점선點線의 고고학이다. 우리가 캐낼 수 있는 것은 자유주의로(자유주의로조차도!) 나아가지 못하고 유산되어 버린 슬픈 태반들, 점선으로만 확인 가능한 희미한 그림자들뿐이기 때문이다. 이 점에서 이 글의 진짜 제목은 「근대적 개인의 유산流産」이라 해야 할지도 모르겠다.

대타자로부터 부유浮游하는 개인

한 개인의 정체성은 그가 속한 대타자에 의해 일차적으로 규정되거니와, 그 전에 대타자와의 관계 자체를 검토해 보는 것이 필요하다. 대타자에의 귀속 자체를 거부하는 경우도 존재하고, 또 귀속하고 싶어도 거부당하는 경우 또한 존재하기 때문이다. 우리는 일제시대의 소설들에서 어떤 대타자에도 귀속하지 못한 채 떠도는 주체들을 발견할 수 있다.

20세기에 들어와 본격화된, 이른바 '신소설'新小說이라 불리는 일련의 소설들은 한편으로 여전히 낡은 담론형식 속에 계몽적 서사를 펼치거나 다른 한편으로 새롭게 눈뜬 문화자본주의에 영합하는 흥미 위주의 이야기들을 쏟아냈다. 그리고 구미의 상당수 작품들이 번역/번안을 통해 들어왔다. 이런 상황은 근대적 의미에서의 개인들, 근대적 성격을 띤 '대중'의 형성에 지대한 영향을 끼쳤다. 이 시대의 소설들에는 상당수의 전기소설들이 포함되며, 특히 그 주인공들이 국난극복國難克服과 관련되는 인물들(을지문덕, 강감찬, 이순신…… 등)이라는 점에서 시대의 요청을 읽을 수 있다. '애국계몽'적 소설들에서는 근대화에의 갈망이나 사회진화론적 현실인식이 두드러진다. 그러나 아직 국제정세에 대한 비판적 안목이나 일본의 야욕, 민족의 상황 등이 날카롭게 인식되지는 못했다고 할 수 있으며,[3] 근대적 개인의 출현을 발견하기는 쉽지 않다. 그 반대편에는 소소한 가정사家庭事를 그려내는 보다 대중적인 소설들이 펼쳐지고 있었다. 이런 소설들은 신문, 잡지의 흥기를 통해서 대중들의 관심사에 응하는 상업적 맥락에서 나온 경우가 많았다. 그러나 이 경우 역시 대부분 공동체주의의 설파나 교훈적인 인과응보因果應報의 진리를 펼치는 작품들이 많았으며, 이 점에서 근대적 개인의 탄생에는 미치지 못했다고 보아야 한다.[4] 이것은 이 시대의 새로운 경향들이 결국 기존 대타자들을 철저하게 해체하고 개인으로부터의 새로운 보편자들을 구성하는 단계로는 나아가지 못했음을 함축한다.

일제시대에 '근대적 개인'의 성격을 띠고 있는 문학을 찾아낸다

---

3) 서구에서의 '계몽지식인'과 동북아에서의 '계몽지식인'의 성격은 같지 않다. 서구에서의 대부분의 계몽지식인들은 전통(헬라스의 형이상학과 중세의 기독교)에 대해 철저하게 해체적인 작업들을 시도한 반면, 동북아의 계몽지식인들은 전통(유교)을 해체하려 한 인물들과 전통에 입각해 서구와 대결하려 한 인물들로 양분되기 때문이다(후자의 경우 다시 동북아 전체의 전통과 각 국가의 민족주의가 복잡하게 착종되어 있다). 특히 한국의 경우 전통의 철저한 해체보다는 오히려 전통적인 '문사-관료형' 지식인들, 훈도(訓導)적 성격의 지식인들이 주류를 이루었다고 볼 수 있다.

4) 애국계몽적 작품들로는 이인직의 『혈(血)의 누(淚)』(1906), 유원표의 『몽견제갈량』(夢見諸葛亮, 1908), 안국선의 『금수회의록』(禽獸會議錄, 1908), 이해조의 『자유종』(自由鍾, 1910), 박은식의 『몽배금태조』(夢拜金太祖, 1911), 신채호의 『꿈하늘』(1916) 등 외에 다수가 있다. 다음을 보라. 윤명구, 『개화기소설의 이해』, 인하대출판부, 1986. 이 시대 소설들에는 꿈이 배경상으로나 내용상으로나 큰 비중을 차지하는데, 이것은 당시의 현실이 요청한 한 형식이라고 할 수 있을 것이다.

면, 우선 초기의 단편소설들을 들 수 있다. 단편소설은 **절편화切片化된** 의식을 반영한다. 그것은 연속성에 기반을 두고서 긴 기억의 서사를 펼치는 장편소설의 의식과 대조된다. 봉건 시대의 개인이 사회-장 속에서의 그 위치에 따라 살아가야 하는 이름-자리[位]로서의 인간이라면, 근대적 개인의 한 측면은 사회로부터의 절개切開, 사회-장에 균열을 내는 빈칸으로서의 인간이다. 이렇게 볼 때 이 시대에 개인적 내면을 묘사한 많은 작품들이 단편의 형식을 취한 것은 우연이 아니다. 단편이 추구하는 것은 기억들의 이어-붙임이 아니라 시간을 가르면서 등장하는 개인적 의식의 고유한 체험이기 때문이다. 현상윤의 『핍박』은 그 한 예를 보여 준다.[5]

그러나 여기에서의 개인은 자유주의가 전제하는 개인은 아니다. 자유주의가 전제하는 개인은 합리적 개인, 공리주의적 개인, '계약'을 통해 사회를 만들어 나가는 개인이기 때문이다. 이 시대의 개인은 고독한 개인, 현실(봉건성)과 이상(자유) 사이에서 으깨어지는 개인이며, 이 점에서 차라리 실존주의적 개인에 가깝다(그러나 이들의 '실존'은 존재론적 고뇌로부터가 아니라 역사적 고뇌로부터 오는 것이라 해야 하리라).

결국 이 시대에 우리는 한편으로 여전히 기존의 대타자의 그늘 아래에서 살아가는 대다수의 사람들과 다른 한편으로 새로운 보편자의 구성으로 나아가지 못한 소수의 고독한 개인들이라는 양극만을 발견하게 된다. 한국의 근대성은 이런 일그러지고 찢어진 장면들로부터

---

5) 『청춘』 8호.

시작되었다고 할 수 있다.

때로 고독한 개인은 심미적 주체의 형상을 띠고 나타나기도 한다. 근대성의 한 측면은 진선미眞善美의 분열에 있다. 전통 사회에서 비교적 일체를 이루면서 일반 이론으로서 정립되었던 진선미의 가치론은 근대 사회에 이르러 분열되기에 이른다. '사실' 및 '법칙'만을 탐구할 뿐인 과학, '당위'와 '실천'만을 외치는 윤리/도덕(종교, 이데올로기,……), 그리고 사회로부터의 자율성을 요구하는 문화/예술이 점점 날카롭게 분열되어 온 것이다. 따라서 세계를 총체적으로 사유하는 형이상학의 붕괴가 근대성을 특징짓는다. 그러나 형이상학을 타파한 것이 근대의 공헌이 아니다. 새로운 형이상학을 세우지 못한 것이 근대의 비극인 것이다. 현대 한국의 경우, 주자학을 타파한 것이 근대의 성취가 아니다. 주자학을 넘어 현대를 담지擔持할 수 있는 형이상학을 세우지 못한 것이 근대의 비극인 것이다.

근대성의 이런 특징은 근대적 개인의 특징과 맞물린다. 근대적 개인은 자신의 이익에 따라 타자들과 임기응변식으로 계열화해 나가는 존재이지, 세계 전체를 사유하고 거시적인 가치를 추구하는 존재가 아니다. 근대적 개인의 가치는 사익私益인 것이다. 여기에는 봉건적 억압으로부터의 탈주라는 밝은 얼굴과 이기주의利己主義의 만연이라는 어두운 얼굴이 공존한다. 때문에 근대화 시대의 동북아 소설들에 이 엇갈리는 공존의 모습들이 그토록 자주 그려지고 있는 것은 거의 필연적인 것이었으리라. 근대적 개인의 한 얼굴로서의 심미적 개인이 나타나는 것은 바로 이 엇갈리는 공존의 공간 속에서이다.

「배따라기」의 주인공은 결코 '외도'外道하지 않은 상냥한 아내, 그러나 그 상냥함으로써 남편의 상상을 어두운 쪽으로 몰고 간(공동체 질서의 파괴) 아내를 잃고, 죄 없는 동생도 멀리 떠나게 만든다. 여기에는 기호체제를 언제라도 무너뜨릴 수 있는 욕망의 잉여가, 그러나 실재의 현실화로서가 아니라 한 주체의 환상의 형태로 등장하고 있다. 형과 아우는 유목적 존재가 되어 사회 질서에 발붙이지 못한 채 떠다닌다. 주목할 것은 이들의 두 번의 교차, 그리고 계속되는 연상聯想이 배따라기라는 어떤 노래, 어떤 소리를 통해서라는 점이다. 특정한 노래에의 심미적 이끌림이 이들의 삶 전체를 관류하면서 그들을 삶에 일정한 잔영殘影을 던지고 있다.[6] 이것은 곧 심미적 개인의 심리에 투영된 세계이다. 확실히 이것은 예전 작품들에서는 찾아보기 힘든 세계이다. 심미적 개인의 이런 측면은 「광염소나타」, 「광화사」狂畵師 등에서는 더 두드러지게 나타난다.

이 심미적 개인은 분명 자유주의가 전제하는 합리적 개인은 아니다. 그것은 오히려 근대 정치철학이 전제하는 인간관을 무너뜨리면서 환각이 현실을 압도해 가는 하나의 징후인지도 모르겠다(이것이 김동인의 소설들이 그토록 '현대적'으로 다가오는 이유가 아닐까). 그러나 바로 그렇기 때문에 우리는 자유주의의 개인이 이 환각적 개인과의 변별을 통해 자체의 이론적 지형도를 짜 나아갔다고 말할 수 있지 않을까. 보편자들의 사이를 흐르면서 환각적 물길을 따라 흘러가는 개인

---

6) "그리하여 삼 년을 지내서 지금부터 육 년 전에, 그가 탄 배가 강화도를 지날 때에, 바다를 향한 가파른 뫼켠에서 바다를 향하여 날아오는 '배따라기'를 들었다. 그것도 어떤 구절과 곡조는 그의 아우 특식으로 변경된, 그의 아우가 아니면 부를 사람이 없는, 그 '배따라기'이다."(김동인, 「배따라기」, 『감자』, 최시한 책임편집, 문학과지성사, 2004, 106쪽)

들을 체계적으로 배제함으로써 말이다. 김동인에게서 우리는 대타자에 으깨어지는 개인도, 대타자를 구성해 가는 개인도, 대타자를 해체해 가는 개인도 아닌, 대타자들의 사각지대들을 겉돌면서 떠도는 개인들을 발견한다.

일제시대의 개인들은 이미 근대성의 그림자 속으로 들어온 개인들이었지만, 당대 현실은 새로운 관계망을 구성할 수 없었던 것은 물론, 바로 그랬기 때문에 어떤 대타자에도 귀속할 수 없었던 부유하는 개인들이었다.[7] 그러나 어떤 개인들은 일제와 당대 세계가 부여한 상징질서(라캉적 의미에서의 욕망의 질서)에 자연스럽게 편입되어('유학'은 그 상징이다) 대타자와의 행복한 합일을 이룸으로써 (예속)주체화되었다고 할 수 있다.

그러나 부유하는 개인들이나 대타자에 귀속되는 개인들이 아니라, 대타자의 현실을 끝없이 고민하면서 길을 찾던 경우들도 존재한다. 이런 사실주의적 시선을 가진 개인의 경우는 당대의 소설에 어떤 형상으로 나타났는가?

염상섭의『만세전』은 '현대인'의 초상을 뚜렷하게 그려 주고 있으며, 현대인들이 형성할 수 있는 관계망의 예를 보여 준다. 일제시대 일본 유학생들의 상황은 잘 알려져 있다. 조선/한국에서는 지주의 자식

---

7) 어디에도 귀속될 수 없는 사람들이 반드시 부유의 형식만을 띤 것은 아니다. 고정된 장소에서 살아야 했지만/살 수 있었지만, 나아가 일정한 세력을 이루기까지 했지만, 그 장소 자체가 국가적 장소-설정(emplacement)의 지도에서 어떤 합법적인 공간도 차지하지 못하는 경우들도 있다. "토막민"(土幕民)을 그 한 예로서 들 수 있을 것이다. 다음을 보라. 김경일, 「일제하 도시 빈민층의 형성」, 한국사회사연구회, 『한국의 사회신분과 사회계층』, 문학과지성사, 1986, 203~257쪽.

이지만 일본에서는 식민지인, 지식인이 무능할 수밖에 없는 조선/한
국 지식인을 필요로 하지 않는 일본, 사랑 없이 결혼한 조선의 본처와
일본의 이국인 여인, 현실이 되어 버린 식민 상황과 떨쳐 버릴 수 없는
민족의식,…… 이 해결하기 힘든 이율배반들 속에서 그 어디에도 설
곳이 없는 소외인疎外人.[8]

　타자들과의 관계망이 헐거운 사람은 더 큰 자아의식을 가지게 되
고 타자들을 대상화對象化하는 데 능하게 된다. 견고한 관계망이 내면
화될 때 그 주체는 스스로를 관계망의 한 이름-자리와 동일시하는 데
익숙해지고 타자들의 눈길과 자기대상화 사이의 거리는 최소화된다.
때문에 타자화/대상화의 거리는 커질 수밖에 없다. 조선 사회 전체에
거리감을 가질 수밖에 없는 조선 유학생들의 경우 이 거리는 극대화
된다. 『만세전』의 주인공은 (몇 번 보지도 않은, 그래서 애정도 없는) 아
내의 죽음을 맞아 일본에서 한국으로 여행하게 되고 그 과정에서 다
양한 사람들과 사건들을 관찰하게 된다. 대상화하는 의식은 관찰하

---

8) 윤동주의 「쉽게 씌어진 시」(1942)는 이런 정황을 선명하게 드러내고 있다.
　"창밖에 밤비가 속살거려 / 육첩방(六疊房)은 남의 나라. //
　시인이란 슬픈 천명인 줄 알면서도, / 한 줄 시를 적어볼까. //
　땀내와 사랑내 포근히 품긴 / 보내주신 학비 봉투를 받아 //
　대학 노트를 끼고 / 늙은 교수의 강의 들으러 간다. //
　생각해 보면 어린 때 동무를 / 하나, 둘, 죄다 잃어버리고 /
　나는 무얼 바라 / 나는 다만, 홀로 침전하는 것일까? //
　인생은 살기 어렵다는데 / 시가 이렇게 쉽게 씌어지는 것은 / 부끄러운 일이다. //
　육첩방은 남의 나라 / 창밖에 밤비가 속살거리는데 //
　등불을 밝혀 어둠을 조금 내몰고 / 시대처럼 올 아침을 기다리는 최후의 나. //
　나는 나에게 적은 손을 내밀어 / 눈물과 위안으로 잡는 최초의 악수"
　(『하늘과 바람과 별과 시 : 원본 대조 윤동주 전집』, 연세대학교출판부, 2004)

는 의식이고 그래서 타자들과 늘 일정한 거리를 두고서 그 관찰 결과를 음미하게 된다. 그 음미는 거지반 음울하고 비참하다. 거의 폭발할 것 같은 우울과 분노, 주인공은 그렇게 '만세전'萬歲前을 보낸다. 고베→시모노세키→부산→김천→서울로 이어지는 여정을 거치면서 주인공의 시선에 나타나는 만세전의 삶을 파노라마처럼 보여 주는 이 소설은 이율배반적 소외감과 그 소외된 의식에 드러나는 삶의 낯섦, 우울함을 선명하게 형상화하고 있다.

이 소설은 주인공의 자기 이해를 농밀하게 담고 있다는 점에서 이전의 소설들과 구분된다. "원래가 이지적·타산적으로 생긴 나", "나는 그 소위 우국지사는 아니나 자기가 망국 백성이라는 것은 어느 때나 잊지 않고 있기는 하다" 같은 구절들이 그 예이다.[9] 이렇게 자기가 자기를 들여다보는 구절들이 이 소설 전체에 걸쳐 수시로 나타난다. 이런 관점은 당대의 상황을 묘사하는 방식으로 이어진다. 즉 중립적 시선에서 조명된 사태들보다는 한 개인의 내면에 비추어진, 내면의 거울에 맺힌 이미지들로서의 세계가 펼쳐지는 것이다.[10] 그런데 주체는 계속 이동한다. 즉 주인공은 고베에서 서울까지 계속 여행한다. 따라서 세계는 계속 움직여 가는 주체의 내면=거울에 일정한 단편들로서 연속적으로 맺힌다. 그리고 그 이미지들이 주체의 내면의 성격에

---

9) 염상섭, 『만세전』, 창작과비평사, 2005, 31, 47쪽.
10) "'풍경'은 (시각을 중심으로 한) 감각을 통해 지각되는 물리적·공간적인 대상이 아니라, 어디까지나 지각하는 인간의 '인상＝impression'이라는 자발적 심상/표상이라고 한다."(이효덕, 『표상공간의 근대』, 박성관 옮김, 소명출판, 2002, 42쪽) 미학적 문맥에서의 언표이지만 우리 맥락에서 시사적이다.

입각해 반추된다. 앞으로 전진하는 개인의 자아와 그 자아의 내면에 영상들을 던지고서 뒤로 계속 물러나 사라지는 세계가 이야기되고 있는 것이다. 그러나 자아의 내면에 비친 세상의 풍경들은 자아의 어떤 일관된 성격에 의해 이해되는데, 그 성격은 기본적으로 우울함과 소외감이라 할 수 있다.

그 우울함과 소외감의 정체는 그 주인공이 처한 민족적 상황임이 소설 전체에서 두드러지게 나타난다. 주인공은 한편으로 원래 비정치적인 인물이다. 그러나 '만세전'의 시절에 도달하면 그의 의식도 예민해져서 점차 일본인들이 하는 "말마다 귀에 거슬리지 않는 것이 없는" 상태에 도달하게 된다. 그러나 그의 의식은 여전히 개인의 내면에 머물러 있으며 사상적으로나 감정적으로나 타자들과의 적극적인 관계를 만들어 나가지 못하고 있다. 제국주의-대타자와 대립관계를 맺고 있던 사회주의-대타자와는 거리가 먼 주인공에게 "사회주의라는 '사' 자나 레닌이라는 '레'자는 물론이려니와, 독립이라는 '독'자도 없을 것은 나의 전공하는 학과만 보아도 알 것이었다."[11] 그러나 다분히 외적 필연성의 성격을 띤 이런 소극성보다 더 심각한 것은 동포들에 대한 그의 감정이다. "단순한 노동자라거나 무산자라고만 생각할 때에도 잇살을 어우르기가 싫다. 덕의적德義的 이론으로나 서적으로는 무산계급이라는 것처럼 우리 친구가 되고 우리 편이 될 사람은 없다고 생각하면서도 실제에 그들과 마주 딱 대하면 어쩐지 얼굴을 찌푸리지 않을 수 없다. 혹은 그들에게 대한 혐오가 심하여지면 심하여질수록,

11) 염상섭, 『만세전』, 62쪽.

그 원인이 그들 자신에게 있는 것이 아니라는 논법으로, 더욱더욱 그들을 위하여 일을 하여야 하겠다는 결론에 이르게 될지는 모르나, 감정상으로 그들과 융합할 길이 없다는 것은 아마 엄연한 사실일 것 같다."[12] 마음과 감정이 일치할 수 없게 만드는 차이, 삶/존재에서의 차이가 무너뜨릴 수 없는 벽을 형성하고 있는 것이다.[13]

조선의 상황과 무기력한 인간들, 그리고 무엇보다 일본 유학생으로서 그들과 구분되면서도 또 식민지인으로서는 똑같을 수밖에 없는 자신에 대한 무력감과 분노가 주인공의 내면을 가득 채운다. "나는 까닭없이 처량한 생각이 가슴에 복받쳐오르면서 한편으로는 무시무시한 공기에 몸이 떨린다. / 젊은 사람들의 얼굴까지 시든 배추잎 같고 주눅이 들어서 멀거니 앉았거나, 그렇지 않으면 빌붙는 듯한 천한 웃음이나 '헤에' 하고 싱겁게 웃는 그 표정을 보면 가엾기도 하고, 분이 치밀어올라와서 소리라도 버럭 질렀으면 시원할 것 같다. / '이게 산다는 꼴인가? 모두 뒈져버려라!' / 차간 안으로 들어오며 나는 혼자 속으로 외쳤다. / '무덤이다! 구더기가 끓는 무덤이다!'"[14]

결국 주인공은 외부에 대한 관심을 끊어 버릴 수도 없고 그렇다고 외부와의 적극적 관계를 만들어 나갈 수도 없는 고립된 내면, 그렇지만 끊임없이 그 내부로 밀려오는 식민지 풍경들[15]과 외부로 나아가

---

12) 염상섭, 『만세전』, 67쪽.
13) 타자의 직접적 현존(現存)은 관념적 도덕심을 무너뜨린다. "한 인간을 사랑하기 위해서는 그가 몸을 숨겨야 하는데, 그가 자기 얼굴을 드러내려고 하면 사랑은 사라져 버리고 말지." "사람의 얼굴은 사랑에 경험이 없는 사람들이 사랑을 할 때 종종 장애가 되지요." 도스토예프스키, 『까라마조프 씨네 형제들』(상), 이대우 옮김, 열린책들, 2007, 421쪽.
14) 염상섭, 『만세전』, 125쪽.

는 차단하기 힘든 민족감정에 시달리는 내면을 보여 준다. 이 주인공의 내면을 통해 우리는 일제라는 거대한 대타자에 짓눌린 채 본격적인 근대적 개인으로 나아가지 못하고 침체되어 있는 식민지 지식인의 한 초상을 볼 수 있다.

실존적인 시선이든 사실주의적인 시선이든 이 시대의 부유하는 주체들은 일제시대라는 대타자에 귀속되기보다는 그 위에서 계속 부유하는 주체로서 존재했다. 그랬기에 그들은 자신들의 시대를 '**풍경**'**으로서 거리를 두고서 응시했으며**, 그 우울하고 소외감 어린 응시를 자신들의 유일한 안식처로 삼을 수 있었다. 부유하는 주체들은 (「배따라기」의 경우처럼) 때로 "낭만적인" 마주침들을 드러내곤 하지만, 이 시대의 부유하는 주체들이 그런 계기들을 만들어내기에는 시대의 중압감은 너무 컸다.

---

15) 저자의 이런 내면은 보다 이른 시기의 한 일본 소설의 주인공의 내면과 묘하게 대조적으로 중첩된다. "그래서 나는 오늘 같은 날, 밤이 깊어 홀로 등불을 향해 앉아 있으면 고립감을 느껴 참을 수 없을 정도의 슬픈 감정이 밀려오는 걸 느끼고 그때 나를 지탱하던 끈이 뚝 끊기면서 어쩐지 사람이 그리워지게 된다. 옛날 일이나 친구에 대해 여러 가지로 생각하게 된다. 그때 북받치듯 내 마음속에 떠오르는 것이 바로 이러한 사람들이다. 아니, 이러한 사람들을 보았을 때의 주위 풍경 속에 서 있는 사람들이다. 나는 이 사람들과 무슨 차이가 있나. 모두 이 세상 한 구석에 태어나 유구한 행로를 거쳐, 서로 손잡고 영원한 하늘로 돌아갈 사람들이 아닌가, 하는 생각이 마음속 깊숙한 곳으로부터 생겨나 나도 모르게 눈물이 뺨을 흐르는 일이 있다. 그때는 정말이지 나와 다른 사람의 구별이 없다. 그저 누구든 다 그립고 애틋하게 느껴지는 것이다."(구니키다 돗포, 「잊을 수 없는 사람들」, 1898 ; 가라타니 고진, 『일본근대문학의 기원』, 박유하 옮김, 민음사, 1997, 36쪽에서 재인용) 외부의 '풍경'으로 향하는 관심과 내부로 오그라드는 사념(思念). 그러나 그 사념의 내용은 『만세전』의 주인공과 정확히 대칭된다.

대타자에의 귀속

대타자에 속하고 싶어도 속할 수가 없는 경우든 의식적으로 속하지 않으려 하는 경우든, 낭만적인 경우든 사실적인 경우든, 대타자에 귀속되기보다는 계속 떠다니는 고독한 개인들의 경우를 보았다. 이와 대조적으로 스스로를 대타자에 귀속시킴으로써 현실과 타협하는 주체를 발견할 수 있다.

박태원의 소설 『소설가 구보씨의 일일』은 부유하는 주체에서 대타자에의 귀속으로 선회하는 주체를 선명하게 보여 주는 작품이다. 『만세전』의 주인공과는 달리 세상과의 거리를 좀더 평온하게 유지하면서 무심히 산책하는, 그러면서도 온갖 실존적 고뇌를 안고서 걸어가는 개인의 모습을 여기에서 볼 수 있다. 그리고 그 주체는 그 고뇌의 얕음 때문에/덕분에 결국 대타자에게로 조용히 귀속하는 주체이다.

『소설가 구보씨의 일일』의 주인공은 『만세전』의 주인공과는 달리 "직업과 아내를 갖지 않은, 스물여섯 살짜리 아들"이다.[16] 『만세전』의 주인공이 식민지에서 '내지'內地로 유학 간 지식인이라면 『소설가 구보씨의 일일』의 주인공은 (동경 유학생 출신이기는 하지만) 경성 거리를 배회하는 룸펜프롤레타리아 지식인이다. 이 룸펜-인텔리에게 대타자의 범위는 식민지-지식인의 경우보다 훨씬 좁다. 그에게는 식민지 상황에 대한 의식이 거의 부재하며 '바깥'은 단지 그가 떠나고 싶은 먼 외국의 이미지로서만 다가온다. 그래서 손바닥의 동전닢 다섯

---

16) 박태원, 「소설가 구보씨의 일일」, 『이태준/박태원』, 창비, 2005, 150쪽.

개를 보면서 "대정大正 12년, 11년, 8년, 12년. [모두 합해서] 대정 54년"
하면서 숫자들의 의미를 해독하면서도 '대정'이라는 말 자체의 함축
은 그의 의식을 비켜 간다. 그는 단 한 번 식민지 상황에 의식을 준다.
"어느 틈엔가 구보는 그렇게도 구차한 내 나라를 생각하고 마음이 어
두웠다."[17]

　　『만세전』과 마찬가지로 이 소설 역시 주인공의 시선을 계속 채
우는, 흘러가는 광경들의 연속으로 구성되어 있다. 그러나 그 광경들
을 대하는 두 주인공의 태도는 판이하다. 후자의 주인공 구보仇甫의 시
선은 평온하면서도 애잔하다. 거기에는 전자의 주인공의 경우에서처
럼 타자의 폭력적인 침범이나 상황의 급변이 거의 없다. 부유하는 구
보의 시선은 고뇌보다는 고독을 담고 있다. 『만세전』의 환멸이 고독으
로 변하는 곳에서 우리가 발견하는 것은 경성이라는 공간 외에는 어
떤 대타자와도 멀찍이 거리를 둔 개인이다. 바로 그렇기 때문에 구보
는 갈 곳이 없다. "갈 곳"이란 바로 주체가 찾아가는 어떤 공간으로서
의 대타자이기 때문이다. "구보는, 우선, 제자리를 찾지 못한다. 하나
남았던 좌석은 그보다 바로 한 걸음 먼저 차에 오른 젊은 여인에게 점
령당했다. 구보는, 차장대車掌臺 가까운 한구석에 가 서서, 자기는 대
체, 이 동대문행 차를 어디까지 타고 가야 할 것인가를, 대체, 어느 곳
에 행복은 자기를 기다리고 있을 것인가를 생각해 본다."[18]

　　주인공의 이런 상황은 그의 눈길에서도 분명하게 나타난다. 주인

17) 같은 책, 207쪽.
18) 같은 책, 159쪽.

공이 아는 사람들과 부딪쳤을 때 띠게 되는 눈길은 온정의 눈길도 적대의 눈길도 아니다. 그의 눈길은 그들의 눈길을 피하려는 눈길, 눈길의 역할을 맡지 않으려는 눈길이다. 오래전에 선을 봤던 여성, 특별한 일도 없이 어색한 사이가 된 '지인', 학창 시절 경멸하였던, 그러나 '황금광 시대'를 잘 만난 동창 등등의 앞에서 계속 그의 눈길은 허공으로 방향을 튼다. 관계를 통해 보편자로 나아갈 수 있는(그것이 가족이든 친구든 동창회이든……) 시발점이라 할 시선의 마주침을 주인공은 계속 회피한다. 이로써 그의 고독은 점차 가중된다. 주인공의 고독이 잠시 가라앉는 것은 벗과 술잔을 기울일 때뿐이지만, 그때에도 주인공은 여급들의 애환이라든가, 다양한 형태의 '정신병'들이라든가, 나이 들어 "女給大募集"(여급대모집)이라 쓴 종이 앞에서 망설이고 있는 아낙네 등을 접하면서 끝없이 애잔한 심정에 잠긴다.

그러나 마침내 주인공은 한없이 큰 어머니의 사랑을 떠올리고 새로운 생활에의 지향을 다짐한다. "오오, 한없이 크고 또 슬픈 어머니의 사랑이여. 어버이에게서 남편에게로, 그리고 다시 자식에게로, 옮겨가는 여인의 사랑——그러나 그 사랑은 자식에게로 옮겨 간 까닭에 그렇게도 힘 있고 또 거룩한 것이 아니었을까."[19] 그래서 그는 내일 또 한잔 하자는 벗에게 "내일부터, 나, 집에 있겠소, 창작하겠소"라고 답한다. "구보는 지금 저 자신의 행복보다도 어머니의 행복을 생각하고 싶었을지도 모른다. 그 생각에 그렇게 바빴을지도 모른다. 구보는 좀더 빠른 걸음걸이로 은근히 비 내리는 거리를 집으로 향한다. / 어쩌면,

---

19) 박태원, 「소설가 구보씨의 일일」, 216~217쪽.

어머니가 이제 혼인 얘기를 꺼내더라도, 구보는 쉽게 어머니의 욕망을 물리치지는 않을지도 모른다."[20]

　대타자에의 귀속이나 타자와의 합일을 그토록 피하던 주인공이 갑자기 '새 생활'을 하기로 결심하게 된 맥락이 분명하지 않다. 그래서 이 마지막 전환은 그 앞에 계속되었던 방황이나 갈등을 단숨에 가볍게 만들어 버린다. 어머니의 절대적 사랑이라는 계기 앞에서 그 전의 모든 이야기들은 다만 "한때의 방황"으로서 간단히 시야에서 사라져가 버린다. 이 점에서 구보 개인의 행복과 이 소설 자체의 성공은 서로 엇갈려 버린다.

　이 소설에서의 개인은 산책자로서의 주체이다. 산책자란 자신을 둘러싸고 있는 숱한 대타자들로부터 잠시나마 탈주한 고독한 개인이다. 그는 잠시나마 존재하는 모든 것에 대해 그리고 자신에게 대해 거리를 두면서 응시하고 사유할 수 있는 존재이다. 이 점에서 산책이란 우리 삶에 깃들인 조그만 출구와도 같다. 그러나 구보의 고독은 이렇게 의도적으로 구성된 탈주로서의 고독이 아니라 룸펜-인텔리의 필연적인 쓸쓸한 고독이다. 그 고독의 시간에 구보는 사람과의 합일, 사물과의 합일을 계속 거절당한다. 그리고 유일한 출구로서의 어머니의 사랑으로 갑자기 회귀한다. 이 점에서 이 소설의 주인공은 대타자들의 바깥으로 밀려났다가 유일한 대타자로서의 어머니=가족으로 회귀하는 회귀적 주체라고 할 수 있다.

　박태원의 경우와는 달리 대타자에의 귀속에 거창하고 자기기만

---

20) 같은 책, 217~218쪽.

적인 의미를 부여하는 경우가 이광수의 경우이다. 일제시대에 조선인들이 겪었던 공통의 역사적 고뇌는 전통의 무게 및 식민지 현실과 개인의 욕망 사이의 고뇌이다. 전통이라는 대타자와 개인 사이의 갈등인 것이다. 한편에서는 여전히 존재하는 봉건적 삶과 거기에 겹쳐진 일제 식민지 상황이 있고, 다른 한편에서는 이제 막 '자유'에 눈뜬, 개인적 욕망이라는 것이 무엇인지를 깨닫게 된 주체가 있다. 따라서 근대적 개인은 바로 이 두 대립항이 맞부딪치는 경계선에서 형성되었다 하겠다. 봉건적-식민적 현실과 근대적-개인적 의식의 부딪침, 이 충돌이 가장 극명하게 드러났던 장들 중 하나가 소설이다. 최초의 근대소설로 일컬어지는 『무정』(1910)은 이 점을 분명히 보여 준다.

무정의 주인공 영채는 아버지를 구하기 위해 기생이 되었으며, 이것은 곧 가족을 위해 자신을 희생하는 전형적인 경우이다. 이 점에서 『심청전』의 구도를 잇고 있다. 그러나 심청이 아무런 의구심도 없이 오로지 아버지를 위해 목숨을 바친다면, 영채는 개인적인 자아추구를 버리지 못하고 끊임없이 방황한다.[21] 여기에서 우리는 전통 사회

---

21) 철저한 구세대 여성인 영채가 약간의 변한 모습을 보이는 것은 신세대 여학생 병욱의 '계몽'을 통해서이다. "지금껏 영채는 독립한 사람이 아니요, 어떤 도덕률(道德律)의 한 모형에 지나지 못하였다. 마치 누에가 고치를 짓고 그 속에 들엎뎬 모양으로 영채도 알 수 없는 정절이라는 집을 짓고 그 속을 자기 세상으로 알고 있었다. …… 이에 비로소 영채는 자유로운 사람이 되고 젊은 사람이 되고 젊고 어여쁜 여자가 된 것이라. 영채의 가슴에는 이제야 비로소 사람의 피가 끓기 시작하고 사람의 정이 타기를 시작한다. 영채는 자기의 마음이 전혀 변하여진 것을 생각한다."(이광수, 『무정』, 김철 책임편집, 문학과지성사, 2005, 356~357쪽)
이런 방황은 형식에게서도 뚜렷이 나타난다. 53절(204~208쪽)은 다분히 논문체로 씌어져 있고 형식(/이광수)의 사상을 전면적으로 드러내고 있는 부분으로서, 여기에서 형식

를 떠받치던 핵심 가치인 효孝와 한 개인의 자아추구 사이의 갈등, 동북아적 가치와 근대적 가치의 갈등을 분명하게 확인할 수 있다.

근대 자유주의는 그 이론적 구도에 있어 개인에서 출발해 집단을 구성하고자 한다. 개인들 사이의 '계약'을 통해 집단이 형성된다. 이 점에서 자유주의적 맥락에서의 근대적 개인이란 일정한 권익權益——그 핵심은 물론 사적 소유권에 있다——을 가진 자율적 개인이다. 이 점에서 『무정』은 개인적 권익이 집단의 논리에 의해 무너지게 되는 과정을 그리고 있다고 할 수 있다. 물론 이 소설의 구도에 등장하는 가족은 정치적 맥락에서의 계약 관계가 아니라 인륜人倫의 관계이다. 때문에 이 소설을 근대적 개인과 공동체적 가치의 충돌로 보기는 어려운 면도 있다. 그러나 한漢 제국 이래 굳어진 유교적 질서에서는 국가란 가족의 확대요, 가족은 국가의 축소판이었다.[22] 이 점에서 효孝란 단지 가족 사이의 인륜적 관계에 그치기보다는 봉건적 질서의 축軸 자체였다고 할 수 있다. 가족질서와 개인 사이의 갈등은 봉건질서와 개인 사이의 갈등으로 확대 이해할 수 있는 것이다.

이런 갈등 구조의 해결은 많은 경우 주인공의 해외도피나 죽음으로 처리되며,[23] 이것은 결국 봉건적 배치와 일제라는 배치의 중층 구조 속의 주체, 이중적 현실 속에서 흐릿하게나마 생성된 이물질異物質

은 충효(忠孝) 등의 가치에 대한 생명의 존엄성의 우위를 논하면서, 영채의 자살을 잘못된 일로 판단하고 있다. "생명은 절대요 도덕법률은 상대니, 생명은 무수히 현시(現時)의 그것과 상이한 도덕과 법률을 조출(造出)할 수 있는 것이라. 이것이 형식이가 배워 얻은 인생관이라." 충효를 상대적인 것으로 보는 생각의 근대성과 그 근거로서 제시되는 생명형이상학의 중세성이 기묘하게 착종되어 있다.

22) 西嶋定生, 『秦漢帝國 : 中國古代帝國の興亡』, 講談社, 1997/2001, 138頁 以下.

로서의 근대적 주체가 현실(억압적인 대타자로서의 식민현실)을 변혁시키는 데로까지 나아가지 못하고 결국 그것의 외부로 축출되는 과정을 뜻한다. 그러나 『무정』의 경우는 이것이 얄궂게도 좀더 넓은 범위에서의 현실——당대 세계의 체제——로 흡수되는 과정을 보여 주며, 게다가 거기에 거창한 의미까지 부여된다('허위의식'의 극치). 이 점에서 이 시대의 근대적 개인은 어렴풋이 얼굴을 드러냈을 뿐 자신의 주체성의 거울-이미지인 예속주체성assujetissement은 깨닫지 못하고 있는 "주체"였다.

대타자와 투쟁하는 주체

대타자에 대한 주체의 가장 적극적인 태도는 그 속으로 귀속하거나 어디에도 귀속됨 없이 떠도는 것이 아니라 그 안에 내재하되 그 스스로를 그 대타자의 변형의 시발점으로 만드는 것이다. 이것은 부유의 길, 귀속의 길에 대한 투쟁의 길이라고 할 수 있다(물론 지금 문제가 되고 있는 것은 문학적 투쟁이다).

---

23) 무정의 경우는 유학에 거창한 의미부여가 되면서, 남녀 간의 사적/감정적 갈등들이 '민족'과 '국가' 또는 '문명'이라는 보편자로 흡수되어 '승화'되는 구도로 향한다: "과학! 과학!" 하고 형식은 여관에 돌아와 앉아서 혼자 부르짖었다.…… "조선 사람에게 무엇보다 먼저 과학을 주어야 하겠어요, 지식을 주어야 하겠어요."…… "옳습니다. 우리가 해야지요! 우리가 공부하러 가는 뜻이 여기 있습니다."(123~4절, 461~3쪽) 그러나 이 보편자는 주체적으로 건립된 보편자가 아니라 하나의 권력으로서, 선택지로서 주어진 보편자이며, '유학'이란 바로 이런 보편자를 승인하는 절차이며 그 대타자를 내면화하는 방식이라는 점은 전혀 이해되어 있지 않다. 때문에 이 구절에서 표면상 나타나는 주체성, 결단, 희망 등등은 얄궂게도 철저하게 주어진 상징계에 구속되어 성립하는 것들로서 나타난다.

자신이 속한 대타자의 성격이 그 자신을 억누르고 있지만 그것을 극복할 길은 그 어디에도 보이지 않을 때 주체가 취할 수 있는 한 가지 태도는 체념과 웃음이다. 채만식의 소설에는 사실주의적 시선에 깃들인 체념과 웃음(서글픈 웃음)이 깔려 있다.

"연애결혼에 목사님의 부수입이 생기고 문화 주택을 짓느라고 청부업자가 부자가 되었다. 그리하여 부르주아지는 '가보'[열 끗]를 잡고 공부한 일부의 지식군은 진주[다섯 끗]를 잡았다. / 그러나 노동자와 농민은 무대를 잡았다.…… 해마다 천여 명씩 늘어가는 인텔리……. 뺨을 본 것은 이들 인텔리다. / 부르주아지의 모든 기관이 포화 상태가 되어 더 수요가 아니 되니 그들은 결국 꾐을 받아 나무에 올라갔다가 흔들리는 셈이다. 개밥의 도토리다."[24) 당대(1934)의 현실을 묘사하되 여기에는 풍자의 기법이 깃들어 있다. 현대인의 시각에서 너무 상투적이고 나아가 유치하게까지 보이는 이런 풍자는 그러나 당대로서는 매우 독특한 문학적 실험이었다. 채만식은 이런 체념과 웃음의 미학을 통해서 자신으로서는 어쩔 수 없는 당대 현실을 풍자했다.

그러나 채만식의 풍자는 능동적 풍자보다는 수동적 풍자의 성격을 띤다. 풍자는 흔히 가해자들이나 권력자들에 대해 행해진다. 그러나 채만식의 풍자는 (물론 당대의 검열 때문이기도 하겠지만) 대개 조선의 피해자들에 대해 이루어지고 있다. 이 점에서 그의 소설은 풍자라기보다는 차라리 자학自虐에 가깝다. 다시 말해 그의 풍자는 시대를

---

24) 채만식, 「레디메이드 인생」, 『레디메이드 인생』, 한형구 책임편집, 문학과지성사, 2006, 46~47쪽.

휘두르는 힘에 대한 풍자가 아니라 (자신을 포함해) 그 힘을 받아야 하는 사람들에게 맞추어져 있다. "우리 아저씨 말이지요? 아따 저 거시키, 한참 당년에 무엇이냐 그놈의 것, 사회주의라더냐 막덕[25]이라더냐, 그걸 하다 징역 살고 나와서 폐병으로 시방 앓고 누웠는 우리 오촌 고모부 그 양반······ / 머, 말도 마시오. 대체 사람이 어쩌면, 글쎄······ 내 원! / 신세 간데없지요."[26] 이런 식의 자학적 풍자는 그 풍자를 가져온 힘을 하나의 '사실'로서 긍정하고 그 힘의 작동을 일종의 역사적 필연성으로 인정하기에 이른다.[27] 때문에 그의 풍자문학과 친일문학 사이에는 그리 큰 거리가 있었던 것이 아니었다고 해야 하지 않을까.

대타자에 대해 주체가 취할 수 있는 능동적인 존재방식은 그 안에서 그것을 해체하고 재구성하는 힘으로서 행위하는 방식이다. 이것은 대타자에 대한 귀속을 거부하는 방식이며 또한 그것 바깥에서의 부유(낭만적 부유이든 수동적 부유이든) 또한 거부하는 방식이다. 이 경우 주체는 대타자의 변형에 성공해 역사적 주체(진정한 의미에서의 '주체')로서 살아가거나, 실패해 대타자라는 분쇄기 안에서 으깨어지거나(죽음) 어쩔 수 없이 그 안으로 흡수되어 들어간다(전향/변절).[28] 그러나 성공/실패의 기준이 무엇인가는 결코 간단한 문제가 아니며, 외

---

25) '막덕'은 마르크스주의자들을 비하해 부르는 말이다.

26) 채만식, 「치숙」, 같은 책, 161쪽.

27) 자본주의에 헛되이 저항하지만 그것의 '법칙성'에 떠밀려 결국 몰락하는 박진사의 경우를 '당랑(蟷螂)에 비유하는 것에서 이 점이 분명히 나타난다(「당랑의 전설」, 1940).

28) 그러나 전향이 완전한 단절을 뜻하지는 않으며 소극적일 수밖에는 없지만 결코 끝나지는 않은 저항으로 이어질 수도 있다. 다음을 보라. 쓰루미 슌스케, 『전향』, 최영호 옮김, 논형, 2005.

형적인 방식으로만 판단할 수 있는 문제도 아니다. 아마 성공/실패란 너무 단순하고 야만적인 이항-대립적 개념일 것이며, 우리가 주목해야 할 것은 대타자와 투쟁하는 주체들의 구체적인 양태들일 것이다.

식민지 상황이라는 전체적 현실 내에서도 도시(특히 경성)에서의 주체 형성과 농촌에서의 주체 형성은 다른 양태를 띠게 됨을 확인할 수 있다.[29] 채만식과 같이 풍자(와 해학)의 미학을 보여 주지만 채만식의 도시적 냉소주의와는 또 다른 미학을 보여 준 것은 김유정이다.

"산머리 위에서 굽어보던 해님이 서쪽으로 기울어 나무에 긴 꼬리가 달렸건만 / 나물 뜯을 생각은 않고 / 이뿐이는 늙은 잣나무 허리에 등을 비겨대고 먼 하늘만 이렇게 하염없이 바라보고 섰다. / 하늘은 맑게 개고 이쪽 저쪽으로 뭉굴뭉굴 피어오른 흰 꽃송이는 곱게도 움직인다. 저것도 구름인지 학들은 쌍쌍이 짝을 짓고 그 새로 날아들며 끼리끼리 어르는 소리가 이 수풍[숲]까지 멀리 흘러내린다. / 갖가지 나무들은 사방에 잎이 욱었고 땡볕에 그 잎을 펴들고 너훌너훌 바람과 아울러 산골의 향기를 자랑한다. / 그 공중에는 나는 꾀꼬리가 어여쁘고——노란 날개를 팔딱이고 이 가지 저 가지로 옮아 앉으며 흥에 겨운 행복을 노래부른다."[30] 이런 식의 정조情調는 경성을 배경으로 하는 소설들에서는 좀체 느낄 수 없는 공간적 배경을 전달해 준다. 한 사람의 주체는 그가 속한 자연적-사회적 장에 의해 일차적으로 결

---

29) 일제시대 농촌의 상황에 대해서는 다음 글을 보라. 이준식, 「농촌 사회의 변화와 농민 운동」, 신용하 외 엮음, 『한국 사회사의 이해』, 문학과지성사, 1995/1997, 389~418쪽.
30) 김유정, 「산골」, 『동백꽃』, 유인순 책임편집, 문학과지성사, 2006, 179~180쪽.

정되거니와, 여기에서 우리는 일제시대 경성 같은 도회지의 주체들과 그것과 떨어진 시골의 주체들이 얼마나 다른 환경 속에서 살았는가를 실감할 수 있다.

바로 그렇기 때문에 김유정은 당시 일제 근대화의 패러디로서 존재했던 경성, 더 나아가 그것을 가능하게 한 식민지 근대성에 대해 비판의 눈길을 던진다. 「땡볕」에서 덕순이는 희귀한 병을 앓는 환자에게는 돈을 준다는 소문을 믿고서 이미 사산死産한 아기를 뱃속에 안고 있는 아내를 지게에 메고 경성에 올라온다. 그러나 "배를 째는" 서양식 의술이나 "수술실에서 들것으로 담아내는 환자와, 피고름이 엉긴 쓰레기통", "코를 찌르는 무더운 약내", "한쪽에 번쩍번쩍 늘려놓은 기계" 등이 두 내외를 공포에 질리게 만든다.[31] 그러나 그들을 더 서글프게 만드는 것은 그 어떤 인정도 다 말라 버린 경성 병원의 사람들이다. 이들을 떨리게 만드는 이야기들을 "조금도 거리낌 없는 어조로 줄줄 쏟아" 내는 나어린 간호부나 이들의 처참한 상황을 "비소[비웃음]를 금치 못하고 섰는 간호부와 의사"가 그렇다.[32] 여기에서 우리는 당대 식민지 상황이라는 큰 현실 내에서도 다시 얼마나 이질적인 현실들이 중층적으로 형성되어 있었나를 실감할 수 있다. 김유정은 경성에 적응하지 못하는 두 부부를 통해서 당대 모순의 또 다른 일면을 제시하고 있다.

이러한 시도와 짝(대립항)을 이루는 시도는 곧 시골에서의 삶 속

31) 김유정, 「땡볕」, 『동백꽃』, 350~351쪽.
32) 같은 책, 352~353쪽.

에서 어떤 출구를 발견해내는 작업일 것이다. 이것은 경성과는 다른 환경이나 분위기의 묘사를 통해서도 이루어지지만, 무엇보다도 도회지에는 불가능한 화해와 정감의 가능성을 찾아냄으로써 가능해졌다고 할 수 있다. 예컨대 「동백꽃」[33]에서는 계층적인 차이를 넘어 순박한 사랑을 깨닫게 되는 소년소녀의 세계가 그려져 있고, 「봄·봄」[34]에서는 데릴사위와 장인의 갈등과 화해가 해학적으로 펼쳐진다. 김유정은 채만식의 소극적이고 냉소적인 풍자를 넘어 시골생활에서 가능한 자연과 인간의 화해, 인간과 인간의 화해를 묘사함으로써 힘겨운 한 시대를 살아갈 수 있는 한 가닥 빛줄기를 제시했다 하겠다.

그러나 김유정에게 도시와 농촌은 단순한 대립항으로서만 파악된다. 때문에 메마른 도시와 순박한 시골이라는 추상적 이분법이 그의 소설들을 관류하고 있다. 바로 그랬기 때문에 김유정은 농촌 자체에서 발생하는 모순들에는 눈길을 줄 수 없었던 것이다. 김유정과는 달리 농촌의 모순을 예리하게 직시했던 것은 이기영이며, 따라서 이기영의 『고향』은 김유정의 것과는 전혀 다른 농촌을 그릴 수 있었다.

일제시대 이렇게 귀속도 부유도 아닌 투쟁의 길을 선택한 작가들 중 한 예로서 강경애의 경우를 보자. 강경애는 채만식이나 김유정보다 훨씬 적극적인 의미에서의 문학적 투쟁을 택한 대표적인 경우이다.

"이 산등에 올라서면 용연 동네는 저렇게 뻔히 들여다볼 수가 있다. 저기 우뚝 솟은 저 양기와집이 바로 이 앞벌 농장 주인인 정덕호

---

33) 같은 책, 296~306쪽.
34) 같은 책, 198~214쪽.

집이며, 그다음 이편으로 썩 나와서 양철집이 면역소面役所며, 그다음
으로 같은 양철집이 주재소며, 그 주위를 싸고 컴컴히 돌아앉은 것이
모두 농가들이다."[35] 소설은 이렇게 계급의식을 지정학적으로 표현함
으로써 시작된다. 지주, 면역소[면사무소], 주재소[파출소], 농가라는
일제시대 계급구조가 단적으로 나타나 있다. 거기에 '원소'怨沼라는 의
미심장한 이름의 못이 농민들의 한과 희망을 동시 담은 채 상징적으
로 등장한다. 이렇게 시작되는 장편소설 『인간문제』(1934)는 인천의
노동운동에 뛰어든 세 인물(선비, 첫째, 유신철)의 행로를 기본 가닥으
로 펼쳐지는 사회주의 리얼리즘의 대표적인 작품이다. 이야기는 용연
동네에서 시작해 농촌 현실을 묘사한 후, 세 인물이 서울을 거쳐 결국
인천의 노동운동에 투신하고, 그후 서로 행로를 달리하는 과정을 그
리고 있다.

　선비는 지주인 정덕호 집안의 하녀로서 순박한 처녀로 그려진다.
정덕호에게 몸을 뺏긴 후 서울에 올라오게 된다. 첫째는 극히 빈한한
집의 우직한 청년으로 배가 고파 쌀 도둑질을 하다가 고향을 뜬다. 이
과정에서 '법'이라는 것이 얼마나 첫째를 짓누르는 정체불명의 존재
였는지가 강조된다. 이 두 인물은 당대 시골의 전형적인 처녀총각들
을 상징하고 있다. 아직 심리 묘사가 발달하지 않은 시대여서인지 인
물 묘사가 극히 단선적이다. 그러나 이것은 즉자적 존재로부터 대자
적 존재로 전환하는 이들의 '의식화'를 좀더 강렬하게 묘사하기 위한
장치라고 할 수도 있을 것이다. 이에 비해 유신철은 경성의 가난한 집

---

35) 강경애, 『인간문제』, 최원식 책임편집, 문학과지성사, 2006, 7쪽.

안 학생으로서 정덕호의 딸 옥점과 그의 집에서 얼핏 본 선비 사이에서 흔들리는 인물로 그려진다. 부잣집 딸 옥점과의 결혼을 강제당하지만, 선비의 이미지에 계속 사로잡힌다. 도서관에서 육법전서를 부지런히 외우는 친구를 보면서 "지금 저들은 사무관이나 판검사를 머리에 그리며 저 모양을 하고 있을 것이다. 그는 불시에 이 도서실이 싫어졌다"고 묘사되고 있다.[36] 유신철에 대한 묘사도 너무 단선적이지만 이런 구절을 통해 그가 훗날 노동운동에 투신하게 되는 실마리를 약간은 던져 놓고 있다. 선비와 첫째가 극히 즉자적 존재들로 그려지는 반면, 유신철은 가족, 학교 등에 불만을 가지고 있으면서도 그 불만의 정체와 해소 방향을 정확히 잡지 못하고 있는 인물로 그려지고 있다. 아버지의 강요에 반항하면서 집을 나선 그는 불도 안 땐 토굴 같은 방에 쪼그리고 앉아 "책상머리에서 생각하던 바와는 너무나 현실이 무서움을 깨달았다."[37] 선비와 첫째의 변신에 비해 유신철의 변신은 이렇게 좀더 복합적으로 그려진다.[38]

이야기의 본격적인 전개는 인천에서 이루어진다. 이것은 당시의 실제 상황에 일치하는 설정이라고 할 수 있다.[39] 선비는 인천에서 (용연에서 정덕호의 첩이었던) 간난이를 만나 노동자 생활로 뛰어든다. 이

---

36) 같은 책, 218쪽.
37) 같은 책, 229쪽.
38) "그는 수없이 깜박이는 저 전등을 바라보며 잉여노동의 착취! 하고 생각하였다. 그가 책상에서 『자본론』을 통하여 읽던 잉여노동의 착취보다 오늘의 직접 당하는 잉여노동의 착취가 얼마나 무섭고 또 근중[무게]이 있는가를 깨달았다."(같은 책, 277쪽)
39) 인천을 비롯한 일제시대 도시들의 상황에 대해서는 다음을 보라. 하시야 히로시, 『일본 제국주의, 식민지 도시를 건설하다』, 김제정 옮김, 모티브북, 2005.

전에 정덕호에게 당한 기억을 벗어나지 못하면서, 또 어린 시절의 첫째에 대한 기억을 더듬으면서, 선비는 여성 노동자로서의 계급의식을 조금씩 깨달아 가지만 결국 병에 걸려 죽는다. 소설은 선비의 주체성 형성에 대해 좀더 적극적이고 복잡한 전개를 보이지 못하고 다소 싱겁게 처리하고 있다. 여성으로서의 선비의 (또 다른 정덕호들인 감독들에 대한) 불안한 심리를 일정 정도 그리고 있으나 선비의 주체성 형성에 대한 이렇다 할 전개도 없이 느닷없이 병으로 죽는 것으로 처리하고 있다. 물론 이것이 과장 없는 '리얼리즘'의 정신일 수도 있겠으나 다소 아쉬운 결말인 듯싶다.

이에 비해 첫째는 멋모르는 노동자로 일하다 유신철을 만나 계급의식에 눈뜨는 인물로 그려진다. 법이라는 정체불명의 괴물에 치를 떨던 그는 유신철에게서 배우면서 늠름한 노동자로 큰다. "신철이가 처음 첫째를 만났을 때는 다만 순직한 노동자로밖에 그의 눈에 비치지 않던 그가 …… 어떤 위압까지 느껴진다." "그는 이러한 생각을 하면서 걸었다. 인간이란 그가 속하여 있는 계급을 명확히 알아야 하고, 동시에 인간 사회의 역사적 발전을 위하여 투쟁하는 인간이야말로 참다운 인간이라는 신철의 말을 다시 한번 생각하였다."[40] 늘 선비를 그리워하면서 그를 아내로 맞아 단란한 가정을 꾸리는 것을 상상하던 그는 마침내 선비를 만나게 되지만, 그가 만난 것은 이미 죽은 선비의 시체였다. 그 시체 앞에서 그는 '인간문제'를 강렬하게 깨닫게 된다. "이 시커먼 뭉치! 이 뭉치는 점점 크게 확대되어가지고 그의 앞

---

40) 강경애, 『인간문제』, 331~334쪽.

을 캄캄하게 하였다. 아니, 인간이 걸어가는 앞길에 가로질리는 이 뭉치…… 시커먼 뭉치, 이 뭉치야말로 인간문제가 아니고 무엇일까?/ 이 인간문제! 무엇보다도 이 문제를 해결하지 않으면 안 될 것이다. 인간은 이 문제를 위하여 몇천만 년을 두고 싸워 왔다. 그러나 아직 이 문제는 풀리지 않고 있지 않은가! 그러면 앞으로 이 당면한 큰 문제를 풀어 나갈 인간이 누굴까?"[41]

유신철은 집을 나와서 어렵사리 노동계에 적응한다. 지식계급이 노동계급에 동화되는 것이 얼마나 어려운 일인가가 잘 묘사되고 있다. 그의 노력은 많은 노동자들을 변화시키고 노동운동에는 새로운 바람이 분다. "전 같으면 저마다 붉은 끈을 얻으려고 대가리쌈을 하고 덤벼들 것이나 오늘은 백통테 안경이 붉은 끈을 봐란 듯이 팔에다 걸고 그들의 앞으로 왔다 갔다 하여도 그들은 눈 한번 깜박하지 않는 듯 하였다. 백통테 안경은 이상스러운 반면에 뭐라고 형용할 수 없는 무서운 생각이 들었다."[42] 그러나 일제 검거에 걸려 감옥에 들어간 유신철은 결국 흔들리게 된다. 그가 비웃었던 (육법전서를 외던) 친구는 이미 예심판사가 되어 그를 설득한다. "위선 나부터도 이 자본주의 사회제도를 전부가 다 옳다고 긍정할 수는 없네. …… 그러나 이 제도를 없이하려면 상당히 오랜 역사를 요구하게 될 것이 아닌가. …… 요즘 일본에서도 ××당의 거두들이 전향한 것도 잘 알 터이지. 그들도 생각이 있었을 것일세. 자네는 이 말에 대해서 어떻게 생각하는가?"[43] 유

---

41) 같은 책, 389~390쪽.
42) 같은 책, 347쪽.

신철은 한편으로 이 "타산에 밝은 개인주의적 그 이론"에 혐오감을 느끼면서도 이미 흔들리고 있는 자신을 발견한다.

『인간문제』는 이렇게 세 주체의 변모 과정을 그리면서 일제시대 현실에서 등장한 여러 주체들의 길을 그리고 있다. 시골에서 힘겨운 삶을 살다 인천의 공장에서 계급의식에 조금씩 눈을 떠 갔으나 허무하게 좌절해 버린 선비, 아무것도 모르는 무지렁이에서 늠름한 노동자 전사로 변신하는 첫째, 그리고 노동운동에 뛰어들어 첫째를 전사로 만들어 놓았으나 그 자신은 출신 성분을 극복하지 못하고 전향한 유신철이라는 세 주체의 길을 그림으로써, 『인간문제』는 일제시대를 살아간 세 인물의 주체화 과정을 비교할 수 있는 이야기를 펼쳤다고 할 수 있다.

주체화의 길들

모든 개인들은 특정한 사회-역사적 장에서 태어나 살아가게 되며, 그 장에서 특정한 '주체'로서 형성/변화되어 간다. 주체는 수동적이고 능동적인 두 방향의 힘을 끝없이 엮어 감으로써 특정한 주체로서 계속 생성한다. 여기에서 수동적인 힘이란 가족을 비롯해 한 개인을 둘러싼 대타자들에 영향받는 힘이고, 능동적인 힘이란 스스로를 만들어 나가는 개체의 힘이다. 한 개인은 이렇게 대타자와 '자기'의 끝없는 상추相推에 입각해 주체"화"를 겪는다. 주체에게 대타자는 이중적인 의

---

43) 강경애, 『인간문제』, 370~371쪽.

미를 가진다. 한편으로 대타자는 벌거숭이 개체에게 일정한 삶의 양식을 부여해 주고 그를 본격적인 의미에서의 '인간'으로 만들어 준다. 아리스토텔레스의 말처럼 폴리스=공동체 바깥의 인간은 본격적인 '인간'이 될 수 없다. 다른 한편 개체는 대타자가 부여하는 제도, 법, 규범, 윤리 등등에 온전하게 흡수되기를 늘 거부하며 그것에 저항한다. 이렇게 대타자와 주체의 관계는 이중적이다.

'코드'들은 한편으로 익명적이고 무의식적인 존재로서 다가온다. 우리는 자주 아무 생각 없이 이 코드들에 따라 산다(때로는 자신이 어떤 코드에 따라 사는지 자체를 인식하지 못하고 산다). 그러나 다른 한편 이 코드들은 틀림없이 특정한 시대에 특정한 인물들이 특정한 목적을 가지고 만든 것이다. 우리는 사실상 "만들어진" 것을 "주어진" 것으로 착각하고 있는 것이다. 코드들이 "만들어진" 것이라면 그것은 해체될 수도 있고 변형될 수도 있다.

자신에게 주어진 대타자를 대하는 주체의 태도는 크게 세 가지로 나뉜다. 첫째, 주체는 대타자에 귀속된다. 이 경우 주체는 더 이상 주체이기를 포기하게 된다. 주체는 대타자를 받아들이고 스스로를 그 하나의 항項으로 편입시킴으로써 안정을 찾는다.(귀속되는 주체)

둘째, 주체는 자신에게 주어진 코드들이 억압적이라고 판단하는 한에서 그것에 저항한다. 이 저항의 양태는 세 가지 형태로 나타난다. 첫째, 주체는 어떤 대타자에도 안주하지 못한다. 이 주체는 대타자에 귀속될 생각도 없지만 스스로의 힘으로 그것을 변형시키려 하지는 않는다. 또는 그럴 마음이 있어도 그렇게 하지 못한다. 결국 주체는 계속 떠돌아다닌다.(부유하는 주체)

셋째, 주체는 대타자들을 거부하고 투쟁하지만, 스스로의 힘으로 대타자들을 전복시킬 힘이 없다. 결국 주체는 스러진다. 또는 주체는 다른 주체들과 연대한다. 그리고 이 연대의 힘으로 대타자와 투쟁한다. 이 투쟁 또한 스러질 수도 있고 어떤 형태로든 성공할 수도 있다. 개별적인 경우든 집단적인 경우든, 스러지는 경우든 성공하는 경우든 이는 억압적 대타자에 맞서 싸우는 주체들이다.(**투쟁하는 주체**)

한 인간의 삶을 둘러싼 대타자들(사회적 보편자들)은 중층적이다. 무수한 동심원들과 이심원들의 장에서 한 인간은 극히 복잡한 주체화의 과정을 겪어 나간다. 이 대타자들 중 가장 강력한 힘을 행사하는 것들 중 하나는 바로 국가이다. '일제시대'는 곧 그 안에서 살아가야 했던 개인들에게 무겁게 군림했던 대타자였다. 따라서 이 시대의 "근대적 개인의 탄생"은 어떤 식으로든 이 일제시대라는 대타자와의 관련 속에서 이루어질 수밖에 없었다. 다시 말해, 이 시대의 한 개인의 주체화는 일제시대라는 대타자의 힘을 배제하고서는 생각할 수 없었다.

"근대적 개인"이란 다양한 방식으로 이해될 수 있겠지만, 무엇보다도 우선 타자와의 관계를 자주적으로 맺어 나갈 수 있는 주체로서 이해될 수 있다. 물론 온전한 의미에서의 이런 주체는 원칙적으로 불가능하다. 타자와의 관계-맺음 자체가 이미 한 개인의 자주성自主性——다산 정약용의 용어로 "자주지권"自主之權——을 제한하기 때문이다. 따라서 여기에서의 자주성이란 관계망을 벗어난 (실제상 의미가 없는) 주체성이 아니라 어디까지나 타자들과 관계를 맺어 나갈 수 있는 권리를 가진 주체성을 뜻한다. 이론상 이런 근대적 주체들이 만나형성하는 곳이 '사회'이다. 물론 이런 주체들 역시 불가능하다. 한 인간의 태어남 자체가 이미 어떤 장에서 이루어지며 그 장에 의해 "언제나 이미" 결정되기 때문이다. 따라서 이런 주체성, 자주성은 어떤 추상적인 규정을 통해서가 아니라 한 인간이 일정한 장에 태어나고, 나이를 먹고, 사회에 의해 길러지고, 타자들과 숱한 관계를 맺게 되고, 그러한 과정에서 계속 형성되고 형성하며, 변형되고 변형시켜 나가는 **주체**"화"의 과정으로서 이해되어야 한다. 우리가 주체의 문제를 인식론적, 존재론적, 정신분석학적,…… 이론을 통해서만이 아니라 또한 **구체적인 역사적 맥락**에서 이해해야 하는 것은 이 때문이다. 우리가 여기에서 소설들을 다룬 것도 이런 맥락에서 수행된 것이다.

　이러한 과정의 출발점은 바로 한 개인이 그 안에서 태어나게 되는 장이다. 바로 그렇기 때문에 일제시대에 태어난 개인들은 모두 이 장에서 스스로의 주체화를 시작할 수밖에 없었다. 그리고 그 장이 애초에 한 개인이 뚜렷한 근대적 주체로서 성장해 나갈 수 있는 여건을 억압하는 장이었다고 할 때, 우리는 이 시대의 개인들이 이 억압적 장에서 어떤 주체화 과정을 겪어 나갔는가에 주목할 수 있다. 우리가 지금까지 보았듯이 일제시대라는 장에 귀속되는 주체들, 그 위에서 부유하는 주체들, 그리고 그 장과 투쟁하는 주체들이 역사를 수놓아 왔으며 소설에 반영되어 왔다.

　일제시대와 오늘날의 시대는 분명 판이하다. 그러나 그 판이함의 이면에는 우리가 잘 주목하지 못하는 유사성이 도사리고 있는 것이 아닐까. 그래서 우리의 몸짓이나 말이나 생각에는 자기도 모르게 이전의 사건들과 상황들이 반복되고 있는 것은 아닐까. 역사의 수많은 흔적들이 침전되어 우리의 무의식 — 철학이나 정신분석학이 말하는 추상적 무의식이 아니라 우리가 "역사적 무의식"이라고 부를 수 있을 무의식 — 에 자리를 잡고 들어앉아 있는 것은 아닐까. 그렇다면 과거 역사에 대한 성찰은 곧 지금 우리 무의식의 성찰에 다름 아니라고 할 수 있으리라. 그리고 그러한 성찰에 성실할 때, 우리의 역사적 무의식을 끝없이 들여다보고 성찰할 때, 지금 이 시대 우리의 주체화의 길에 대해서도 사유할 수 있을 것이다.

한국 민족주의의 두 얼굴[*]

민족주의는 특히 근대성의 도래 이후 세계사의 흐름에서 빼놓을 수 없는 주요 동력으로 작용했다. 서구에서 민족주의는 근대성의 한 요소를 이루기도 하고 때로는 그것과 대립하기도 했거니와, 동북아에서는 대체적으로 근대성의 대립항으로 성립했다. 동북아에서의 근대성은 서구라는 대人타자에의 동일화를 통해서 형성되었고, 민족주의는 이 동일화를 거부하는 차별화의 몸짓과 더불어 작동해 왔기 때문이다. 때문에 동북아에서의 민족주의가 대부분의 경우 '근대성 비판', '근대의 초극'이라는 형태를 띠어 온 것은 이상할 것이 없다. 그러나 이 근대성 비판, 근대의 초극은 오늘날의 '탈근대' 사유들과는 반대로 강한 동일자의 형성을 겨냥한 것이었다. 적지 않은 경우, 그것은 표면상은 민족주의이지만 속 내용은 국민주의, 국가주의, 나아가 전체주

---

[*] 이 글은 『시대와 철학』, 2006년 봄호(17권 1호), 209~243쪽에 실렸으며, 2006년 4월 29일 시안 산시사범대학(西安陝西師範大學)에서 발표된 바 있다.

의인 것이다. 그렇다면 왜 민족주의가 제국주의 및 파시즘, 나아가 자유주의와도 자연스럽게 결합해 왔는가를 이해할 수 있다. '민족'이라는 존재단위entity를 구성하려는 곳에는 언제나 강한 동일자를 통한 권력 구성이라는 정치적 논리가 작동하고 있다 하겠다.

그러나 이렇게 구성되는 민족과는 달리 밑으로부터 형성되는 민족이 존재한다는 사실을 부정할 수 없다. 존재단위들은 동일성과 차이의 논리에 따라 다층적多層的으로 형성된다. 인간의 지각 구조는 그를 개체들을 중심으로 하는 '중간 차원'에 살게 만들며, 일상 언어는 이 차원의 존재론을 반영한다. 지성의 발달은 개체 이상의 단위들(예컨대 '보편자들')과 특히 근대 과학의 도래 이후 개체 이하의 단위들(예컨대 '~素', '~子')을 발견/발명하게 만들었다. '민족'이라는 (개체 이상의) 존재단위는 무수한 형태의 '우리들' 중 하나, 사회적 보편자들 중 하나로서, 혈통, 지역성, 언어, 문화,…… 등에서의 동일성/차이 놀이를 통해 형성되는 '우리'이다. 그러나 형성되는 민족의 경우도 그 정확한 분절 근거를 찾아내기는 쉽지 않으며, 그래서 우리의 논의는 민족이라는 단위의 존재론적 분절 근거의 문제로부터 시작된다. 다른 한편, 다소 느슨하게 점선으로 그려져 있던 민족이라는 보편자가 외세의 침입에 직면해 뚜렷하게 의식적으로 형성되는 경우도 많다. 이런 경우들은 특히 근대 이후 전개된 세계사에서 중요한 한 요소를 형성하며, 한국사에서도 핵심적인 측면을 형성한다. 이런 맥락에서의 민족주의는 (부정적 맥락에서의) 근대성에 대한 응전의 성격을 띠며, 따라서 우리는 민족주의를 근대성 비판의 한 갈래로서 읽어낼 수 있다.

우리의 논의를 위해서는 또한 민족과 국민의 관계를 논해야 할 것이며, 이 논의를 민족주의가 자유주의와 사회주의, 나아가 제국주의, 파시즘 등 근대를 수놓은 이념들과 가지는 관련성에 관한 논의로 이어 갈 필요가 있다. 이 글은 이러한 이론적 땅고르기를 토대로 한국 민족주의의 양면성을 논의할 것이다.

민족주의의 두 얼굴

사물들을 어떻게 분절해 볼 것인가, 즉 어떤 존재론에 입각해 세계를 이해할 것인가. 이것은 인식의 문제와 실천의 문제 양자 모두에 중요한 함축을 던지는 문제이다. 어떤 존재에 관련해 던질 수 있는 근본적인 물음은 "도대체 그런 것이 존재하는가?"라는 물음이다. '민족' 같은 민감한 존재에 관련해서는 더욱 그렇다. '민족'이라는 것이 존재하는가? 존재한다면 어떤 존재인가?

　우리의 자연적 지각에 의해 마름질되어 성립하는 존재들은 개체들과 유체流體들이다. 그러나 지성의 발달은 자연적 지각의 수준을 넘어 개체 이상과 이하의 다양한 존재들을 발견/발명하게 만들었다(발견인가 발명인가 자체가 논의거리이다. 예컨대 개체 이상의 보편자들을 둘러싼, 또 개체 이하의 과학적 대상들을 둘러싼 '실재성'의 논의들을 상기). 그러나 한 존재가 어떤 맥락에서 사유와 논의의 대상이 되는가를 이해하는 것은 존재론의 문제만이 아니라 정치적 문제이기도 하다. 하나의 존재는 단순히 발견되기만 하는 것은 아니라 많은 경우 구성되며, 이 구성에는 언제나 정치적-윤리적 맥락이 개입되기 때문이다. 어떤 것이 '존재한다'고, 어떤 '것'이라고 판단하고 그것을 명명하는 존재론적 행위 자체가 하나의 구성 행위이며 정치적-윤리적 행위라는 사실은 민족 개념을 이해하는 경우에도 중요하다.

'민족'이란 개체 이상의 존재단위들 중 하나이며, '국민', '종족' 등과 유사한 층위의 개념이자 '지역', '인종'…… 등과 밀접한 연관성을 가진 개념이다. 이 모두는 인간이라는 전체를 여러 개의 굵직한 존재 단위들로 분절하는 방식들이자, 거꾸로 말해 개인들을 일정한 외연으로 묶는 방식들이다. 즉 '우리'와 '그들'을 구분하기 위해 동원하는 각종의 사회적 보편자들이다.[1] 그렇다면 민족이란 무엇을 기준으로 분절되는가? 사물들을 분류하고 이름을 붙일 때, 거기에는 늘 '본질' 개념이 작동한다. 한 개념의 본질 규정에 근거해 그것의 외연이 결정된다. 그러나 규정은 시간이 지나가면서 바뀔 수 있다. 검은 백조의 등장은 '白鳥'의 본질 규정을 뒤흔들었다. 그렇다면 한 민족의 본질 규정은

---

[1] 이런 맥락에서 강상중은 민족을 "'우리'를 '그들'과 구별하는 습관적 실천의 총체"로 규정한다(강상중, 『내셔널리즘』, 임성모 옮김, 이산, 2004, 45쪽). 물론 이 규정은 민족만이 아니라 모든 형태의 사회적 보편자들에게도 적용되는 규정이다. 따라서 민족이라는 존재단위에 고유한 "습관적 실천"의 총체를 밝혀야 할 것이다. 민족이란 "제한되고[일정한 테두리를 전제하고 있고] 주권을 가진 것으로 상상되는 정치공동체"라는 앤더슨의 규정은 다소 느슨하다(베네딕트 앤더슨, 『상상의 공동체』, 윤형숙 옮김, 나남출판, 2002, 25쪽). 그러나 이 정의는 민족이라는 개념이 이미지 및 상상(이미지작용)과 연관되어 있다는 것을 지적해 주는 장점을 가진다.

민족 개념이 정의하기 어려운 개념이라는 사실은 그 자체로서 매우 중요하다. 정의가 한 사물의 본질을 언표화하는 것이라면, (이데올로기적 정의들은 말할 것도 없고) 숱한 학술적 정의들이 좌초한다는 사실은 곧 그 사물의 본질의 불확정성를 시사해 주는 것이고 따라서 그 개념에 대한 **정치적** 이해들이 일정 정도씩 자의적이라는 사실을 간접적으로 증명해 주는 것이기 때문이다. 물론 이 사실로부터 민족이라는 존재의 부재라는 결론으로까지 나아갈 필요는 없다. 민족이라는 존재는 어떤 식으로든 현실 속에서 작동하고 있기 때문이다.

무엇인가? 무엇이 어떤 사람들을 하나의 민족으로 만드는가?[2]

민족이라는 존재단위의 모호성은 여러 사람들에 의해 지적되어 왔다.[3] 민족 개념 비판에는 많은 내용들이 있으나, 그 중 몇 가지 핵심적인 것들만 들어 보자.

1) 인종의 구분은 구분의 기준을 무엇으로 정하느냐에 따라 크게 달라진다. 구분하려는 주체의 선택이 중요한 역할을 하기 때문이다. 예: 두시수頭示數를 연구하던 한 스웨덴 학자가 장두長頭인 북방계 인종이 상대적으로 단두短頭인 라틴 인종에 비해 더 우등하다는 설을 발표했고 그것에 발끈한 라틴계 학자들과 설전을 벌였으나, 후에 아프리카 흑인이나 오스트레일리아 원주민이, 심지어는 크로마뇽인이 더 장두라는 사실이 밝혀졌다.

2) 하나의 '민족 동일성'의 내부성은 늘 외부성과의 관계에 따라 상대적으로 형성된다. 예: 시오니즘은 유대인들 사이에서 별다른 세력을 가지지 못했으나 히틀러의 도발이 오히려 시오니즘을 키웠고 이

---

2) 여기에서 가장 중요한 문제는 구성이냐 형성이냐의 문제이다. 근대성의 도래 이후의 맥락에서 말해, 개체성, 주체성을 가진, 단독성을 가진 개인들이 모여 일정한 사회적 보편자를 이루기 위해서는 그 동인(動因)이 존재해야 한다. 이러한 조직화가 '자기조직화'에서처럼 형성되는 것인가, 아니면 외부적 힘에 의해 구성되는 것인가의 문제가 중요하다. 그러나 인간존재의 능동성과 수동성을 동시에 고려한다면, 형성과 구성은 대안이기보다는 **상관적 정도(correlative degree)**라 해야 할 것이다(내가 '상관적 정도'라 부르는 것은 두 항이 경우마다 상대적 정도를 달리하면서, 그러나 하나를 이루면서 맞물려 변해 가는 방식을 뜻한다. 理와 氣의 관계가 그 전형적 예이다).

3) 특히 고자카이 도시아키(小坂井敏晶)는 그의 뛰어난 저작에서 민족 분절의 기준들을 다양한 관점에서 검토하고, 그 어느 기준도 분명한 근거를 갖추고 있지 못하다는 사실을 상세하게 논의했다. 고자카이 도시아키, 『민족은 없다』, 방광석 옮김, 뿌리와이파리, 2003.

스라엘의 성립을 가져왔다.

3) 민족의 동일성은 오랜 세월에 걸친 변화에 주목하기보다는 외부적으로 구성된 인위적 동일성인 경우가 많다. 예: 일본의 순수성을 주장한 국수주의자들이 그 사상적 뿌리로 삼는 모토오리 노리나가의 '고쿠가쿠'國學는 '가라고코로'漢意라는 외부에 대항하기 위해 의식적으로 조작해낸 내용들로 가득하다.[4]

4) 문화에서의 동일성도 대개 역사의 어느 시점에서 형성된 것들이다. 예: 프랑스인들이 그토록 자랑하는 프랑스어의 순수성과 '국어 사랑'은 제3공화국이 실시한 의무교육을 통해 성립한 것이다. 이스라엘의 공식어가 이디시어나 영어가 아니라 히브리어가 된 것도 전적으로 정부의 인위적인 조작에 의한 것이었다.

이외에도 민족 동일성 개념의 모호함, 나아가 때로는 허구성은 여러 각도에서 드러난다. 요컨대 하나의 민족적 동일성이 마름질되는 것은 많은 경우 객관적 존재의 발견의 맥락보다는 일정한 맥락에서, 즉 일정한 주체에 의한 구성의 맥락에서 이해되어야 한다. 민족이라는 동일성의 존재가 발견됨으로써 그 사이에서 차이가 성립하는 것이 아니다. 의도적으로 차이를 구성해냄으로써 민족적 동일성이 존재하

---

4) 일본 민족주의의 이해에 있어 한 핵을 이루는 노리나가에 대해서는 子安宣邦, 『本居宣長』(岩波現代文庫, 2001)를 참조. 비판적 연구로는 丸山眞男 外, 『日本文化のかくれた形』(岩波書店, 1984), 87~152쪽 및 마루야마 마사오, 『일본정치사상사연구』(김석근 옮김, 통나무, 1995), 260~306쪽을 참조. 민족 동일성 개념은 흔히 보편자 실재론을 기반으로 하는 본질주의의 성격을 띠게 된다. "역대의 천황들은 '천황령'(天皇靈)이라는 불멸의 유일한 본질이 깃들기 위한 질료에 지나지 않는다"고 한 오리구치 노부오(折口信夫)의 주장이 그 전형적 예이다.

게 되는 것이다. 그러나 이와 달리 '자가조직적'인 민족 형성의 경우도 존재한다. 이것은 억압적 대타자에 맞서 하나의 사회적 보편자가 자(연)발(생)적으로 생겨나는 경우이다——이 경우 '자(연)발(생)적'은 'spontaneous'와 'voluntary'를 동시에 함축한다. 따라서 민족 개념의 구성적 측면만 강조할 때 자가조직적 민족 형성의 맥락을 간과하게 된다는 점도 잊지 말아야 한다. 전자는 근대 국민국가의 탄생이라는 맥락에서, 후자는 제국주의에의 저항을 통한 민족의식 형성이라는 맥락에서 가장 잘 드러난다.

근대 국민국가는 도시 중심의 중세 사회에서 국가 중심의 근대 사회로의 이행[5]을 완수하면서 민족 개념을 동원하기에 이른다. 삶의 큰 단위가 지역이라는 단위에서 국가라는 보다 큰 단위로 이행하기에 이른 것이다. 하나의 존재단위는 그것을 (다른 것이 아니라 바로) 그것으로서 존립할 수 있게 해주는 동일성을 필요로 한다. 그러나 국가의 동일성이 '국토'만으로 가능한 것은 아니다. 물리적 외연 이상의 무엇이 필요하다. 그것은 오랜 시간을 거쳐 오면서 유지되어 온 어떤 동일성이다. 시간은 동일성을 무너뜨린다. 동일성은 시간 앞에서 무력하

---

5) 도시의 변화에서 이 이행 과정을 시각적으로 확인할 수 있다. 시장 기능보다는 공공 기능이 훨씬 강했던 헬라스의 '아고라'와 로마의 '포룸'이 13세기 정도부터는 시장에 주도권을 내주게 된다. 자본주의(상업자본주의)의 근간이 마련된 것이다. 절대왕정 시대에 이르러 서서히 '전국 규모의 상업망'이 조직되면서 도시들은 성문을 연 채 국민국가의 기관들로 바뀐다(대포의 발명이 성곽을 무용지물로 만들었다는 사실도 상기). 그후 공업이 발달하면서 도시 중심부에는 공장들이 들어서게 된다(영국 노동계급에 대한 엥겔스의 묘사를 상기). 국민국가 형성과 도시의 성격 변화에 대한 간략한 논의로 다음을 보라. 전종한 외, 『인문지리학의 시선』, 논형, 2005, 343쪽 이하.

다. 그래서 오랜 시간의 풍파를 거치면서도 그 알맹이를 보존해 온 어떤 것, 기나긴 기억이 필요하게 된다. 많은 경우 이런 맥락에서 민족 개념이 성립했다. 피의 기억, 언어의 기억, 문화의 기억,…… 등 긴 기억이 탐사되고 조작되기 시작했다.[6] 'nation'이라는 말이 국민과 민족을 동시에 뜻하며, 'nation state'가 '국민국가'와 '민족국가'로 이중으로 번역된다는 사실이 이 점을 시사한다.[7]

반면 외세의 억압이 강해지는 것에 비례해서 이전에 다소 모호하고 산발적인 연계를 가지고 있던 사람들이 강한 응집력을 형성하는

---

6) 오늘날 우리가 수천 년의 전통으로 알고 있는 것들의 상당수가 19세기(민족주의의 전성기)에 국민국가의 주창자들에 의해 만들어진 것들이다. 하나의 예로서 '황실 패전트'를 상세히 다룬 다카시 후지타니, 『화려한 군주: 근대 일본의 권력과 국가의례』(한석정 옮김, 이산, 2003)를 보라. 이런 조작은 종종 특정한 사물에 연관되어 페티시즘의 형태로 추구되기도 한다. 예로서 힌두교의 소 숭배 조작에 대해서 드위젠드라 N. 자, 『성스러운 암소 신화: 인도 민족주의의 역사 만들기』(이광수 옮김, 푸른역사, 2004)를 보라. 다카시 후지타니의 저작은 근대 천황제를 일본의 낙후성을 보여 주는 돌발적인 발상으로, 중세의 흔적으로 해석하는 마루야마 마사오나 일본 마르크시스트들의 관점을 넘어서, 그것이 일본 근대성의 형성에 필수적으로 요청되는 가시성(可視性)——푸코가 근대성의 형성과 연관시켜 분석했던 의미에 있어——이었음을 보여 주려 한다는 점에서 중요한 시도이다.
전통 만들기는 두 층위에서, 즉 정부 주도(예컨대 '국문학')와 민간 주도(예컨대 '민속학'= '신국학')의 상이한 층위에서 진행되었으나, 이 두 층위는 종종 교차했다. '정전 만들기'라는 동일한 맥락에서 재발굴되었으나 전전에는 '역사'로서 전후에는 그 반대극인 '민속문학'으로서 자리매김되었던 『고사기』(古事記)의 경우가 그 전형적인 예이다. 다음을 보라. 하루오 시라네·스즈키 토미 엮음, 『창조된 고전』, 왕숙영 옮김, 소명출판, 2002.
7) 국민국가의 폭력성에 대해서는 니시카와 나가오, 『국민이라는 괴물』(윤대석 옮김, 소명출판, 2002)을 보라. '국민'이 구성되는 과정의 초입에서 푸코는 '통치성'(gouvernementalité)의 구성 과정을 밝혀 주었다. 1)권력의 표적은 인구이고, 지식의 형태는 (정치)경제학이며, 기술적 수단은 안전기구들이라는 점, 2)군주권, 기율 등에 대해 통치성이 우세해진다는 점, 3)정의(正義)국가가 행정(行政)국가로 이행하고 점차 '통치화'된다는 점이 논의된다. 푸코, 「통치성」, 『미셸 푸코의 권력이론』, 정일준 편역, 새물결, 1994, 25~48쪽.

경우는 '국민'보다 '민족'에 해당한다. 그러나 물론 여기에서도 개개인의 차이에 따라 행위에서의 많은 편차가 나타나게 되며, 또 이렇게 '형성'되는 민족의 경우에 있어서도 그 주도 세력들은 (다양한 목적과 맥락에서) 그렇게 형성되는 민족을 보다 단단하게 '구성'하려 하기 마련이다. 때문에 구성과 형성의 문제가 복잡해진다. 그러나 민족 집단이 그 구성원리로서 국민국가를 요청하는 경우(일제시대 한국)와 국민국가가 그 구성을 위해 민족이라는 이념을 필요로 하는 경우(일본, 해방후의 한국)를 구분하는 것이 필요하다.

근대 국민국가가 형성되고 그 과정에서 민족주의가 근대성의 빼놓을 수 없는 요소——근대성에 난 구멍, 근대성의 이물질異物質로서, 그러면서도 또한 근대성의 한 추동력으로서, 모순된 이중적 역할을 한 요소[8]——로 자리 잡는 과정에 대해서는 이미 방대한 연구 문헌들이 축적되어 있다. 여기에서는 서구에 관련해 일반적으로 알려져 있는 이야기들이 동북아의 경우에는 그대로 적용될 수 없다는 사실에, 즉 동북아 역사에서의 민족주의가 가지는 특징들에 주목해 몇 가지를 생각해 보기로 하자. 이 논의 과정에서 민족주의가 제국주의, 자유주의, 사회주의, 파시즘과, 보다 일반적 지평에서 말해 '근대성/현대성'과 가지는 관련성을 점검해 볼 것이며, 논의 결과를 이하 우리 논의의 개념적 배경으로 삼을 것이다.

---

8) 전체로부터 예외이면서도 바로 그 전체에 일정한 질서를 부여하는 예외로서의 '우발점'에 대해서는 다음을 보라. 들뢰즈, 「구조주의를 어떻게 식별할 것인가?」, 『의미의 논리』, 이정우 옮김, 한길사, 1999, 「보론」.

근대사에서의 민족주의

전통의 무게. 서구의 경우 근대 시민사회가 발전해 국민국가들이 구성되었다. 따라서 국가는 부르주아 계급이 (17세기 절대왕정과의 동침을 거쳐) 자신들의 지배 도구로 확립한 것이었다. 반면 동북아의 경우 근대 시민사회의 정치사상들은 새로운 국민국가를 수립하려는 통치계급(반드시 부르주아 계급은 아닌)과 때로 충돌했다. 그래서 예컨대 '국체'를 세우려 한 이토 히로부미는 민중문화와 '자유인권사상' 양자를 누르면서 국민문화를 세워야 했다(따라서 자연발생적/민속적 민족주의와 구성하는 국민주의 사이에 어긋남이 있다). 이것은 동북아의 경우 부르주아 세력이 넘어서야 할 '전통'의 무게가 훨씬 강했다는 것을 함축한다.

한 가지 명심할 것은 자유주의든 사회주의든 대부분의 근대 정치사상들이 아예 새로운 기반 위에서 근대 사회를 구성하려 한 데 비해(진화론적/진보주의적 사고) 민족주의는 '전통'이라는 **연속주의**의 기반 위에 선다는 사실이다. 민족주의는 근대적 개인주의와 합리성보다는 중세적 집단주의와 감정을 더 중시한다. 이 점에서 민족주의는 말하자면 종교적-신화적이며 근대성의 이물질이다. 민족주의는 근대에 꽃피었지만 근대 바깥을 지향한 사조이다. 이 사실은 왜 '근대의 초극'이 근대 이후가 아니라 근대 이전의 냄새를 피우고 있는지를 잘 설명해 준다.[9] 나아가 왜 탈근대 사상들이 적어도 어떤 지점들에서 전근대 사상들과 교차하는지를 잘 설명해 준다. 이러한 연속주의, 전통주의가 대중들의 자생적 의식에서 유래할 때 문화적 민족주의나 저항적 민족주의로 방향을 잡지만, 정부의 힘으로 추진될 때 강력한 형태의 국가주의가 성립한다(물론 양자는 자주 결합한다. 메이지 초기의 국가주의와 대중들의 '자발적' 참여를 상기). 동북아인들에게 서구적인 개인주의는 매우 낯선 것이었고, 때문에 서구보다 더 강력한 형태의 국가주의가 자리 잡게 된다.

한국은 비교적 긴 역사를 가진 집단이다. 홉스봄이 "만일 유럽 내에 위치했다면 '역사적 민족들=historic nations'로 인지되었을 중국, 한국, 베트남, 그리고 아마 이란, 이집트 등과 같이 상대적으로 영구한 몇몇 정치체제들"[10]이라 했듯이, 유럽에 비해 긴 '왕조'王朝의 전통을 가지고 있는 국가들의 경우 민족주의는 더 자연스럽게 자리 잡게 된다. 그리고 이것은 한편으로 외세에 대한 저항적 민족주의의 뿌리가 되기도 하고, 또 때로는 배타적 민족주의의 온상이 되기도 한다.

제국주의와 민족주의. 서구에서의 민족주의는 중세적 통일성의 붕괴와 더불어 시작하지만, 동북아에서의 민족주의는, 적어도 근대적 맥락에서는, 제국주의와 더불어, 외세와 더불어 형성되었다. 제국주의는 일차적으로 경제적 맥락에서 이해된다. 제국주의는 자본주의 경제에서의 이윤율 저하라는 경향을 막기 위한 수단(마르크스), 판로와 원자재, 노동력의 문제(과소소비 이론의 룩셈부르크), 독점 문제에 연결되어 있는 자본 수출의 메커니즘(힐퍼딩), 중심부-주변부 구조에 관

---

9) 히로마쓰 와타루(廣松涉)는 다소 혼란스럽기는 하지만 '근대의 초극'을 둘러싼 이야기들을 정리해 주었다. 히로마쓰 와타루, 『근대의 초극』, 김항 옮김, 민음사, 2003.
10) 홉스봄, 『1780년 이후의 민족과 민족주의』, 강명세 옮김, 창작과비평사, 1994, 179쪽.

련되는 세계경제 질서(종속이론) 등으로 다양하게 담론화되었다. 그러나 제국주의는 민족주의와도 밀접한 관련을 가진다. 여기에는 정복하는 민족주의와 저항하는 민족주의가 충돌한다. 정복하는 민족주의는 일본에서의 '총동원 체제'에서 잘 볼 수 있듯이 정복하는 자들이 추구하는 응결력으로서의 민족주의이며, 저항하는 민족주의는 한국에서 잘 볼 수 있듯이 정복당하는 자들이 추구하는 응결력으로서의 민족주의이다. 정복하는 자들은 국가의 총동원 체제로 사람들을 몰고 가며 여기에 민족주의를 동원한다. '전후 민주주의'의 대표적인 사상가인 마루야마 마사오조차도 전시에는 총동원 체제에 영합했다.[11] 반면 정복당하는 사람들은 국가 중심보다는(국가가 와해되었으므로) 저항 운동을 전개하는 사람들에 의한 민족주의가 형성된다.[12] 그러나 바로 이 상황이 얄궂게도 해방 이후에는 국가주의의 원동력이 되곤 했으며, 1945년에 해방된 상당수 국가들이 독재를 경험하게 되는 이유들 중 하나가 된다.

말할 필요도 없이, 제국주의 문제는 한국 민족주의 연구, 그리고 한일 민족주의 비교 연구에서 특히 중요하다. 일본과 한국이 각각 정

---

11) 이는 나카노 도시오의 뛰어난 연구를 통해 밝혀졌다. 『오쓰카 히사오와 마루야마 마사오』, 서민교·정애영 옮김, 삼인, 2005. 특히 159쪽 이하를 보라.

12) 예컨대 다음을 보라. 김혜승, 『한국민족주의: 발생양식과 전개과정』, 비봉출판사, 2003 (개정판). 이 저작은 근대 민족주의의 연원을 멀리 잡아 조선조로까지 내려간 데에 특징이 있다. 민족주의를 외세에 대한 저항을 통해 형성된 것으로만 볼 경우, 지나치게 수동적 관점에서만 보는 결과를 낳는다. 이 저작은 조선조 시대에 이미 형성되어 있는 민족주의를 보여 줌으로써 역사의 연속성을 잘 설명해 주고 있다. 그러나 근대 민족주의를 논할 때, 이런 관점은 민족주의 개념을 지나치게 넓게 잡고 있다는 문제점을 노출한다.

복하는 민족주의와 저항하는 민족주의를 전개했기 때문이다. 일본이 정복자의 논리에 입각해 '근대의 초극'을 꾀했다면, 한국은 제국주의적 근대성의 폭력에 맞서 저항하는 민족주의를 펼쳤으나 해방 후 이 폭력을 내면화하게 된다.

자유주의와 민족/국가. 제국주의라는 일반적 상황 내에서 다시 자유주의와 사회주의가 맞서는 구도가 형성되었다. 서구의 경우 민족국가들의 등장은 '가톨릭'의 붕괴——종교적 의미에서든 '보편성'의 맥락에서든——와 더불어 성립했다. 그후 나폴레옹의 정복을 거친 이후 새로운 민족주의 열풍이 불기도 했으며, 여러 차례에 걸쳐 복잡한 분화 과정을 겪었다. 서구 근대를 이끌어 간 부르주아 계층에게 민족주의는 이차적인 것이었다. 자본주의의 유일한 '주의'ism는 자본주의 자체이다. 따라서 자본주의의 유일한 적은 반反자본주의이며, 그렇지 않은 모든 사조들은 "장사가 되느냐"의 여부에 따라 가변적인 관계를 맺는다. 민족주의가 특별한 장삿거리가 되지 않았던 근대에(오늘날은 다르다) 부르주아 계급에게 민족주의는 이차적인 것이었다.

부르주아 계급과 관료 계급(국가의, 더 정확히는 정부의 각료들)은 시대의 흐름에 따라 때로 손을 잡기도 하고 때로 대립하기도 한다. "전국 규모의 유통망"과 더불어 탄생한 상업자본주의는 절대왕정의 손길을 필요로 했다.[13] 이후로도 자본주의와 자유주의는 때때로 국가를 필요로 했지만, 민족에 대해서는 그것이 국가와 밀접하게 연루되는 한에서만 관계를 맺었다고 할 수 있다. 화폐를 통해 모든 것을 **등질화**하는 자본주의와 철저하게 **변별적**인 전통에 근거하는 민족주의는 근본적으로 다른 정향을 함축한다. 근대 사회를 주도해 온 부르주아 계급에게 전통에 기반하는 민족주의는 낡은 패러다임이었을 뿐이다. 역으로 민족주의 담론들에는 자본주의 비판이 약방의 감초처럼 등장한다(그러나 대부분의 경우 이 비판은 극히 피상적이고 느슨한 비판일 뿐이라는 점에 주목하자).

그러나 자본주의가 국가에 흡수되어 '국가경제', '민족자본' 등의 방식으로 전개되기도 했다. 리스트의 역사학파에서 그 분명한 예를 볼 수 있으며, 2차 대전 이후의 '개발도상국들'의 경우에는 거의 이런 형태를 띠곤 했다. 이럴 경우 자유주의/자본주의가 민족주의와 결합하기도 하나, 이것은 본격적인 의미에서의 민족주의이기보다는 자본과 국가가 응결력을 키우는 한 방식으로 민족주의와 연계되는 것일 뿐이라 해야 한다. 이 경우 핵심은 국가주의에 있지 민족주의에 있는 것은 아니다. 자유주의/자본주의가 적극적으로 관계하는 것은 근대적 국가주의이지 민족주의는 아니다.

사회주의와 민족주의. 사회주의의 보편성과 민족주의의 국지성은 현대사 내내 충돌해 왔다. 사회주의의 경우, 보편성이 추상적 보편성이 되지 않으려면 우선 특수성이 매개되어야 한다. 그래서 보편적인 프롤레타리아 독재로 가는 과정에서 계속 일국적—國的 투쟁을 매개할 수밖에 없다. "부르주아지에 대항한 프롤레타리아의 투쟁은 내용상으

---

13) 마르크스·엥겔스는 "부르주아지는 인구를 밀집시키고, 생산수단을 집중시키고, 소유를 소수의 수중에 집적시켰다. 이로부터 나오는 필연적 결과는 정치적 중앙 집권이었다. …… 하나의 국민, 하나의 정부, 하나의 법률, 하나의 전국적 계급 이해, 하나의 관세 구역으로 통합되었다"라고 쓰고 있거니와(『마르크스/엥겔스 저작 선집』 1권, 최인호 옮김, 박종철출판사, 1991, 405쪽), 절대왕정을 거치지 않았다면 이런 변화가 오기는 쉽지 않았을 것이다.

로는 그렇지 않음에도 불구하고 형식상 처음에는 일국적이다. 각국의 프롤레타리아는 당연히 맨 먼저 그들 나라의 부르주아지를 끝장내야 한다."[14] 반대로 민족주의를 우선시하는 사람들에게 보편성은 일국을 위해 매개되어야 할 중간항일 뿐이다. 이로부터 "민족이냐 계급이냐"라는 배제적 선언選言의 논리가 현대사를 관류하게 된다.

한국은 민족주의와 자유주의/공산주의 사이에서 착잡한 긴장을 겪어 왔다. 자유주의와 공산주의의 양분은 민족주의와 엇갈린다. 진정으로 민족주의를 추구한다면, 남과 북이 하나라는 것을 강조해야 한다. 자유주의와 공산주의의 대립은 민족을 애초에 갈라 놓고 있다. 따라서 민족주의와 자유주의/공산주의를 동시에 주장하는 것은 **논리적 이율배반**을 함축하게 된다. 이 이율배반의 질곡이 한국 현대사를 수놓았다. 그러나 민족주의와의 관계를 진정으로(의식적 차원에서, 사유의 수준에서) 성찰한 것은 공산주의 쪽이었다고 해야 할 것이다. 적어도 이론상, 자유주의는 민족주의와 모호한 관계를 맺을 수 있지만 공산주의로서는 민족주의와의 관계가 첨예한 이론적 문제일 수밖에 없기 때문이다(군정 시절의 역사–사회과학 연구가 민족주의 이해의 수준도 함께 높여 놓았다는 사실이 이를 방증한다).

파시즘과 민족주의. 민족주의가 가장 위험한 방식으로 폭력과 결합하는 것은 파시즘을 통해서이다. '군국'軍國의 구축이 요구하는 민족 Nation이라는 존재는 아리안족에 대한 히틀러의 집착이나 일본의 (서구에 대한 피해의식에서 나온) 자민족에 대한 광적인 애착에서 그 상징

---

14) 마르크스·엥겔스 『마르크스/엥겔스 저작 선집』 1권, 411쪽.

적인 이미지를 발견할 수 있다. 20세기 현대사는 파시즘과 민족주의의 결합이라는 최대의 비극을 겪어야 했다. 이런 유의 민족주의는 흔히 신비주의적인 생명철학을 바탕에 깔곤 한다. 조잡하기 이를 데 없는 형이상학을 민족주의 이데올로기를 위해 동원하는 것이다. 저항적 민족주의를 키웠던 한국은 30년이 넘는 군정軍政 시절을 거치면서 군국주의적 민족주의의 체질을 주입받아야 했다.

　　오늘날에 이르러 민족주의는 다소 사양의 기미를 보인다. 예컨대 파시즘 시절의 '근대의 초극'과 오늘날의 '탈근대' 사이에는 거대한 간극이 가로놓여 있다.[15] 이른바 '포스트모던 시대'를 특징짓는 요소들은 수없이 많으나, 경제적인 측면을 고려할 때 민족주의의 쇠퇴를 부추기는 것들 중 하나는 자본주의 경제의 변화이다. 국민국가가 '전국 규모의 상업 유통망'과 더불어 시작되었다는 것을 생각한다면, 초국적 기업들과 다국적 기업들 시대에 민족국가/국민국가에 기반했던 경제체계가 변화하는 것은 필연이다. 물론 국민국가가 소멸하기는 힘들다. '제국'帝國(네그리/하트)은 국민국가를 필요로 한다. 나아가 국민국가 그리고 민족 개념은 문화적 맥락에서 여전히 강고한 위치를 점하고 있다. 국민국가별로 나누어 경기를 치르고 각 민족들의 광적인 호응을 이끌어내는 월드컵을 위시해, 스포츠의 세계는 민족 개념(과

---

15) 가라타니 고진은 히로마쓰 와타루의 『근대의 초극』에 붙인 「해설」에서 이 점을 간파하지 못한 채 근대의 초극과 탈근대를 연결시키고 있다. 이 저작의 역자가 붙인 후기 역시 똑같은 시각을 보여 주고 있다. '근대의 초극'은 탈근대라는 거대한 드라마의 한 부분이며, 빗나간 형태의 근대성 비판의 전형이다. '탈근대'는 19세기 후반부터 오늘날까지 진행되고 있는 역사적-사상적인 거대한 흐름 전체를 가리키는 말이다. 전자는 일본 사상사의 한 특수 개념이고 후자는 극히 일반적인 개념이다.

지역 개념)이 시퍼렇게 살아 있음을 증명해 준다. 초국적 기업들, 다국적 기업들도 판로 개척을 위해서는 민족적-지역적 특색을 세심하게 주의한다. 다민족 모자이크의 성격을 띤 문화——예컨대 「스타 워즈」——의 경우에도, 각 민족은 그 모자이크에서 자신들의 것을 추출해내곤 한다(예컨대 일본풍의 제다이들). 게다가 최근 동북아 정세에서 볼 수 있듯이, 민족주의의 따가운 불길이 다시 솟아오르고 있음도 볼 수 있다.

이상에서 확인할 수 있듯이, 민족주의는 특히 19세기 이래 출현한 각종 근대적 이념들과 착잡한 관계를 맺으면서 오늘날에 이르렀다. 민족주의는 이런 '근대적인' 이념들에 맞서면서 전통적이고 종교적인 가치를 내세웠다. 민족주의는 '근대성 비판'으로서 기능해 왔다고 할 수 있다. 이 근대성 비판은 한편으로 적지 않은 경우 제국주의, 파시즘 등과 결부되어 근현대사를 비극으로 몰아넣곤 했지만, 다른 한편으로는 왜곡된 근대성에 대한 저항의 성격을 띠기도 했다(이런 이중적 성격은 한일 민족주의의 비교에 중요한 함축을 던진다). 민족주의의 '근대성 비판'을 오늘날의 맥락에서 다시 검토하고, 진정으로 근대성을 넘어서는 탈근대의 방향에서 민족주의는 과연 무엇일까를 생각해 봐야 한다.

민족주의에서 국가주의로

한국에서의 근대적 민족주의는 외세外勢의 제국주의적 침략이라는 상황에서 형성되었다. 근대 민족주의는 제국주의와 그에 대한 저항이라는 맥락에서 발생했다고 할 수 있다.[16]

한일병합 이전의 역사를 수놓았던 수많은 사건들에 민족주의라는 이름을 붙일 수 있는가는 신중하게 판단해야 할 문제이다. '민족주의'라는 개념의 외연을 어디까지 잡아야 하느냐 자체가 대단히 어려운 문제이다. 아주 넓게 잡을 경우 월드컵에 열광했던 사람들 모두가 민족주의자라 해야 하겠기에 말이다. 가장 좁게 잡을 경우, '민족주의'라는 개념을 분명히 거론하면서 일정 수준의 사상적/이론적 담론화를 통해 민족에 대한 담론을 전개한 사유들이 민족주의일 것이다. 그러나 '민족주의' 담론을 구체적으로 전개하지는 않았다 해도 후대의 민족주의 담론들에 비추어 민족주의로 분류할 수 있는 담론들도 많다. 또 하나, 독립투사들의 경우처럼 민족주의를 담론적 차원에서 전개하지 않았다 해도 행위의 차원에서 민족주의적 실천을 전개했다고 말할 수 있는 경우도 많다.[17]

우리는 지금까지의 관례를 참조하여, 그리고 하나의 가설로서 근

---

16) 현대의 여명을 이런 과정을 통해 맞이했던 지역들(일본을 예외로 한 모든 아시아 지역들)은 대개 식민지 시절을 거쳐 1945년에 해방된 후 (대부분 독재 성격을 띠는) '개발도상국'을 거치면서 각종 정치적 실험을 겪게 된다. 따라서 앞으로는 지역성을 초월해 유사한 과정을 겪은 지역들을 보다 일반적으로 사유할 수 있는 시각이 필요할 것이다.

17) 다른 개념들도 그렇거니와, 특히 민족주의라는 개념은 그 외연 설정이 매우 어렵다. 자신들의 민족(또는 '조국')에 대해 감정적 편파성을 지니지 않은 사람은 드물다는 점에서 그것은 사상 이전에 일종의 본능의 형태를 띠기 때문이다. 한국처럼 식민지 상황을 고려해야 하는 경우는 더욱 모호하다. 일제시대에 민족주의를 주창하지 않은 사상가·정치가는 많지 않았다. 식민지 상황이 아니라 해도 누구나 '우리 민족'을 이야기한다. 이 모두를 '민족주의'라 말한다면, 사실 이 말은 아무런 의미도 없는 말이다. 그래서 우리는 민족주의 담론을 액면 그대로 받아들이기보다는 늘 민족주의에 **결부되어 있는 다른 측면들**에 주목해야 한다. 민족주의는 그 자체로서는 막연하고 본능적이고 일반적인 개념이다. 그것이 어떤 다른 측면과 결부되어 있고, 역사상 구체적으로 어떤 역할을 했는가에 주목해서만 그것을 논할 수 있다.

현대 한국 민족주의의 외연(역사적 과정으로서의 외연)을 다음과 같이 규정할 수 있다. 1) 한국에 있어 '근대적' 맥락에서의 민족주의는 구한 말 외세의 침입이라는 외환外患을 통해 서서히 형성되었다. 2) 일제 강점을 통해 민족주의는 한국인 일반의 감정感情으로 자리 잡았으며, 제국주의 시대에 (구체적인 형태의) 민족주의는 자유주의, 사회주의와 더불어 이념적 삼각구도를 형성했다. 3) 해방 후 이승만 정권에서 민족주의는 자유주의/자본주의 이념 및 국가이성國家理性과 결부되기 시작했고 저항적 민족주의 정신이 변질되기 시작했다. 4) 군정軍政 시절 민족주의는 파시즘 정권에 의해 빈번히 이용당하곤 했다. 민족주의는 개발독재와 결부되었다. 그러나 동시에 파시즘 정권과 투쟁했던 많은 사람들이 민족주의의 이념을 견지했다. 민족주의의 악용과 선용을 구분해야 하는 것이다.[18] 5) 1987년 군정 종식 이후 민족주의는 새로운 국면을 맞이했다.

구한말에 조선인들은 개화자강운동, 위정척사운동, 동학농민봉기를 비롯한 다양한 방식들을 통해서 외세에 저항했다. '외세'外勢에 저항했음은 곧 내세內勢가 형성되고 강화되었음을 뜻한다. 그리고 외세의 단위들이 국가들, 민족들이었기에 내세는 필연적으로 민족주의의 형태를 띠게 되었다. 이때 형성된 민족주의가 근현대 민족주의의 원형을 이룬다고 하겠다.

일제 강점기에 민족주의의 위상은 묘한 구석이 있었다고 해야 한

---

18) 근현대 한국 민족주의의 전개는 유병용 외, 『한국 근대사와 민족주의』, 『한국 현대사와 민족주의』(이상 집문당, 1996·1997)에서 포괄적으로 연구되었다.

다. 당대의 민족주의는 식민지인들의 전반적 감정이었기에 말이다. 친일 인사들을 제외한다면 당대의 모든 사람들이 민족주의적 감정을 가지고 있었기에, 그것을 민족'주의'라고 부를 수 있을지 미묘하다(친일 인사들조차 스스로는 "민족을 위해서" 운운했음은 물론이다). '민족감정'과 '민족주의'를 혼동하면 곤란하다(우리는 뒤에서 안호상 등을 통해서 민족감정과 진정한 의미에서의 민족주의가 얼마나 다른 개념인가를 보게 될 것이다). 이 점에서 당대의 민족주의는 차라리 자유주의 및 사회주의와의 날카로운 대립을 통해서, 변별점들을 통해서 더 명료하게 드러난다. 말할 필요도 없이 이 모든 주의들/사상들은 당대의 기본적인 상황, 즉 제국주의적 상황을 전제하고서 논의되어야 한다. 제국주의와 민족주의의 축 그리고 자유주의와 사회주의의 축, 이 두 축으로 구성된 역사적 좌표계가 일제시대의 역사적-담론적 공간을 구성했다.

자유주의와 민족주의의 관계는 몹시 애매모호하다. 애매하다는 것은 '자유주의' 개념 자체가 명료하지 않음을 뜻하고, 모호하다는 것은 자유주의와 민족주의의 변별점이 뚜렷하지 않음을 뜻한다. 자유주의가 애매한 이유는 그것이 자본주의와 결탁해 지배적 현실을 이루고 있기 때문이다. 지배적 현실은 현실로서 가장 뚜렷하지만 사상으로서는 가장 애매하다. 그것은 공기처럼 사람들을 에워싸고 있다.[19] 자유주의 국가들에서 그것은 하나의 사상인 동시에 모든 사상들의 조건이

---

19) 도사카 준은 자유주의가 일종의 '상식'을 이룸으로써 매우 모호한 성격을 띠게 되며, 때문에 민족주의('일본주의')나 파시즘과 은근슬쩍 결합하곤 한다는 점을 잘 분석해 주었다. 戸坂潤, 『日本イデオロギー論』(岩波書店, 1935/1983)을 보라.

기도 하다. 사상은 추상공간에서, 전제 없는 공간에서 성립하지 않는다. 모든 사상들은 이미 존재하고 있는, 기득권으로서 자리 잡고 있는 현실공간에서 성립한다. 모든 사상들은 추상적인 동등성을 통해서가 아니라 기존 권력과의 일정한 관계를 통해서 성립하는 것이다. 민족주의와 자유주의는 어떤 면에서는 둘 다 의식 층위보다는 무의식 층위에 존재한다. 그 관계가 애매모호한 것은 이 때문이다.

이런 이유로 자유주의와 민족주의는 쉽게 결합한다. 그러나 한국 (과 비슷한 과정을 거친 지역들)의 경우 그 결합은 더욱 자연스럽게 이루어졌다(여기에서 "자연스럽다"는 것은 "자연발생적"이라는 것을 뜻하며, 또 '비非-의식적'이라는 것을 뜻한다). 이것은 제국주의적 맥락을 생각할 때 쉽게 이해된다. 제국주의에 대한 투쟁은 무력항쟁과 자강自彊 운동으로 대별된다. 무력항쟁은 일제에 대한 저항을 보다 직접적이고 순수하게 표현했다. 그러나 자강운동은 곧 사회진화론의 우승열패, 약육강식, 적자생존의 논리와 연결되며, 종국에는 자본주의적 국력을 지향하게 된다. 일제하 우파 진영이 전개한 숱한 운동들(물산장려운동, 자치운동, 신교육운동, 청년회운동, 브나로드운동……)은 자본주의를 지향하며, 일제하에서 종종 일제 자본주의와 결탁하곤 했다. 이 모든 흐름들은 일제하에서 민족주의와 자연스럽게 연결되었으며 결국 국가주의의 흐름으로 치달았다('고적보존운동'은 그 상징적 이미지를 제공한다). 자유주의, 자본주의, 민족주의, 제국주의(내면화된 제국주의), 사회진화론…… 등이 뒤범벅되어 결국 국가주의를 형성해 간 것이다. 일제하 한국의 민족주의는 제국주의에 저항한 민중의 운동이었으나, 근대적 국민국가를 지향한 사람들의 자유주의/자본주의와의 이런 애매모호한 관계가 적지 않은 경우 그 성격을 흐리게 만들었다고 하겠다.

자유주의와 달리 사회주의의 경우 민족주의는 예민한 긴장을 내포하는 문제이다('예민한'은 자유주의의 '자연발생적인', '비-의식적인'과 대비된다). 반反민족주의적 사회주의자들이 계급투쟁에 몰두했다면, 권오설, 김단야 등 민족주의적 사회주의자들은 6·10 만세운동과 광주학생운동 등을 주도하면서 민족운동을 추진했다(이와 호응해 도쿄, 오사카 등지에서도 사회주의자들의 항일운동이 전개되었다). 사회주의자들에게 중요했던 것은 자강운동이 아니라 무력항쟁이었으며, 이 점에서 자본주의를 지향했던 자유주의자들과 대별된다. 일제시대에 제국주의와의 투쟁과 민족주의는 동전의 양면을 형성했던 것이다. 그러나 이때 당시에 대중들의 광범위한 지지를 받았던 '사회주의'는 대부분의 사람들이 본격적인 자본주의를 체험하기 이전에 등장한 다분히 관념적인 사회주의였다는 사실을 잊지 말자. 사회주의 '정서'가 시대의 대세였고, 그랬기 때문에 심지어 곧 논할 일민주의자들까지도 자본주의와 사회주의의 '변증법적 합슴'을 강조했을 정도였다. 여기에서 우리가 논하고 있는 사회주의는 비교적 명료한 형태의 사회주의를 말한다.

여운형은 민족주의를 강조하는 한편 국제주의/세계주의를 '전체주의'와 동일시했다. 이기형이 전해 주는 바에 따르면, 여운형은 중국이나 소련 등 외세의 현실적인 힘에 많이 의존하기도 했으나 "우선 민족해방을 성취한 후에 민주혁명을 수행하고, 점차로 그러나 과감하게 사회개혁을 실천하여 훌륭한 자주독립 통일의 민주사회주의적인 민족국가를 건설해야 한다"는 생각으로 기울어진 것으로 보인다.[20] 여운형은 정치 이론으로는 공산주의에 찬성했지만 현실적으로 조선에 먼저 필요한 것은 자본주의라고 보았고, 철학적으로도 유물론보다는 오히려 기독교사상에 기울었다는 점에서 단적인 사회주의자/공산주의자이기보다는 여러모로 절충적인 인물이었다고 할 수 있다.

백남운은 한 대화에서 조선[북한]의 사상투쟁의 목표들로 "첫째 미제의 자본주의적인 자유주의사상과 세계제패의 야망을 합리화하려는 꼬스모뽈리찌즘을 분쇄하는 투쟁, 둘째 일제의 제국주의 이데올로기 잔재를 소탕하는 투쟁, 셋째 반인민적인 민족주의와 유교사상의 전통을 가진 봉건주의 이데올로기 잔재를 청산하는 투쟁"을 들고 있다.[21] 백남운은 당대를 냉전체제 바깥에 서서 볼 수 있는 눈은 없었지만, "조선민족"을 "세계사상에 희귀한 단일민족"으로 보면서[22] 역사학자로서 "주체적" 입장에서 한국사를 파고들어 갔다(이 점은 특히 '아시아적 생산양식 이론'을 둘러싼 논쟁과 한국/아시아에서의 노예제 존재 문제를 둘러싼 논쟁에서 잘 나타난다). 그러나 세번째 항에서 볼 수 있듯이, '반인민적인 민족주의'와 '봉건주의 이데올로기'를 투쟁의

20) 이기형, 『여운형 평전』, 실천문학사, 2004, 183~184쪽.

21) 백남운, 『쏘련인상』, 선인, 1950/2005, 172쪽. 소련에서 말하는 '꼬스모뽈리찌즘'(코스모폴리티즘cosmoplitism)은 민족국가로부터 초민족연합으로 이행하려는 자본주의 진영의 세계주의 이데올로기로서 이해되었다. 백남운은 소련과 스탈린을 극렬하게 찬양하면서 미소 대립의 구도 속에 빠져, 소련의 세계주의 이데올로기는 전혀 감지해내지 못하고 있다.

22) 백남운, 『조선사회경제사』, 심우성 옮김, 동문선, 1933/2004, 503쪽. 그러나 뒤에서 논할 안호상과 대조적으로 백남운은 단군신화에 대해서는 인류학적-합리주의적 해석을 가하고 있다(31쪽 이하).

대상으로 봄으로써 민족주의보다는 공산주의를 우위에 두었음을 알 수 있다. 그에게는 (거의 '소련주의'에 가까운) 공산주의와 비교적 학문적 성격을 띤 민족주의가 공존했었다고 할 수 있다.

박헌영은 (당시 누구나 이야기했던) 민족주의가 (그가 그것보다 더 근본적인 것으로 보았던) 민주주의[사회민주주의]가 뒷받침되지 않을 때 결국 보수적이고 반공적인 흐름으로 갈 수밖에 없다고 진단했다.[23] 이런 생각은 그가 찬탁의 입장을 취하게 된 중요한 이유라고 추측된다. 박헌영이 소련의 역할에 과도기적인 기대를 한 것은 그가 소련 공산당이 "반세기나 자라난 위대한 당"이라고 보았기 때문인 것으로 보인다.[24] 그의 입장을 가장 잘 보여 주는 것은 다음의 언급이라고 생각한다. "조선독립을 민주주의적 원칙 아래서 발전시키고, 독립국가로 완전하는 것이기 때문이다. 그리고 신탁이란 제국주의의 식민지나 위임통치를 의미하는 것이 아니라, 미소공동위원회로부터 조선독립의 원조와 협력을 의미하는 까닭이다." "조선 현단계는 소비에트화할 단계에 서 있지 않고, 민주주의 변혁과정에 있다. 이 과정은 모든 봉건적인 잔재를 급속히 근절시키는 데 있다."[25]

여운형, 백남운, 박헌영으로 가면서 사회주의 계열 정치가-사상

---

23) 이 점은 김구에 대한 그의 언급에서 특히 분명히 나타난다. "문: 김구 씨에 대한 태도는 어떠한가? 답: 그가 진보적 민주주의자이기를 바란다. 국내 민중은 사상적으로 몹시 진보되어 있으므로 보수적 방법론만으로는 수습할 수 없기 때문이다. 대체로 해외 민족주의자의 결함이란 보수적이며 반소·반공적이어서 진보적 민주주의의 실천자로서는 부족한 점이 적지 않다."(임경석, 『이정 박헌영 일대기』, 역사비평사, 2004, 243쪽) 박헌영은 일관되게 '진보적 민주주의'를 역설했다.

24) 같은 책, 305쪽.

가들의 생각의 분포를 엿볼 수 있다. 사회주의/공산주의 계열의 사상가들은 이렇게 민족주의를 놓고서 다양한 입장들의 스펙트럼을 형성했으나, 전반적으로 볼 때 공산주의 진영은 민족주의에 대한 이론적 성찰이 보다 분명했다고 할 수 있을 것이다.[26] 당시의 정치적–사상적 구도에서 대부분의 인물들이 친일, 친미, 친소(와 때로는 친중)로 갈라져 있었음을 확인할 수 있다. 김구의 '대중적 인기'도 이런 면과 관련되어 있을 것이다. 그러나 친미, 친소이든, 다른 입장이든 맥락을 분명히 하지 않는다면, 이런 식의 판단은 민족'감정'에 입각한 판단이지 사유에 입각한 판단이 아니다. 민족주의 개념이 얼마나 상대적인 것인가를 분명히 할 필요가 있다. 이 시기에 '민족'을 내세우지 않은 사람은 없었다는 점에서(물론 지금도 거의 마찬가지이다) 그들에게서 민족주의의 상위에서 작동하고 있는 이념이 무엇인가를 분명히 하지 않는다면, 그 '민족주의'라는 이념은 거의 상투적인 이념에 불과한 것이기 때문이다. 한 집단의 정적政敵인 집단은 모두 '반민족적'이라는 수식어로 묘사되었다. '민족주의'가 아니라 이 이름으로 표현되는 **상위의 이념**이 무엇인가를 분명히 하는 것이 중요한 것이다.

---

25) 박헌영, 「'託治'는 進步的 國際戰線, 臨政의 앗쇼性 暴露, 朴憲永氏 外國記者團과 會見」, 『조선인민보』, 1946년 1월 6일자. 박헌영의 이런 노선은 단적인 민족주의자인 김구에 대한 다음과 같은 언급에서도 분명히 나타난다. "그[김구]는 신탁의 본질적 의의를 설명하지 않고 일제 위임통치와 혼동하여 민중에 의혹을 주게 하고, 반미·반영·반소적 방향으로 끌어서 민중을 극도로 혼란케 하고 있다."(같은 곳) 박헌영의 이런 생각은 '비민주주의성'에 대한 물음에 "첫째 원칙에 있어서 국제 민주주의 노선에 반대했으며"라고 한 데에서도 분명히 드러난다.

26) 한국 민족주의의 복잡한 변용들에 대해서는 다음을 보라. 서중석, 『한국현대민족운동연구』(1·2), 역사비평사, 1996.

우리는 이 점을 자유주의 정권과 군사정권에서 분명하게 확인할 수 있다. 한국에서 민족주의는 해방 이후 결정적으로 변질되기 시작한다. 해방 후 권력을 잡은 이승만 정권은 친미 자유주의와 국가주의적 자본주의, 철저한 반공주의에 이승만 개인의 오만한 권위의식과 부패한 사회 상황이 겹쳐 혼탁한 시대를 형성했다. 이승만은 자유/자본주의적 민족주의를 전개했으나, (앞에서 민족주의의 외연의 모호함을 지적했거니와) 사실상 이때 당시 민족주의자가 아닌 사람이 과연 있었을까 싶을 정도로 시대의 분위기 자체가 민족주의적이었다. 따라서 우리는 이승만/안호상의 민족주의가 어떤 성격을 담고 있는가를 유심히 살펴보아야 한다. 이승만 정권은 사상이나 이론의 수준에서가 아니라 정치적 계산의 수준에서 민족주의를 강조했으며, '일민주의'—民主義를 통해서 자신들의 권력을 공고히 하고자 했다.[27] 따라서 이승만 정권의 일민주의는 사상/이론의 수준을 갖춘 민족주의도 아니고, 또 일제시대에 존재했던 저항적 민족주의를 계승한 민족주의도 아니다. 일제시대의 저항적 민족주의는 이승만 정권을 통해서 크게 훼손되기에 이른 것이다.

일민주의는 이승만과 초대 국무총리인 이범석, 초대 문교부 장관인 안호상, 정치학자인 양우정 등에 의해 전개되었으며, 자유당 정권

---

27) 당시 일민주의는 이승만에게 귀속되곤 했으나, 그것은 대통령이라는 그의 지위에 기인한 것이며 실제 이승만의 기여는 그저 강령을 내린 정도이다. 이승만은 일민주의를 '신흥국가의 국시'로 표현하고 있는데, 이는 정확한 자기 이해라 해야 할 것이다. 이승만, 『일민주의개술』, 일민주의보급회, 단기 4282년(1949), 4쪽. 저작의 후반은 양우정의 글로 채워져 있다.

의 통치 이데올로기로서 기능했다. 일민주의는 이론이나 사상의 수준에서 논의할 대상이 못 되며 매우 조잡한 내용을 가지고 있지만, 한국 민족주의가 일제시대의 저항적 민족주의에서 해방 이후의 국가이성적 민족주의로 변질되는 과정을 정확히 보여 준다는 점에서 역사적으로는 중요하다.

'국가사업'적 사상. 일민주의는 이승만의 통치 도구였으며 각종 행정기구들, 관변단체들, 대한청년단, 학도호국단을 비롯한 (깡패 조직들을 포함한) 정치단체들을 통해서 유포되었으며, 사상 대 사상의 수준 높은 논쟁을 통해서가 아니라 공권력을 동원한 강압적 강요의 형태를 띠었다.

일민주의에는 다양한 내용들이 포함되어 있으나 그 핵심은 물론 '일민'—民이라는 말에 있다. 일민주의는 해방 정국의 어수선한 상황에서 사람들을 '국민들'로서 통합하고, 다양한 정치적 입장들을 통폐합해 오직 이승만 정권의 동일성을 위해서만 복무할 수 있는 하나의 사상으로 만들려 한 주의이다. 요컨대 일민주의의 핵심은 "사상이나 국론을 하나로 통일하고, 그렇게 만드는 데에 장애가 있으면 이를 제거해야 한다는 논리"에 입각해 있으며,[28] 그 본질에 있어 일종의 전체주의이다. 일민주의의 핵심은 안으로는 다양성과 불안정성을 배제해 하나의 통일된 동일성('Einheit')을 수립하고, 밖으로는 그 동일성을 위협할 수 있는 타자들을 배제하는 일종의 전체주의인 것이다. 그것은 국가주의와 전체주의의 전형이다. 일민주의의 이러한 논리를 비교적 체

---

28) 서중석, 『이승만의 정치이데올로기』, 역사비평사, 2005, 18쪽.

계적으로 전개한 인물은 안호상이다.

원한 = 피해의식의 사상. 안호상은 일민주의를 철학적으로 전개한 인물이지만, 그에게 '철학적'이라는 말을 붙이기에는 인간적으로나 이론적으로나 무리가 따른다.[29] 일민주의를 주창한 그의 사상은 물론 국가철학이며 통치이데올로기이다. 그러나 그의 사상을 관류하는 중요한 또 하나의 계기는 원한 = 피해의식이라고 할 수 있다. 안호상의 사상에는 식민지를 경험했고 이제 막 해방을 맞이한 정국에서 가질 수 있는 감정, 즉 과거에 대한 원한과 현재에 대한 과잉된 자부심이 혼재되어 있다.[30] 과거에 대한 피해의식은 현재에 대한 허황된 의미부여와 미래에 대한 환상으로 이어진다. "주의主義와 사상思想이 모든 싸움과 전쟁戰爭에 가장 중요하고도 힘찬 요소가 된다",[31] "강한 군대는 장비와 기술과 또 정신이 필요하다",[32] "우리는 한 핏줄[血統]을 타고났으며 또 한 운명에 얽혀져 있다"[33] 같은 구절들은 안호상의 심리세계를

---

29) 그가 독일에서 헤겔 관련 논문으로 학위를 받고 돌아왔다는 사실이 도저히 믿어지지 않을 정도로, 그의 사유는 유치하다. 그 유치한 사유를 강요하기 위해 그는 김두한 같은 정치깡패를 수족으로 사용했다.
또 그는 철저하게 자기중심적인 인물이었다. 영남 사람인 그는 한국사에서 고구려와 백제를 아예 배제했다. 그리고 이북 출신들은 말할 것도 없거니와, 다른 출신들은 철저하게 배제시키고 자신의 출신인 보성전문학교와 서울대학교 출신만을 선호했다. 말하자면 해방 이후 지역/연고 차별의 '원조'인 셈이다.
30) 이 점에서 일본과 한국은 뒤집어진 거울상을 보여 준다. 당했던 한국은 해방됨으로써 원한 = 피해의식에 가득 차게 되었고(이것이 독재의 가능성의 조건들 중 하나이다), 가했던 일본은 2차 세계대전에 패배함으로써 (적어도 표면상으로는) '반성'의 모습을 보이게 된다. 그러나 오늘날 두 국가는 또 하나의 새로운 국면을 맞이하게 되었다.
31) 안호상, 『세계신사조론』(상), 일민주의보급회총본부, 단기 4285년(1952), 1쪽.
32) 안호상, 『민족의 주체성과 화랑얼』, 배달문화연구원, 1967, 5쪽.
33) 안호상, 『민주주의의 역사와 종류』, 일민출판사, 단기 4286년(1953), 7쪽.

잘 보여 준다.[34] 안호상의 심리세계에는 일찌감치 동북아 지식인들을 사로잡았던 사회진화론, (들뢰즈가 "타락한 형태의 역능의지"로 본) '권력에의 의지'로 가득 차 있었고, 그 근저에는 과거에 대한 원한/피해의식과 현재 및 미래에 대한 과도한 상상력이 존재했다고 하겠다.

기묘한 것은 과거에의 원한이 친일 성향과 모순적으로 결합해 있다는 것이다. 이승만 정권의 친일 성향은 일민주의가 최소한의 논리적 일관성도 가지고 있지 못하다는 사실을 분명히 보여 준다. 일민주의의 성격을 텍스트의 추상적 공간이 아니라 현실공간에서 비판적으로 봐야 하는 가장 기본적인 근거는 이승만 정권의 친일적 성격에 있다.

반공주의의 모순. 안호상의 모순된 사상이 선명하게 드러나는 또 하나의 항은 그의 철저한 반공주의이다. 그의 공산주의 비판은 몹시 거칠고 감정적이다. "몇 사람의 지배욕을 채우기 위하여 수없는 생명을 살육의 도수장屠獸場으로 보내, 세상을 하나의 생지옥生地獄으로 만들 때, 세계 인류는 물론이려니와, 다수의 공산주의자들 자신까지도 그것을 뉘우치[後悔]며 싫어할 것이다"[35] 같은 구절을 비롯해 유치하고 공격적인 구절들이 그의 저작들을 메우고 있다.

민족주의 자체의 이해/평가 이전에, 진정한 민족주의라면 당연히 민족이 최상의 가치가 되어야 한다. 그러나 같은 민족인 북한의 공산

---

34) 어떤 사람의 사상 내용보다는 그 심리 내용에 초점을 맞추는 것은 자칫 'ad hominem' 으로 흐를 수 있고, 때문에 철학적으로 위험을 내포한다. 그러나 안호상의 경우, 그 사상의 수준 자체가 논리적인 관점보다는 심리적인 관점을 요청하는 수준이기에(논리와 심리는 반비례한다), 여기에서는 다소 심리적인/인물평적인 분석을 가미했다.

35) 안호상, 『세계신사조론』(상), 19쪽. 중권(中卷)에서는 공산주의에 대한 비교적 자세한 논의가 전개되지만, 논조는 거의 그대로이다.

주의에 대한 광기 어린 공격은 '일민주의'의 수준을 단적으로 보여 준다. 결국 '일민'은 남한을 전체주의적으로 통치하려는 이데올로기일 뿐이며, 진정한 민족주의와는 거리가 멀다는 것을 이 대목이 분명하게 보여 준다(물론 이런 현상은 북한에서도 똑같이 나타났다. 미국의 재현으로서의 남한, 소련의 재현으로서의 북한).

사변적 '역사철학'. 앞에서 지적했듯이 민족주의는 거대한 기억記憶, 거창하면서도 조잡한 형이상학('우주론', '생명철학', '역사철학')을 특징으로 한다. 안호상은 거대한 기억을 만들어내기 위해 (나철에 의해 제시된) 단군 이념을 적극적으로 선전했다. 이런 생각의 허황됨은 예컨대 다음 인용문에서 전형적으로 드러난다. "논리계論理界; Das Logische와 수학계에선 이유理由, 根據; Grund, Argument X와 결과結果, 函數; Folge, Funktion y의 관계는 언제나 필연성을 지녔지만, 자연현실과 사회현실社會現實의 관계는 필연성을 못 지닌 경우도 있는 까닭이다. / 엄밀한 철학적哲學的 뜻에선 그 필연성은 첫째로 한얼 자신의 규정들인 한임, 한웅 및 한검 등의 3검[三神]들의 사이[間][36]요, 둘째론 온누리에 대한 한얼의 활동과 작용이요, 셋째론 논리적 영역이요, 넷째론 수학적 영역에 있는 것이지, 결코 자연세계나 사회세계에 있는 것은 아니다. 자연세계와 사람사회에 대한 한얼의 활동과 작용은 오직 필연적인 까닭에, 한얼의 이 필연성을 통하여 되는 자연세계는 당연성當然性이요, 또 사람사회 혹은 역사세계는 당위성當爲性이 지배한다."[37] x와 y를 근거와 함수로 놓은 우스꽝스러움은 논외로 놓는다 해도, 논리와

---

36) '間'의 오타임.

수학 위에 한얼과 그 활동, 작용을 놓고 있는 이 대목에서 안호상 사상의 성격을 단적으로 짐작할 수 있다. 안호상은 아울러 화랑도와 '홍익인간' 이념도 적극 강조했는데,[38] 이 생각은 후일에 '학도호국단' 등과 연계되어 긴 영향을 미치게 된다.

　　외세 의존. 이승만을 초대 대통령으로 만든 것은 미국이다. 미국은 김구의 임시정부나 여운형의 건국준비위원회의 민족주의적 성향을 견제하기 위해 한국 내에 아무런 기반도 없는 이승만을 지원했고, 이승만 정권은 남북분단 상황에서 철저하게 미국에 의존했다. 그러나 이승만의 친미 노선과 민족주의 노선은 모순을 안게 된다. '태프트-가쓰라 밀약'을 통해 조선을 일본에 넘긴 것이 미국이고 보면, 일민주의와 친미는 애초에 논리적 일관성을 결여하고 있는 것이다. 이승만 정권은 '일민'―民을 강조하면서도 친일과 친미라는 모순적 행동으로 일관했던 것이다.

　　안호상은 그의 저작들 여기저기에서 자본주의를 비판하고 있으나, 그 비판은 자본주의의 '퇴폐'에 대한 상투적이고 심리적인 비판, 즉 마르크스가 오히려 자본주의 비판의 '인식론적 장애물'로 간주했던 감상주의적 비판에 불과하다. 그의 진정한 공격 목표는 공산주의였기에, 공산주의의 적대물인 자본주의를 진정으로 공격한다는 것은

---

37) 안호상, 『배달의 종교와 철학과 역사』, 어문각, 1964, 181쪽. 이 책은, 그 결과의 우스꽝스러움을 떠나, 안호상이 권력을 잃고 물러나 나름대로 학문적 애정을 가지고서 쓴 책이라고 할 수 있다.

38) 안호상, 『민족의 주체성과 화랑얼』. 이 저작에서는 중국에 대한 콤플렉스가 강하게 엿보인다.

애초에 불가능했던 것이다.

　지금까지 간략하게나마 안호상 사상의 성격을 살펴보았다. 안호상은 자본주의와 공산주의, 자유주의와 사회주의라는 근대성의 양대 사상을 민족주의를 통해서 넘어서려 했지만, 결국 그의 일민주의는 국가주의, 전체주의, 통치이데올로기였을 뿐이며 진정한 민족주의와는 한참이나 떨어진 전前근대적 사상이었을 뿐이다. 그의 사상은 '인류 평화'니 하는 상투적인 거창한 가치들을 외쳤지만 국가 이데올로기에 충실했으며, 원한=피해의식의 사상이었고, 민족을 외치면서도 반공, 친일, 친미를 자행하는 모순된 사상이었다.

결어 : 한국 민족주의의 두 얼굴

5·16 군사 쿠데타로 정권을 잡은 박정희 정권에서 이 왜곡된 민족주의는 또다시 반복되었다. 이승만-안호상 짝은 박정희-박종홍 짝으로 재현된 것이다.

　박종홍은 대부분의 사람들처럼 일제시대에 민족'감정'을 가지게 되지만, 안호상과 똑같이 그 감정은 국가주의의 길로 빠져 버린다. 그는 민족감정을 가지고 있었으면서도 조선총독부 학무과 촉탁을 받아들이는 모순된 행동을 하게 되며, 해방 후에는 오히려 자신의 민족'감정'을 토대로 반민족적 독재정치에 부합하게 된다. 이것은 그의 감성적인 민족의식이 쉽게 반민족적인 친일 행위로 이어졌다는 것, 그리고 개발의 논리에 매몰되어 "하면 된다"는 식의 힘을 앞세우는 국가주의에 복속되었다는 것을 뜻한다. 이 점에서 박종홍 역시 권력의 유혹에 약했다고 할 수 있다.

그러나 안호상이 단군을 끌어들여 신비주의적 역사철학을 전개했다면, 박종홍은 본격적인 개발독재 시대에 걸맞은 근대적 사상을 전개했다고 할 수 있다.[39] 그의 사상은 유물론을 비판하고 주체성을 내세우는 사상이지만, 그 주체성은 일차적으로 민족적 주체성이다. "우리의 주체성은 곧 민족의 주체성이다."[40] 그러나 박종홍은 4·19와 5·16을 같은 선상에 놓고 봄으로써, '민족 동일성' 개념이 저지르는 가장 기초적인 오류 즉 민족 내부의 모순들을 희석시켜 버렸다. 그리고 민족 동일성에 힘을 불어넣어 줄 기업가들의 자본주의와 민족의 미래를 쥐고 있는 과학기술에 박정희의 독재를 오버랩시키는 근대 주체철학의 전형적인 모습을 보여 준다. "모든 기업정신은 애국애족에 정초하는 것임을 명심하자. 나라의 고마움을 알고 그에 적극적으로 참여 공헌하려는 것이 기업정신의 바탕이다."[41] 그리고 이런 그의 생각은 자연스럽게 그를 안호상을 이은 반공철학자로 이끌어 갔다.

따라서 그가 강조한 '창조'의 논리,[42] '민족 개조'의 논리[43]도 개발독재의 논리와 맥을 같이하며, 그것은 곧 근대 주체철학의 논리를 개발독재를 위해 동원하는 사상이었다고 할 수 있다. 결국 그의 창조의

39) 김석수, 『현실 속의 철학, 철학 속의 현실』, 책세상, 2001, 153쪽 이하.
40) 박종홍, 「민족적 주체성」(1962), 전집 VI, 160쪽.
41) 박종홍, 「기업정신의 바탕」(1972), 전집 VI, 501쪽.
42) 박종홍, 「지성의 방향」(1955), 전집 VI, 47~67쪽. 박종홍은 여기서 헤겔 식의 논리를 동원해서 창조를 설명하고 있다. 세계를 이성/주체성으로 소급시키고, 다시 이 소급된 세계를 국가이성에 복속시키는 헤겔의 사유가 박종홍 사상의 원형이라고 할 수 있을 것이다.
43) 박종홍, 「민족개조론」, 전집 VI, 516~519쪽.

논리, 개조의 논리는 국민교육헌장, 새마을운동, 유신헌법 등 박정희가 추진한 독재정치에 지적인 액세서리로서 기능했다고 할 것이다. 하이데거, 니시다 기타로와 교토 학파('세계사의 철학'),······와 더불어 박종홍의 철학은 파시즘에 봉사함으로써 20세기 사상에 얼룩을 남겼다고 하겠다.[44]

한국의 민족주의는 이렇게 친일과 친미, 국가주의, 전체주의, 파시즘, 반공주의 등과 얽히면서 비극적인 역할을 해왔다. 그러나 역으로 이러한 흐름과 정면으로 대결하면서 민주화의 전통을 이어 간 인물들 역시 상당수가 또한 민족주의자들이었다는 점에서, 해방 후 민족주의는 전혀 상반된 두 얼굴로서 존재했다고 해야 할 것이다. 독재와 자본주의에 저항했던 많은 인물들(예컨대 장준하, 문익환, 함석헌 등)은 강한 민족주의적 성향을 보인 인물들이다. 그리고 바로 이런 이유 때문에 패전 이후 일본에서의 민족주의 비판과 한국에서의 민족주의 비판은 성격을 같이할 수 없다는 점에 주의해야 한다. 예컨대 자칭 민족주의자인 박정희와 그 또한 민족주의자인 장준하 이 두 사람의 모순 관계가 한국 민족주의의 양면성을 선명하게 보여 준다고 하겠다. 군사독재와 민주화운동의 양극과 민족주의의 착잡한 관계의 해명이 필요하다 하겠다. 여기에서도 일차적으로 중요한 것은 민족주의란

---

44) 이런 박종홍에 대해 후배들과 제자들은 "선구자"(고형곤), "존경의 대상"(이희승), "태양처럼 빛날 ······ 대철인"(최영호), "한국의 스피노자"(최재희), "고결한 일생"(김태길), "우리의 스승"(오기형), "인간 박종홍"(한전숙), "진지한 현실의 창조적 건설[의 지도자]"(정용두), "마지막 선비"(최정호) 등 온갖 쑥쓰러운 찬사를 던지고 있다(그 중 가장 당혹스러운 것은 "한국의 스피노자"라는 구절일 것이다). 이런 자들이 한국의 강단철학을 주도해 왔고, 그들을 재현하고 있는 자들이 오늘날의 강단철학을 이끌고 있는 것이다.

그 자체로서가 아니라 항상 그 위에서 작동하고 있는 상위 이념에 입각해 이해되어야 한다는 점이다(예컨대 장준하 등의 인물들이 필리핀에서 태어났다면, 그곳이 '한국'이 아니라 '필리핀'이기 때문에 민주화 운동에 뛰어드는 것을 포기했을까? 물론 터무니없는 생각이다. 그는 필리핀의 민주화를 위해 운동을 전개했을 것이다. 그리고 그 민주화 운동의 성격은 필리핀 민족주의의 성격을 띠었을 것이다. 민족주의를 항상 그 상위 이념에 입각해 이해해야 하는 이유가 여기에 있다).

　　1987년 이후 이른바 '포스트모던 시대'가 도래하면서 민족주의의 성격도 여러 가지 변화를 맞게 되었다. 우익 민족주의에 대한 비판적 시각은 우선 군정 시절 마르크시즘 진영에서 진행되었던 민족주의 연구를 통해 마련되었으며, 1990년대 이후에는 후기구조주의적 시각에서 '민족'을 비롯한 동일자의 사유에 대한 다각도의 비판들이 등장했다.[45] 또 일종의 연성軟性 민족주의가 큰 흐름을 이루기도 했는데, 봉우 권태훈의 『단』丹 같은 황당무계한 이야기나 야설록·이현세의 『남벌』南伐, 월드컵 시기의 '붉은 악마'(치우천왕蚩尤天王을 14대 단군으로 보는 사람들도 있다)같이 콤플렉스와 권력의지가 뒤섞인 현상들이 나

---

45) 전자의 한 예로서 마르크시즘 진영으로부터의 주체사상 비판을 들 수 있다(이진경, 『주체사상비판』, 1·2, 벼리, 1989). 더불어 콜라코프스키 외, 『민족문제와 마르크스주의자들』(임지현 엮음, 한겨레, 1986)도 참조. 후자의 예로서는 최근 일본에서 활발히 진행되고 있는 일본주의 비판들을 예로 들 수 있다. 후자의 흐름은 공산주의/사회주의 자체까지도 포함한 동일자의 사유들에 대한 근본적인 비판의 성격을 띠고 있다는 점에서, 일제시대의 민족/계급 논쟁을 이어받고 있는 1980년대 마르크시즘의 민족론과 성격을 달리한다. 또 이것은 후기구조주의의 논리를 특정한 지역의 구체적인 역사에 추상적으로 적용하는 것에 주의를 요하는 이유이기도 하다.

타나게 되며, 최근에는 연예오락산업을 중심으로 이른바 '문화민족주의', '권역적'圈域的 민족주의도 등장했다(그러나 할리우드를 베낀 1980년대 일본문화를 다시 베껴 중국, 동남아 등 대중문화 후진국에 수출하는 이 연예산업은 그저 자본주의의 한 판로일 뿐 진정한 민족주의와 어떤 진지한 관련성도 없다 해야 하리라). 그러나 이런 가운데 최근에 새로운 중화주의를 꿈꾸는 중국과 서서히 옛날의 파시즘 체질을 회복하고 있는 일본의 도발을 통해서, 또 한국의 경우 남북한 문제, 경제 위기 등을 통해서 민족주의는 다시금 새로운('진지하고' 위험한) 국면으로 접어들었다 하겠다. 전체적으로 봐서 오늘날의 민족주의는 부드러운 문화적 형태로나 강한 국가권력적 형태로나 위험한 성격을 띠고 있고 그래서 민족주의 비판이 주류를 이루고 있다. 그러나 해방 후 우익 민족주의 그리고 일본 민족주의에 대한 비판적 연구에의 노력과 더불어 일제시대의 저항운동이나 독재 시절의 민주화운동과 결부되었던 건강한 민족주의의 정신을 어떻게 이어 갈 것인가의 문제에도 또한 동등한 노력을 기울여야 할 것이다.

1990년대 한국과 사유의 변환

1987년 6월 항쟁을 통해서 한국 사회는 큰 변화를 겪게 되었다. 이를 전후해서 사상계에서도 새로운 조류가 등장했고 그 여파는 계속되고 있다. 이런 흐름에서 결정적 역할을 한 것은 이른바 '후기구조주의' 사유[1]의 수용이며, 이 수용을 통해 담론의 공간 전반이 상당한 변화를 겪기에 이르렀다. 1990년대 담론공간은 이 변화를 빼고서는 이야기하기 힘들다.

　그러나 후기구조주의라는 사유 계열을 하나로 보고 한국 지성계라는 담론공간의 총체적 변환을 논한다면, 그 순간 우리는 지금까지 많은 사람들이 범했던 오류들(부당한 일반화, 내용이 아닌 '딱지'를 통한 이해, 후기구조주의와 "포스트모더니즘"——그 정체가 불투명한 '이

---

[1] 엄밀히 말해 후기구조"주의"라는 사조는 존재하지 않는다. 그것은 구조주의 이후 그것의 영향을 받은 한편 그것을 극복하면서 등장한 여러 사상가들을 그저 편의상 부르는 이름일 뿐이다. 이 말이 가리키는 사상들은 그 영역에 있어서나 내용에 있어서나 크게 다를 수 있다. 이하 이런 위험을 전제하고서 이 말을 쓴다.

즘'이거니와──의 무반성적인 혼동, 수용의 장 자체가 띠고 있는 다질성의 무시 등)에 처음부터 함몰하게 될 것이다. 이로부터 이 글의 첫번째 방법론이 도출된다. 후기구조주의 사유 및 그것의 수용을 그 **복수적 계열들**에서 파악하라. 또 어떤 담론도, 수학이나 논리학조차도 그 담론의 문맥, 즉 현실과의 상관성 속에서 이해되어야 한다. 후기구조주의 사유의 복수적 계열들은 각각 현실과의 일정한 상관성 속에서 유입되었으며, 따라서 현실과 담론의 이 상관성은 어떤 것인가를 드러내야 한다. 물론 이는 어떤 사람들처럼 담론을 사회적 환원주의의 조악한 틀에 가둠을 뜻하지 않는다. 담론과 현실의 복잡한 관계를 논하는 것뿐이다. 이로부터 두번째 방법론이 나온다. 후기구조주의 사유의 유입에 관련되는 담론 계열들을 1990년대 한국이라는 장과의 **상관성**에 입각해 논하라. 나아가 하나의 담론은 무수한 기능을 한다. 우리는 『도덕경』을 재미로 읽을 수도 있고, 또 사회 변혁의 이론적 틀 마련을 위해, 석·박사 논문을 쓰기 위해, 한문 공부를 위해, …… 읽을 수 있다. 그러나 한 담론이 가져오는 최상의 효과는 역시 주체의 변환에 있다. 한 인간의 주체성에 영향을 주지 않는 담론이 도대체 무엇이란 말인가. 이로부터 마지막 방법론이 도출된다. 후기구조주의 사유의 유입이 가져온 결과를 자기 이해, **주체성 변환**의 지평에서 읽어라.

변환의 시대

변증법적 사유는 헤겔과 마르크스를 통해 형성되었지만, 우리에게 변증법은 헤겔과 마르크스의 대결이라는 양상을 띠었다. 헤겔과 마르크스 자신들이 그랬듯이, 한국에서의 헤겔, 마르크스 연구는 '근대화'의 극한에서 발생했다. 근대의 철학은 고대 철학과의 대결을 통해 형성되었다. 고대 사유는 존재와 사유의 일치라는 에피스테메 위에서 수립되었고 가치-존재론이라는 철학소를 통해 결정적인 모습을 드러냈다. 이 사유의 이미지는 '자연의 빛'이라는 이름으로 서구적 사유의 중추를 형성했다. 고전 시대가 본질 개념을 걷어내고 사물의 표면과 마음이라는 거울 사이의 사상寫像 관계를 추적했을 때에도 서구 사유의 근원적 양상은 깊은 상처를 입지 않았다. 존재와 사유는 빛을 통해 그 투명성 속에서 마주 섰다. 서구 근대성은 코기토라는 이성의 힘이 등장했을 때가 아니라 이성의 이름으로 이 빛을 차단했을 때 발생했다. 이제 사유와 존재를 관통하던 빛은 꺼진다. 세계는 대상으로 화한다. 이 대상에 마주 서 근대적 형태의 주체가 탄생했다. 이제 주체는 세계를 '세계'화한다. 세계가 어떤 세계로서 존재하는 것은 곧 주체의 눈과 마음을 통해 가능해진다. 주체는 세계의 주인이 된다. 세계는 주체가 가공해야 할 질료로 화했고, 인간의 자유는 저항하는 질료를 인간화할 수 있는 능력으로 화했으며, 역사는 질료의 인간화와 자유의 증폭이 이루어지는 위대한 장으로 화했다. '노동'의 개념이 철학의 적자로 떠올랐다. 이제 노동은 물질 변형을 통한 인간 해방의 가능근거로 자리 잡는다.

지난 시대 우리의 삶은 이 근대화(/서구화)의 이념에 의해 규제되었다. 전통은 뿌리째 무너지고 근대화 이념이 모든 것을 바꾸어 놓았다. 그러므로 한 시대의 모순이 바로 그 시대를 관통했던 핵심 문제—노동—로부터 발생한 것은 필연이 아니었을까. 만일 마르크스의 사유가 근대화의 어두운 그림자가 처음으로 그 얼굴을 선명하게 드러냈던 시점에서 탄생한 것이었다면, 그의 사유는 당연히 그 그림자를 분명하게 드러내지 못했던 사유와의 대결을 통해 이루어져야 했다. 헤겔에게 물질성은 처음부터 정신/주체의 들러리로서 등장한다. 역사 속의 주체는 **형성되는** 것이 아니라 다만 숨기고 있던 얼굴을 드러낼 뿐이다. 마르크스에게 물질성은 저 바깥에서 묵직하게 버티고 있는 실재였다. 아니 현실이었다. 인간은 물질과의 투쟁을 통해서 형성된다. 그에게 'substantia'와 주체의 신비한 합일은 거부된다. 주체에게 주어진 것이 있다면 변혁의 힘일 뿐이다. 그러나 마르크스가 현대성의 문턱을 처음으로 넘어섰다면, 그것은 그가 '유물론'을 제시했기 때문이 아니요, 노동 개념을 변혁시켰기 때문도 아니다. 나아가 무산계급의 혁명을 외쳤기 때문조차도 아니다. 마르크스는 물질성에 대한 주체의 맞섬을 제시했기 때문이 아니라 그 주체가 하나가 아니라는 점을 제시했기 때문에 현대성의 비밀을 처음으로 환한 빛 아래에 드러낼 수 있었다. 그에게 주체는 '어떤' 주체이다. 인간의 주체화는 자연에 대해서만이 아니라 상이한 주체화 양태들이 형성하는 장 속에서 이루어진다는 진실이 분명히 모습을 드러낸 것이다.

헤겔과 마르크스의 대립은 우리 역사의 현실과 적어도 세 가지의 상관관계를 맺는다. 헤겔의 사유가 몸으로 하지 못했던 혁명을 관념의 왕국에서 잠재적으로 이룩했듯이, 전면적 저항이 어려웠던 일제시대에 독일 관념론은 의식 차원에서의 주체 형성을 가능하게 했다. 마르크스의 등장은 곧 시민사회의 형성을 통한 개혁 주체의 도래를 함축한다. 실력을 갖춘 저항 세력의 등장. 나아가 헤겔로부터 마르크스로의 변환은 민족으로부터 계급으로의 변환과 상응한다. 일본에 대립한 민족적 주체에서 경제적 모순에 의해 형성된 계급적 주체로의 변환. 또한, 마르크스주의가 넘어서지 못했던 근대 철학적 성격은 우리의 사유에도 일정한 제한을 가했다. 경제 중심의 논리, 사유의 빛 아래에 들어오지 못했던 숱한 모순들의 무시, 질료로서의 자연에 대한 일방적인 관계 등등.

군사정권 시절에서 후기자본주의 사회로의 변환, 1980년대로부터 1990년대로의 변환은 변증법의 내부에 깊은 동요를 일으켰다. 소련 사회의 붕괴와 그 붕괴를 통해 드러난 내부 모습은 그때까지 막연한 이상으로서 존재했던 이미지를 단번에 와해시켰다.[2] 삶을 지탱해 주던 표상(실증적으로는 불투명했으나 관념상으로는 그지없이 투명했던)이 소멸되고 그 자리에 도저히 인정하게 힘든 객관적 현실이 들어섰을 때, 오랫동안 우리 뇌리를 지배해 온 관념체계는 근본적인 변환을 요구했다. 개인적 차이를 무시하고 일반화의 오류를 무릅쓴다면, 우리는 이 해체와 혼돈의 공간에서 세 개의 사유 계열이 희미하게나마 그려지기 시작했다고 말할 수 있으리라. 만일 현실 속 변증법의 붕괴가 사회주의의 일정한 형태의 실패를 뜻한다면, 가능한 하나의 사유 계열은 **다른 형태**의 변증법을 모색함으로써 변증법적 사유를 개선해 나가는 것이다. 알튀세르나 그람시 같은 사상가들이 이런 요청에

---

2) 대학원 시절 술자리에서, 나는 소련에도 마약은 있고 매춘은 있다고 말한 적이 있다. 한 후배는 이 말에 강력하게 반발하면서 소련을 일종의 이상향으로 그렸다. 그리고 이러한 대립은 당시 젊은이들에게서 흔히 볼 수 있는 인식 차이였다.

응했다. 그러나, 나 자신을 포함해, 마르크스주의의 시대에 이미 마르크스주의 바깥에서 사유하고 싶어 했던 사람들, 그럼에도 변증법의 현실 이해와 근원적인 수준에서 공감을 이룬 사람들, 그랬기 때문에 그 자체 하나의 동일자로서 견고한 성을 구축했던 마르크스'주의자들'과 미묘한 관계를 맺을 수밖에 없었던 사람들은 우리 시대의 마르크스에게로, 즉 푸코에게로 경도될 수밖에 없었다. 마지막으로, 독재 정권과 마르크스주의자들이 형성했던 적대의 장 안에서 그 어디에도 속하지 못하고 스스로의 욕망을 누르고 있었던 사람들, 이름 없이 분산되어 웅얼거리던 사람들, 그 시절 한국 사회 바깥에 있다가 적대의 불길이 사그라들기 시작했을 때 돌아온 사람들은 1980년대로부터의 완전한 단절을 뜻하는 "포스트모더니즘"으로 길을 잡았다.

변증법의 변신

알튀세르 연구는 고전적인 마르크스 연구로부터의 변환을 상징하지만 동시에 마르크스 연구의 지속성을 상징하기도 한다. 이미 1980년대에 알튀세르는 또 다른 마르크스에로 가는 길로서 연구되기 시작했다. 마르크스에서 알튀세르로의 변환, 그리고 알튀세르로부터 다시 새로운 모습의 마르크스에로의 변환은 한편으로 19세기 중엽으로부터 20세기 중엽으로의 시대적 변환을, 다른 한편으로 그 사이에 이루어진 다양한 담론적 변환을 반영한다. 이 변환은 특히 바슐라르와 캉길렘의 인식론, 그리고 더 핵심적으로는 구조주의적 사유양식을 통해서 매개되었다. 그래서 알튀세르에 대한 관심은 1980년대에 들어와 조금씩 소개되기 시작한 구조주의적 사유양식을 매개한 새로운 마르크스주의의 출현을 말해 준다.

군정 시절 헤겔과 마르크스는 독재 정권이라는 적에 대한 저항이라는 현실 상황 속에서 상호 보완적인 담론으로서 존재했다. 학생 시절 한 선배가 적절하게 표현했듯이, "마르크스 때문에 헤겔이 살지만 헤겔이 없었으면 마르크스가 나오기 힘들었다." 마르크스를 직접 연구하기 힘들었던 시절 많은 사람들이 그 대안으로서, 즉 마르크스의 연장선상에서 헤겔을 연구했다. 그러므로 변증법의 변신을 야기한 알튀세르의 마르크스주의가 헤겔과의 불연속이라는 테제와 더불어 도래한 것은 어찌 보면 자연스러운 일이었다. 바슐라르의 연장선상에서 알튀세르가 시도했던 많은 인식론적 분석은 우리를 헤겔-마르크스라는 축에서 마르크스-알튀세르라는 축으로 이전시켰다. 그러나 이데올로기와 과학의 대립이라는 테제는 이내 '담론'이라는 말, 그 외연이 고무줄처럼 신축적인 말에 의해 압도되어 버렸다. 푸코는 이미 바슐라르의 이분법(과학과 비과학의 이분법)을 보다 유연한 다분법으로 대체했으며, 일각에서는 아예 심한 반과학주의(포스트모더니즘)가 팽배하기 시작했다. 알튀세르 입장의 한계는 그가 제시한 "과학과 이데올로기의 대립은 '주어진 것'[일반성 I, 바슐라르적 의미에서의 상식]의 자명성에 만족하지 않는다는 점을 드러내기에는 유효하지만, 그 비판을 역사적으로 '주어진 것' 위에서 전개하는 대신 일종의 추상공간으로 이전시켰"다는 점에 있다.[3] 알튀세르가 푸코의 영향으로 초기의 입장

---

3) 김동수, 「알튀세르의 이데올로기론」, 이진경 외, 『프랑스 철학과 우리 3』, 당대, 1997, 33쪽.

을 철회하고 보다 유연한 인식론으로 나아간 것은 결국 프랑스 인식론 전통의 기본적인 성격을 되찾은 것이기도 하다. 알튀세르의 실패는 우리가 가야 할 인식론적 길을 시사해 준다: 전통 인식론의 딱딱한 틀과 포스트모더니즘의 무책임한 상대주의를 동시에 넘어서, 담론의 공간을 **역동적이면서도**(그 다원성과 복잡한 형성, 변환의 메커니즘을 있는 그대로 파악하면서) **성실하게**('인식론적 지위'의 문제를 버리지 않으면서) 분석하라.

그래서 알튀세르의 이데올로기론은 '역사적으로 주어진 것'에 대한 분석으로 나아간다. 즉 이데올로기를 만들어내고 교육시키고 유포하고 변형시키는 '이데올로기적 국가장치'를 분석하기 시작한다. 근대 정치는 국가권력에 대항하는 시민적 권력의 형성과 다양화를 통해 특징지어진다. 전통 사회의 권력을 이어받은 국가권력은 기본적으로 시민들을 지배하기 위해 존재한다. 각종 시민단체들은 이 국가권력의 지배를 받으면서도 각각 자율적인 영역을 형성하며, 때로 국가권력과 충돌한다. 그러나 알튀세르는 이 시민적 영역들——학교, 종교단체, 가족, 언론, 문화 등등——을 곧 이데올로기를 형성하고 주입하는 기관들로 규정한다. 그리고 이 기관들을 비롯해 사회를 구성하는 각종 심급들의 상호 작용을 구조주의적 분석틀——각 심급들의 계열과 관계 맺음, 중층결정을 통한 역동적 상호작용, 한 인간이 대주체와 소주체의 관계를 통해 '호명'되는 방식 등——을 통해 면밀하게 분석한다. 이러한 그의 방식은, 정신분석학을 도입함으로써 오히려 불투명해졌다는 단점에도 불구하고, 현대 철학에의 결정적인 기여로 보인다. 그는 주체를 복수화한 마르크스의 연장선상에서 그 복수화의 양태 및 주체들 형성에서의 이데올로기의 역할을 분명하게 지적함으로써 현대 사회의 이해에 결정적으로 공헌한 것이다.

그러나 알튀세르가 대중의 의지를 대변해 부르주아 정당들과 투쟁하는 '당'을 내세울 때 그는 여전히 "양떼들과 그것들을 이끄는 목자"라는 오래된 이미지에 의해 지배된 것은 아닐까? 또 과연 소련에서든 프랑스에서든 '당'이 그들이 약속한 역사적 역할을 충분히 수행했는가? 교회나 대학이라는 대주체를 모방해 형성되는 소주체들의 관계에 비해 당이라는 대주체를 모방해 형성되는 소주체들이 도덕적으로 더 정당하다는 근거는 어디에 있는가? 드레퓌스 사건이나 68년 5월 사건이 분명하게 보여 주듯이, 공산당 또한 하나의 대주체일 뿐이며 특정 이데올로기를 강요하는 집단은 아닌가? 역사의 주인공이 될 수 있는 권리를 아프리오리하게 가지고 있는 집단은 없다. 모든 집단은 자신들의 욕망과 권력에 입각해 행위한다. 진정한 역사의 주인공은 특정한 집단이 아니라 모든 집단에 분포되어 있는 소수의 지식인들, 실천가들이다. 진정한 운동은 특정한 집단에 의해서가 아니라(물론 각 사안에 따라 특정 집단이 주도적 역할을 할 수는 있으며 또 그래야 한다) 모든 집단들을 가로지르면서 형성되는 저항의 계열[4]이다. 사안에 따라 '역사의 주인공들'은 달라진다. 그럼에도 역사의 주인공들은 하나의 공통점을 띤다. 그들은 모두 억압을 조장하는 지배 권력에 저

---

[4] 특정 사안에 관련해 지배 권력에 저항함으로써 형성되는 실천적 계열을 '저항의 계열'이라 부를 수 있을 것이다. 이 계열에 의한 가로지르기를 통해 지배세력과 저항세력 간의 대립이 형성된다. 이 대립선(對立線)은 다른 어떤 분절선과도 다른 선이며 또 계속 유동하는 선이기도 하다.

항해 형성된 가로지르기에의 참여자들이라는 점이다. 모든 이론을 마르크스주의와 비-마르크스주의로 나누고 "포스트주의" 같은 거친 말로써 "비-마르크스주의"를 등질화하는 사고를 벗어나지 못한다면, 우리는 현대 사회의 정확한 분석에로 나아갈 수 없다.

알튀세르 자신의 부정에도 불구하고, 알튀세르의 구조주의적 주체관은 비관적이다. 여기에서 비관적이라는 것은 한편으로 각종의 소주체들은 자신들의 욕망을 대주체를 모방함으로써만, 대주체의 호명에 부응함으로써만 이룰 수 있음을 말하며, 다른 한편으로 때문에 소주체들은 각종 대주체들이 이데올로기적 국가장치들로서 이해되는 한에서 이 장치들에 맞서는 당에 자신의 욕망을 내맡겨야 하기 때문이다. 그러나 우리가 현대 사회의 성격을 정확히 파악하려면, 모든 욕망은 각 계界에 내재적이라는 사실을 정확히 보아야 한다. 현대 사회는 각 계들이 자율적인 욕망과 코드를 내포하고 있는 다원적 사회일 뿐, 어떤 하나의 계가 다른 계들을 조직하거나 명령할 수는 없는 사회이다. 그렇다고 각 계가 완전히 동질적인 집단을 이루는 것은 아니다. 가장 강력한 계인 정부조차도 그 안에 이미 분열의 틈새를 내포하고 있다고 해야 할 것이다. 인간은 특정한 계를 떠나서는 자신의 욕망과 권력을 현실화할 수 없지만, 어떤 계든 그 안에는 대주체의 부름에 순종하는 주체들과 그에 저항하려는 주체들이 존재한다. 우리의 정치적 선택은 사회를 이리저리 가로지르는 저항의 선 위에서 이루어지는 것이지 공산당이냐 타 정당이냐 하는 것으로 이루어지지 않는다. 진정한 저항적 주체는 당을 선택하는 주체가 아니라 각종 저항선들에 참여하거나 스스로 저항선을 창조하는 주체인 것이다.

그렇다면 이제 변증법을 버려야 하는가? 그렇다. 만일 그것이 헤 겔-마르크스적인 사유 구조에 여전히 집착하면서 "비-마르크스주 의", "포스트주의", "부르주아 철학자들" 같은 말을 입에 달고 다닌다 면. 아니다. 그것이 다양한 계들이 분절되고, 갈라지거나 융합하고, 복 잡한 관계망 속에서 서로 대립하거나 화해하는 과정을 파악하는 방법 론이라면. 변증법적 운동을 버려야 하는가? 그렇다. 만일 그것이 특정 한 당을 선택하고 그 강령을 통해 자신의 욕망을 식민화하는 것이라 면. 아니다. 건강한 사회를 잠식하는 지배 권력들에 저항하는 가로지 르기의 각종 계열들이 형성하는 다채롭고 역동적인 운동을 뜻한다면. 마르크스를 계속 읽어야 하는가? 아니다. 우리가 살고 있는 20세기 말 한국 사회라는 현실을 마르크스의 말들 속에 구겨 넣는다면. 그렇다. 지금의 현실을 이해하기 위해 그의 범주들을 충분히 소화해서 사용한 다면.

담론의 시대

만일 기독교와 비기독교, 마르크스주의와 비-마르크스주의, 백인과 비백인, 남자와 비-남자wo-man, 알튀세르와 "포스트주의" 같은 거친 이분법을 넘어서는 것, 하나의 동일자가 그려지고 그 바깥의 것들은 타자화/등질화되는 과정을 벗어나는 것, 요컨대 달리 사유하는 것이 우리 시대의 과제라면, 미셸 푸코만큼 우리의 기성 사유를 뒤흔들고 새로운 사유를 자극한 철학자는 없을 것이다. 지난 짧은 시간 동안에 그의 저작들이 대부분 번역되고 수많은 연구서들이 쏟아져 나온 것은 곧 새롭게 도래한 1990년대가 요청한 새로운 사유에 대한 갈망에 그가 답했기 때문일 것이다.

푸코가 그렇게 매력적으로 다가왔던 것은 그 사유의 구체적 내용보다는 어떤 분위기, 어떤 면에서는 매우 모호하기도 한 분위기와 더불어서였다. 그것은 간단히 말한다면 동일자의 붕괴와 타자의 출현이라는 1990년대의 상황이었다. 이때의 동일자는 두 가지 이름을 가지고 있었다. 하나는 군정이라는 정치적 동일자였고, 다른 하나는 변증법이라는 담론적 동일자였다. 군정과 변증법은 서로를 노려보면서 오랫동안 대치해 왔다. 1990년대에 군정이 무너졌을 때 그 아래 짓눌려 있던 갖가지 욕망들이 고개를 들기 시작했다. 군정을 겨냥하면서 사유했던 변증법은 이제 그 초점을 상실했으며 날카롭게 응시하던 눈빛도 희미해졌다. 변증법이라는 담론적 동일자가 무너지고 이제 전에 볼 수 없었던 새로운 형태의 사유들이 하나둘 나타나기 시작했다. "미셸 푸코"라는 이름과 더불어. 광기, 죽음, 성, 감옥, 담론, 권력, 지식, 타자 등등의 말들이 담론계를 수놓기 시작했다. 그것은 획일적 삶에 눌려 있던 타자들의 목소리이자 그 목소리를 담지할 수 있는 새로운 사유의 모습이었다. 그것은 다른 철학, 새로운 철학이었다.

푸코는 무엇보다도 '권력'을 사유하는 철학자로서 다가왔다.[5] 이것은 무척이나 얄궂은 상황이었다. 파시즘이 지배하던 시대에 주인공 역할을 했던 마르크스가 후기자본주의 사회에 이르러 푸코에게 그 자

---

5) 1990년에 발행된 『미셸 푸코론』(한상진·오생근 외 지음, 한울)에는 7편의 논문이 수록되었는데, 그 중 5편이 권력(또는 지식과 권력)에 대한 논의였다.

리를 넘겨주어야 했으니 말이다. 마치 서로의 역할을 혼동했던 두 배우처럼. 그러나 푸코가 맡았던 역할이 시대착오적인 것은 분명 아니었다. 그가 등장했던 시기가 바로 한국 사회에서의 권력 구조가 변환을 겪던 시기였기 때문이다. 철옹성처럼 버티고 있던 정부라는 괴물이 조금씩 그 모습을 드러냈다. "깜짝쇼"이긴 했지만 안가가 무너지고 안기부도 조금씩 공개당하기 시작했다. 만화 같은 모습이지만 드라마 「모래시계」를 통해 저간의 사정이 브라운관에까지 등장하게 되었다. 모든 것 위에 군림했던 권력도 조금씩 경제, 언론 등에 부분적으로 종속되기 시작했다. 청소년들이 욕구불만을 표출하기 시작했다. TV의 위력은 점점 더 커져 갔다. '페미니즘'이라는 말도 심심찮게 지면을 장식하기 시작했다. 대중문화가 모든 분위기를 장악하기 시작했다. 가정, 국가, 사회, 학교, 군대 등 우리 삶을 구성하고 있던 모든 코드들이 흔들리기 시작했다. 요컨대 우리는 탈코드화의 시대에 접어든 것이다. 푸코는 모든 동일자들이 무너지는 시대에 등장해 우리에게 타자의 사유를 가르쳐 주었다.

푸코의 학문적 영향은 무엇보다도 '근대성 비판' 즉 근대적 지식-권력 연계에 있어서였다. 20세기 내내 한국은 '근대화=서구화'라는 이념에 의해 지배되었다. 1990년대에 들어와 근대성은 회의의 대상이 되었으며, 그 철학적 배경으로 푸코의 근대성 비판이 관심의 대상이 되었다. 그러나 그 이전에 근대성 비판은 민족주의적 맥락에서 존재했다. 민족주의는 자유민주주의를 표방하는 보수 진영과 사회주의를 지향하는 진보 진영 모두에 대해 민족이라는 실체를 내세웠다. 그러나 근대화=서구화라는 화두가 와해되기 이전, 민족주의는 소수의 복고 취미로 머물 수밖에 없었다. 때로는 군사정권에 의해 희화화된 민족주의가 등장하기도 했다. 근대성 자체가 철저하게 비판되기 시작하면서 민족주의는 새로운 힘을 얻었다. 그러나 이제 민족주의의 맞은편에는 '서구화' 이념 대신 '탈근대'의 이념이 들어섰다. 이런 맥락에서 푸코는 모든 진영의 관심사가 되었다. 근대성을 재고하는 것이 시대의 화두였기 때문이다.

그러나 푸코를 푸코이게 해준 것이 근대성 비판은 아니었다. 마르크스와 니체 이래 근대성 비판은 모든 현대 사상가들의 공유물이었기 때문이다. 푸코 사유의 보다 진정한 의미는 그 서구 담론사 분석에 있으며, 더 근본적으로는 그 언표 이론에 있다. 푸코는 근대성 비판이라는 기본 구도를 프랑스 인식론 전통 및 구조주의라는 당대의 새로운 학문 경향을 흡수하면서 독자적인 방식으로 수행한다. 그의 근대성 비판은 마르크스를 이어받은 사유들, 예컨대 프랑크푸르트학파와는 다르다. 푸코는 하버마스 류의 근대성 비판을 물리친다. 그것은 이런 담론들이 여전히 칸트, 헤겔에서 연원한 추상적-총체론적 사유 경향에서 벗어나지 못했기 때문이다. 다른 한편 푸코의 근대성 비판은 니체 및 포스트모더니즘의 낭만주의적-미학적 사유와도 다르다.[6] 푸코의 사유는 분산 못지않게 체계를, 초현실주의적 스타일 못지않게 실증주의적 방법을 내포하고 있기 때문이다. 많은 경우 푸코를 위의

---

6) 많은 사람들이 푸코의 후기 사유를 미학주의로 해석하는 우를 범하고 있다. 예를 들어 송두율은 『역사는 끝났는가』(당대, 1995), 348쪽에서 푸코를 보들레르 류의 '당디즘'으로 해석하고 있는데, 이는 후기 푸코에 대한 대표적인 그릇된 해석이다. 후기 푸코의 핵심적인 문제는 '주체화'(subjectivation)의 문제이며 '에티케'의 문제이다.

두 유형의 어느 하나로 해석해 버린 데에는 푸코가 서 있는 프랑스 인식론의 전통이 잘 이해되지 않았기 때문이기도 하다. 푸코가 하버마스 류의 근대적 탈근대와도 또 니체-포스트모더니즘적 해체주의와도 다른 이유는 그의 사유가 캉길렘을 비롯한 인식론/과학철학 전통에서 형성된 것이기 때문이다. 한국에서 푸코는 이 전통이 전혀 이해되어 있지 않은 상황에서 너무나 갑작스럽게 등장했기 때문에, 사람들은 그를 그들이 이전에 알고 있던 어떤 범주들에 집어넣어 이해할 수밖에 없었다.

푸코라는 이름의 도래는 '담론'이라는 개념의 도래와 상응한다. 1980년대까지 사유의 대상은 '명제'였다. 일정한 '과학적' 자격을 갖춘 언어였다. 지금도 1990년대를 소화하지 못하는 사람들은 명제만을 배타적으로 논의한다. 담론이라는 말은 사유의 영역을 무한히 확장시켰다. 이제 논의의 대상은 명제가 아니라 언표이다. 언표는 일정한 규칙성을 동반함으로써 지식, 과학 등으로 개별화된다. 타자기 자판을 무심코 쳐서 생긴 "A, Z, E, R, T"는 언표이다. 이 무규정의 장, 잠재성의 장으로부터 각종 담론들이 마름질된다. 언어적 차원에서의 이러한 변환은 사회적 차원에서의 변환과 상응한다. 이제 문화는 일부 사람들의 전유물이 아니다. 다양하기 이를 데 없는 문화가 각종 계들로부터 쏟아져 나왔다. 때문에 우리 시대의 사유는 인식론에 의해서가 아니라 '담론학'에 의해 밑받침된다. 이는 이제 철학이라는 담론이 포괄하지 못했던 방대한 영역이 철학적 논의의 장으로 스며들어 오기 시작했음을 의미한다. 다시 말해, 푸코가 우리 사유에 가져온 결정적인 공헌은 사유의 타자들을 우리 눈길 아래로 옮겨 놓았다는 점에 있다.

우리에게 푸코는 누구일까? 푸코는 우리에게 역사를 읽는 새로운 시선을 준 인물이다. 1980년대에 우리는 마르크스의 눈으로 역사를 읽었다. 적대적 계급 사이의 투쟁, 물질적 토대의 우선성, 역사의 변증법적 발전 등과 같은 테마들이 우리 사유를 점유했다. 나는 이러한 관점이 그 논의의 층위를 분명히 하기만 한다면 지금도 유효하다고 본다. 그러나 이러한 관점이 헤겔에게서 유래하는 일정한 틀을 사건들의 풍요로운 장에 투사해 관철시키는 것이라면, 그것은 역사를 읽는 것이 아니라 자의적으로 재구성하는 것이 되어 버린다. 푸코는 우리에게 무엇보다도 '사건'을 읽는 법을 가르쳐 주었다. 언표장 안으로 솟아올라 분산되고 계열화되는 무한의 사건들을. 이제 우리는 역사를 밑으로부터, 보다 풍요로운 언표-장의 층위로부터 읽을 수 있게 되었다. 그러나 1980년대에 마르크스의 시각을 가지고서 그렇게 했듯이 푸코의 시각을 무차별적으로 역사의 언표-장에 투사한다면, 그것은 또 하나의 시행착오가 될 것이다.[7] 고고학과 계보학의 융화, 지식-권력론의 좀더 섬세한 적용, 말년의 푸코에의 주목 등 여러 가지 보완적 작업들이 필요할 것이다.[8]

---

7) 김진균·정근식 편저, 『근대주체와 식민지 규율권력』(문화과학사, 1997)이 대표적이다. 이 저작은 푸코 철학이 도입된 이래 처음으로 그의 인식론에 입각해 우리 역사를 해명한 저작이라는 점에서 의미를 가진다. 그러나 푸코의 계보학만을 따로 떼어서 일방적으로 한 국사에 투영하고 있음을 볼 수 있다.

8) 푸코는 말년의 저작인 『쾌락의 선용』 서문에서 그때까지 그가 (바슐라르의 영향하에서) 무시했던 '경험'의 개념을 재평가하면서 사유의 새로운 정향을 제시한다. 주체와 세계가 언표-장으로 환원되는 『지식의 고고학』의 입장을 떠나 주체와 세계와 담론이 교차하는 장, 즉 경험의 장에 주목한 것이다. 이와 더불어 이제 단지 '인간의 죽음'이 제시되는 것이 아니라 '주체화'의 문제-장이 제시된다.

사건과 욕망을 사유하라

왜 들뢰즈와 가타리인가? 푸코에서 들뢰즈와 가타리로의 옮겨 감은 무엇을 의미하는가? 들뢰즈와 가타리는 왜 현재의 우리 사유를 지배하고 있는가? 그저 관심의 수레바퀴가 굴러간 것뿐인가? 만일 들뢰즈와 가타리의 사유가 푸코의 사유를 상당히 보완해 주고 또 어떤 측면에서는 대체해 버렸다면, 그것은 이들의 사유가 우리에게 사건과 욕망을 사유하는 법을 가르쳐 주었기 때문이다.

구조주의가 그 한계를 노정하기 시작했을 때, 사유의 새로운 지평으로서 각종 문제들이 등장했다. 우리는 존재론적 층위에서 시간, 카오스, 차이, 복수성, 사건과 같은 개념들을 맞닥뜨리게 된다. 그리고 이와 더불어 윤리학적 측면에서는 신체와 권력, 그리고 욕망의 개념을 만나게 되었다.

권력과 욕망의 개념은 시간, 카오스, 차이 등의 개념들과 더불어 구조에 내재하는 운동성을 사유할 수 있게 해주었다. 그러나 여기에서 권력과 욕망의 관계가 문제시되었다. 다시 말해 푸코가 말한 권력의 생산성에 깃들어 있는 논리의 약점을 보완할 필요가 있는 것이다. 그것은 권력이 길들여야 할 좀더 심층적인 바탕이 존재한다는 것을 의미한다. 그러나 욕망과 권력은 그 우선순위를 논해야 할 별개의 실체는 아니다. 푸코 자신이 회의에 빠졌듯이, 권력 너머에는 아무것도 없는 것이 아니다. 권력을 '전략들의 체계'로 정의하는 것으로는 불충분하다. 권력이란 욕망의 **표현** 즉 구체화이다. 욕망은 권력으로 화함으로써 물질적 현실성을 획득하는 것이다. 권력이 타자를 억누를 때,

그 억누르는 권력의 근저는 욕망인 것이다(때문에 권력과 욕망이 대립하기보다는 궁극적으로 욕망과 욕망이 대립한다). 욕망은 존재의 원초적 힘-주체성이고 권력은 그 구체화이다. 우주의 기氣는 개체화를 통해 욕망으로 변환되고 주체성을 띠게 된다. 그리고 이 힘-주체성은 다시 권력으로 구체화된다. 때문에 우리는 고고학의 그림을 계보학의 기계로 대치하는 데 만족할 수 없으며, 그 기계 아래에서 다시 욕망을 발견하게 된 것이다. 이 세 층위, 즉 구조, 기계, 욕망(더 정확히는 욕망하는 주체)은 배타적이지 않다. 존재의 여러 층위들일 뿐이다.

들뢰즈와 가타리가 우리에게 가르쳐 준 욕망, 그것은 자연철학적 욕망이 아니라 역사 속에 현현한 욕망, 일정한 코드-장에 나타난 욕망이다. 욕망'들'이라고 말할 수 있는 것은 이러한 층위에서이다. 욕망은 구성하는 욕망 즉 권력에 의해 일정하게 모양새를 갖추게 되며, 역으로 말해 구성하는 욕망의 밑바탕에는 구성된 욕망, 그러나 언제라도 권력을 뒤흔들 수 있는 욕망이 존재한다. 이미 구성되어 기호체제로 굳어진 욕망 즉 권력체계를 우리는 '코드'라고 부를 수 있다. 들뢰즈와 가타리는 우리에게 욕망과 코드의 역사를 가르쳐 주었다. 이들 덕분에 우리는 이제 욕망의 세계사를 쓸 수 있게 된 것이다. 오늘날 역사 형이상학이 가능하다면 그것은 욕망의 세계사를 쓸 수 있는 한에서이다. 그러나 이 세계사는 단지 카오스의 역사, 아무런 방향도 없는 제멋대로의 역사가 아니다. 우리가 보는 것은 물질이 아니라 물체이듯이 우리는 욕망이 아니라 욕망의 표현 즉 코드를 본다. 때문에 세계사 서술의 근본 대상은 욕망이지만, 실제로 서술해야 할 것은 코드이며 욕망은 코드의 끝에서 드러나는 궁극 지평으로서 머문다. 피상적인 인상과는 달리 들뢰즈와 가타리는 역사의 역동성을 카오스의 바다에 맡겨 버림으로써 반합리주의의 길로 나가는 것을 거부한다.

　욕망이란 정신분석학적 무의식에서 나오는가? 들뢰즈와 가타리는 이 입장을 단호히 거부한다. 욕망은 한편으로 자연의 문제이며, 다른 한편으로는 사회의 문제이다. 무의식의 문제는 아니다. 욕망이란 한편으로 우주의 에네르기이다. 그것은 스토아학파에서의 불이며, 베르그송에서의 생명(의 약동)이다. 다른 한편 욕망은 사회적이다. 한 인간의 무의식이란 결국 사회 안에서의 그 사람의 체험들이 **주름잡힌** 결과일 뿐이다. 들뢰즈와 가타리에게서 무의식이란 설명하는 것이 아니라 설명되는 것이다. 들뢰즈와 가타리는 정신분석학에 의해 무의식이라는 골방에 갇힌 욕망을 한편으로 자연을 향해, 다른 한편으로 사회를 향해 연다. 그렇다면 들뢰즈와 가타리는 자연주의자들인가? 이들이 근본적인 실체를 물질로 보고 의미의 차원을 물질로부터 부대하는 차원으로 보는 한에서는 그렇다. 그러나 이들이 의미의 차원을 지배하는 법칙성에 별도의 존재론적 지위를 부여하고 그것을 자연법칙과는 다른 차원에 있는 선험적 층위로 파악하는 한, 나아가 오히려 의미의 차원이 물질의 차원을 변형시킨다는 것("비물체적 변환")을 강조하는 한 그렇지 않다. 들뢰즈와 가타리는 물질적 실체로부터 눈을 돌리는 관념론자들이 아니지만, 또한 비물체적 차원을 물체적 차원으로 환원시키는 조잡한 유물론자들도 아니다. 사회와 역사 사이에 제3의 층위 즉 의미의 층위가 존재한다. 우리의 삶은 한편으로 자연에 의해 규제받지만, 다른 한편으로 이 의미의 층위에 의해 규제받는다. 들뢰즈의 사유가 구조주의와 제휴하는 대목은 이 지점이다.

의미란 어떻게 발생하는가? 의미란 어떻게 일정한 장을 형성함으로써 '객관적 선험'으로 작용하는가? 의미는 사건으로부터 즉 물체의 운동으로부터 결과하는 "표면적 효과"로부터 발생한다. 의미는 본래 무의미이다. 그것은 단지 표면적 효과일 뿐이다. 그러나 이 무의미는 늘 이미 존재하는 의미의 장 안에서 파열한다. 자연적 운동으로부터 유래하는 무의미=x는 동시에 문화의 세계에 편입되면서 의미=x가 된다. 사건은 무의미와 의미의 두 얼굴을 띤다. 그 **한쪽 얼굴**은 물체적 실체를, **다른 한쪽 얼굴**은 의미들의 장을 향한다. 사건-의미는 사물과 언어 사이에 존재하는 것이다. 들뢰즈는 의미를 지시작용, 현시작용, 기호작용 이전의 차원에 위치시킨다. 의미는 이 세 작용 이전의 존재이며 따라서 이 세 작용에 관련해 중성이다. 이 점에서 들뢰즈의 사건-의미는 푸코의 언표를 연상시킨다. 언표는 문장, 명제, 발화행위 이전의 것이다. "A, Z, E, R, T"는 무의미하다. 그러나 무의미하다는 바로 그 이유 때문에 이것은 언표의 좋은 예가 된다. 이 무의미에 일정한 규정성 또는 조직화 양태가 부과됨으로써 문장, 명제, 발화행위가 성립하기 때문이다. 언표와 사건(무의미/의미)은 모두 자연과 문화 사이에 존재하는 경계선에서 발생하며('실증성'), 이 차원으로부터 각종의 문화가 성립한다. 우리는 미셸 세르의 『헤르메스』 연작에서도 발견되는 이 차원을 '객관적 선험'이라 부를 수 있다. 객관적 선험은 '후기구조주의 사유'의 철학적 핵이다.

무의미로서의 사건이 문화세계 속에서 발생하는 순간 의미로 변하는 것은 무엇 때문인가? 무의미는 **계열화됨으로써** 의미로 화한다. 무의미한 사건들은 계열화됨으로써 의미-사건으로 화한다. 철수의 입에서 나오는 말은 음파이다. 물리적 사건이다. 그러나 그 음파는 지금까지 나왔던 음파들과 계열화됨으로써, 다시 말해 음파들의 계열화를 통해 이미 형성되어 있는 의미의 장 내에서 계열화됨으로써 특정한 의미를 획득한다. 이러한 의미 획득은 이미 형성되어 있는 담론-장에 입각해 의미화된다. 그러나 이 계열화가 기계적인 것은 아니다. 형사는 특정한 사건을 어떤 계열에 넣어 이해해야 할지 고민한다. 역사학자는 특정 역사적 사건을 어떤 계열에 넣어 이해해야 할지 생각한다. 특정한 정치적 사건은 당파들의 이해관계에 따라 다양하게 계열화된다. 때문에 많은 경우 계열화는 논리의 문제일 뿐 아니라 권력의 문제이기도 하다. 한 사회에서 사건을 계열화하는 가장 일반적인 양태를 우리는 '통념'doxa이라 한다. 창조적인 사유는 이 통념을 거부하며, 통념을 거스르는 '역설'para-doxa을 창조해낸다. 그것은 과학과 예술에 있어서만이 아니라 정치와 윤리에 있어서도 그렇다. 통념을 거스를 수 있는 힘은 욕망이며, 기존의 욕망에 의해 수립된 통념-코드는 그에 저항하는 욕망에 의해 흔들린다.

들뢰즈는 사건과 욕망의 차원을 드러냄으로써 철학사 전체를 새로 쓸 수 있는 기반을 마련했다. 들뢰즈와 더불어 철학사는 회춘하기 시작했으며, 우리는 젊어진 철학사를 다시 읽게 되었다. 나아가 들뢰즈와 가타리의 만남은 역사와 정치를 보는 새로운 눈을 가져다주었다. 이제 우리는 새롭게 사유할 수 있고 새롭게 행위할 수 있는 철학적 지반을 얻은 것이다. 들뢰즈와 더불어 20세기 후반의 사유는 그 정점을 맞이했다고 할 수 있을 것이다.

왜곡

1990년대의 사유는 1980년대의 변증법을 대체하면서 우리의 담론계를 수놓았다. 그러나 1990년대의 사유는 1980년대의 사유처럼 응집력을 갖춘 것이 아니었고, 또 사유의 절실함과 진실함이 충분했던 것도 아니었다. 1980년대와 1990년대라는 시대의 차이만큼이나 사유함의 양태에서도 명백한 차이가 있었다. 사실 우리는 1990년대의 사유를 무엇이라 불러야 할지도 잘 모른다. "포스트모더니즘"이라는 말이 많이 사용되지만, 바로 이 말 자체가 1990년대 사유의 혼란스러움을 담고 있는 말이다. 이 시대는 기본적으로 어떤 단일한 사상적 구도로 파악하기 힘든 시대가 도래했다는 사실을 고지告知하는 시대였다.

1990년대의 사유는 대중사회와의 우발적 만남을 통해서 일반화되었다. 다시 말해 1990년대 한국 사회의 변환(군정의 종식과 대중사회의 도래)과 후기구조주의 사유의 유입은 우발적인 교차를 겪은 것이다. 이것은 한편으로 1990년대의 대중문화가 후기구조주의 사유를 왜곡시켰음을 뜻하지만, 다른 한편으로는 1990년대가 그만큼 후기구조주의적 사유를 광범위하게 요청했다는 것을 뜻하기도 한다. 어쨌든 이런 과정에서 숱한 형태의 오해 나아가 왜곡이 저질러지게 되었다. 그런 과정을 통해서 '해체'는 이것저것 때려 부수는 것으로(그래서 사람들은 걸핏하면 "해체 뒤에 오는 것이 무엇인가?"라고 물었다), '노마돌로지'는 여기저기 돌아다니는 낭만적 삶으로, '계보학'은 각종 담론들의 뒷이야기 캐는 것으로, 좀 낮게는 덮어놓고 모든 담론을 권력의 문제로 환원시키는 것으로, '소수자'는 수적으로 적은 유별난 사람들을 가리키는 말로,…… 변질되었다. 현대 사회의 핵심적인 문화적 모순은 '희화화'이거니와,[9] 후기구조주의 사유의 한국 유입은 바로 이런 희화화의 전형적인 예를 보여 주었다.

그러나 이런 오해와 왜곡이 대중사회의 수준에서만 이루어진 것은 아니다. 한국에 '후기구조주의'는 처음부터 "포스트모더니즘"이라는 범주로서 들어왔다. 포스트모더니즘은 모더니즘을 잇는/극복하려 했던 문학/예술 사조이며, 이 말이 처음부터 이런 엄격한 의미로서 사용되었더라면 많은 혼동이 사전에 방지되었을 것이다. 그러나 이 말이 뚜렷하게 규정하는, 그 역사적 맥락을 분명히 하는 노력 없이 마구잡이로 사용되기 시작하면서 갖가지 혼란이 발생하기 시작했다. 현대 사회 자체를 가리키는 "포스트모던"이라는 형용어와 그것의 극복을 함축하는 '탈근대'라는 형용어가 잘 구분되지 못했고, "포스트모더니즘"이 "탈근대주의"와 혼동되면서 갖가지 담론들이 그야말로 난마처럼 얽혀 뭐가 뭔지 모르는 상황이 전개되었다. 이것은 외국 사조가 한국에 들어오는 방식, 말하자면 '수입 구조'와도 관련된다. 본래 문학/예술 사조인 포스트모더니즘이 그 이론적 기초로서 후기구조주의를 원용했고, 한국에 "포스트모더니즘"이라는 이름으로 들어온 것은 사실상 이 미국화되고 비평화된 후기구조주의 사유였던 것이다.

후기구조주의 사유들의 이런 수난은 우리 지식계에 존재하는 몇 가지의 **단절 현상**과 맞물려 이루어졌다. 우선 담론계의 분열을 들 수 있다. 후기구조주의의 한 특징은 그 입체성에 있다. 각각의 사상이 특

---

9) 이정우, 『객관적 선험철학 시론』(저작집 1권), 2부 4장을 보라.

정한 분야에 무게중심을 두고 있으면서도 오늘날 대학에 정착해 있는 "분과 학문"의 테두리를 넘어 매우 복합적인 성격의 사유를 전개하고 있다. 각각의 담론이 자체의 테두리 내에서만 움직이는 한국 담론계——이런 것이 존재한다면——의 성격은 이런 후기구조주의 사유를 이해하는 데 '인식론적 장애물'로 작용했다고 할 수 있다. 특히 철학계, 비평계, 사회과학계라는 세 계의 단절이 중요한 장애물로 작용했다고 할 수 있다.[10] 이 각 계는 서로의 관심사에 따라 후기구조주의자들을 찢어서 이해했다. 철학이라는 뼈대, 과학이라는 살, 그리고 문학/예술이라는 피를 갖춘 하나의 전인적 사상을 사람들은 뼈는 뼈대로, 살은 살대로, 그리고 피는 피대로 따로 모아 이해하곤 했던 것이다.

전체를 준다 한들 무슨 소용이 있겠소.
어차피 관객들은 조각조각 찢어갈 텐데.

이러한 단절은 사실 철학과 사회의 단절이라는 보다 넓은 지평에서의 단절을 배경으로 했다. 지난 10년간 한국 지성계를 돌아다볼

---

10) 특히 후기구조주의는 비평계(와 사회과학계 일부)의 뜨거운 관심이 되었을 뿐 철학계에서는 오히려 배척당했다(강연을 나가 보면 묘한 현상이 있다. 강의 주제가 철학의 주제인데도 수강자들 중 철학과 학생은 100명에 한 명 있을까 말까 한다). 때문에 한국에서는 푸코의 고고학을 제쳐둔 채 계보학만을 논의했으며, 『차이와 반복』을 읽지 않은 채 『안티오이디푸스』 등의 저작에만 관심을 가졌으며, 미셸 세르, 알랭 바디우, 르네 톰 등 프랑스 자체의 사유 전통에서는 오히려 중요한 인물들이 "포스트모더니스트"가 아니라는 이유로 아예 관심 대상에서 배제되었다. 요컨대 한국 지식계는 후기구조주의 사유를 정치나 비평의 관심에서 쥐 뜯어 먹듯이 받아들였을 뿐 그 철학적 중심축은 오히려 방기했던 것이다.

때, 놀라운 것은 철학 이외의 담론계와 철학계 사이의 깊은 심연이다. 1990년대에 발간된 대다수의 학술/문화 잡지들은 '후기구조주의'라는 이름으로든 아니면 '포스트모더니즘'이라는 왜곡된 이름이든, 또 다른 어떤 이름이든 현대 프랑스 철학이 이룩한 성과들을 풍부하게 다루었다. 이와 대조적으로 철학계는 이런 흐름을 거의 비켜 가 있었다. 내 경우, 가끔씩 철학학회에 나가 볼 때면 마치 타임머신을 타고서 과거로 날아온 것 같은 착각이 들곤 했다. 1980년대 중반부터 쳐서 사유의 변환이 발생해 온 지 10년 이상의 세월이 흘렀으나, 철학학회에서는 내가 학부 시절, 대학원 시절 논했던 그런 주제들, 대상들, 나아가 시각, 방법, 분위기, 논조가 그대로 이어지고 있는 것이다. 마치 철학 "과"의 시계가 영원히 멈추어 서 있는 것처럼. 지난 10년 이상 우리 사회와 사유는, 다시 말해 시대는 거대한 변환을 겪었음에도 철학"과"는 그러한 시대 변환을 전혀 흡수하지 못했다. 철학계와 시대는 철저하게 단절되어 있었던 것이다.

세대 간의 단절 또한 심하다. 한국 학계는 1990년대의 역사와 사유를 익힌 젊은 세대와 그러한 흐름을 도외시한 채 자신이 젊은 시절 체험했고 배웠던 것에 머물러 있는 기성세대로 날카롭게 갈라져 있다. 기성세대는 1990년대의 현실로부터 유리된 철학사적 논의만 계속했고, 새로운 세대는 오늘날의 시대를 읽기를 원했다. 기성세대는 이런 흐름을 무시하고 자신들의 기득권에 연연했다. 이들은 학계의 권력을 쥐고 앉아서 자신들의 자리를 흔들 수 있는 흐름들은 철저하게 배제했으며, 젊은이들의 사유를 "유행을 따른다"고 매도했다.[11] 한국의 지성사가들은 아마 1990년대를 '강단 철학'과 '자생 철학'이 뚜렷하게 갈라서게 된 시대로 기록할 것이다. 그러나 새로운 세대는 철학사에 대한 진지한 연구를 도외시한 채 시사적이고 흥미를 끄는 주제들에만 매달렸다. 진정한 사유는 철학사 연구와 시대의 개념화가 통합되었을 때 이루어진다. 그러나 한국의 철학계는 철학사 없는 시사적 논의들과 시대가 없는 문헌학적 논의들이 날카롭게 갈라져 있으며, 이 깊은 고랑을 메우지 못한다면 기성세대는 항구적인 정체停滯를 면하지 못할 것이고 새로운 세대는 얄팍한 논의들만을 거듭하게 될 것이다.

각종 담론들 사이, 철학과 사회 사이, 기성세대와 젊은 세대 사이에 놓여 있는 이러한 여러 단절은 우리 사회를 서로 대화가 되지 않는 소집단들로 갈라놓고 있다. 한편에서는 철학사에 대한 성실한 이해를 도외시한 채 당장 흥미를 끄는 선정적인 주제들만을 논하는 젊은 세대의 설사가 있고, 다른 한편에서는 새로운 것을 인정하면 자신이 쥐고 있던 권력을 놓칠까 봐 전전긍긍하는 늙은 여우들의 변비가 있다. 철학사의 이해와 시대의 개념화가 어우러지는 사유가 나오지 못한다면, 우리 사회는 설사와 변비가 대립하는 모양새를 벗어나지 못할 것이다.

---

11) 만일 1990년대의 사유가 유행을 따른 것이라면, 20세기 중엽의 실존주의와 마르크스주의, 분석철학도 그 시대의 유행을 따른 것이요, 세기 초에 칸트와 헤겔을 공부한 것도 유행을 따른 것인가? 자신이 공부한 것 뒤에 나온 것을 공부하면 그것이 유행을 따르는 것인가? 그렇다면 당대의 사유를 섭취하는 것은 모두 유행을 따르는 것인가? 그렇다면 우리는 늘 몇십 년, 나아가 몇백 년 지난 사유만을 연구해야 한다는 말인가? "유행을 따른다"는 말은 당대의 사유를 쫓아가지 못하는 무능한 기성세대가 스스로를 방어하기 위해 치는 보호막일 뿐이다.

전망

1990년대의 후기구조주의 사유가 엉뚱한 방식으로 희화화되고 기득권의 배제의 대상이 되었다 해도, 지난 10년간 사유에서의 많은 변화를 가져온 것은 분명하다. 이런 성과를 바탕으로 몇 가지의 핵심적인 전망을 드러낼 수 있다.

1) 1990년대의 사유는 무엇보다도 우리에게 '담론'의 개념을 가져다주었다. 신체적 층위에 관련해서든 언어의 층위에 관련해서든 우리는 담론의 수준에서 역사를 읽을 수 있게 된 것이다. 이런 맥락에서 푸코는 우리 사유에 결정적인 영향을 끼쳤다. 푸코 이전에 우리는 명제를 분석했다. 우리는 담론사의 대가들을 논했으며 담론사적으로 성공한 이론들을 다루었다. 그러나 푸코 이후 담론사 연구는 이제 언표의 차원에서 실행되기에 이르렀으며, 언표 차원에서 얽히는 신체적 실천과 담론적 실천의 복잡한 관련성을 볼 수 있게 되었다. 푸코의 공헌은 권력을 사유한 데 있지 않다. 푸코 사유의 의의는 우리에게 언표의 층위를 사유할 수 있게 해준 점에 있다. 이 측면에 주목함으로써 푸코의 권력 이론도 좀더 잘 바라볼 수 있다. 지식-권력 이론을 좀더 파고들어 가 언표와 담론의 층위를 밝혀내야만 푸코에게서 역사를 읽는다는 것의 의미를 드러낼 수 있다.

담론 개념의 형성은 20세기의 이해에도 결정적인 토대를 마련해주었다. 푸코의 19세기 연구를 20세기 연구로까지 확장시키는 것이 핵심 과제이다. 글이라는 것 자체가 소수의 독점물이었던 전통 사회와 달리, 현대 사회는 말 그대로 담론의 사회이다. 우리는 물리적 현실보다도 담론적 현실이 훨씬 커져 버린 사회 안에서 살아가고 있다. 더 구나 19세기 이래 담론화의 양태는 끝없이 증식되어 왔으며 변환되어 왔다. 근대 이후 인류는 인쇄술, 타자기, 영상, 녹음기술, 컴퓨터 등등 과 같은 물질적 매체들을 줄기차게 창조해 왔으며 오늘날 이런 현상 은 가속화되고 있다. 나아가 이 물질들을 조직해 의미를 만들어내는 방식들, 즉 담론화 양태들 또한 무한에 가까울 만큼 계속 창조되어 왔 다. 이런 과정은 곧 기호를 조직화하는 규칙성들의 점진적 와해를 뜻 한다. 예컨대 음악은 고전주의 음악에서 무조음악을 거쳐 현대 음악 에 이르러, '소리'와 '음악'의 구분이 쉽지 않은 시대를 맞이했다. 문화 의 저변을 형성하는 언표-장으로부터 어떻게 각종 담론화 양태들이 생산되는가, 이것들은 어떤 상이한 정향 위에 있으며 그러나 또한 알 게 모르게 소통하고 있는가를 드러냄으로써, 보다 일반화된 인식론과 문화 이론으로 나아간 것이다. 이런 흐름은 문화 영역만이 아니라 20 세기 역사 연구의 전반으로 확장할 수 있다.

내가 '담론학'을 통해서 수행하고 있는 작업은 이런 흐름의 연장 선상에서 성립했다고 할 수 있다. 담론학이라는 보다 일반화된 방법 론에 입각해 모든 담론들을 그것들이 개별화되어 형성되기 이전의 차 원에서 바라봄으로써 보다 총체적이고 역동적으로 분석할 수 있다. 이렇게 볼 때, 이제 우리가 흔히 날카롭게 구분하는 담론들의 경계선 들은 와해될 것이고, 방대한 감성적 언표-장으로부터 다양한 담론들 이 어떻게 형성되고 혼합되고 교차하고 갈라지고, 서로를 용인하거나 배제하는가를 볼 수 있게 될 것이다.[12] 푸코를 비롯한 인물들을 비판 적으로 계승해 나감으로써 역사와 문화는 새로운 토대 위에서 연구될 수 있을 것이다.

2) 우리가 들뢰즈를 읽음으로써 배우게 된 것은 본래적 형태의 철학, 세계에 대한 총체적 이해로서의 형이상학/자연철학이다. 사실 우리는 베르그송과 화이트헤드 이래 전통적인 의미의 철학은 끝났다고 생각했다. 과학철학, 현상학, 분석철학, 구조주의, 변증법 등등 많은 사조들이 20세기를 수놓았지만, 서구 형이상학의 위대한 흐름은 종말을 고했다고 생각했던 것이다. 그러나 우리는 들뢰즈를 만남으로써 (가장 엄격한 의미에서의) 철학이 부활했음을 경험한 것이다. "이제 사유한다는 것이 다시 가능해졌다"라는 푸코의 찬사는 아마 이 점을 지적한 것이리라.

들뢰즈의 사유는 한편으로 거대한 자연주의로 보인다. 당대 자연과학의 성과들을 포용하면서 세운 그의 형이상학은 베르그송 이래의 위대한 형이상학이다. 그러나 그가 자연주의적인 사유체계를 세웠다고 해서 그것이 근원적인 물질, 기氣, 카오스, 생명력 등에 호소하는 일원론적 체계로 볼 수는 없다. 들뢰즈를 들뢰즈로 만들어 주는 것은 그가 생성을 사유했다는 점에 있는 것이 아니라 오히려 생성의 사유가 내포하고 있는 약점을 극복했다는 점에 있다. 그는 한편으로 생성의 수학적 구조를 사유했고, 다른 한편으로 자연적 생명만이 아니라 사

---

12) 이것은 이제 담론 연구에 있어 우리에게 지금까지 주어졌던 제도적인 경계선들이 와해되기 시작했음을 의미한다. 이제 각종 담론들을 관청의 칸막이처럼 가르고 있는 경계선들을 자유롭게 가로지르면서 진정 창조적인 사유를 해야 할 시대가 도래했다. 출신 학교, 과, 전공 같은 수많은 칸막이들을 설치해 놓고서 도제살이를 통해 일정하게 코드화된 학자들을 길러내는 (대학으로 대변되는) 기존의 제도적 틀은 이제 종말을 고한 것이다.

건-의미를 사유했다(전자는 『차이와 반복』에서, 후자는 『의미의 논리』에서). 이 두 가지 점에서 그는 기존의 생성존재론의 흐름을 결정적으로 넘어서고 있다.

들뢰즈가 개척한 새로운 형이상학적 사유체계는 또 다른 측면에서 우리에게 중요하다. 들뢰즈의 사유는 동서 사유를 융합할 수 있게 해줄 결정적인 교두보를 마련해 주었다. 들뢰즈의 '내재성의 사유', 유물론적인 형태의 존재론, 생성의 형이상학 등은 우리에게 그의 사유와 기학적 사유를 비교하고 싶은, 나아가 융합시키고 싶은 강력한 유혹을 던져 준다. 우리 앞에는 하나의 형이상학적 프로그램이 뚜렷이 모습을 드러낸 것이다. 동북아적인 생명관과 신체관을 들뢰즈에서 정점에 달한 서구 존재론과 접목시킴으로써 새로운 지평을 열 수 있는 동력이 마련된 것이다. 중세의 동북아의 철학이 불교를 끌어안음으로써 위대한 형이상학을 구축할 수 있었듯이, 오늘날 들뢰즈를 소화해 냄으로써 다시 한번 기철학적 사유를 시도해 볼 수 있는 시대가 도래했다고 할 수 있다.

3) 1990년대에 소개된 후기구조주의 사상은 우리의 실천적 사유에 있어서도 심대한 변화를 가져왔다. 더 정확히 말해, 1980년대 중반 이래 변화된 정치적 풍경을 새롭게 개념화하는 데 결정적인 도움을 주었다.

1980년대로부터 1990년대로의 변환은 여러 가지로 묘사될 수 있다. 군정으로부터 민정으로의 변환, 대중사회의 도래, 신자유주의적 모순의 노골적 표출, 소비문화의 확산, 컴퓨터 시대의 도래, 영상문화의 팽배, 페미니즘을 비롯해 다양한 새로운 사상들의 등장 등, 수많은 요소들이 1990년대를 특징지었다. 이 시대의 사유는 바로 이 변화된 풍경을 개념화하는 작업을 포함한다. 이런 맥락에서 1980년대의 사유, 즉 변증법과 1990년대의 사유 사이에 관계 설정이 중요한 문제가 된다. 역사는 정체할 수도 없고 단절될 수도 없다. 역사와 발걸음을 맞추면서, 호흡을 같이하면서 나아가는 사유는 과거에 집착해 정체하지도 않고 또 과거와 단절되지도 않는다. 1990년대가 1980년대와의 단절을 통해 형성된 것은 사실이지만, 또한 1990년대는 근대 이후 전개되어 온 세계사적 흐름의 한 부분일 뿐 특별한 단절을 이루는 별개의 시대는 아니다. 오늘날의 사유는 어디까지나 1980년대, 나아가 우리의 근대성의 연장선상에서 수행되어야 하며, 그러나 최근에 발생한 각종 새로운 현상들에 대한 새로운 개념화를 통해 수행되어야 한다.

이 새로운 현상들 중 세계사적으로, 특히 정치적으로 핵심적인 것은 아마 사회주의 진영의 붕괴일 것이다. 왜 사회주의에의 꿈은 그렇게 허망하게 무너져 버렸는가? 여기에 또 하나의 시대의 과제가 있다. 나는 이 물음에 대해 전통적인 사회사상들이 **대중의 얼굴**을 정확히 보지 못했노라고 답한다. 물론 앞에서도 말했듯이 여기에서의 '대중'이란 어떤 종류의 사람들이 아니라 사람들의 어떤 종류를 뜻한다. 모든 인간은 대중들이고 동시에 크게 또는 작게 자신의 대중성과 싸우는 존재들이다. 그렇기 때문에 문제의 핵심은 오히려 인간의 대중적 측면을 만들어내는 **객관적 장**을 파헤치는 일이다. 푸코는 19세기의 지식-권력을 해부함으로써 대중의 얼굴을 해명했다. 이제 우리는 20세기를, 나아가 미래를 해명하기 위해 신문, TV, 만화, 영화, 각종 잡지들, 인터넷, 패션, 스포츠 등등을 해부해야 하는 것이다. 그리고 이런 연구들은 대중이라는 존재(대중인 한에서의 인간)를 이해할 수 있게 해주는 인간존재론과 실천의 새로운 방식을 제시하는 윤리학/정치철학으로 나아가야 할 것이다.

우리 시대는 사회나 역사를 총체적으로 해명할 이론이 아니라 사회를 구성하는 다양한 계들을 미시적으로 추적하는 일일 것이다. 푸코와 들뢰즈가 "특화된 지식인"을 논하는 것은 이런 맥락에서이다. 그러나 이런 작업만으로는 일정한 한계를 가질 수밖에 없다. 시대의 모순은 늘 각종 계열의 모순들이 착잡하게 얽힌 형태로 나타나기 때문이다. 오늘날 우리의 주적이라고 할 수 있을 신자유주의 세계체제는 단지 정치나 경제의 문제만이 아니라 환경의 문제, 법의 문제, 문화의 문제……이기도 하다. 때문에 오늘날의 사유가 거시적인 청사진의 제시가 아니라 특화된 영역에서의 전문적이고 구체적인 사유여야 하는 것만은 아니다. 그것은 또한 그런 작업들을 가로지름으로써, 영역별로 나뉘어 수행되는 사유들의 한계를 넘어설 수 있는 사유여야 한다. 후기구조주의적 실천철학을 통해서 과거의 총체화를 극복하고 새로운 지평을 열어 갈 수 있게 되었으나, 우리가 가야 할 길은 미시정치학만은 아니며, 사회의 각종 계열들을 가로지르는 노력을 통한 열린 총체성의 추구일 것이다. 그때에만 어떤 식으로 사회주의의 꿈을 이어 나갈 수 있을지 말할 수 있게 될 것이다.

새로운 코뮤니즘의 윤리-정치적 비전

'코뮤니즘'은 흔히 '공산주의'로 번역되지만, 발음 그대로 번역할 때 이 사조의 특정한 국면을 지시하고 있는 것으로 보인다. 가타리와 네 그리는 이 말에 새로운 뉘앙스를 접어넣음으로써 현 시대의 이해를 위한 하나의 개념적 모색을 시도했다. 이 번역어는 '공산주의'共産主義 라는 말이 함축하는 19~20세기적 맥락으로부터 '코뮨' 개념을 중심 으로 하는 새로운 맥락으로의 이행을 담고 있다.[1] 이 말은 곧 1968년 이후의 역사적-사상적 흐름을 배경으로 한다. 그것은 한편으로 후기

---

1) 가타리 · 네그리, 『자유의 새로운 공간』, 이원영 옮김, 갈무리, 1995, 22~24쪽을 보라. 프랑 스어 원본은 1985년에, 마이클 라이언의 영역본은 1990년에 발간되었다. 이 말과 연계해 'community'는 '코뮨성'으로, 'communication'은 '코뮨화'로, 'communitarian'은 '코 뮨적'으로 번역할 수 있을 것이다. 이 용어들을 '공동체주의', '공동체성', '소통', '공동체적 인' 등으로 번역하는 것은 오해의 소지가 많다. '공동체(주의)'라는 말이 워낙 포괄적이기 때문이다. 특히 롤스 식의 자유주의를 비판하면서 레이건 류의 신자유주의적 신보수주의 를 옹호하는 마이클 샌델의 공동체주의(communitarianism) 같은 경우(『자유주의와 정의 의 한계』)는 차라리 '코뮤니즘'의 대극에 선다고 해야 할 것이다.

자본주의 사회를 염두에 둔 개념이며, 다른 한편으로 20세기 후반에 이루어진 새로운 주체성 이론의 매개를 함축하는 개념이다. 이 개념에는 '반反정신의학의 투사' 가타리가 들뢰즈와 함께 이룩한 사유 혁명(『안티오이디푸스』, 『천의 고원』 외)과 네그리가 전개한 '자율주의 정치학'의 성과들(『마르크스를 넘어선 마르크스』 외)이 교차하고 있다. 그리고 이 사유는 그 뒤를 이어 등장한 네그리와 하트의 『제국』 및 『다중』에서 새로운 국면으로 넘어가고 있다. 들뢰즈와 가타리의 만남, 가타리와 네그리의 만남, 네그리와 하트의 만남, 이 만남의 연쇄를 통해서 현대 정치이념의 중요한 한 갈래가 형성되었다.[2] 우리가 '코뮤니즘'이라는 말을 쓸 때, 이 말은 이런 현실적-이론적 맥락을 함축한다. 한국의 경우 1987년 이후가 그 현실적 맥락이라 할 수 있으며, 이론상으로는 마르크시즘의 변형과 후기구조주의 사유의 습득을 배경으로 한다. 이런 전반적인 배경을 염두에 두고, 이 글은 21세기를 위한 윤리-정치적 비전을 사유하기 위해서 코뮤니즘의 의미를 다룬다.

　　우리의 논의가 나열식으로 흐르는 것을 방지하기 위해 몇 가지의 제한이 필요하다. 우선 이미 『제국』의 속편인 『다중』이 나와 있지만, 이 글은 논의의 초점을 『제국』에 맞출 것이다. 또 코뮤니즘의 내용 자체보다는 그것이 한국에서, 보다 넓게는 동북아에서 논의되는 방식들

---

2) 그러나 이 갈래에 두 얼굴이 있다는 점에 주목하자. 그 하나는 '노마디즘' ──이 말썽 많은 용어를 굳이 쓴다면──이고 다른 하나는 '코뮤니즘'이다. 『제국』의 문제점들, 그리고 『제국』에 대한 엉뚱한 오해들의 상당수는 바로 이 양면(兩面)이 미묘하게 봉합되는 국면들에서 발생하는 것으로 보인다. 노마디즘과 코뮤니즘의 관계는 그 자체로서 방대한 논의를 요청하며, 여기에서는 정면으로 다룰 수 없다. 그러나 코뮤니즘을 논하는 과정에서 간간이 이 문제에 맞닥뜨리게 될 것이다.

에 초점을 맞출 것이다. 이를 위해 이 글은 우선『제국』의 핵심적인 내용이 무엇인가를 정리한다. 다음으로는 '제국'론이 어떤 문제점을 담고 있는가를 살펴보고, 앞의로의 논의 방향을 가늠해 본다.

『제국』은 무엇을 말하고 있는가

들뢰즈와 가타리는 포획장치와 전쟁기계를 논하는 끝에서 "자본주의에 실현 모델을 제공해 준 것이 근대 국가라면, 이렇게 해서 실현된 것은 세계적 규모의 독립된 공리계로서, 그것은 유일한 '도시', 거대 도시 또는 '거대기계'가 되어 국가는 이것의 일부분, 시의 한 구역에 지나지 않게 된다"고 말했다.[3] 네그리·하트는 바로 이 거대기계를 '제국'Empire으로 재개념화해 현 시대 정치경제 상황에 대한 새로운 사유를 펼친다. '제국'은 혼합된 정체政體, 탈중심성, 그리고 외부의 부재라는 세 가지 특징을 보여 준다.[4] '제국'은 국민국가의 정체와는 달리 전 세계에 걸쳐 작동하는 혼합된 정체를 특징으로 한다. '제국'은 이전의 제국주의처럼 영토의 분할을 핵심으로 하지 않는다. 그것은 탈중심화, 탈영토화, 노마디즘을 특징으로 하며, '매끄러운 공간'을 움직이면서 다시 그것을 포획하는 이중적인 성격을 보여 준다. 나아가 오늘날

---

3) Deleuze et Guattari, *Mille plateaux*, Minuit, 1980, p. 541. 이하 약어 'MP'와 쪽수를 본문에 표시하였다.
4) 네그리·하트, 『제국』, 윤수종 옮김, 이학사, 2001, '한국어판 서문'. 영어본: Hardt and Negri, *Empire*, Harvard University Press, 2000. 이하 약어 'E'와 영어본/한글본 쪽수를 본문에 표시하였다.

'제국'의 외부는 없다. 그것은 "전지구화＝글로벌라이제이션의 [경제적·문화적] 교환들을 효과적으로 규제하는 정치적 주체, 세계를 통치하는 지고한 권력"이다(E, xi/15). 현 시대는 '실질적 포섭'이 완성된 시대이다.[5]

네그리·하트가 '제국'을 단지 세계적 규모의 자본주의가 더 커진 것으로 보지 않는 근거는 그것이 새로운 사법적 질서에 입각해 있기 때문이다. 마치 국민국가를 통해 자본주의가 성립했듯이 '제국'은 새로운 사법적 질서, 즉 WTO, GATT, NATO, NAFTA, FIFA, IMF 등등으로 구체화되는 '초국적 주권'을 바탕으로 성립했다. 이 초국적 주권은 근대에 이르러 갈라진 '국제법'과 '영구평화' 사상을 새롭게 통합하고 있으며, 그 결과 "'제국'은 힘 자체를 기반으로 하여 형성되는 것이 아니라 힘을 인권과 평화에 기여하는 것으로서 제시할 수 있는 능력을 기반으로 형성"되기에 이른다(E, 15/43). 걸프전(1991)에서 표명되었던 'bellum justum'은 힘에 도덕성을 부여하려는 분명한 의지를 드러낸다. '제국'은 (냉전 시대와는 대조적으로) 초국적 사법장치들을 동원해 예외적인 개입과 경찰/군대 투입을 정당화한다. '제국'은 개입의

---

5) 레닌은 '초제국주의' 즉 "민족적 금융자본의 전 세계적 혼합물"을 상상했으나 실현되리라고 보지는 않았던 반면, 월러스틴은 자본주의 성립 자체가 세계경제의 지평에서 성립했다고 본다. 네그리·하트는 레닌과 달리 그러한 혼합물이 실제 도래했다고 보며, 또 월러스틴과 달리 세계경제를 '헤게모니'의 관점이 아니라 '제국'의 관점에서 접근한다(전자에서 '제국'은 '헤게모니'의 배경일 뿐이지만, 후자에서 '헤게모니'는 '제국'의 마디일 뿐이다). 이 점에서 제국주의론, 헤게모니론＝세계체제론, '제국'론을 구분할 수 있다.
데이비드 헬드 등은 현 시대 상황에 대한 입장들을 '과대지구화론', '회의론', '변환론'으로 분류해 설명하고 있다(헬드 외, 『전지구적 변환』, 조효제 옮김, 창작과비평사, 2002). 네그리·하트의 입장을 굳이 이 틀에 맞추어 분류한다면 '변환론'에 가깝다 할 것이다.

힘이라는 기계적 배치와 윤리적-사법적 장치들이라는 언표적 배치가 결합된 거대 다양체이다. 네그리·하트는 마르크스·엥겔스의 정치경제학, 미셸 푸코의 생체정치학, 들뢰즈·가타리의 노마디즘을 기반으로, 이탈리아 자율주의 정치학의 전통을 이어 이 '제국'을 파헤치고자 한다. 이러한 작업은 '제국'의 일차적 주체인 초국적 기업들, 대중의 주체성(욕망, 신체, 사회관계, 마음)을 생산/조작하는 커뮤니케이션 산업('제국'의 사법적 장치와 생체권력을 잇는 매개 고리)을 비롯한 '제국'의 여러 구성 성분들의 해부를 포함한다.

네그리·하트는 이 '제국'에 맞서는 대안을 다중multitudo에게서 찾고 있다.[6] 다중은 기표-소주체로서의 인민, 커뮤니케이션 산업에 포획된 어리석은 우중, 우르르 쇄도하면서 두려운 욕망을 표출하는 군중과 구별되는 다중='새로운 민중'을 '제국'에 맞세운다. 이들에게는 '제국'의 권력과 다중의 역능[7]이 부딪치는 전선戰線들이 '적대의 존재론적 기반'이다. 조심할 것은 '제국'이 다중을 낳은 것은 아니라는

---

6) 한글 번역본에서 'multitude'는 '대중'으로, 'mob'은 '민중'으로, 'mass'는 (인용부호를 단) '대중'으로 번역되어 있다. 그러나 'multitude'는 다(多)의 뉘앙스를 살려 '다중'으로, 'mass'는 덩어리의 뉘앙스를 살려 '대중'으로 번역하는 것이 좋을 것이다. 그리고 'mob'은 속됨/어리석음이라는 뉘앙스를 살려 '우중'으로, 'crowd'는 '군중'으로 번역하는 것이 좋을 것이다. 아울러 'people'은 '인민' 또는 '민중'으로 번역해야 할 것이다. 다중은 대의(代議)에 묶여 있는 인민/민중이 아니라 새로운(새로운 존재로 되어-가고-있는) 민중, 도래할(도래하고-있는) 민중이다.

7) 영어에는 'potentia =puissance'와 'potestas =pouvoir'를 구분해 번역할 말이 없으며, 때문에 두 경우 모두 'power'로 번역되고 있다. 때문에 영어의 'power'는 문맥에 따라 '권력'과 '역능'으로 구분해서 번역해야 한다. 한글본은 두 경우를 구분하지 않을 뿐만 아니라 종종 거꾸로 번역하고 있어 독자들을 처음부터 끝까지 혼란스럽게 하고 있다.

사실이다. 이들은 탈주선이 일차적이라는 들뢰즈·가타리의 입장에 근거해 "다중이 '제국'을 낳았다"(E, 43/79)고 말한다(물론 이것은 『마르크스를 넘어선 마르크스』 이래 네그리 자신이 견지해 왔던 관점이기도 하다). 19세기 이래 반복을 동반하는 차이로서의 리토르넬로는 '투쟁의 국제적 주기'를 만들어 왔으며, 이러한 프롤레타리아 국제주의에 대한 반응으로서 '제국'이 탄생한 것이다. 목적론과 기계론의 역사가 그렇듯이, 권력과 반권력은 서로를 변화시키면서 진화해 온 것이다. 이들은 다중을 거대하게 결집한 하나의 집합체로 보지 않는다. 천안문 사건(1989), 인티파다 운동(1900), LA 폭동(1992), 치피아스 봉기(1994), 프랑스와 한국에서의 파업(1995/1996) 같은 사건들은 분명 이질적이며 상호 '번역 불가능'하다. 그러나 이 모든 사건들은 공통으로 '제국'을 겨냥한 것이며, 역으로 말해 이런 사건들에 대한 대항으로서 '제국'이 형성된 것이다. 그래서 이들은 오늘날 필요한 것은 '제국'이라는 공통의 적의 실체를 분명히 밝히는 일이고, 다른 한편 이질적인 투쟁들의 소통을 통한 반-제국의 길을 여는 것이라고 말한다.

다음으로 필요한 것은 이 '제국'의 형성과 구조를 정치적인 측면에서 해명하는 일이다. 네그리와 하트는 근대를 장식한 계약론적 정치철학들(홉스, 로크, 루소, 칸트, 헤겔 등)을 르네상스기에 수립되었던 역능vis, 욕망cupiditas, 사랑amor을 '양도' 및 '대의' 개념을 통해 국가장치 안에 가두려 한 사상들로 파악한다. 특히 욕망과 복수성을 핵심으로 하는 시민사회를 국가이성("윤리적 전체"로서의 국가)으로 흡수시키고, 유럽의 타자들을 매개로 유럽의 정체성을 구축했던 헤겔이 그 전형적인 경우이다.[8] 이러한 과정의 끝에서 '통치성'에 입각한 '국민' 또는 '주민'이 등장하게 되며, 봉건적인 '신민'의 질서가 훈육적인 '시민'의 질서로 이행되었다. 이로써 '근대 국민국가'의 모델이 탄생했다. 네그리·하트는 이런 흐름에 맞서 다중의 역능과 연대 가능성의 정치학을 펼친 인물로 스피노자를 꼽는다. 그리고 다중의 역능을 프롤레타리아트의 역능에 잇는다. 이런 구도에 입각해 홉스 이래의 대의정치적 흐름과 그에 맞선 스피노자-마르크스의 역능의 정치학이 대비된다. 네그리와 하트는 자신들을 스피노자-마르크스의 전통에 위치 짓고 있다.

근대 부르주아 정치의 극단에서 진행된 제국주의는 1945년 이후 와해되었다. 그러나 '민족해방'은 약이자 독으로서 작용한다. 해방된 지역들은 이제 "국제 경제질서에 편입되어 있는 스스로를 발견한다" (E, 133/188). 정치적으로 해방된 식민지들은 이제 경제의 측면에서나 문화의 측면에서나 이전의 원수였던 '본국'을 충실히 재현하고 있는 자신을 발견하게 된다. 네그리와 하트는 이러한 과정이 제국주의에서 '제국'으로의 이행을 잘 보여 주는 예라고 생각한다. 특정 국가에 의한 지배가 아니라 거대한 '세계시장 이데올로기'에 의한 지배로 이행한 현실에서 해방된 국가들은 현실적으로 (그 자체 '제국'의 매듭들을 형성하는) 이전의 '본국'들에 의해 지배당하게 되는 것이다.

네그리와 하트는 오늘날의 정치사상적 지형도를 포스트모더니즘, 포스트콜로니얼리즘, 근본주의로 분류해서 이해한다. 모더니즘의

---

8) 다음을 보라. Michael Hardt, "The Withering of Civil Society", *Deleuze and Guattari*, ed. E. Kaufman and K. J. Heller, University of Minnesota Press, 1988.

거대서사들에 대한 비판(리오타르), 문화적 시뮬라크르들에 대한 긍정(보드리야르), 서구 형이상학 전통의 비판(데리다)을 근간으로 하는 포스트모더니즘은 이분법적 사상들의 비판, 차이의 정치학, 복수성의 긍정, 전체주의의 고발을 비롯한 여러 공헌들에도 불구하고, 네그리와 하트에 따르면, 이제 '제국'에 흡수되어 버렸다고 말한다. '제국'은 이미 이런 비판들에 면역되었을 뿐만 아니라 그것들을 흡수해서 진화하고 있다는 것이다. 반면 근본주의는 포스트모더니즘의 잡종성, 이동성, 차이, 탈역사와 대비되는 순수성, 지역성, 동일성, 역사를 근간으로 하며, 포스트모더니즘과 마찬가지로 서구중심적 근대성을 공격한다. 이 두 흐름 사이에 존재하는 포스트콜로니얼리즘은 식민지 시대의 위계를 전복시키고 차이와 잡종성을 긍정하고자 한다. 네그리와 하트는 이 경우에도 역시 '제국'은 제국주의에 대한 비판을 흡수해서 진화하고 있다고 판단한다.

네그리와 하트가 '제국'에 관련해 주장하는 핵심적인 테마들 중 하나는 "바깥은 없다"는 것이다. 첫째, '제국'에서 자연과 문화의 이분법은 폐지된다. 이제 바깥으로서의 자연은 사라진다. 둘째, '제국'에는 소유의 바깥이 존재하지 않는다. 지난 20~30년간의 우리 자신의 경험이 말해 주듯이, 소유에, '등록'에 면제된 것은 없다. 셋째, '제국' 바깥에 존재하는 큰 군사적 힘은 없다. 오늘날에는 양산박이나 청석골이 성립할 수 없는 것이다. '제국' 내에서의 전쟁만이 존재할 뿐이다. 넷째, 권력의 작동은 유목적이다. 날카로운 경계선 같은 것은 점차 사라진다. 들뢰즈가 지적했듯이, 권력은 매끄러운 공간을 미끄러지면서 뱀처럼 요동친다. 이 제국의 디아그람은 곧 '세계시장'이다. '세계시장'이라는 '제국'의 디아그람은 곧 우리가 살고 있는 세계 자체의 디아그람이다.

'제국'의 외부가 없기 때문에 그것은 배제를 통해서가 아니라 차이의 배분을 통해서 작동한다. 현대 사회에서 문제되는 것은 (푸코가 근대적 권력의 작동 메커니즘으로 파악한) '배제'가 아니라 (들뢰즈가 현대적 권력의 작동 메커니즘으로 파악한) '관리'이다. '제국'은 억압하기보다 관리한다.[9] 관리사회는 자유를 억압하기보다는 오히려 그것을 관리한다. 인종 문제가 대표적이다. 인종은 배제되기보다는 '제국'에 포섭되어 배분된다. 여기에서 'différentiel'은 '변별적'(구조주의)도 '차생적'(들뢰즈)도 '미분적'(수학)도 아니다. 그것은 차이배분적인 것이 된다. '제국'은 차이의 정치학을 펼치되 차이들에 위계를 부여함으로써 관리한다. '제국'은 이렇게 차이의 장소론을 구사하고 그에 따라 주체성의 장소론을 관리한다(할리우드 영화에서의 백인종, 흑인종, 황인종의 배분을 상기). 이 때문에 '제국'은 부드러운 외관을 띠게 된다. '제국'을 지배하는 것은 총칼의 지배나 명시적인 억압이 아니라 세계시장 이데올로기이기 때문이다.[10]

그래서 이제 다음으로 필요한 것은 이 세계시장의 작동 방식을

---

9) '관리사회'에 대해서는 다음을 보라. Deleuze, "Postscript on the Societies of Control", http://users.california.com/~rathbone/deleuze.htm. 'society of control' 개념을 '통제사회'로 번역하는 것은 부적절하다. 통제사회는 오히려 전(前)관리사회, 예컨대 조지 오웰이 『1984년』에서 묘사했던 것과 같은 사회를 가리키는 데 적절한 표현이다. 들뢰즈가 말하려 하는 것은 오늘날 우리가 정확히 '통제'로부터 '관리'로 옮겨 가고 있다는 점이다. 관리사회에 관련해 또 다음을 보라. 岡本裕一郎, 『ポストモダンの思想的根據』, ナカニシヤ出版, 2005.

해명하는 일이다. 네그리·하트는 '제국'의 세계시장이 형성되는 과정을 노동조직화에서의 테일러리즘, 임금체제에서의 포디즘, 거시경제적 사회조절에서의 케인스주의의 종합에서 찾는다. 브레턴우즈 협정(1944)은 전후 미국 지배의 초석을 깔았고, 이제 미국은 "군사적 중장비가 아니라 달러를 통해서"(E, 246/331) 국민국가들을 지배하기 시작했다(서구 이외의 지역에 대해서는 별도의 논의가 필요할 것이다). 아울러 1980년대에 이르게 되면 초국적 기업들의 지배가 현실화된다. 이런 과정들을 통해 이전의 제국주의와는 다른 '제국'이 형성되었다고 네그리와 하트는 판단한다. 1945년에 해방된 이른바 '제3세계' 국가들의 경우 식민지 상태에서 왜곡된 근대화를 겪다가 해방이 되자 짧은 근대화의 과정을 거친 후 곧바로 '제국'의 전반적 체제에 흡수되었다고 할 수 있다. 네그리와 하트는 "탈주선이 일차적"이라는 들뢰즈·가타리의 생각에 따라서 이러한 변화는 자본가들의 능동적 구성에 기인하기보다는 오히려 프롤레타리아트의 능동성/역능에 있다고 본다. 미국 프롤레타리아트의 역능과 창조성이 정치가들 및 자본가들로 하여금 '제국'을 구성하지 않을 수 없게 만들었다고 보는 것이다.

이 '제국'의 중요한 요소들 중 하나가 생산의 정보화와 네트워크 권력이다. "모든 생산 형태들은 '세계시장'의 네트워크들 안에 그리고

---

10) 그러나 2002년 9·11 사태와 2003년 이라크 전쟁 이후 상황은 다시 달라졌다고 해야 할 것이다. '애국자법'(Patriot Act), '조국안전'(Homeland Security), '인종 서류철 만들기'(Ethnic Filing)를 비롯해서 9·11 이후 미국의 '통제' 사회화의 징후들을 볼 때(村田勝幸, 「帝國'狀況を/から透かしみる」, 山下範久 編, 『帝國論』, 講談社, 2006, 15~42쪽을 보라), 오늘날의 사회는 관리사회의 바탕 위에 통제사회가 상감(象嵌)되는 시대라고 할 수 있을 것이다.

서비스의 정보공학적 생산들의 지배 아래 존재한다."(E, 288/397) 이제 정보와 커뮤니케이션이 생산을 지배하게 된다. 생산해서 판매하는 포디즘에서 주문을 받아 생산하는 도요티즘으로의 이행이 이를 잘 보여 준다. 아울러 서비스, 문화상품, 지식생산, 커뮤니케이션 사업 등 비물질적 노동이 등장하게 되고, 컴퓨터가 이런 과정 전반을 지배하게 된다. 마르크스가 이야기한 '추상노동'이 현실화된 것이다. 이런 흐름들과 더불어 감응적affective 노동 또한 중요한 자리를 차지하게 된다. 아울러 생산의 집중화가 '탈영토화'되고 산업자본으로부터 금융자본으로의 이행이 강화되며, 이와 더불어 산업 도시들의 쇠퇴와 '관리 도시들'의 부상이 이루어진다. 독점 언론재벌들(루퍼트 머독, 테드 터너 등)이 형성되기에 이르며, 할리우드, 마이크로소프트, IBM, AT&T 등과 같은 정보·커뮤니케이션 권력이 '제국'의 주요 권력으로 떠오르게 된다. 이런 전반적인 흐름이 불평등과 배제의 새로운 분할을 가져왔으며, 또한 동시에 불확실한 고용 상황에 따라 비정규직을 양산해냈다. 그러나 네그리·하트는 이와 더불어 "언어적-소통적-감응적 네트워크들"을 통한 협동적 상호작용이 새로운 형태의 생활양식으로 등장했음을 지적한다. 비물질적 노동이 스스로의 창조적 에너지를 표현함으로써 "일종의 자생적이고 초보적인 코뮤니즘"이 형성되기에 이른 것이다.(E, 294/387)

네그리와 하트에 따르면, 결국 초국적 기업들이 국민국가를 초월한 것은 사실이다. 그러나 국가가 자본을 견제해 주던 시절을 그리워한다거나 '해방'된 자본을 찬양하는 것은 도움이 되지 않는다. 과거로 퇴행할 수도 없고 국가 없는 자본을 상상할 수도 없기 때문이다. 네그리와 하트는 오늘날에 이르러 국민국가는 '제국'의 행정부 역할을 하게 되었다고 말한다. '제국'은 초국적 기업들과 국민국가들의 하이브리드를 이룬다. 미국, G8, 파리와 런던 클럽, 다보스, 숱한 이질적 단체들, 훈육장치들이 제국의 위계적 구조를 형성한다. 전면적으로 볼 때, 국가의 홈 파인 공간은 자본의 매끄러운 공간에 굴복하게 되었다. 아울러 근대적인 훈육사회는 포스트모던 시대의 관리사회로 이행했다. 이 관리사회에서 주체화는 잡종적 성격을 띠게 되며 삶은 관리되기에 이른다. 폭력, 빈곤, 실업에 대한 공포가 기존의 분할선들을 새로운 분할선들로 대체하고 있다. '제국'은 수소폭탄, 화폐, (인터넷, 커뮤니케이션 산업 등의) 분위기라는 세 장치들을 통해서 지구를 관리한다.

이제 네번째로 이야기할 것은 '제국'의 시대에 걸맞는 실천적 지향의 모색이다. 네그리와 하트는 오늘날의 시대가 그 어느 때보다도 유목적인(현대적 의미에서) 시대, 초월적 코드가 와해된 시대라고 판단한다. 그리고 바로 이런 장——"내재성의 장"——안에서 다중의 역능이 피어나고 있다고 판단한다. 이 역능은 들뢰즈적 의미에서의 '잠재적인 것'이다. 잠재적인 것le virtuel은 현실적인 것l'actuel이 아니지만, 그렇다고 실재적인 것le réel이 아닌 것은 아니다. 그것은 분화＝현실화된다. 반면 가능적인 것은 상상적인 것이다. 가능적＝상상적인 것은 경우에 따라 실재화된다. 네그리·하트는 베르그송－들뢰즈적인 잠재성 개념을 활용하지만 가능적＝상상적인 것에 좀더 적극적인 가치를 부여한다. "잠재적인 것으로부터 가능적인 것을 통과하여 현실적인 것으로 나아가는 이행은 근본적인 창조 행위이다. 산 노동은 잠재적인 것으로부터 현실적인 것으로의 이행을 구성하는 것이다. 그것은 가능성을 실어 나른다."(E, 357/456~7) 들뢰즈의 존재론(『차이와 반복』)의 맥락을 실천철학으로 변환시키기 위해서는 잠재성과 현실성 사이에 가능성(과 그 실현)이라는 양상이 매개되어야 한다고 보는 것이다. 산 노동이 공통의 활동력을 발휘함으로써 다중의 권력을 만들어 나간다는 이 생각은 핵심적이다. "노동, 지성, 열정, 그리고 감응의 공통 행위들"이 "구성적 권력"을 형성한다.(E, 368/458)

　이런 맥락에서 네그리와 하트는 현대 정치철학의 핵심적 문제로서 다음 물음을 제기한다. "'제국'의 맥락에서, 어떻게 다중이 정치적 주체가 될 수 있는가?"(E, 394/499) 네그리·하트는 대중이 "자율적 노동의 생산과 재생산"을 통해서 전체 생활세계를 재생산할 수 있다고 본다. 다중들은 주어진 코드에 매몰되기보다 스스로를 그 코드가 변환되는 지점 즉 특이점으로 만들 수 있다('다중의 역능'). 네그리·하트는 특히 시간적 맥락에서 다중의 역능을 정교화한다. 이들에 따르면 시간은 '집합적 실존'과 '소통 네트워크들'을 통해서 다중들에 의해 재전유될 수 있다. 따라서 여기에서의 시간은 신체와 노동의 시간이다. 오늘날의 다중은 근대의 공장에 걸려 있던, 노동자들의 삶을 옥죄던 그 시계가 아닌 보다 다원적이고 복잡한 시계를 가지고서 살아간다. "노동 시간과 여가 시간을 분리하는 것이 점점 더 어렵다." 근대적 시간의 해체는 '사회적 임금권'의 개념을 생각하게 만든다. 즉 개인의 노동, '가족 임금' 같은 개별화된 임금이 해체되고 사회적 임금의 권리가 제시되어야 하는 것이다.

　전지구적 시민권 및 사회적 임금과 더불어 **재전유권**이 중요하다. 재전유권은 자본이 앗아 간 '자기 관리' 및 '자율적 자기생산'의 권리이다. 자기 관리 및 자율적 자기생산이란 만들어지는 주체가 아닌 스스로 만들어 나가는 주체의 특성이다. 이런 주체는 'esse'의 존재가 아니라 'posse'의 존재이다. 할-수-있음을 통한 자율적 주체의 성립, 그리고 그런 주체들의 협동이라는 가치야말로 미래의 가치일 것이다. 스스로를 주체로서 정립한다는 것은 모든 형태의 훈육장치들과의 투쟁을 함축한다. 때문에 자율적 주체는 투쟁을 통해서 만들어진다. 이런 맥락에서 네그리와 하트는 코뮤니즘을 '공통적인 것'을 만들어 나가는 운동으로서 규정한다. 실질적 포섭이 완벽하게 이루어진 '제국'의 시대, 모든 것이 완벽하게 소유의 개념으로 파악되는 시대에 코뮤니즘은 공통적인 것을 만들어 나가는 운동으로서 존재해야 하는 것이다.[11] 이 점에서 코뮤니즘은 공동체주의이지만, 그러나 '공동체'에 대한 복고주의적이고 본질주의적인 생각은 버려야 한다. 다만 새로운 배치를 만들어 나가야 할 뿐이다.

'제국'론에는 어떤 문제점들이 있는가

네그리와 하트의 '제국' 이야기는 오늘날의 정세를 포괄적이고 참신하게 개념화해 주었으며, 우리 시대를 사유하려는 사람들이라면 건너뛸 수 없는 담론-장을 마련했다고 할 수 있다. 그러나 그 참신함과 거대함을 상쇄시킬 만한 여러 문제점들이 있는 것도 사실이다.

---

11) 이 점에 관련해 다음을 보라. 네그리, 『전복적 스피노자』, 이기웅 옮김, 그린비, 2005, 3장 및 『혁명의 시간』, 정남영 옮김, 갈무리, 2004, 4장.

우선 이야기해 볼 만한 주제는 '제국'이라는 존재의 존재론적 위상이다. '제국'이란 국가들보다 더 큰 단위의 사회적 보편자인가? 아니면 초국적 기업들과 국민국가들이 맺고 있는 관계들의 총체일 뿐인가? '제국' 개념을 분명히 하기 위해서 꼭 한번 제기해야 할 물음이라고 본다. 네그리·하트가 '제국'의 한 특성으로서 탈중심성을 든다는 사실에서 볼 수 있듯이, 이들이 '제국'을 일종의 주체로서 파악하고 있지 않은 것은 사실이다. 그럼에도 이들의 저작에서 종종 '제국'은 마치 하나의 국가를 서술하는 듯한 방식으로 서술되곤 한다. 때문에 '제국'이 하나의 온전한 보편자인지 아니면 기업들, 국가들을 중심으로 한 숱한 사회적 보편자들이 맺는 관계망의 총체, 그 현황을 가리키는 것인지가 모호한 경우가 많다. 때로 '제국'은 피라미드를 형성하는 무수한 톱니바퀴들이 맞물려 돌아가는 거대기계를 가리키는 것으로 보이는가 하면, 때로는 리좀적 운동을 통해 계속 변해 가는 숱한 다양체들의 명목적인 총체를 가리키는 것 같기도 하다. 이 점을 분명히 하는 것이 '제국'론의 정교화를 위해 필요하다고 생각한다.

이 문제는 다중에 관련해서도 마찬가지로 제기될 수 있다. 다중이란 실재하는 보편자인가 아니면 무수한 집단들을 총칭하는 이름일 뿐인가. 결국 이 문제는 네그리·하트 이론의 성격 전체와 관련된다. 네그리·하트의 이론이 가지는 의미는 1970년대 이후를 풍미했던 포스트모던적 다원주의를 넘어 세계 전체를 다시 제국과 다중의 투쟁이라는 이원론적 대결 구도로 파악했다는 점에 있다. 부르주아지와 프롤레타리아트의 대결에서 제국과 다중의 대결로. 이 점에서 이들의 사유는 "거대서사의 종말"을 모토로 하는 포스트모더니즘의 한 극복으로서 이해할 수 있다(이 개념은 매우 모호하고 복잡한 용어이지만, 여기에서는 주로 다원주의 및 차이의 정치학, 그리고 해체주의의 일정한 갈래들을 염두에 두고 쓴 것이다). 그러나 문제는 이 거대서사가 이미 이루어진 포스트모더니즘의 성과들을 소화하지 못할 때 오히려 근대적 이론으로의 후퇴가 될 수도 있다는 점이다. 물론 네그리·하트는 이 점을 충분히 염두에 두고 있으며 자신들의 사유를 들뢰즈·가타리의 소수자 정치학의 연장선상에서 펼치고 있지만, '68혁명' 이후의 소수자 정치학과 고전적인 마르크스주의적 이원론을 통합해 나가는 데 좀더 많은 정교화가 필요할 것으로 보인다.

구체적으로, 이와 관련해 우선 생각해 볼 만한 주제는 국민국가의 위상이다. 네그리와 하트는 국민국가를 제국의 마디들, 실행 기관들로 파악하고 있다. 이것은 특히 이들이 국가 개념을 고전적인 제국주의로부터 오늘날의 '제국'으로의 이행이라는 맥락에 놓고서 보기 때문이라고도 할 수 있다. 물론 이들이 국민국가의 위상을 과소평가하는 것은 아니다. 조정환이 지적하듯이, "오히려 국가는 시민사회를 흡수하면서 더욱 강해지고 있다. 드러나고 있는 것은 제국의 마디로서의 국가의 위상 변화와 억압자에서 규범 생산자로, 그리고 다시 조율자modulator로의 그것의 경향적 기능 변화일 뿐"이다.[12]

그러나 오늘날 과연 국민국가들이 '제국'의 마디들에 불과한지에 대해서는 좀더 많은 논의가 필요할 듯하다. 우선 자본과 국가의 관계가 매우 복잡하다는 점을 염두에 두어야 한다. 자본주의는 (브로델의 고전적인 분석이 보여 주었듯이) "전국 규모의 유통망"을 제공해 준 국가 덕분에 도시의 껍질을 깬 지금의 모양새를 갖출 수 있었다. 그러나 오늘날 자본주의는 국가라는 숙주를 쪼개면서 자체의 회로대로 돌아가는 경지에 이르렀다. 하지만 그렇다고 국민국가들이 '제국'의 마디라고 할 수 있을까? 이렇게 말하는 것은 방금 지적했듯이 '제국'을 보다 큰 보편자로 놓고서 국민국가들을 그 안에 포섭시켜 생각하는 것이다. 하지만 좀더 유명론적으로 생각한다면 결국 국민국가들 및 초국적 기업들을 비롯한 각종 보편자들이 서로 복잡하게 얽히고 싸우면서 진행되고 있는 현실 자체가 '제국'일 뿐이라고 해야 할 것이다.[13] 이 문제는 또한 '제국'과 국민국가들 사이에 존재하는 존재들, 예컨대 유럽연합, '권역'들, 문명권들, 언어권들, 거대 종교단체들, 인터넷 등등은 '제국'론에서 어떤 위상을 차지하는가에 대한 물음과도 연관된다. 국민국가들과 '제국'이라는 이분법에 초점을 맞추다 보면, 그 사이의 존재들이 시야에서 달아난다는 문제점이 노출된다.

국민국가가 완벽하게 '제국'의 마디가 되는 경우는 아마 월드컵의 경우일 것이다. 사람들은 각자의 '조국'을 위해 싸우고 응원하지만, 국민국가들 사이의 그런 경쟁을 통해서 돈을 버는 것은 초국적 기업들이다. 그러나 일상의 현실에서 국가의 위상은 이렇게 간단하지 않

---

12) 조정환, 『제국기계비판』, 갈무리, 2005, 500쪽. 이 점은 백승욱, 「역사적 자본주의와 자본주의의 역사」, 『'미국의 세기'는 끝났는가?』, 백승욱 편저, 그린비, 2005, 44쪽에서도 지적되고 있다.

13) 아울러 초국적 기업들과 다국적 기업들을 구분할 필요가 있다. 유니레버 같은 다국적 기업들과 7공주(seven sisters) 등으로 상징되는 초국적 기업은 다른 개념이다. 묘하게도 개념 자체만 놓고서 본다면 '제국'론에서 더 문제가 될 수 있는 것은 다국적 기업이다. 그럼에도 논의의 초점은 초국적 기업에 놓인다. 이런 맥락에서 초국적 기업과 "모국"의 관련성에 대해서도 많은 논의가 필요하다.

다. 이 맥락에서 우리가 세심하게 구분해야 할 것은 삶의 양식들의 구분이다. 경제의 영역에서 기존의 장벽들이 무너졌다고 해서 이런 상황을 삶의 다른 양식들에 너무 쉽게 확장해서는 곤란할 것이다. 언어역시 세계화된다고 하지만, 지금도 자기 나라 말만 쓰면서 살아가는 사람들이 절대 다수이다. 언어 역시 국민국가들 사이의, 언어권들 사이의 헤게모니 투쟁의 대상이라고 해야 할 것이다. 인터넷 공간 역시 마찬가지여서, 보편적인 공간이라기보다는 이미 언어에 의해 철저하게 제한되어 있다. 한국 사람으로서 이슬람 국가들 사이트나 아프리카 국가들 사이트에 들어가 본 사람들이 얼마나 되겠는가(인터넷 자체가 영어 헤게모니를 배경으로 탄생했다는 사실을 상기하자). 이것은 결국 '제국'의 포괄성과 국민국가들 및 중간 권역들을(문명권들) 사이의 관계를 정교화해야 한다는 앞에서의 요구로 돌아가게 만든다.

이 문제는 국가장치와 전쟁기계에 대한 논의와도 관련된다. 네그리·하트에게 국민국가들은 '제국'의 마디들이다. 그러나 들뢰즈·가타리에게 초국적 기업, 거대 종교단체 등등은 전쟁기계들이다. 네그리·하트의 개념체계에서 이 전쟁기계들은 '제국'의 구성 성분들이다. 그러나 들뢰즈·가타리의 경우 이 전쟁기계들은 국가장치들과 구분되는 존재들이다. 들뢰즈·가타리에게 전쟁기계는 두 갈래로 나간다. 하나는 초국적 기업들을 비롯한 거대한 전쟁기계들이고 다른 하나는 소수자 운동의 주체들이다(MP, 445). 이 두 갈래는 공히 전쟁기계들이지만 성격은 오히려 상반된다. 전쟁기계는 국가장치의 바깥으로 운동하는 기계이지만, 여기에는 자본주의적 전쟁기계와 반자본주의적 전쟁기계가 분명하게 구분된다. 이렇게 들뢰즈·가타리에게서는 국가장치와 전쟁기계 사이의 대립이 강조된다. 반면 네그리·하트의 경우 '제국'과 다중의 이원적 대결이 부각되며 그 사이에서 국가장치의 문제가 다소 희석되는 감이 있다.[14] 이 경우 '제국' 자체가 내포하는 국가장치들과 전쟁기계들 사이의 구분/갈등은 부각되지 않기 때문이다. 이 문제도 좀더 정교화해야 할 것이다.

또한 노동 개념 및 프롤레타리아 개념에 대한 재고가 필요하다. 노동이라는 말이 전제하는 외연을 어디까지 잡아야 하는가가 문제이다. 넓게 잡는다면 부르주아 계급도 노동한다(기업 회장들이 툭 하면 자랑하는 것은 자신이 잠을 얼마나 적게 자느냐 하는 것이다). 또 프롤레타리아 개념 또한 그 외연이 불분명하다. 삼성 같은 기업에서 안정된 직장 생활을 하는 노동자가 과연 프롤레타리아일까. 노동 개념과 프롤레타리아 개념을 분명히 하지 않는다면 논의 전체가 혼란스러워지는 듯하다. 현대에 들어와 프롤레타리아 개념은 19세기적인 공장 노동자 개념이 가리키는 외연보다 훨씬 큰 외연을 가지게 된 듯하다. 예컨대 조정환은 오늘날 학생 계층이 노동자 계급과 새롭게 융합하는 과정을 보여 주었다.[15] 사실 이 논의는 학생 계층만이 아니라 대부분

---

14) 조정환은 자본주의에 대한 각종 투쟁들을 '전쟁기계'로 부르고 있지만(『제국기계비판』, 72쪽 이하), 적어도 들뢰즈·가타리의 용법에 의거한다면 사실 전쟁기계 개념 자체는 이런 일방적인 가치론을 담고 있지 않다. 전쟁기계는 국가장치의 외부를 형성하는 모든 것을 가리키는 말이며, 가치론적 맥락에서는 아주 사악한 전쟁기계들로부터 (조정환이 주로 언급하는) 혁명적이고 창조적인 전쟁기계들을 모두 포괄한다. 들뢰즈·가타리 이해에 있어 흔히 볼 수 있는 오류는 이들의 개념적 구분을 처음부터 가치론적 구분으로서 받아들이는 것이다.

15) 조정환, 『지구제국』, 갈무리, 2002, 221~253쪽.

의 '소수자' 계층들에 있어서도 성립한다. 문제는 소수자 개념과 프롤레타리아 개념을 분명히 구분해야 한다는 것이다. 프롤레타리아 개념에는 19세기 공장 노동자의 의미가 깃들어 있고, 소수자 개념에는 오늘날 도처에서 볼 수 있는 다양한 비정규직 노동자들의 의미가 깃들어 있다. 네그리·하트는 소수자들 전체를 프롤레타리아라 부르는 경향이 있지만, 프롤레타리아 개념은 원래의 의미대로 놓아 두고 현대의 소수자 개념과 연관을 짓는 것이 더 좋은 방식이 아닐까 싶다. 그럴 경우 노동 개념도 단순한 등질적 사용에서 벗어나 보다 복합적인 방식으로 규정될 수 있는 길이 트이지 않을까.

지금까지 논의했듯이, '제국' 개념이 국가장치들, (두 상반된 방향으로 움직이는) 전쟁기계들, 국민국가와 '제국' 사이의 거대 블록들 등등과 가지는 연계성의 문제, 또한 '다중', 노동자, 프롤레타리아, 소수자 등등의 개념들의 연관성 문제가 일차적인 문제로서 지적될 수 있다. '제국' 개념도 '다중' 개념도 좀더 정치한 존재론을 요청하고 있는 것이다.

두번째로 내용상의 몇몇 문제들을 지적할 수 있다. 네그리·하트의 정치경제학적 논의에 대해 몇 가지 문제점을 제기할 수 있다. 20세기 중엽 자본주의는 '황금시대'를 맞이하게 된다. 조정환은 이 과정을 자본주의 자체의 발전으로서가 아니라 노동자들의 투쟁의 결과로서 파악한다. "…… 임금의 상승을 가져왔고 이것은 유효수요를 끌어올렸다. 과소소비는 발생하지 않았고, 자본은 해외 진출 대신 민족국가 내에서 축적을 지속할 수 있었다. 여기에서 우리는 임금의 하락과 과소소비 공황은 객관적으로 결정된 과정이 아니라 계급투쟁에 의해 유동적일 수 있는 과정임을 알 수 있다."[16] 문제는 자본주의의 황금시대를 살아가던 노동자들이, 특히 포드주의 임금체계하에서 풍요롭게 살아가던 미국 노동자들이 왜 자본주의를 무너뜨리려 했는가 하는 것이다. 노동자들의 투쟁에 힘입어 자본주의가 발달했고 그래서 노동자들도 풍요로운 삶을 살았다면, 노동자들과 자본주의는 공생관계인가? 자본주의와 노동자들은 적대관계이지만, 이 단계에 이르러 이러한 적대는 종말을 고하는가? 아니면 둘은 영원히 적대관계에 설 수밖에 없는가? 이 문제를 좀더 상세히 파고들 필요가 있다.[17] 또 네그리와 하트는 미국 프롤레타리아의 "적개심과 자율성"을 강조하고 그 이유로서 "당과 조합으로 대표되는 정도가 덜했다"(E, 269/356)는 점을 드는데, 이것은 이론에 현실을 지나치게 끼워 맞춘다는 느낌을 준다. 마이크 데이비스가 지적했듯이, 오히려 '아메리칸 드림'이라는 이데올로기가 미국 노동자들의 계급의식을 가로막았던 것이 아닐까.[18]

문화의 문제 또한 상세한 논의를 필요로 한다. 네그리·하트, 조정환은 기존에 다소 별개로 논의되던 정치경제와 문화의 밀접한 연관성을 밝혀 주고 있다. 다중들은 각종 문화들을 통해서 이동성, 유연성,

---

16) 조정환, 『제국기계비판』, 180쪽.
17) 노동자들과 자본주의의 만남은 필연적인 것이 아니라 역사적 우발성에 불과하다. 따라서 노동자-자본가 관계에 대한 본질주의적 규정은 곤란하다. 나아가 산업자본주의 시대에 거의 절대적으로 중요했던 이 관계는 앞으로 더욱 변해 갈 것이다. 이미 그렇지만, 산업노동(몸의 노동), 정보노동(머리의 노동), 서비스노동(감정의 노동)이 공히 착취의 대상이 될 것이다. 이 경우 '노동자'라는 개념은 어떻게 규정되어야 하며, 노동자들과 자본주의의 관계는 어떻게 규정되어야 하는가?
18) 마이크 데이비스, 『미국의 꿈에 갇힌 사람들』, 김영희·한기욱 옮김, 창작과비평사, 1994.

지식, 소통, 협동, 감응적인 것 등의 새로운 가치들을 생산해내고자 했다.[19] 그러나 우리는 문화적 투쟁이 정치경제와 한 덩어리가 되어 움직이게 된 것 못지않게, **문화적 훈육**이 우리 시대의 핵심적인 훈육으로, 아니 차라리 '관리'로 자리 잡았다는 사실에 주목해야 한다. 오늘날의 훈육과 관리는 기본적으로 문화적 훈육 및 관리이다. 대중매체와 대중문화를 통한 대중들의 무의식의 지배, 감성의 지배야말로 우리가 '대중자본주의'라고 부를 수 있을 새로운 형태의 자본주의를 만들어낸 것이 아닐까.[20] 문화가 투쟁의 매개가 된 것 못지않게 자본주의적 전략의 매개가 된 것이 아닐까. 그리고 바로 그렇기 때문에 문화적 투쟁을 통해서 정치경제적 투쟁과 합일해 나가는 것 못지않게 문화 자체 내에서의 투쟁이 필요한 것이 아닐까. 다중이 문화를 통해 투쟁한다는 긍정적 측면 못지않게 문화를 통해 다중이 우중이 되는 측면 또한 분명히 밝히고 비판해야 할 것이다. 문화를 통해서 모순을 타파해 나가는 것 못지않게 문화가 야기하는 모순을 타파해 나가야 하는 것이다.

다중에 대한 지나친 낙관 또한 신중해야 할 대목이라고 생각한다. 오늘날 각종 집단들은 '제국'과 국민국가를 받아들이는 것도 또 거부하는 것도 아니다. 각자에게 이익이 되면 승인하고 불이익이 되면 저항할 뿐이다. 어떤 가치도 이념도 없다. 다만 각각의 집단들의 이해타산이 있을 뿐이다. 매체들, 대학들, 종교단체들, NGO들, 문화단체

---

19) 예컨대 조정환은 사이버스페이스의 실천적 역할을 강조한다(『제국기계비판』, 229쪽 이하).
20) 나는 대중자본주의의 개념을 『사건의 철학』(저작집 2권)에서 논한 바 있다.

들, 군대들, 기업들 등등 무수한 집단들은 어떤 가치나 이념 이전에 각각의 집단이익에 충실할 뿐이다. 따라서 '제국'이 이들의 이익을 보장해 주는 한에서 이들은 '제국'을 의식적인 방식으로든 아니든 승인하고 그 훈육장치들 및 관리장치들을 받아들이고 있는 것이다. 중요한 것은 집단들의 다원성과 각각의 이해타산이라는 현실이 일차적이라는 것이다. '제국'의 권력과 다중의 역능이라는 거대서사는 사실 추상적인 것이며 배경적인 것이다. 삶의 가장 일차적인 현실은 **자신들의 이익에 관련될 때에만 전체를 생각하는 대중들**, 더 정확히는 집단들이다. 그러나 이들이 자신들의 이익만을 생각한다는 사실 그 자체가 '제국'을 가능하게 한다고 해야 하리라. 이 점에서 대중이란 '무의식적으로' 보수적인 존재들이다. 여기에서 지속적 다중과 일시적 다중을 구분할 필요가 있다. 전자는 보편적인 현실에 관심이 있고 그에 대한 비판의식이 있는 사람들로서, 평소에 '제국'에 대한 저항의 선을 형성하고 있는 사람들이다. 후자는 역사의 어떤 특이점에서 자신들의 이해타산 때문에 다중으로서 존재하게 되는 사람들이다. 미래는 지속적 다중의 양과 응집력에 달려 있다고 하겠다. 요컨대 다중 개념에는 일정 정도 당위와 희망의 성격이 들어 있다고 본다. 그 당위와 희망에 공감하면서도, 현실에서의 대중들에 대한 좀더 냉정한 파악이 필요하다 하겠다.[21]

---

21) 네그리·하트는 '인민'과 '다중'에 대한 홉스적 규정을 뒤집어 자신들의 다중 개념을 규정한다(E, 102/150 이하). 홉스에게서 '군중'의 뉘앙스를 띠었던 'multitude'에 이들은 오히려 혁명적 뉘앙스를 부여한다. 그러나 나는 차라리 '다중'이라는 말의 이 이중적 의미를 그대로 인정할 필요가 있다고 본다. 다중은 홉스적 군중이기도 하고 또 네그리·하트적 다중이기도 하다. 다중은 현실적으로 두 얼굴의 존재로서 당위/희망의 맥락에서 후자의 다중이 되어야 하는 것이다.

대중의 무의식을 형성하는 것, 이해타산에 있어 어떤 거대한 집단과 연계되는 것, 그런 것들 중 하나가 '민족'이다. 현대가 아무리 포스트모던 사회, '제국'의 사회가 되었다 해도 '민족감정'이라는 존재는 여전히 큰 힘을 발휘하고 있다. 민족감정은 파시즘에서처럼 죽음의 검은 구멍을 만들어낼 수도 있고, 반대로 '민족 해방'의 경우처럼 억압받는 사람들의 해방에의 의지를 결집시키는 긍정적인 역할을 하기도 한다. 나아가 오늘날의 경우처럼 월드컵이라는 거대 엔터테인먼트 사업에 이용될 수도 있다. 민족감정이 표출될 수 있는 또 다른 많은 가능성들이 존재한다. 민족감정은 역사에서의 중요한 변수이며, 네그리와 하트가 생각하는 것만큼 묽어지지 않았다. 미래를 사유하는 데 '민족' 개념은 여전히 큰 문제이다. 네그리·하트가 민족 개념을 거의 다루지 않은 것은 서구어 'nation'이 국민과 민족을 동시에 뜻하기 때문이기도 하다. 우리말의 '국민'과 '민족'은 그 뉘앙스를 상당히 달리하는 데 비해, 서구어에서는 이 뉘앙스 차이가 드러나지 않는다. 국민과 민족의 관계 또한 정교한 논의를 필요로 하는 주제이다. 아울러 덧붙인다면, 조정환은 '민족국가'라는 말을 주로 사용하지만, 이 개념은 19세기적 상황에 보다 적합한 용어로 보인다. 오늘날의 상황은 사람들이 거의 완벽히 '국민'(또는 '주민')으로 화한 시대이며, '민족'이란 근대 국민국가들의 형성 과정에서 동원된 관념(길고 긴 기억, 시간적 정체성)이라 해야 할 것이다.

네그리와 하트는 '제국'이 화폐와 "분위기"를 통해서 대중을 지배한다고 보지만, 이 또한 의문의 여지가 있다. 사람들은 **자발적으로는** 돈과 쾌락을 좇기 때문이다. 따라서 '제국'이 (핵폭탄을 포함해) 돈과 분위기로 사람들을 관리한다면, 그 관리의 가능성 자체는 이미 대중에게 존재하는 것이다. 오늘날 중국 사회에서 뚜렷이 표출되듯이, 대중들은 자본주의와 대중문화의 맛을 보면 걷잡을 수 없이 거기에 빠져든다. 대중들 자신이 돈과 쾌락을 사랑하는 것이다. 물론 제국의 관리 때문에 사람들이 돈과 쾌락을 좇는다고도 할 수 있다. 인간이란 본래 그런 존재인가, 아니면 자본주의와 국가장치가 그렇게 만드는 것인가는 분명 쉽지 않은 문제이다. 어쨌든 대중에 대한 순진한 믿음은 유토피아적인 것에 불과하다. 그러나 이런 판단은 인간 자체에 대한 추상적인 허무주의, 냉소주의가 아니라[22] '다중'으로 가기 위한 아픈 인식이어야 할 것이다. 대중에 대한 비판은 냉소가 아닌 사랑에 기반해야 하며, 희망찬 미래를 위한 주춧돌로서 수행되어야 한다. 진실은 늘 아프다. 그러나 진실을 원하는 사람에게 달콤한 거짓은 더 아프다. 진실의 아픔을 뚫고 나갈 때만 진실에 기반한 행복이 가능한 것이 아닐까.

　　마지막으로 실천적 대안에 관련해서 몇 가지를 살펴보자. 우선 유목주의[23]와 이종교배에 대한 네그리·하트의 생각 역시 유토피아적으로 보인다. 오늘날의 세계가 유목적이라는 것은 하나의 사실이다.

---

22) 이것은 물론 인간 본성의 문제와도 관련된다. 러스틴의 말처럼, "좀더 나은 인간 실존을 가져올 수 있는 사회의 조직체계를 고려하는 데 있어, 인간 본성의 긍정적이면서도 창조적인 잠재력만큼이나 그것의 부정적이고 파괴적인 잠재력을 설명할 필요가 있다"(마이클 러스틴, 「'제국': 탈근대적 혁명이론」, 알렉스 캘리니코스 외 지음, 고팔 발라크리슈난 엮음, 『제국이라는 유령』, 김정한·안중철 옮김, 이매진, 2007, 46쪽). 그러나 러스틴 자신은 멜라니 클라인의 이론을 "정치이론에 본질적인 기초를 제공"하는 이론으로 받아들임으로써 후자에 치우치고 있는 것 같다. 중요한 것은 후자를 충분히 진지하게 고려하면서 전자를 추구하는 것이다.

그러나 오늘날 세계에 넘쳐흐르는 유목적 상황이란 결국 삶이 힘겨워 새로운 노동시장을 찾아 나선 '외국인 노동자들'에게서 가장 선명하게 나타난다. 현대의 유목은 가장 잔인한 유목이다.[24] 거기에는 드넓은 초원도, 격렬한 전투도, 문명의 전환도 없다. 국가권력과 자본의 채찍이 있을 뿐이다. "신(=자본)의 채찍"을 받는 것은 유목민 자신들이다. 이동하는 다중이 "전지구적 시민권"을 획득해야 한다는 생각(E, 361/462)은 당위적으로 분명 맞다. 그러나 주거의 문제는 지금도 국민국가의 메커니즘에 복속되어 있으며, 중국의 경우처럼 주거 이전의 자유조차도 허락되지 않는 국가들도 많다. '제국' 시대의 매끄러운 공간의 특성에 대한 강조보다 더 중요한 것은 오히려 우리 삶에 끝없이 홈(이주의 홈!)을 파는 장치들에 대한 파악일 것이다.

'제국'론은 전반적으로 낙관적인 분위기를 띠고 있다. 이것은 기본적으로 들뢰즈·가타리가 강조하는 "탈주선의 일치성"에 기반한다고 할 수 있다.[25] 그러나 자신의 욕망이 코드화되어 있다는 사실을 깨닫는 것, 매트릭스의 바깥에서 진실을 보는 것이 그렇게 '주어진 것'이라면 삶이란 참으로 손쉬운 무엇일 것이다. 과연 그런가? 매트릭스의

---

23) 문자 그대로의 의미, 삶의 실질적 방식에서의 노마디즘과 들뢰즈·가타리의 사유 전체를 상징하는 표제어로서의 "노마디즘"은 반드시 구분되어야 한다. 또 "유목주의"라는 말은 "주의"로 번역되기는 하지만, 사상이라는 뜻보다는 삶의 양식이라는 뜻으로 받아들여져야 할 것이다.

24) 이런 잔인한 유목은 여성들(예컨대 '결혼'이라는 미명하에 한국으로 팔려 오는 베트남 여성들)에게서 더욱 두드러질 수밖에 없다. 김현미, 『글로벌 시대의 문화번역』(또하나의문화, 2005)을 보라.

25) 들뢰즈 사유가 한국적 정치 상황에서 띠고 있는 의미에 대해서는 조정환, 『제국기계비판』, 483쪽 이하를 참조하라.

바깥에 서기 위해서는 상당 수준의 사유와 능력이 뒷받침되어야 한다. 바깥을 볼 여유도 여건도 안 되는 사람들에게 과연 탈주선이 일차적일까? 바깥을 보는 것도 상당한 여건이 구비되었을 때 가능하다. 중요한 것은 탈주선의 일차성을 간단히 강조하는 것이 아니라 차라리 탈주선을 긋지 못하게 만드는 조건들을 꼼꼼히 분석하는 것이 아닐까? 전지구적 시민권 개념이나 사회적 임금권 개념을 쉽게 주장하기보다는 오히려 그런 것들을 방해하는 요인들을 구체적으로 분석해 주는 것이 지식인들의 역할이 아닐까? 낙관적인 당위를 말하는 것은 쉽다. 구체적인 현실을 분석하는 것이 어렵다.

네그리·하트의 이런 문제점은 들뢰즈·가타리의 "탈주선" 개념을 너무 일방적으로 이해한 데에서 유래하는 듯이 보인다. "탈주선" 자체가 처음부터 자발적이고 실천적이고 능동적인 성격을 띠는 것이 아니다. 우발적이고 도피적이고 수동적인 성격을 띨 경우도 많다. 여기에서도 다시 한번 우리는 들뢰즈·가타리의 개념들에 처음부터 가치론적 뉘앙스를 부여해 읽는 것이 위험하다는 사실을 깨닫게 된다. 탈주선은 영문도 모르고 도망가는 경우에서부터 혁명적 몸짓에 이르기까지 숱하게 다양한 성격을 띨 수 있다. 이 개념을 힘겨운 "도주"로 이해하는 것도 또 낭만적 "탈주"로 이해하는 것도 모두 일면적 이해이다. 탈주라는 개념은 "벗어남"만을 뜻할 뿐이다. 그 벗어남이 구체적으로 어떤 벗어남인가는 맥락에 따라 극히 다양하게 달라진다. 들뢰즈·가타리의 개념들에 처음부터 부정적 뉘앙스나 긍정적 뉘앙스를 부여하는 이해들은 심각한 오해들을 불러온다. 우리는 그 개념들을 우선은 존재론적 개념들로서 정확히 이해하고, 그후 그것들이 구체적 맥락들에서 띠는 의미들과 가치들을 세심하게 파악해야 하는 것이다. 이 문제는 단지 들뢰즈·가타리의 개념들을 어떻게 이해하느냐의 문제를 넘어 우리 논의 전체를 위해 중요하다. 탈주선을 긍정적으로만 강조하는 것은 자칫 논의를 유토피아적으로 만들기 때문이다. 중요한 것은 오히려 각종 탈주선들의 복잡한 갈래들을 보다 종합적으로 파악하는 것, 그런 파악 위에서 우리가 실천해야 할 탈주의 길을 그리는 것이다. '제국'론에는 이런 면이 다분히 결여되어 있다고 판단된다. 그러나 이런 비판은 결코 이들의 당위에 공감하지 않아서가 아니다. 반대로 이들의 낙관주의가 바로 그 당위에 해가 되기 때문에서인 것이다.

지금까지 '제국'과 '다중'의 개념적 문제 및 내용상의 몇 가지 문제, 다중의 성격에 관한 문제, 그리고 대안 제시에 있어서의 문제들을 중심으로 비판적 논의를 전개했다. 마지막으로 덧붙인다면, '제국'론에 있어 전근대와 근대의 관계 및 서구와 '비서구'의 관계이다. 마르크스의 경우에도 '역사'를 강조하면서도 자본주의'사'에 대한 논의에서 문제를 노정하듯이, 네그리·하트 역시 근대와 현대에 논의를 집중하기 때문에 역사를 보는 시각이 제한되어 있다. 근대에서 현대로 가는 과정에 대한 논의는 풍부하지만, 고중세에서 근대로 가는 과정은 미약하다. 이보다 더 중요한 것으로 네그리·하트는 자신들의 논의를 거의 서구의 경우에 국한시키고 있다. 이들의 논의 대상이 '제국'이라는 사실이 무색할 정도로 논의가 거의 철저하게 서구의 경우에 한정되어 있다. '제국'론이 정말 '제국'론이 되려면 제목 그대로 세계 전체에 대한 논의가 되어야 할 것이다. 이 점은 서구의 논의만을 따라가는 데 급급한 '비서구' 학자들의 경우에 더더욱 분명하게 각인되어야 할 것이다.

'제국'론을 어떻게 이어 갈 것인가

이제 위와 같은 문제점을 염두에 두고서 앞으로 '제국'론을 어떻게 발
전시켜 나갈 것인지를 생각해 보자.

우선 '제국'이 어떤 존재인지에 대한 좀더 분명한 존재론이 요청
된다. 앞에서 말했듯이 '제국'이란 기존의 국민국가들보다 거대한, 더
정확히 말해 그 바깥이 없는 어떤 보편자인가, 아니면 현존하는 초국
적 기업들, 지배적인 국민국가들, IMF나 세계은행, 다보스 같은 국제
기구들, 다양한 커뮤니케이션 회로들로 구성된 네트워크 권력들 등등
으로 구성된 세계 전체를 가리키는 개념인가. 네그리·하트가 말하는
'제국'은 전자보다 후자의 의미로 이해되어야 한다. 왜냐하면 '제국'이
란 기존의 제국주의와는 다른 '새로운 주권형태'에 입각해 있기 때문
이다.

'제국'이 새로운 주권형태에 기반해 있다는 생각은 '제국'과 기존
의 '제국주의'를 명확히 구분한다는 것을 함축한다. 백승욱은 '제국'론
을 논하면서 '제국'을 '헤게모니 국가'가 확장된 형태로 이해하는 경
향을 보인다.[26] 백승욱에 따르면, 오늘날 미국을 중심으로 하는 '제국'
을 19세기 영국을 중심으로 하는 '제국주의'와 단적으로 변별해야 하
는 이유가 충분치 않다. 백승욱은 월러스틴과 아리기의 헤게모니론에
따라[27] 19세기 영국 헤게모니로부터 20세기 미국 헤게모니로의 이행

---

26) 백승욱 편저, 『'미국의 세기'는 끝났는가?』, 그린비, 2005, 153~191쪽.
27) 백승욱, 『자본주의 역사 강의』, 그린비, 2006.

에 초점을 맞춘다. 그러나 만일 영국 헤게모니를 문제 삼는다면, 우리는 로마 헤게모니, 중국 헤게모니, 이슬람 헤게모니, 네덜란드 헤게모니 등등도 얼마든지 문제 삼을 수 있다. 자본주의 성립 이후에 초점을 맞춘다 해도, 영국 헤게모니가 오늘날 '새로운 사법적 질서'에 의해 성립한 '제국'과 같은 선상에 놓일 수는 없다. '제국'의 핵심을 이루는 핵폭탄, (국민국가들의 경계를 가로지르는) 화폐, 그리고 인터넷, 커뮤니케이션 산업들 등등의 '분위기', 이 모든 것이 19세기에는 부재했다. 이것은 세계체제론이 항상 '1등'이 누구인가라는 관심에 모든 초점을 맞추는 데에서 기인한다. 영국 헤게모니 시절에 영국이 1등 국가였다 해도, 세계 전체는 영국의 것이 아니었으며 여러 제국주의 국가들의 경합과 식민지 국가들의 투쟁의 복합체였다고 보는 것이 적절할 것이다. "영국에서 미국으로"라는 식의 구도는 오로지 1등 국가들에만 초점을 맞추어 세계를 전체로서 보지 못하게 만드는 구도이다. 네그리·하트의 '제국'은 1등 국가가 어느 곳인가가 아니라 초국적 기업들, 미국을 비롯한 G8, 커뮤니케이션 권력들 등등 극히 다양한, 그러나 권력에 있어 등질적이지 않은 요소들로 구성된 전체를 가리키며, 이 점에서 헤게모니론의 시각과는 판이하다.

　　나아가 백승욱은 "민족국가적 주권의 영토주의적 성격과 자본의 탈영토성 사이에서 빚어지는 모순이 자본주의의 역사를 구성한다"는 생각을 네그리·하트의 것으로 돌리고 있지만, 이것은 헤게모니론의 관점이지 '제국'론의 관점이 아니다. '제국'론에서의 근본 모순은 '제국'과 '다중'의 모순이다. '제국'에서 국민국가들은 일종의 행정부의 역할을 맡게 되며, 따라서 '제국'의 일부를 이룬다. 민족국가와 자본

사이의 모순은 어디까지나 세계 상층부에서의 모순인 것이다. 따라서 '제국'은 어떤 국민국가가 "팽창해서" 형성되는 것이 아니다. 백승욱은 "네그리와 하트가 말하는 제국의 잠재적 가능성은 자본주의의 역사 속에서 작은 것이 더 큰 것으로, 부분적인 것이 더 전면적인 것으로 현실화되는 과정으로 이해된다"고 말하지만, 이것은 '제국'이라는 말을 네그리·하트가 말하는 의미가 아니라 고전적인 의미로 사용하는 것이다. '제국'은 특정 국민국가의 정복이나 작은 권력이 더 큰 권력으로 확장되어 성립하는 것이 아니다. 물론 클린턴 정부에서 부시 정부로 넘어가면서, '제국'의 성격에 변화가 온 것은 사실이다(『제국』은 미국이 클린턴 정부였을 때의 국제 정세를 상당 부분 반영하고 있다고 생각된다).[28] 그러나 그런 변화를 정확히 파악하기 위해서도 '제국'론이 필요하다. 헤게모니론은 중요한 관점이기는 하지만 '제국'론의 터 위에서 그것을 정교화하는 데 도움을 준다고 볼 수 있다.

　　백승욱을 비롯한 여러 학자들의 '제국'론 이해는 이 이론을 그 본연의 종합적 맥락에서 보지 못하고 특정한 분과 과학의 틀로 환원시켜 본다는 점에 있다.[29] 그러나 좀더 핵심적인 면은 대부분의 논자들

---

28) 백승욱은 미국 헤게모니의 쇠퇴라는 세계체제론과 '제국'으로부터의 미국의 일탈이라는 두 관점 대비시키고 있지만, 사실 제국의 '몰락'(엠마뉘엘 토드, 『제국의 몰락』, 주경철 옮김, 까치, 2003)과 '제국'으로부터의 일탈은 동전의 양면이다(전자에서의 '제국'은 고전적 의미 즉 특정 국가로서의 제국이고, 후자에서의 '제국'은 네그리·하트의 제국이다). 미국이라는 국민국가인 제국의 몰락이 'Empire'로서의 '제국'으로부터의 일탈을 유발하고 있는 것이다. "미국제국이란 존재하지 않게 될 것이다. 이 세계는 한 국가의 지배를 받아들이기에는 너무나 방대하고 다양하며 역동적이다. …… 미국은 단지 여러 강대국들 중 하나일 뿐이다"라는 생각은 (백승욱의 주장처럼) 세계체제론과 통하는 것이 아니라 오히려 '제국'론과 통한다고 해야 한다.

이 '제국'론이 (들뢰즈에 기반하는) **잠재성**의 **차원**을 포함한다는 점을 놓친 채 그것을 **현실성**의 **차원**으로 환원시켜 읽고 있다는 점이다. '제국'은 하나의 현실성으로서 우리 앞에 모습을 드러낸 존재가 아니다. 우리는 그것을 잠재성의 차원에서, 그리고 생성의 차원에서 이해할 필요가 있다.

그러나 앞에서 말했듯이, '제국'의 존재론이 분명하지 않은 것은 사실이다. 우리는 '제국'을 무엇으로 이해해야 할까? 그것은 한편으로는 사법적 배치들, 다른 한편으로는 생체정치로 구성된 **거대 다양체**라 해야 하지 않을까. 배치는 다질적인 열린 장이다. 그것은 개별자가 아닌 하나의 장이지만, 닫힌 등질적인 보편자도 집합도 아니다. 그것은 다질적인 존재들로 구성된, 그러나 하나의 장을 이루고 있는 존재이며, 또한 탈영토화 운동을 통해 계속 변해 가는 열린 존재이기도 하다. 배치의 이런 열림은 그것이 다양체의 구체화이기 때문이다. 다양체는 기계적 배치와 언표적 배치로 구체화된다. 네그리·하트가 분명히 하고 있지는 않지만, '제국'은 현실적인 기계적 배치들과 언표적 배치들

---

29) 네그리·하트를 비판하는 논자들을 보면, '제국'론의 두 이론적 배경인『자본』과『천의 고원』에서 전자에만 익숙할 뿐 후자에 대해서는 잘 모르거나 아예 백지인 경우가 대부분이다. 이런 불균형은 예컨대 캘리니코스의「토니 네그리를 올바로 보기」(『제국이라는 유령』, 209~239쪽) 같은 글에서 극명하게 나타난다. 마르크시즘과 관련해서 그리고 사회과학적 맥락에서 음미해 볼 만한 이 글은 그러나 철학적 측면에서는 그야말로 "어이가 없는" 오류/무지를 여러 곳에서 보여 준다. 적어도 한글로 나온 여러 논의들/서평들을 살펴볼 때, 다른 학자들의 글들도 오십보백보이다. '제국'론은 철학과 정치학, 경제학 등등을 혼효(混淆)시키고 있지만 그것을 논하는 사람들은 그 혼효를 따라가지 못한 채 자신의 '전공'으로 환원시켜 독해하고 있는 것이다. 이 점에서『제국』은 그 유명세에도 불구하고 아직 잘 이해되지 못하고 있는 책이라고 할 수 있다.

만을 가리킨다기보다는 그것들의 잠재성인 다양체를 가리키는 것으로 보인다. 다시 말해 '제국'이란 초국적 기업들, G8을 비롯한 지배적 국민국가들, 다양한 비물질적 산업들, NGO들 등등으로 구성된 현실적 집합체나 보편자만이 아니라 이 존재들——각각의 존재들 또한 탈영토화 운동을 통해 변해 가는 배치들이거니와——의 생성, 더 정확히 말해 이러한 존재들을 구조화하고 있는 기계적 배치들과 언표적 배치들을 생성하게 만드는 잠재성이며, 결국 그 생성하는 잠재성으로서의 다양체인 것이다. 앞으로 좀더 많은 명료화가 필요하겠지만, 일차적으로 우리는 '제국'을 잠재성의 존재론을 통해서 이해할 필요가 있는 것이다.

이것은 다중에 대해서도 똑같이 이야기할 수 있다. 19세기적 프롤레타리아와 21세기적 다중은 존재론을 달리한다. 마르크스·엥겔스의 프롤레타리아트는 현실적 존재들이다. 마르크스·엥겔스가 룸펜프롤레타리아트의 혁명적 가치를 인정하지 않은 것도 그것이 현실적으로 결집된 존재가 아니었기 때문이다.[30] 반면 네그리·하트의 다중은 들뢰즈·가타리의 '소수자' 개념을 잇고 있는 것으로 보인다. 19세기적 노동자들은 이미 자본주의에 '임금 노동자들'로서 편입되고 또 국가장치에 안전하게 귀속되어 어떤 면들에서는 기득권층이 되어 버렸다. 반면 그러한 자본주의-국가라는 거대한 장치의 '바깥'에 존재하는 소수자들이야말로 혁명의 잠재성을 함축하고 있는 존재이다. 그러나 이 잠재성이 현실성이 될 수 있는 것은 흩어져 있는 소수자들이 근대 이

---

30) 다음 저작을 보라. 니콜라스 쏘번, 『들뢰즈 마르크스주의』, 조정환 옮김, 갈무리, 2005.

후 저항의 '의식'을 형성해 온 프롤레타리아트의 의식에 활력을 불어넣을 때이다. "소수자의, 특수성의 역능은 프롤레타리아에게서 그것의 구체적 형태 또는 명료한 의식을 발견한다."(MP, 589) 현실적 프롤레타리아는 임금노동에 포섭되어 있지만, 소수자의 잠재적 역능이 현실화되는 것은 그를 통해서인 것이다. 그렇기 때문에 "소수성의 많은 요소들을 연접시키고, 통접시킴으로써, 기존 회로에서 벗어나는, 자율적인 독특한 생성/되기를 발명해내는"(MP, 134~135) 것이 중요하다.

네그리와 하트는 이런 전지구적 차원에서의 민주주의의 가능성이 사상 최초로 "창발되고 있다"emerging고 말한다.[31] 여기에서 '전지구적'이라는 수식어는 오늘날의 민주주의가 일국적 맥락에서가 아니라 '제국' 전체에 걸쳐서 성립함을 말하고 있고, '사상 최초로'라는 표현은 오늘날의 세계가 이전의 범주로 포착될 수 있는 세계가 아니라는 점을 말하고 있으며, '창발'이라는 개념은 소수자들의 혼돈으로부터 새로운 민주주의라는 질서가 태동하고 있음을 말하고 있다.

그러나 네그리·하트의 생각처럼 이러한 창발을 낙관하기는 쉽지 않다. 두 가지 이유에서 그렇다. 1) 우선 제국의 폭력 즉 '생체권력'의 강고함 때문이다. 오늘날 '제국'은 '안전'을 위한 예방으로서 '리스크관리'까지 들고 나오면서 사람들을 철저히 관리하고 때로 통제하고 있다. 이것은 두 차원에서 모두 그렇다. 한편으로 미국이라는 일국

---

31) Hardt and Negri, *Multitude*, The Penguin Press, 2004, p. xi.
32) 아소 히로유키는 '제국'의 폭력을 생체권력과 연관지어 여러 각도에서 논하고 있다. 麻生博之, 「帝國の暴力」, 『惡と暴力の倫理學』, ナカニシヤ出版, 2006, 151~171頁.

제국주의가 행하는 생체권력이고, 다른 하나는 현대 사회 자체가 일반적으로 행사하고 있는 생체권력이다.[32] 2) '문화'라는 말은 많은 경우 낭만적 뉘앙스를 띠고서 사용되지만, 오늘날 대중들의 관리/훈육은 기본적으로 문화를 통해서 이루어지고 있다. 대학의 자본주의화, 미국 대중문화의 파상 공세, 우리가 일상적으로 사용하는 기호들의 조작, 인터넷 공간에서의 영어 헤게모니, 심지어 생일 '파티'까지 서구식으로 하는 아이들 등등 오늘날의 권력은 신체, 욕망, 무의식, 감성, 언어 같은 좀더 근본적인 차원으로 파고들고 있다. 그러나 정치와 경제를 두 축으로 하는 기존의 관점들은 이 점을 전적으로 놓치고 있다. 『제국』은 이 두 측면 모두를 절실하게 다루고 있지 않다.

그럼에도 『제국』은 파기되어야 할 책이 아니라 비판적으로 계승해 나가야 할 책으로 보인다. 무엇보다도 '제국'과 '다중' 사이의 적대의 존재론적 구조를 제시한 점, 그리고 미래에 대한 긍정적인 비전을 제시한 점이 그렇다. 한국에서 이러한 논의를 이어 가기 위해서는 1) 무엇보다 우선 『천의 고원』의 문턱을 넘어서서 『제국』과 『다중』이 정확히 독해되어야 할 것이며, 2) 다른 한편 한국 사회의 현실을 구체적으로 분석하고 비전을 제시하는 작업들이 나와야 할 것이다.

참고문헌

가라타니 고진, 『일본근대문학의 기원』, 박유하 옮김, 민음사, 1997.

가타리·네그리, 『자유의 새로운 공간』, 이원영 옮김, 갈무리, 1995.

강만길 외, 『다산의 정치경제사상』, 창작과비평사, 1994.

강상중, 『내셔널리즘』, 임성모 옮김, 이산, 2004.

고자카이 도시아키, 『민족은 없다』, 방광석 옮김, 뿌리와이파리, 2003.

김석수, 『현실 속의 철학, 철학 속의 현실』, 책세상, 2001.

김진균·정근식 편저, 『근대주체와 식민지 규율권력』, 문화과학사, 1997.

김필년, 『자본주의는 왜 서양문명에서 발전했는가』, 범양사, 1993.

김현미, 『글로벌 시대의 문화번역』, 또하나의문화, 2005.

김혜승, 『한국민족주의 : 발생양식과 전개과정』, 비봉출판사, 2003.

나카노 도시오, 『오쓰카 히사오와 마루야마 마사오』, 서민교·정애영 옮김, 삼인, 2005.

네그리, 안토니오, 『혁명의 시간』, 정남영 옮김, 갈무리, 2004.

_____, 『전복적 스피노자』, 이기웅 옮김, 그린비, 2005.

니시카와 나가오, 『국민이라는 괴물』, 윤대석 옮김, 소명출판, 2002.

다카시 후지타니, 『화려한 군주 : 근대 일본의 권력과 국가의례』, 한석정 옮김, 이산, 2003.

데이비스, 마이크, 『미국의 꿈에 갇힌 사람들』, 김영희·한기욱 옮김, 창작과비평사, 1994.

돕, 모리스 외, 『자본주의 이행 논쟁』, 광민사, 1980.

러스틴, 마이클, 「'제국' : 탈근대적 혁명이론」, 알렉스 캘리니코스 외 지음, 고팔 발라크리슈난 엮음, 『제국이라는 유령』, 김정한·안중철 옮김, 이매진, 2007.

레비-스트로스, 『구조주의 인류학』, 김진욱 옮김, 종로서적, 1990.

_____, 『야생의 사고』, 안정남 옮김, 한길사, 1998.

마루야마 마사오,『일본정치사상사연구』, 김석근 옮김, 통나무, 1995.

마르크스,『경제학–철학 수고』, 김태경 옮김, 이론과실천, 1987.

_____,『자본주의적 생산에 선행하는 제 형태』, 성낙선 옮김, 지평, 1988.

_____,『정치경제학 비판을 위하여』, 김호균 옮김, 중원문화, 1988.

마르크스·엥겔스,『칼 맑스 프리드리히 엥겔스 저작 선집』1권/2권, 최인호 외 옮김,
    박종철출판사, 1992.

모리모토 준이치로,『동양정치사상사연구』, 김수길 옮김, 동녘, 1985.

박종홍,『박종홍 전집』, 민음사, 1998.

백남운,『조선사회경제사』, 심우성 옮김, 동문선, 1933/2004.

_____,『쏘련인상』, 선인, 1950/2005.

백승욱 편저,『'미국의 세기'는 끝났는가?』, 그린비, 2005.

백승욱,『자본주의 역사 강의』, 그린비, 2006.

브루어, 앤서니,『제국주의와 신제국주의』, 염홍철 옮김, 사계절, 1984.

서복관,『중국인성론사: 선진편』, 유일환 옮김, 을유문화사, 1995.

서중석,『한국현대민족운동연구』(1·2), 역사비평사, 1996.

_____,『이승만의 정치이데올로기』, 역사비평사, 2005.

세르, 미셸,『헤르메스』, 이규현 옮김, 민음사, 2009.

소칼, 앨런 외,『지적 사기』, 이희재 옮김, 민음사, 2000.

송두율,『역사는 끝났는가』, 당대, 1995.

송영배,『중국 사회사상사』, 한길사, 1986.

신용하 엮음,『아시아적 생산양식론』, 까치, 1986.

신용하 외 엮음,『한국 사회사의 이해』, 문학과지성사, 1995/1997.

실시학사경학연구회 편역,『다산과 문산의 인성논쟁』, 한길사, 1996.

쏘번, 니콜라스,『들뢰즈 마르크스주의』, 조정환 옮김, 갈무리, 2005.

쓰루미 슌스케,『전향』, 최영호 옮김, 논형, 2005.

아사다 아키라,『구조주의와 포스트구조주의』, 이정우 옮김, 새길, 1995.

안호상,『세계신사조론』(상), 일민주의보급회총본부, 1952.

_____,『민주주의의 역사와 종류』, 일민출판사, 1953.

_____,『배달의 종교와 철학과 역사』, 어문각, 1964.

_____,『민족의 주체성과 화랑얼』, 배달문화연구원, 1967.

알튀세르,『마르크스를 위하여』, 고길환·이화숙 옮김, 백의, 1990.

앤더슨, 베네딕트,『상상의 공동체』, 윤형숙 옮김, 나남출판, 2002.

엘빈, 마크,『中國歷史의 發展形態』, 이춘식 옮김, 신서원, 1989.

오생근·한상진, 『미셸 푸코론』, 한울, 1990.

오하마 아키라, 『범주로 보는 주자학』, 이형성 옮김, 예문서원, 1997.

위안커, 『중국 신화 전설 1』, 전인초·김선자 옮김, 민음사, 1992.

유병용 외, 『한국 근대사와 민족주의』, 집문당, 1996.

_____, 『한국 현대사와 민족주의』, 집문당, 1997.

이규성, 『왕선산, 생성의 철학』, 이화여자대학교출판부, 2001.

이기형, 『여운형 평전』, 실천문학사, 2004.

이승만, 『일민주의개술』, 일민주의보급회, 단기 4282년(1949).

李乙浩, 『茶山經學思想研究』, 을유문화사, 1966.

李乙浩 외, 『丁茶山의 經學』, 민음사, 1989.

李載浩 譯, 『三國遺事』, 養賢閣, 1982.

이정전, 『두 경제학의 이야기』, 한길사, 1993.

이진경, 『주체사상비판』 1·2, 벼리, 1989.

이진경 외, 『프랑스 철학과 우리 3』, 당대, 1997.

李篪衡, 『茶山經學研究』, 태학사, 1996.

이효덕, 『표상공간의 근대』, 박성관 옮김, 소명출판, 2002.

임경석, 『이정 박헌영 일대기』, 역사비평사, 2004.

자, 드위젠드라 N., 『성스러운 암소 신화: 인도 민족주의의 역사 만들기』, 이광수 옮김,
    푸른역사, 2004.

전종한 외, 『인문지리학의 시선』, 논형, 2005.

조정환, 『지구제국』, 갈무리, 2002.

_____, 『제국기계비판』, 갈무리, 2005.

최현 엮음, 『이집트 신화』, 범우사, 1995.

침머, 하인리히 외, 『인도의 신화와 예술』, 이숙종 옮김, 대원사, 1995.

콜라코프스키 외, 『민족문제와 마르크스주의자들』, 임지현 엮음, 흔겨레, 1986.

클라스트르, 피에르, 『국가에 대항하는 사회』, 홍성흡 옮김, 이학사, 2005.

푸코, 미셸, 『지식의 고고학』, 이정우 옮김, 민음사, 1992.

_____, 『미셸 푸코의 권력이론』, 정일준 편역, 새물결, 1994.

프로이트, 『정신분석학 강의』(상), 임홍빈·홍혜경 옮김, 열린책들, 1997.

하루오 시라네·스즈키 토미 엮음, 『창조된 고전』, 왕숙영 옮김, 소명출판, 2002.

하시야 히로시, 『일본 제국주의, 식민지 도시를 건설하다』, 김제정 옮김, 모티브북,
    2005.

한국사회사연구회, 『한국의 사회신분과 사회계층』, 문학과지성사, 1986.

한형조, 『주희에서 정약용으로』, 세계사, 1996.

헬드, 데이비드 외, 『전지구적 변환』, 조효제 옮김, 창작과비평사, 2002.

홉스봄, 에릭, 『1780년 이후의 민족과 민족주의』, 강명세 옮김, 창작과비평사, 1994.

侯外盧 外, 『송명이학사』(상), 박완식 옮김, 이론과실천, 1993.

히로마쓰 와타루, 『근대의 초극』, 김항 옮김, 민음사, 2003.

子安宣邦, 『本居宣長』, 岩波現代文庫, 2001.

西嶋定生, 『秦漢帝國: 中國古代帝國の興亡』, 講談社, 1997/2001.

戶坂潤, 『日本イデオロギー論』, 岩波書店, 1935/1983.

丸山眞男 外, 『日本文化のかくれた形』, 岩波書店, 1984.

牟宗三, 『中國哲學的特質』, 臺灣學生書局, 民國63年.

諸橋徹次, 『大漢和辭典』 7卷, 大修館書店, 1989~1990.

村田勝幸, 「'帝國'狀況を/から透かしみる」, 山下範久 編, 『帝國論』, 講談社, 2006.

バラーシュ, 『中國文明と官僚制』, 村松祐次 譯, みすず書房, 1971.

麻生博之, 「帝國の暴力」, 『惡と暴力の倫理學』, ナカニシヤ出版, 2006.

大崎晴美, 「'力'の無神論」, 『現代思想』, 2002年 8月號.

岡本裕一郎, 『ポストモダンの思想的根據』, ナカニシヤ出版, 2005.

Aristoteles, *Métaphysique*, par Tricot, Vrin, 1991.

Bachelard, Gaston, *La philosophie du non : essai d'une philosophie du nouvel esprit scientifique*, PUF, 1940.

Bergson, Henri, *Oeuvres*, PUF, 1959.

Canguilhem, Georges, *Études d'histoire et de philosophie des sciences*, Vrin, 1968.

Clastres, Pierre, "Échange et pouvoir : philosophie de la chefferie indienne", *L'Homme*, 1962.

Deleuze, Gilles, *Différence et répétition*, PUF, 1968.[김상환 옮김, 『차이와 반복』, 민음사, 2004.]

_____, *Logique du sens*, Minuit, 1969.[이정우 옮김, 『의미의 논리』, 한길사, 1999.]

Deleuze et Guattari, *L'Anti-Oedipe*, Minuit, 1972.

_____, *Mille plateaux*, Minuit, 1980.[김재인 옮김, 『천 개의 고원』, 새물결, 2001.]

Foucault, Michel , *Les mots et les choses*, Gallimard, 1966.

Gobry, Ivan, *Le Vocabulaire grec de la philosophie*, Ellipses, 2000.

Guéroult, Martial, *Dianoématique II, philosophie de l'histoire de la philosophie*, Aubier Montaigne, 1979.

Hardt, Michael, "The Withering of Civil Society", *Deleuze and Guattari*, ed. E. Kaufman and K. J. Heller, University of Minnesota Press, 1988.

Kirk, G. S. and J. E. Raven, *The Presocratic Philosophers*, Cambridge Univ. Press, 1957.

Leach, Edmund, *Rethinking Anthropology*, The Athlone Press, 1961.

_____, *Claude Lévi-Strauss*, Penguin Books, 1970.

Löffler, Lorenz G., "L'Alliance asymétrique chez les Mru", *L'Homme*, 1966.

Lucretius, *De rerum natura*, III, texte établit et traduit par A. Ernout, Les Belles Lettres, 1993.

Merleau-Ponty, Maurice, *Phénoménologie de la perception*, Gallimard, 1945. [류의근 옮김, 『지각의 현상학』, 문학과지성사, 2002.]

_____, *L'Oeil et l'esprit*, Gallimard, 1964.[김정아 옮김, 『눈과 마음』, 마음산책, 2008.]

Negri, Antonio and Michael Hardt, *Empire*, Harvard University Press, 2000. [윤수종 옮김, 『제국』, 이학사, 2001.]

_____, *Multitude*, The Penguin Press, 2004.[서창현 · 정남영 · 조정환 옮김, 『다중』, 세종서적, 2008.]

Peters, F. E., *Greek Philosophical Terms*, New York University Press, 1967.

Sahlins, Marsall D., *Stone Age Economics*, Tavistock Publications, 1972.

_____, *The Use and Abuse of Biology*, The University of Michigan Press, 1976.

_____, "Raw Women, cooked men and other 'great things' of the Fiji Islands", *The Ethnography of Cannibalism*, Society for Psychological Anthropology, special publication, 1983.

Serres, Michel, *Hermès ou la communication*, Minuit, 1968.

Sivin, Nathan, *Science and Technology in East Asia*, Science History Publications, 1977.

개념 찾아보기

인명 찾아보기